EKKEHARD JOST

Staatsschutzgesetzgebung im Zeitalter des Absolutismus

Schriften zur Rechtsgeschichte

Heft 73

Staatsschutzgesetzgebung im Zeitalter des Absolutismus

dargestellt am Beispiel Brandenburg-Preußens in der Zeit von 1640 bis 1786

Von

Ekkehard Jost

Duncker & Humblot · Berlin

Die Deutsche Bibliothek – CIP-Einheitsaufnahme

Jost, Ekkehard:
Staatsschutzgesetzgebung im Zeitalter des Absolutismus : dargestellt am Beispiel Brandenburg-Preußens in der Zeit von 1640 bis 1786 / von Ekkehard Jost. – Berlin : Duncker und Humblot, 1998
(Schriften zur Rechtsgeschichte ; H. 73)
Zugl.: Berlin, Freie Univ., Diss., 1996
ISBN 3-428-09090-X

Fotoprint: Werner Hildebrand, Berlin
Printed in Germany

ISSN 0720-7379
ISBN 3-428-09090-X

Gedruckt auf alterungsbeständigem (säurefreiem) Papier
entsprechend ISO 9706 ♾

Vorwort

Bei der vorliegenden Arbeit handelt es sich um die geringfügig überarbeitete Fassung, welche von der Juristischen Fakultät der Freien Universität Berlin im Juni 1996 als Dissertation angenommen wurde.

Zu danken habe ich an dieser Stelle insbesondere meinem Doktorvater, Herrn Univ.-Prof. Dr. Friedrich Ebel, der die Arbeit betreut hat, sowie dem Zweitgutachter, Herrn Univ.-Prof. Dr. Kunig.

Berlin, März 1998 *Ekkehard Jost*

Inhaltsverzeichnis

Einleitung

Als sich zur Jahreswende 1989/90 abzeichnete, daß die Lebensdauer der totalitären Regime sowjet-russischer Ausprägung in Ost- und Mitteleuropa, welche die Ausübung ihrer Herrschaft vor allem auf ein ausgeklügeltes Überwachungs- und Kontrollsystem ihrer Bevölkerung stützten, endlich sein würde, ließ dieser Umstand neuerlich die Frage aufkommen, ob es sich hierbei um systemimmanente Erscheinungsformen staatlicher Autoritätsausübung handelt, die unserem Jahrhundert zueigen sind, oder ob es vergleichbare Kontrollmechanismen auch schon früher, vor allem in dem häufig mit negativen Vorzeichen bedachten preußischen absoluten Staat, gab. Dieses pressierte um so stärker, je mehr allmählich im Zuge zu leistender "Aufräumarbeiten" der wahre Umfang dieser zwar allgemein, aber nicht immer näher bekannten Bespitzelung zutage gefördert wurde.

Inspiriert durch ein ähnlich gelagertes Aufsatzthema[1] soll hier in einem zeitlich weiter gesteckten Rahmen der Frage nachgegangen werden, inwieweit sich ein Staat (konkret der preußische, der neben Österreich bedeutendste Territorialstaat des 1806 untergegangenen Heiligen Römischen Reiches Deutscher Nation) im Zeitalter des Absolutismus im Wege der Gesetzgebung – ganz allgemein ausgedrückt – "geschützt" hat, wobei getreu dem Rankeschen Prinzip aufgezeigt werden soll, was es gab. Dabei ist keineswegs vergessen worden, daß aus einem Gesetz nicht unmittelbar auf die Verwaltungswirklichkeit und Lebensrealität rückgeschlossen werden kann. Weil damals aber – anders als in der gegenwärtig gängigen Gesetzgebungspraxis – in den Gesetzen selbst die Motive und ihre Begründung mitenthalten waren, sind sie gleichwohl aussagekräftiger als die modernen abstrakten Gesetzestexte. Deswegen werden auch prägnante Formulierungen wörtlich zitiert, weil die plastische Ausdrucksweise des absolutistischen Gesetzgebers im Barock ein beredtes und anschauliches Bild seiner Intentionen gibt. Außerdem läßt sich daraus immer wieder entnehmen, daß es bei der praktischen Umsetzung legislatorischer Maßnahmen Defizite gab[2], was wiederum deren häufigen neuerlichen und oftmals verschärften Erlaß notwendig werden ließ. Das Unterfangen stützt sich im wesentlichen – ausgehend von den drei brandenburgischen bzw. preußischen Landrechten aus

---

[1] Fijal/Jost, Staatsschutzgesetzgebung in Preußen unter der Regentschaft Friedrichs des Großen, in: Aufklärung 1994 / S. 49-83.

[2] Neugebauer, in: Brandenburgische Geschichte, S. 350.

den Jahren 1620, 1685 und 1721[3] – auf eine Auswertung des sog. "Mylius", keiner offiziellen, aber einer von höchster Seite aus autorisierten Gesetzessammlung. Den Entwicklungsschlußpunkt bilden dann die einschlägigen Regelungstatbestände des Allgemeinen Landrechts für die Preußischen Staaten von 1794. Wenngleich es erst nach dem Tode Friedrichs des Großen in Kraft trat, so ist es dennoch als die Kodifikation seiner Ära anzusehen und daher von dem hier gesteckten Zeitrahmen noch mitumfaßt. Hierbei ist es das Anliegen, Entwicklungstendenzen innerhalb des Untersuchungszeitraumes aufzuzeigen, wobei interessanterweise damals wie heute durchaus ähnlich gelagerte Problemfelder existierten, zu deren Bewältigung man sich des Gesetzgebungsinstrumentariums bediente.

Nach einem die geistes- und ideengeschichtlichen Grundlagen des Absolutismus im allgemeinen und der Staatsschutzgesetzgebung im besonderen behandelnden Eingangskapitel, in welchem auch die zeitliche Eingrenzung näher begründet, der Begriff der Staatsschutzgesetzgebung eingegrenzt und auf die Gesetzgebungspraxis eingegangen wird und das damit die theoretisch-abstrakte Basis für die Untersuchung darstellt, soll in den nachfolgenden Kapiteln auf die in Gruppen systematisierte Materie der Staatsschutzgesetzgebung im einzelnen eingegangen werden. Ein Hauptpunkt ist selbstverständlich das Majestätsverbrechen. Neben einem historischen Abriß hierzu wird die Ausformung erläutert, die es während des hier interessierenden Zeitraumes erfahren hat. Weitere Legislativakte werden unter dem modernen Begriff der "inneren Sicherheit" zusammenfassend dargestellt. Es folgt die Erörterung von Gesetzgebungsmaßnahmen, welche die Zensur, das Paßwesen, als separate Bevölkerungsgruppe die Juden und solche, welche die Wirtschaft Brandenburgs-Preußen betreffen. Eine eindeutige Zuordnung der Gesetze zu einer der gebildeten Gruppen ließ sich dabei allerdings nicht immer erreichen, vielmehr gibt es Überschneidungen. Dieses zeigt aber nur die Verflechtung und gegenseitige Bedingtheit der Gesetze. Denn der letztendlich ergangene Legislativakt hatte häufig verschiedene Gründe und Ursachen, die zu seinem Erlaß führten. Vor allem bei Wirtschaftsgesetzen und solchen, welche die jüdische Bevölkerung betreffen, wird sich oft ein solcher Zusammenhang aufzeigen lassen, aber genauso zwischen dem Paßwesen und der Wirtschaft, zumindest partiell.

Daß es sich hier bei den im Gesetzgebungsweg geregelten Sachverhalten um keineswegs nur "historische" Problemfelder handelt, beweisen gerade gegenwärtig aktuelle nationale und internationale Gesetzgebungsvorhaben, denen vom Regelungsanlaß her ähnliche Aufgaben zur gesetzlichen Lösung zugrunde liegen wie damals. Aber auch der ständige Ruf nach staatlichen Subventionen für die Wirtschaft ist insofern nichts Neues und vergleichbar der damaligen

[3] Berner, §§ 38ff. = S. 29ff.

staatsinterventionistischen Wirtschaftsgesetzgebung, nämlich der Förderung der einheimischen Wirtschaft durch Zölle und Ein- bzw. Ausfuhrverbote im Untersuchungszeitraum, um sie gegenüber der ausländischen zu begünstigen bzw. wettbewerbsfähig zu machen. Selbst Majestätsbeleidigungen können auch heutzutage noch begangen werden, wie darüber und über deren rechtliches Nachspiel berichtende Zeitungsartikel[4] bezeugen. Es handelt sich selbst bei diesem Tatbestand um kein quasi "archaisches", aus grauen Vorzeiten stammendes Delikt, sondern um eine zumindest in Monarchien noch gegenwärtige Rechtsmaterie.

Mögen Teilbereiche der hier untersuchten Gesetzesmaterie womöglich schon in der einen oder anderen Einzeldarstellung behandelt worden sein, so unternimmt diese zusammenfassende Untersuchung den Versuch, dieselbe unter dem übergeordneten Aspekt des Staatsschutzes darzustellen.

---

4 Z. Beisp. FAZ vom 2. II. 1995; Haubold, Erhard: Über Skandale am Hof wird in Thailand nur gemunkelt, in: F.A.Z. vom 24. VI.1996, S. 11f.

1. Kapitel

Von den ideengeschichtlichen und theoretischen Grundlagen zum Absolutismus im allgemeinen und zur Staatsschutzgesetzgebung im besonderen

Weil der Themenstellung zufolge die Staatsschutzgesetzgebung im "Zeitalter des Absolutismus" untersucht werden soll, wobei für Brandenburg-Preußen hier die Eckdaten 1640 und 1786 gewählt werden, bedarf zunächst einmal diese zeitliche Fixierung einer Begründung. Allgemein wird die Zeitspanne zwischen dem Ende des Dreißigjährigen Krieges durch die westfälischen Friedensschlüsse von Münster und Osnabrück (2. X. 1648) und dem Ausbruch der Französischen Revolution mit dem Sturm auf die Bastille am 14. VII. 1789 als eben jenes Zeitalter bezeichnet.[1] Gleichwohl handelt es sich hierbei nur um eine zeitliche Grobgliederung, die sowohl antike als auch mittelalterliche Vorläufer absolutistischer Herrschaftsformen ebenso ausspart wie den Spätabsolutismus.[2] Denn genaugenommen wird der Absolutismus durch den Konstitutionalismus beendet, was im Königreich Preußen bekanntlich erst 1848/50 der Fall war mit der oktroyierten Verfassung Friedrich Wilhelms IV., des Romantikers auf dem Königsthron.[3] Jedoch soll an dieser Stelle nicht die dereinst geführte Absolutismusdebatte neu aufgenommen, sondern nur ihr Ergebnis kurz skizziert werden.

Den Auftakt zu einer Periodisierung hatte hierzu der Jurist und Nationalökonom W. Roscher im Jahre 1874 mit seiner Stufenlehre gesetzt. Er unterschied zwischen drei Erscheinungsformen absolutistischer Herrschaft und differenzierte zwischen dem konfessionellen des 16. Jahrhunderts, gekennzeichnet durch den Grundsatz "cuius regio, eius religio" und Philipp II. von Spanien als seinem Hauptvertreter, dem höfischen Absolutismus im 17. Jahrhundert, dessen Prototyp Ludwig XIV. von Frankreich darstellte mit dem Stichwort "L'etat c'est moi", und dem aufgeklärten Absolutismus des 18. Jahrhunderts, verkörpert von Friedrich dem Großen und seiner Devise "Der Fürst ist der erste Diener des Staates".[4] Gegen diese Einteilung wandte sich Koser, der zunächst einen soge-

---

[1] Hartung, Aufgeklärter Absolutismus, S. 167; Hubatsch, Absolutismus, S. 1.

[2] Hubatsch, ebenda, S. 8.

[3] Böckenförde, S. 79; Hartung, Studien, S. 183.

[4] Koser, S. 1.

nannten praktischen Absolutismus annahm, welcher sich bis in das 17. Jahrhundert hinein zu einem als "grundsätzlich" bezeichneten Absolutismus steigert, um sich schließlich im 18. Jahrhundert dann in einen als aufgeklärten Despotismus apostrophierten Absolutismus umzuwandeln.[5] Der Unterschied zwischen dem praktischen und grundsätzlichen Absolutismus liegt in den von der ersten Erscheinungsform noch respektierten Schranken. Aber auch diese Systematisierung stieß auf Gegenstimmen; insbesondere Fritz Hartung wies vor allem darauf hin, daß die einzelnen Staaten nicht notwendigerweise alle Absolutismusformen durchlaufen haben und manche Erscheinungsformen sich nur in einzelnen Staaten nachweisen lassen.[6] Entgegen Koser siedelte Hartung in dem Jahrhundert zwischen 1559 und 1660 (Regierungsantritt Karl's II. in England, Tod Karl Gustav's von Schweden und Friedensschluß von Oliva, 1661 dann der Tod Mazarins und der Beginn der Selbstregierung Ludwig XIV.) den von ihm so bezeichneten "werdenden Absolutismus" an und schloß für die nachfolgende Zeit wegen der Vielschichtigkeit der Entwicklung eine einheitliche Betrachtung aus.[7] Noch einmal äußerte sich Hartung in seinem Aufsatz über den "aufgeklärten Absolutismus" zu dem Thema. Bei dieser letztgenannten Erscheinungsform des Absolutismus handele es sich sowieso um eine nachträgliche Klassifizierung, wobei diese Form hauptsächlich durch die Verbreitung des Gedankenguts der Aufklärung gekennzeichnet sei und es sich weniger um einen festen staatstheoretischen Terminus handele.[8] Jedenfalls für Preußen läßt Hartung den aufgeklärten Absolutismus durch das Fortwirken des durch Friedrich den Großen geprägten Beamtenethos' bis zur Revolution und dadurch bedingter Konstitution im Jahre 1848 fortdauern.[9] Ähnlich wie Hartung nahm in jüngerer Zeit auch Leo Just eine zeitlich längerdauernde Periodisierung des Absolutismus vor. Er bezieht die Monarchien des Vormärz mit ein. Bei ihm endet der Absolutismus in Preußen nicht mit dem Tode Friedrichs des Großen, sondern er läßt ihn jedenfalls bis 1840 (Tod Friedrich Wilhelms III. und Thronbesteigung von Friedrich Wilhelm IV.) fortdauern.[10]

Unabhängig von dieser mit unterschiedlichen Ergebnissen geführten Diskussion ist der hier gesteckte Zeitrahmen für das zu untersuchende Territorium aus mehreren Gründen gerechtfertigt. Gekennzeichnet ist er einerseits durch den Regierungsantritt des Kurfürsten Friedrich Wilhelm, der später (nach der Schlacht von Fehrbellin 1675) der Große Kürfürst genannt werden wird, im

---

5 Koser, S. 2ff.

6 Hartung, Epochen, S. 58.

7 Ders., ebenda, S. 63f.

8 Ders., Aufgeklärter Absolutismus, S. 153f.

9 Ders., ebenda, S. 160, 162.

10 Just, S. 307.

Jahre 1640 und endigt anderthalb Jahrhunderte später mit dem Tode Friedrichs des Großen 1786. Der Große Kurfürst gilt als der Begründer des Absolutismus in Brandenburg-Preußen, mit ihm begann die monarchische Selbstregierung. In der von ihm veranlaßten Geheimratsordnung aus dem Jahre 1651 behielt er es sich vor, nicht im Rat, sondern "in geheim" zu beschließen[11], was dergestalt aussah, daß dieser Ordnung zufolge der Kurfürst zwar regelmäßig an den Geheimratssitzungen teilnahm und auch Entscheidungen im Kollegium traf, sich aber für schwierige Angelegenheiten die Entscheidungsfällung im Geheimen, in seinem Kabinett vorbehielt. Obwohl es schon das "Kabinett" gab, existierte noch keine Kabinettsregierung; vielmehr regierten die Kurfürsten Friedrich Wilhelm und sein Sohn und Nachfolger, der spätere erste preußische König, insofern noch im und mit dem Geheimen Rat.[12] Als Kennzeichen für eine absolutistische Regierung ist es anzusehen, wenn und soweit der Landesherr ohne die Mitwirkung der Landstände regieren kann.[13] Die absolute Monarchie entledigte sich sowohl der feudalen wie ständischen Mitregierung, die sich infolge der Steuererhebung zur Deckung des hohen Finanzbedarfs am Ausgang des Mittelalters entwickelt hatte. Die dergestalt ständisch beschränkte Monarchie wurde u. a. nicht unmaßgeblich durch die Aufstellung stehender Heere und deren Finanzierung mittels Steuererhebungen, welche nicht mehr der Zustimmung der Stände bedurften, denen das Steuerbewilligungsrecht entwunden wurde, indem die Erhebung als Notstandsfall deklariert wurde[14], überwunden.[15] Von ausschlaggebender Bedeutung hierfür war die Aufstellung eines stehenden Heeres 1644 (bedingt durch die vom Kurfürsten im Dreißigjährigen Krieg gemachten Erfahrungen), das in Friedenszeiten möglicherweise vermindert, aber nicht gänzlich aufgelöst wurde und welches nur ihm als Landesherr verpflichtet war (im Gegensatz zu den Söldnerheeren).[16] Über die Finanzierungsfrage eines solchen stehenden Heeres durch Steuerbewilligung kam es zur Auseinandersetzung des Kurfürsten mit den Ständen.[17] Die verschiedentlich von ihm abgeschlossenen Landtagsrezesse (vor allem der von 1653[18]) bedeuteten nicht durchweg eine Durchsetzung fürstlicher Positionen. Gleichwohl begnügte sich der Große Kurfürst mit dem jeweils Erreichten, um schrittweise seine Machtpo-

---

[11] Hartung, Studien, S. 187; ders., Verfg., S. 111; Hinrichs, Der Gr. Kurfürst, S. 241; Koch, S. 133; Meisner, 227.

[12] Koch, S. 134; Neugebauer, S. 73; ders., in: Brandenburgische Geschichte, S. 326.

[13] Willoweit, Verfg., S. 156.

[14] Schwennicke, S. 305.

[15] v. Aretin, a.a.O., Sp. 627; F. Ebel, RG II, S. 23/RdNr. 435; Meisner, S. 220; W. Ebel, Legaldefinitionen S. 70; Hattenhauer, S. 411; Schulze, S. 113; Vierhaus, S. 142.

[16] Hinrichs, Der Gr. Kurfürst, S. 233f., 235.

[17] Ders., ebendort, S. 237.

[18] CCM VI/I, Nr. 68.

sition auszubauen, denn der Absolutismus befand sich unter seiner Ägide erst im Aufbau.[19] Trotz gewisser Zugeständnisse an die Landstände ging die Eindämmung des ständischen Einflusses auf die Regierung der einzelnen Landesteile mit der Begründung des Absolutismus einher, der sich seit seiner Regentschaft im inneren entwickelte.[20]

Auch seine Bemühungen um die Schaffung einer Zentralverwaltung müssen im Zusammenhang mit dem Bestreben, den verstreuten Territorialbesitz zu einem Gesamtstaat zusammenzufassen und diesen zentralistisch und absolutistisch zu regieren, gesehen werden.[21] Insofern wird der Große Kurfürst als der Baumeister des brandenburgisch-preußischen Gesamtstaates angesehen. Damals besaßen die einzelnen Territorien noch Ratskollegien als oberste Behörden, auf welche die Stände im Besetzungswege ihren Einfluß ausübten, indem diese Positionen vorwiegend nur den Landeskindern und teilweise dem Adel vorbehalten blieben. In Brandenburg gab es als solche Behörde den Geheimen Rat, der durch die vom Grafen Georg Friedrich von Waldeck, dem seinerzeit einflußreichsten Berater des Großen Kurfürsten, verfaßte Geheimratsordnung vom 4. Dezember 1651 neu organisiert und zur Zentralbehörde für alle kurfürstlichen Lande gemacht wurde. Im Zuge der Neuorganisation des Ratskollegiums wurden feste Referate (insgesamt 19 an der Zahl[22]) für die verschiedenen Zweige der Staatsverwaltung eingerichtet. Jedoch war diese Form der Verwaltungsorganisation nicht sonderlich praktikabel, so daß vor allem im Bereich der Finanzverwaltung neben dem Geheimen Rat bestehende selbständige Behörden geschaffen wurden.[23] Weil aber bei dieser Organisationsform ein Dualismus der einzelnen Behörden unter- und gegeneinander vorprogrammiert und nicht zu vermeiden war[24], schuf Friedrich Wilhelm I. im Dezember 1722 schließlich das General-Ober-Finanz-Kriegs- und Domänendirektorium, abgekürzt als Generaldirektorium bezeichnet. Neben der Finanzverwaltung wurden dem Geheimen Rat im Laufe der Zeit aber auch noch andere Zuständigkeiten (wie z. B. die auswärtigen Angelegenheiten) entzogen, so daß sein Zuständigkeitsbereich ausgehöhlt wurde und ihm als Aufgabengebiete schließlich nur noch die geistlichen und Justizangelegenheiten verblieben.[25] Die Einheitlichkeit der Staatsverwaltung wurde deshalb vor allem durch die Person des Herrschers verkörpert und weniger durch eine straffe Zentralisierung des Behördenapparates. Der Kö-

---

[19] Hartung, Verfg., S. 102-105.

[20] Gehrke, S. 321; Schmidt, Rechtsentwicklungen, S. 9; Meisner, S. 226.

[21] Hartung, Studien, S. 187.

[22] Giese, RG, S. 46.

[23] Hartung, Verfg., S. 107ff.; Vogel, in: Dt. VerwG., S. 879f.

[24] Hinrichs, Zentralverwaltung, S. 143.

[25] Zum Generaldirektorium insgesamt vgl. Hubatsch, in: Dt. VerwG., S. 899ff.; Neugebauer, in: Brandenburgische Geschichte, S. 340.

nig war die sämtliche Behörden verbindende Instanz, in seiner Person bündelten sich alle Fäden der Staatsverwaltung. (Insofern war auch die Krönung von Kurfürst Friedrich III. zum König in Preußen von Bedeutung, weil dadurch ein die Einzelterritorien zusammenfassendes und -haltendes Symbol in Form der Königskrone und des –titels geschaffen wurde, so daß auch der Begriff des Königreichs Preußen synonym für den des Gesamtstaates verwandt wurde.) Mit dieser Entwicklung einhergehend schieden der Kurfürst und später die Könige aus ihrem Beraterkreis aus und stellten sich damit über ihre Behörden. Die hergebrachte altterritoriale Form der Regierung im Rate, die der Geheimratsordnung des Großen Kurfürsten noch zu entnehmen war, wurde im Entwicklungsverlauf durch die fürstliche Selbstregierung aus dem Kabinett verdrängt. Letztere Regierungsform wurde endgültig von König Friedrich Wilhelm I. praktiziert.[26] Genau darin liegt aber der Unterschied zwischen dem Frühabsolutismus unter dem Großen Kurfürsten und der dem Hochabsolutismus zuzuordnenden Regierungsweise seit Friedrich Wilhelm I.[27], der den Staatsabsolutismus in Preußen zu seiner ersten Hochform entwickelt und verfeinert hat. Denn Autokratie bedeutet die Unabhängigkeit des Monarchen von ständischen und ministeriellen Widerparts.[28] Im Gegensatz zu seinem Vater, dem ersten König in Preußen, der noch häufig an den Geheimratssitzungen teilgenommen hatte, unterließ dieses der Soldatenkönig (zunächst und primär bedingt durch persönliche Unsicherheit, später dann ganz bewußt), obwohl er sich nach der von ihm selbst verfaßten Instruktion für das von ihm geschaffene Generaldirektorium das Präsidium in selbigem vorbehielt (was durch einen leeren Stuhl symbolisiert wurde; seit 1723 hat der König dann an keiner Arbeitssitzung des Generaldirektoriums mehr teilgenommen[29]). Über die Sitzungen ließ er sich Bericht erstatten. Diese Form der Regierung aus dem Kabinett wurde von seinem Sohn und Nachfolger Friedrich II. beibehalten.[30] Ebenso übernahm er die vorgefundene Verwaltungsorganisation, ohne sie zu reformieren, obwohl wegen eines nicht unerheblichen Gebietszuwachses unter seiner Regierung (Schlesien, Ostfriesland und West-Preußen) hierfür ein Bedürfnis bestanden hätte. Friedrich der Große gab dem Generaldirektorium 1748 zwar eine neue Instruktion[31], änderte es aber nicht grundsätzlich um. Einer Zersplitterung der ursprünglich gewollten Zentralverwaltung wirkte der König nicht entgegen;

---

[26] F. Ebel, RG II, S. 24/RdNr. 436; Hinrichs, Zentralverwaltung, S. 151; Neugebauer, S. 75.

[27] Baumgart, Einl., S. 7; Giese, RG, S. 58.

[28] Baumgart, Einl., S. 7; Meisner, S. 230.

[29] Hinrichs, Zentralverwaltung, S. 149, 157; Neugebauer, S. 79.

[30] Schmidt, Rechtsentw., S. 10, 15; Hartung, Studien, S. 191; ders., VerfG, S. 120; Neugebauer, in: Brandenburgische Geschichte, S. 342; Giese, RG, S. 71.

[31] Hentschel, Merkantilismus, S. 141.

vielmehr beförderte sein Regierungsstil noch diese Entwicklung, weil er oft unter Umgehung des Generaldirektoriums mit den Kammerpräsidenten der Provinzen direkt korrespondierte und die Provinz Schlesien überhaupt nicht dieser Behörde unterstand[32], sondern einen eigenen – dem König direkt unterstellten – Minister besaß. Die Einheitlichkeit der Verwaltung, die starke Zerfallserscheinungen aufwies, bestand unter seiner Regentschaft nunmehr ausschließlich in der Person des Königs.[33] Diese Dezentralisierung der Verwaltung mochte unter seiner Herrschaft noch angehen, weil er sich den Überblick über die einzelnen Ressorts bewahrte[34], wurde aber hinsichtlich einer – in gewisser Weise durchaus berechtigten – Sorge wegen der Fähigkeiten seines Neffen und Nachfolgers Friedrich Wilhelm II. bedenklich. Unter ihm begann dann auch die Auflösung der monarchischen Selbstregierung. Zwar wollte Friedrich Wilhelm II. als König die alte Einheit der Verwaltung durch eine Rückbildung des Generaldirektoriums auf seine ursprüngliche Ausgestaltung wieder herbeiführen. Trotzdem fand unter diesem Monarchen eine Verschiebung des Gewichts von der Person des Königs auf die Behörde statt; an die Stelle der königlichen Entscheidung aus dem Kabinett trat eine aus Günstlingen (vor allem Wöllner und Bischoffswerder, aber auch Haugwitz) bestehende und mit signifikantem Einfluß ausgestattete Beraterclique.[35] Obwohl auch dieser Monarch noch mit Hilfe von Kabinettsordern regierte, war die primäre Funktion der Kabinettskanzlei unter ihm aus dem angeführten Grund nicht mehr, Expeditionssstelle seines königlichen Willens zu sein.[36] Die Staatsangelegenheiten selbständig zu entscheiden mangelte es dem eher den Lebensgenüssen zugewandten König an Energie und Durchsetzungsvermögen.

Gemäß der hier vorgenommenen zeitlichen Einteilung ist für den ungefähr anderthalb Jahrhunderte umspannenden Untersuchungszeitraum die Gesetzgebungstätigkeit von vier Herrschern darzustellen. Es handelt sich hierbei um die Kurfürsten Friedrich Wilhelm, genannt der Große Kurfürst (1640-1688) und Friedrich III., seit 1701 als König in Preußen Friedrich I. (1688-1713), sowie der Könige Friedrich Wilhelm I., der sogenannte Soldatenkönig (1713-1740) und Friedrich II., der Große (1740-1786). Jeweils am Anfang und Ende stehen die fast ein Semisäkulum dauernden und damit je ein Drittel des Zeitraumes einnehmenden Regentschaften des Großen Kurfürsten (= 48 Jahre) und Fried-

[32] Ders., ebenda, S. 144.

[33] Hartung, Studien, S. 202, 204; Schmidt, Rechtsentw., S. 15; Neugebauer, S. 86; Vierhaus, S. 143.

[34] Hartung, VerfG, S. 125.

[35] Hartung, VerfG, S. 126; Hubatsch, Friedrich u. Verw., S. 225; Meisner, S. 553; Neugebauer, S. 95.

[36] Neugebauer, S. 96f.

richs des Großen (= 46 Jahre). Das restliche Drittel teilen sich zur Hälfte Friedrich I. (= 25 Jahre) und der Soldatenkönig (= 27 Jahre).

Wenn nun die "Staatsschutzgesetzgebung" untersucht werden soll, muß des weiteren geklärt werden, wie dieser Rechtsbegriff zu verstehen und welche Gesetzesmaterie darunter zu subsumieren ist. Als Prämisse ist dabei zu bedenken, daß es sich um einen neuzeitlichen Terminus handelt, welcher der staatstheoretischen Begrifflichkeit des 18. und 19. Jahrhunderts fremd ist. Das bedeutet, daß dieser Begriff nicht ohne weiteres für den Untersuchungszeitraum verwendet werden kann. Dieses hängt mit dem hier nur erwähnten, gleichwohl nicht verkannten Problem zusammen, daß es sich überhaupt verbietet, historische Vorgänge allein aus der Gegenwartsperspektive zu beurteilen, in Kenntnis ihres zwischenzeitlich genommenen historischen Entwicklungsverlaufs. Vielmehr ist jede Historie aus ihren Zeitumständen heraus zu würdigen. Unter Staatsschutz im modernen Sinne wird die Vielfalt jener Rechtsnormen und Maßnahmen verstanden, die der Erhaltung des Status quo eines Gemeinwesens dienen. Die Ziele und Methoden sowie sonstigen Merkmale des Staatsschutzes müssen dabei im Kontext mit dem jeweiligen System gesehen werden, zu dessen Erhalt sie ja gerade bestimmt sind. Aufgabe der den Staat schützenden Normen und Maßnahmen ist es, die Funktionsfähigkeit der Staatsorgane, die Durchsetzung des Rechtsgehorsams und den Fortbestand der staatlichen Wirkungseinheit als solcher zu sichern. Wird der Staatsschutzbegriff extensiv aufgefaßt, kommt so der gesamten Rechtsordnung staatsschützender Charakter zu, weil sie für die Weiterexistenz dieser staatlich gerade so verfaßten Gesellschaft Voraussetzung ist.[37] Ein derartig extensiv aufgefaßter Staatsschutzbegriff würde sicherlich zu weit führen und dadurch auch ungenau sein. Deshalb müssen Abgrenzungskriterien gefunden werden. Entscheidend für die Zuordnung einer Norm zu den Staatsschutzgesetzen soll deshalb ihr durch Auslegung zu ermittelnder Schutzzweck (= Rechtsgut) sein. Demnach sind unter diesem Begriff jene Rechtssätze zu subsumieren, welche den Staat in seiner Existenz, territorialen Integrität, Selbständigkeit und in seiner Machtstellung im Verhältnis zu anderen Staaten zum Schutzzweck haben.[38]

Damit gehört zur Kategorie der Staatsschutzgesetze im eigentlichen Sinne das politische Strafrecht, welches auch historisch am Anfang der Legalordnung angesiedelt wird.[39] Wegen der staatstheoretischen Gleichsetzung des Staates mit der Person des Herrschers[40] – als Stichwort ist hier "l'etat c'est moi"[41] zu

[37] Piepenstock, S. 442.

[38] Blei, Sp. 2201.

[39] Schroeder, Der strafrechtl. Schutz, S. 7.

[40] Conrad, in: Svarez, S. XI.

nennen – im Hochabsolutismus ist an erster Stelle der Staatsschutzgesetze vor allem das Majestätsverbrechen, das crimen laesae maiestatis anzuführen. Aber bereits in der Spätzeit des Absolutismus wird diese Inkarnation aufgehoben und zwischen dem Staat als Schutzobjekt einerseits und der Person des Potentaten andererseits unterschieden. Den Schlußpunkt des hier zu untersuchenden Entwicklungsverlaufs stellt insofern das Allgemeine Landrecht für die Preußischen Staaten (ALR) von 1794 dar, als es den Schutz des Herrschers im Staatsschutz einbettet und erstmals zwischen Hoch- und Landesverrat trennt.[42] Im Konstitutionalismus liegt der Schwerpunkt des Staatsschutzes dann vor allem auf dem Verfassungsschutz.

Unter der Prämisse, daß für die Einordnung einer Norm als staatsschützend ihr im Wege der Auslegung zu ermittelnder Schutzzweck ist (s. o.), sollen unter dem Begriff der Staatsschutzgesetze hier nicht nur die klassisch zu nennenden Gesetze, wie die das Paß-, Zensur- und Pressewesen betreffenden verstanden werden, sondern – zumindest in einem weiteren Sinne – auch solche Normen, die auf der Grundlage des Merkantilismus und der von ihm intendierten Autarkie des Staates die wirtschaftliche Prosperität Preußens zu fördern und zu schützen bestimmt waren. Hierzu zählen beispielsweise auch bevölkerungspolitische Legislativakte. Im Anhang zu dieser Arbeit befindet sich eine nach Sachgruppen und innerhalb dieser chronologisch geordnete Liste der einschlägigen Vorschriften.

Weil der Untersuchungsgegenstand die den Staat schützende Gesetzgebung ist – wobei sich der Verfasser sehr wohl bewußt ist, daß sich anhand dieser keineswegs das Verwaltungshandeln sprich ihre tatsächliche Handhabung ablesen läßt, wie schon Touqueville in Bezug auf die Gesetzgebung der französischen Könige konstatierte[43] – ist hierbei ersteinmal von den einschlägigen Kodifikationen auszugehen. Es handelt sich dabei um die drei Landrechtsgesetzbücher für das Herzogtum Preußen von 1620, 1685 und 1721. Den Schlußstein bildet das Strafrecht des ALR's von 1794, welches – obschon erst nach dem Tode Friedrichs des Großen in Kraft getreten und damit zeitlich außerhalb des hier gesteckten Untersuchungszeitraumes liegt – gleichwohl die Kodifikation seiner Ära, des aufgeklärten Absolutismus darstellt.[44] Die diesbezügliche Kabinettsorder datiert vom 14. April 1780 und Teile des ersten Entwurfes wurden noch zu

---

[41] Vgl. hierzu: F. Hartung, L'Etat c'est moi, in: Staatsbildende Kräfte, Berlin 1961, S. 93ff.

[42] Schroeder, Der strafrechtl. Schutz, S. 35, 39.

[43] A. de Tocqueville, Der alte Staat und die Revolution, hrsg. v. J. P. Mayer, München 1978, S. 78 ("Wer die Regierung jener Zeit nach der Sammlung ihrer Gesetze beurteilen wollte, würde in die lächerlichsten Irrtümer geraten.").

[44] Conrad, Staatsgedanke, S. 14; Wieacker, S. 331.

seinen Lebzeiten publiziert, was den König zu der bekannten Äußerung veranlaßte, daß "es aber sehr Dikke (ist) und Gesetze müßen Kurtz und nicht weitläufig seindt"[45].

Die Arbeit basiert im Wesentlichen auf einer Auswertung des sogenannten "Mylius"[46], des (Novum) Corpus Constitutionum Marchicarum, die auch nach dem Tode ihres Begründers 1760 fortgeführt wurde. Bei dieser Sammlung handelt es sich um eine Art Gesetz- und Verordnungsblatt der Zeit, das zwar nicht offiziell und ganz vollständig, so doch aber "mit königlicher allergnädigster Bewilligung colligiret" wurde, wobei das Vorhaben von Mylius wohl eher als collectio historica denn als neue Publikation derer Gesetze gedacht war.[47] Insofern das Resümee vorwegnehmend kann beim "Mylius" davon ausgegangen werden, daß alle wesentlichen Gesetzgebungsakte darin publiziert wurden. Obwohl es sich bei dieser Sammlung um kein staatliches Gesetz- und Verordnungsblatt handelte (eine amtliche Sammlung gab es in Preußen erst seit 1810 mit der Gesetzes-Sammlung für die Königlich Preußischen Staaten), wurden alle Magistrate, Beamten und Kreisvorgesetzten zur Anschaffung dieser teils chronologisch teils systematisch sortierten Sammlung von Einzelgesetzen angehalten, um sich über die Gesetzeslage auf dem Laufenden zu halten. Dieser durch zwei Rescripte vom 3. bzw. 8. IV. 1755[48] erneuerten Verpflichtung ist aber nicht immer gehörig nachgekommen worden, was wiederum zu finanziellen Einbußen bei der mittlerweile mit der Gesetzespublikation betrauten Akademie der Wissenschaften führte. Um diesem Mißstand abzuhelfen, sollten zwar nicht diejenigen Domänenämter, wo selbst Gerichtsstuben etabliert waren, abnahmeverpflichtet sein, weil diese Exemplare besaßen, Justizbeamte hatten aber die Gesetzessammlung zu beziehen. Um für die solchermaßen verpflichteten Beamten die Kosten zu begrenzen, sollten ihre Nachfolger die Sammlung gegen eine billige Vergütung von ihren Amtsvorgängern erwerben, Rescript vom 8. IX. 1778[49].

Die Legitimität eine Untersuchung und Darstellung wie diese auf eine solche Sammlung zu stützen, hängt von der Vollständigkeit derselben ab. Die Frage der Vollständigkeit (und des Erfordernises einer amtlichen Gesetzessammlung) wird zumindest mitbedingt durch das Gebot, die erlassenen Gesetze auch zu veröffentlichen, weswegen zunächst einmal auf das Veröffentlichungserforder-

---

[45] Conrad, in: Svarez, S. XVII; Schwennicke, in: Jus, 1994/S. 456ff.

[46] Zu Christian Otto Mylius (1678-1760) vgl.: Eisenhart, in: ADB, Bd. 23, Leipzig 1886, Neudr. 1970, S. 139f.; Gehrke, S. 323f.; Gundermann, S. 19; Stölzel, Vorträge, S. 125.

[47] Wolf, Publikation, Sp. 89.

[48] NCCM 1751-60, 1755/Nr. 30 u. 32.

[49] AB/B.O., Bd. 13, Nr. 411 = S. 498f.

nis für Gesetze eingegangen werden soll. Das ALR postulierte ein solches Publikationserfordernis in Einl. §§ 10, 11, wo es u.a. heißt, daß Gesetze erst nach ihrer gehörigen Bekanntmachung in Kraft treten.[50] Unter einer solchen verstand das Gesetz die öffentliche Anschlagung an den gewöhnlichen Orten und die auszugsweise Postulierung in den Intelligenzblättern der jeweiligen Provinz, für welche die neu erlassenen Gesetze gelten sollten. Nun war aber das Gebot der Gesetzespublikation auch schon vor dem Inkrafttreten des ALR bekannt, wenngleich auch keine zwingende Wirksamkeitsvoraussetzung. Dieses Erfordernis reicht zurück bis in die Antike auf den Grundsatz, wonach Gesetze demjenigen, den sie binden sollen, auch bekannt sein müssen (Justinian, Cod. 1, 14, 9[51]). Deswegen wurde die Promulgation eines Gesetzes, worunter seine Ausfertigung zu verstehen ist, als Wirksamkeitsvoraussetzung für selbiges angesehen (wobei strenggenommen zwischen Promulgation und Publikation zu unterscheiden ist, aber beide Begriffe auch häufig synonym verwendet wurden).[52] Dieser antike Rechtsgrundsatz wurde im Rezeptionswege übernommen.[53] Im weiteren Entwicklungsverlauf entfiel dann diese Wirksamkeitsvoraussetzung, gleichwohl wurde sie vom Grundsatz her beachtet. Die Publikationspraxis ab dem Spätmittelalter und der frühen Neuzeit sah nun dergestalt aus, daß die landesherrlichen Gesetze öffentlich angeheftet oder vor Rathäusern und von Kanzeln verlesen wurden.[54] Eine Verordnung vom 21. I. 1716[55] bestimmte hierzu beispielsweise, daß die Verlesung von den Kanzeln auf Gesetze beschränkt bleiben sollte, die Glaubens- und Kirchenangelegenheiten betrafen; alle anderen sollten vor dem Gottesdienstbeginn vom Küster oder Schulmeister vor der Kanzel verlesen werden, welches der Gemeinde am vorherigen Sonntag bekanntzugeben war. Um eine Kenntniserlangung durch die Kirchenbesucher sicherzustellen, war darauf zu achten, daß selbige auch bis zur Verlesung beisammen blieben, falls sie nach der Predigt erfolgte. Dieses garantierte aber keineswegs eine generelle Verbreitung der Gesetzeskenntnis. Das ob und wie

---

[50] Conrad, Dt. RG II, S. 385.

[51] Die hochheiligen Gesetze, welche für alle Menschen die Richtschnur ihrer Lebensweise enthalten, müssen auch Allen bekannt sein, damit Jedermann, nachdem er die Bestimmungen derselben genau begriffen hat, das Verbotene unterlassen und das Erlaubte vollbringen möge. Sollte aber in diesen Gesetzen vielleicht eine Dunkelheit vorkommen, so ist es Sache des Kaisers, dieselbe aufzuklären, und eine Strenge des Gesetzes, welche sich mit Unserer Menschenliebe nicht vereinigen lässt, zu mildern. (zitiert nach: Das Corpus Juris Civilis, in's Deutsche übersetzt, hrsg. v. C. E. Otto u.a., Neudr. d. Ausg. Leipzig 1832, Aalen 1984; Bd. 5, S. 173f.).

[52] Wolf, Publikation, Sp. 85.

[53] Giese, S. 467.

[54] Conrad, Dt. RG II, S. 357, 361; Willoweit, Gesetzespublikation, S. 604.

[55] CCM I/1, Nr. 94 = AB/B.O., Bd. 2, Nr. 151 = S. 314f.; vgl. a. CCM I/1, Nr. 82 = VO vom 21. XII. 1711.

(auch Übersendung von gedruckten Exemplaren an die einzelnen Behörden und Gerichte zu ihrer Kenntnisnahme) der Veröffentlichung von Gesetzen hing jedoch vom Willen des Landesherrn ab.[56] Er war der Träger und als solcher alleiniger Inhaber der Staatsgewalt und damit auch Herr über die Publikation der Gesetze.[57] Das bedeutete aber keineswegs eine von staatlicher Seite willkürliche Handhabung der Gesetzespublikation, vielmehr wurden hierbei auftretende Unregelmäßigkeiten gerügt und versucht, sie abzustellen, weswegen die zuständigen Kollegien gehalten waren, Registraturbücher, in denen sämtliche Edikte mit dem Datum ihres Eingangs und ihrer Veröffentlichung einzutragen waren, zu führen, und jede Gerichtsstube war verpflichtet, ein Ediktexemplar aufzubewahren, Erlaß vom 17. VIII. 1715[58]. Die beispielsweise von König Friedrich Wilhelm I. am 24. VIII. 1717 erlassene Verordnung wegen der Bekanntgabe von Gesetzen etc.[59] differenzierte zwischen einer ordentlichen und einer außerordentlichen Bekanntmachung. Erstere vollzog sich durch den Anschlag des Gesetzes in Städten und auf dem platten Lande sowie durch Verlesen des Textes durch den Küster von der Kanzel. Die zweite Publikationsform mußte in dem betreffenden Edikt besonders vorgeschrieben werden und bestand in der Verlesung durch den Prediger von der Kanzel und Wiederholung derselben in bestimmten zeitlichen Abständen (wobei aber das wiederholte Verlesen nichts mehr mit der Publikation des Gesetzes zu tun hatte). Zusätzlich war daneben noch der Aushang an bestimmten Orten und der Abdruck in Zeitungen und Intelligenzblättern vorgesehen. Die mit der Veröffentlichung betrauten Amtsstellen hatten eine genügende Anzahl drucken zu lassen, und die Edikte waren mit ihrem Inhalt und der verteilten Druckexemplarzahl zu registrieren, ebenso welche Orte das Gesetz zu Publikationszwecken erhalten hatten. Dörfer bekamen zwei Exemplare, wovon eines anzuschlagen und das andere zu verlesen war, wobei die Untertanen (Dorfgemeinde) bei Strafandrohung die Kirche nicht vor der Verlesung verlassen durften. In der zu dem Staatsgebiet neu hinzugekommenen Provinz Schlesien oblag die Gesetzespublikation demgegenüber grundsätzlich den Kriegs- und Domänenkammern, zu welchem Behufe sie sich der Land- und Steuerräte bedienen sollten, Mandat vom 25. V. 1743[60]. Feste Regeln für den zu wählenden Publikationsweg gab es jedenfalls nicht, meistens wurde er aber in dem Gesetz selbst benannt. Außerdem mußte ein Gesetz nicht zwingend notwendig vollständig oder überhaupt veröffentlicht werden (als Ausnahmefälle die sogenannten Geheimgesetze, die dennoch Rechts-

---

[56] W. Ebel, Gesetzgebung, S. 74.

[57] Hubrich, S. 15, 17.

[58] CCM II/1, Nr. 143 = AB/B.O., Bd. 2, Nr. 116 = S. 267f.

[59] CCM II/1, Nr. 160 = AB/B.O., Bd. 2, Nr. 293 = S. 573ff.; Hubrich, S. 16; Schömig, S. 120f.; Wolf, in: Coing I, S. 558ff.

[60] AB/B.O., Bd. 6/2, Nr. 334 = S. 601.

verbindlichkeit besaßen). Dabei konnte nicht ausgeschlossen werden, daß es hinsichtlich der Geltungskraft solchergestalt publizierter Gesetze(-sänderungen) auch zu Unsicherheiten kommen konnte, wie sich beispielhaft aus einem anfragenden Bericht der Magdeburgischen Kammer, ob die seit dem Erscheinen des Codex Fridericianus ergangenen modifizierenden oder ergänzenden Rescripte zu berücksichtigen seien oder nicht, erhellt, was der damalige Großkanzler von Jariges in seinem Antwortschreiben unter Hinweis auf deren Veröffentlichung im "Mylius" bzw. der von der Akademie der Wissenschaften herausgegebenen Nachfolgesammlung bejahte.[61] Schon wegen dieses Aspektes der Unterrichtung der zuständigen Staatsdiener mußte die quasi staatliche Sammlung um eine zumindest relative Vollständigkeit bemüht sein.

Der bis dato vorherrschenden herrscherlichen "Willkür" bezüglich des zu wählenden Publikationsweges wurde erst im Zuge der staats-(re-)organisatorischen Umwälzungen aufgrund der Katastrophe und des Zusammenbruchs von 1806/07 eine Absage erteilt. Die bisher vorherrschende "materielle Publikation" (= obrigkeitlich das Gesetz nach Möglichkeit der allgemeinen direkten Kenntnisnahme durch die Untertanen zuzuführen) wurde zugunsten einer "formellen Publikation" aufgegeben. Aus diesem Grunde wurde ein offizielles und obligatorisches Gesetzesblatt ins Leben gerufen, nämlich die bereits oben erwähnte Gesetzessammlung für die Königlich-Preußischen Staaten, worin die preußischen Gesetze aufzunehmen waren und an deren Erscheinen in dieser Sammlung sich die Gesetzeswirkung der einzelnen Legislativakte knüpfen sollte (Verordnung vom 27.10.1810). Der Gesetzesabdruck war außerdem im betreffenden Amtsblatt der Monarchie anzuzeigen, wobei eine vollständige Veröffentlichung darin genügte.[62] Trotzdem behielt der König die Wahl über den zu wählenden Publikationsweg und davon abweichend ergangene Vorschriften erlangten auch Gesetzeskraft.[63] Diese formelle Gesetzespublikation ist in Preußen von Frankreich übernommen worden.[64]

Ist damit zunächst nur auf den Zusammenhang zwischen Publikationserfordernis und amtlicher Gesetzessammlung hingewiesen worden, so bleibt das hinsichtlich des "Mylius" vorweggenommene Ergebnis noch zu begründen. Der Editor erhielt bereits 1715 ein auf zwanzig Jahre befristetes Privileg für die Sammlung und Herausgabe brandenburgischer Edikte, welche nach dem Vorbild seiner bereits erstellten Magdeburger Ediktensammlung geschehen sollte. Dieses Privileg wurde 1735 für weitere zwanzig Jahre verlängert, und es erschien dann 1737 der erste Band des "Corpus Constitutionum Marchicarum",

---

[61] AB/B.O., Bd. 12, Nr. 229 = S. 343f.

[62] Hubrich, S. 43.

[63] Ders., S. 47.

[64] Giese, S. 468; Hubrich, S. 35f., 38ff.; Stölzel, Bd. II, S. 418f.

wobei Gegenstand der Sammlung dem Privileg zufolge "Ordnungen, Edicta, Mandata, Rescripta decisiva, Landtags-Abschiede" sein sollten. Bevor sie im "Mylius" veröffentlicht werden konnten, war eine Vorzensur bestimmt. Hinsichtlich der Zensur vor der Veröffentlichung eines Ediktes ordnete ein Rescript vom 30. XI. 1765[65] an, daß von den allgemeinverbindlichen Gesetzen eine Abschrift an den Geheimen Finanzrat Kahle als dem zuständigen Zensor des Generaldirektoriums für die von der Akademie publizierten Gesetze zuzustellen war. Für in Justizangelegenheiten einschlägige Bestimmungen bestellte ein Rescript vom 28. XII. 1765[66] den Kammergerichtspräsidenten von Rebeur zum Zensor. Seit 1751 übernahm dann die Akademie der Wissenschaften die Herausgabe der Fortsetzungsbände. Hierzu ermächtigte sie ein Privileg vom 7. V. 1748, nachdem der ursprüngliche Herausgeber noch die ersten Fortsetzungen selbst ediert hatte bevor er 1752 pensoniert wurde. Ab diesem Zeitpunkt hieß das Werk auch "Novum Corpus Constitutionum". Aus den von 1752 bis 1807 geführten "Acta betreffend die Inserierung der Verordnungen in die Edicta-Sammlung und die davon eingereichten Verzeichnisse" läßt sich entnehmen, daß diese Sammlung nun tatsächlich relativ vollständig ist, denn danach fanden nur solche Edikte, Verordnungen etc. darin keine Veröffentlichung, denen überwiegend eine lokale Bedeutung zukam. Es läßt sich somit berechtigterweise schlußfolgern, daß dieser Sammlung – vor allem auch unter dem Aspekt der maßgeblichen Mitwirkung von Zensoren aus dem Generaldirektorium – eben nicht bloß offiziöser, sondern quasi amtlicher Charakter zukam. Denn die Vollständigkeit dieser Sammlung war durch die turnusmäßigen Spezifikationen zumindest intendiert.[67]

Inwieweit sich aus einer Untersuchung der Gesetzgebung aussagekräftige Ergebnisse formulieren lassen, hängt neben der bereits erwähnten Vollständigkeit der herangezogenen Sammlung weiterhin davon ab, ob staatliches Handeln, speziell das hoheitliche Eingriffsverhalten überhaupt einer gesetzlichen Grundlage bedurfte und inwiefern es für den Bürger/Untertan gegebenenfalls auch gerichtlich überprüfbar gewesen ist. Dafür ist die Stellung des Potentaten und die Herleitung seiner Macht nach der Staatstheorie der Zeit einerseits, zum anderen die Rechtsschutzfrage, vor allem der verwaltungsrechtliche, d.h. eine Überprüfung durch unabhängige Gerichte, maßgeblich, was wiederum mit der Trennung zwischen Justiz und Verwaltung zusammenhängt.

Die Staatstheorie im 17. und 18. Jahrhundert war vor allem vom Naturrechtsgedanken beeinflußt. Unter Naturrecht ist dasjenige Recht zu verstehen, welches unabhängig von irgendeinem menschlichen Geltungsgebot besteht

---

[65] AB/B.O., Bd. 13, Nr. 358 = S. 706.

[66] AB/B.O., Bd. 13, Nr. 396 = S. 762ff., 764f.

[67] Willoweit, Gesetzespublikation, S. 608.

(Hans Thieme), wobei zwischen einem Naturrecht im weiteren und einem solchen im engeren Sinne zu unterscheiden ist. Wird ersteres als die Grundsätze einer gerechten Ordnung zwischenmenschlicher Beziehungen aufgefaßt, so versucht das letztere eine Antwort auf das Gerechtigkeitsproblem zu finden. Der Maßstab für das Richtige orientiert sich an dem Seienden, der Natur. Das Sollen ist dem Sein zu entnehmen, d.h. der Weltordnung, der Natur des Menschen oder der Sache. Dieses philosophische Naturrechtsgedankenmodell gab es schon in der Antike (Sophisten [Antiphon, Kallikles, Platon, Gorgias], im weiteren Sinne aber auch bei Aristoteles in seiner "Nikomadischen Ethik" [V 10], später auch Cicero in "De legibus" [I 6 § 18]). Die Entwicklungslinie führt dann über das Mittelalter (Thomas von Aquin) und die frühe Neuzeit (Spinoza) hin zu den Naturrechtlern des Barockzeitalters (Grotius [der Naturrecht als dasjenige Recht definierte, welches es selbst dann geben würde, wenn es Gott nicht gäbe und es damit über das primär in den zehn Geboten offenbarte göttliche Recht stellte[68]], Pufendorf, Wolff).[69]

Hinsichtlich der Motivation für Staatengründungen als Gemeinschaftszusammenschluß gingen die barocken Naturrechtler gedanklich davon aus, daß dem Menschen ein sozialer Trieb innewohne, der so apostrophierte Appetitus societatis. Insofern sei der Mensch ein geselliges/soziales Wesen. Grotius zufolge dränge dieser Trieb den Menschen mit seinesgleichen in einer friedlichen und vernünftig geordneten Gemeinschaft zu leben.[70] Pufendorf hingegen sah in diesem Appetitus societatis nicht die treibende Ursache für die Staatengründung, weil dieser Trieb auch in kleineren sozialen Formen, wie der Familie, befriedigt werden kann.[71] Vielmehr erblickte er im Menschen ein auf Selbsterhalt bedachtes Wesen. Dieses Ziel schafft der Mensch aber nicht alleine zu verwirklichen, sondern er bedarf hierzu der Mithilfe seiner Mitmenschen. Deshalb muß der Mensch zum Zwecke seiner Selbsterhaltung gemeinschaftlich leben. ("Nächst Gott gibt es nichts auf der Welt, was dem Menschen mehr hilft und nützt als der Mensch selbst."[72]) Weil der menschlichen Natur aber Triebe zu eigen sind, welche mit ihrer Bedürfnisdeckung noch nicht gestillt sind, bedarf es für ein gedeihliches Zusammenleben bestimmter Pflichten, die es zu beachten und einzuhalten gilt. Diese allgemeinsten Menschenpflichten ergeben sich aus der Vernunft und ihre Erfüllung befähigt den Menschen überhaupt erst dazu, in Gemeinschaft mit seinesgleichen zu leben. Weil sich diese Pflichten aus der Vernunft bzw. dem Naturrecht, welches sich wiederum aus der Notwendigkeit

---

[68] Hattenhauer, S. 388; Möbus, S. 85.

[69] F. Ebel, RG II, S. 44/RdNr. 475-478; Zippelius, a.a.O., Sp. 933, 936.

[70] Möbus, S. 84.

[71] Welzel, S. 62.

[72] Scheuner, Staatszwecke, S. 470, 479; Möbus, S. 122.

zur Gemeinschaft herleitet, ergeben, gelten sie überall, unabhängig von der positiven Rechtsordnung des jeweiligen Staates. ("Die Grundordnung des Gemeinschaftslebens, welche den Menschen lehrt, wie er sich als richtiges Glied menschlicher Verbände verhalten muß, wird Naturrecht genannt. ... Jedermann muß Gemeinschaft halten und dem Ganzen dienen, so gut er kann. [= Grundregel des Naturrechts] ... Die umfassendste Gemeinschaftspflicht, deren Beachtung überhaupt erst ein Zusammenleben der Menschen ermöglicht, lautet: Keiner schädige den anderen."[73])

Wolff dagegen nahm an, daß der Mensch von Natur aus auf seine Selbstvervollkommnung bedacht sei. Weil aber der einzelne seine Verhältnisse nicht selbständig zur Vollkommenheit bringen könne, bedarf er zu diesem Zweck der wechselseitigen Hilfe seiner Mitmenschen.[74]

Aus dieser allgemeinen naturrechtstheoretischen Grundbasis läßt sich aber noch nicht das Über-/Unterordnungsverhältnis zwischen Herrscher und Untertan ableiten. Die theoretische Grundlage für die Machtstellung des Monarchen im Absolutismus beruhte auf dem Gesellschafts- und Herrschaftsvertrag, wobei die ursprüngliche Trennung beider den Staat konstituierenden Willensvorgänge erst von Hobbes bezweifelt wurde. Nach dieser Vertragstheorie schlossen sich die ursprünglich frei und ungebunden lebenden Menschen aus Gründen ihrer eigenen Sicherheit und um einen Kampf Aller gegen Alle zu vermeiden zusammen (= Gesellschaftsvertrag) und unterwarfen sich einer höheren Gewalt, der Staatsgewalt – ausgeübt durch den Herrscher (= Herrschaftsvertrag), wobei nach der Lehre von der ursprünglichen Volkssouveränität die vom und durch das Volk auf den Herrscher übertragenen Rechte es zunächst selbst besessen haben muß, weil ansonsten das Volk diese Rechte gar nicht hätte übertragen können. Demgegenüber sah Hobbes den Unterwerfungsvertrag bereits in dem ersten Vereinigungsvertrag der aus dem Naturzustande des Krieges Aller gegen Alle flüchtenden Individuen und setzt an die Stelle eines Vertrages zwischen Herrscher und Volk einen solchen zwischen Jeden mit Jedem. Nur für diesen einen Denkmoment wird das Volk zur Rechtsperson um sofort seinen Willen und seine Rechtspersönlichkeit an den Herrscher zu veräußern, auf ihn zu übertragen. In diesem von den Menschen untereinander geschlossenen Unterwerfungs- oder Herrschaftsvertrag verzichten sie Hobbes zufolge auf ihr im Naturzustand gegebenes Recht auf alles und verpflichten sich, dem Willen des Herrschers keinen Widerstand entgegenzusetzen.[75]

---

[73] Randelzhofer, S. 14ff.; jüngst auch: Wiegand, S. 458ff.

[74] Hattenhauer, S. 457; Zippelius, a.a.O., Sp. 936f.

[75] Gierke, S. 86; Randelzhofer, S. 16; Dießelhorst, S. 23; Welzel, S. 67; Scheuner, Staatszwecke, S. 470; Siegers, S. 11.

Demgegenüber fand das von den absolutistischen Herrschern selbst propagierte Gottesgnadentum, wonach die Monarchen als von Gott eingesetzt und die souveräne Gewalt als unmittelbar von Gottes Gnade verliehen anzusehen ist[76], in der zeitgenössischen Staatstheorie keinen Niederschlag. Insbesondere Pufendorf wandte sich hiergegen.[77] Dazu steht nicht in Widerspruch, daß der Herrscher gleichwohl als irdischer Amtswalter Gottes angesehen wurde, weil die Frage der Herleitung der von ihm in dieser Position ausgeübten Souveränität hiervon verschieden ist. Bei Bodin[78] heißt es dazu: "Da es auf Erden nächst Gott nichts Höheres gibt als die souveränen Fürsten und weil sie von Gott als seine Stellvertreter dazu berufen sind, den übrigen Menschen zu gebieten, ...". Friedrich der Große leitete seine Herrschaft unter den Vorzeichen der Aufklärung dann nicht mehr aus dem Gottesgnadentum her, sondern ging ebenso wie die zeitgenössischen Staatstheoretiker von einem Gesellschaftsvertrag als der Herrschaftsgrundlage aus.[79] Dieses führte bei ihm aber nicht zu einer Aufkündigung der (sittlich-ethischen) Bindungen seines herrscherlichen Verhaltens. Zu den Zentralproblemen der absolutistischen Staatstheorie gehört deshalb die Frage nach der Rechtsstellung des Potentaten. Zwar sei der Regent durch kein Grundgesetz und keinen Vertrag mit den Ständen gebunden, jedoch soll auch er dem durch den Staats- oder Gesellschaftsvertrag vorgegebenen Staatszweck unterliegen. Deswegen darf er nicht willkürlich sondern nur diesem Zweck gemäß handeln. Friedrich der Große begründet dieses so: "..., daß die Bürger einem ihresgleichen immer nur darum den Vorrang vor allen zugestanden, weil sie Gegendienste von ihm erwarteten. Diese Dienste bestehen im Aufrechterhalten der Gesetze, in unbestechlicher Pflege der Gerechtigkeit, in kraftvollstem Widerstand gegen die Sittenverderbnis, im Verteidigen des Staates gegen seine Feinde. Der Staatslenker muß sein Augenmerk auf die Bodennutzung gerichtet halten, er muß für reichliche Beschaffung von Lebensmitteln Sorge tragen, muß Handel und Gewerbe fördern. Er gleicht einer ständigen Schildwache, die über die Nachbarn und das Verhalten der Feinde zu wachen hat. Von ihm wird verlangt, daß er mit weitblickender Klugheit zur rechten Zeit Verbindungen anknüpfe und Bundesgenossen wähle, wie sie den Interessen seines Gemeinwesens am zuträglichsten sind. ... Denn der Herrscher macht sich ebenso schuldig, wenn er aus Unkenntnis fehlt, wie wenn er es aus böser Absicht tun würde: ... Die Fürsten, die Herrscher, die Könige sind also nicht etwa deshalb mit der höchsten Macht bekleidet worden, damit sie ungestraft in Ausschweifung und Luxus aufgehen könnten. Sie sind nicht zu dem Zweck über

[76] Vierhaus, S. 148.

[77] Welzel, S. 68; Scheuner, Staatszwecke, S. 470, 479; Möbus, S. 124.

[78] I. Buch, 10. Kap., [S. 284]; Landmann, S. 77.

[79] Kleinheyer, Staat, S. 50; Schwennicke, S. 317.

ihre Mitbürger erhoben worden, daß ihr Stolz in eitel Repräsentation sich brüste und der schlichten Sitten, der Armut, des Elends verächtlich spotte."[80]

Der Regent ist eben nur noch der erste Diener des Staates.[81] Das AGB von 1791 formuliert diese Gedanken in den §§ 77-79 seiner Einleitung dann zusammenfassend und damit quasi das Resümee der Zeit ziehend.[82] Schwachpunkt dabei ist allerdings, daß die Bindung an das und Verpflichtung dem Staatswohl nicht einklagbar ausgestaltet war, es sich insofern nur um eine leges imperfecta handelte, weil es den Vorschriften an Sanktionen für den Fall ihrer Nichtbeachtung fehlte, sie entfalteten lediglich eine moralische Verpflichtungswirkung.[83] Deshalb schlußfolgerte Svarez in seinen Kronprinzenvorträgen auch, daß "der uneingeschränkte Monarch sehr leicht zum Despot werden (kann), weil kein Gegengewicht der Macht vorhanden ist, welches ihn einschränkte und hinderte, die in den Händen habende Macht nach seinem Gutfinden anzuwenden."[84]

Ist damit zunächst einmal nur die Frage der Begründung der Herrschaft erörtert worden, ist nunmehr der Frage ihres Machtumfanges nachzugehen. In seinem staatstheoretischen Hauptwerk "Les six livres de la Republique" von 1576 faßt Bodin (1530-1596) die Souveränität als unabdingbares Erfordernis jeder Staatsordnung auf. Gekennzeichnet ist sie für ihn durch Unteilbarkeit, Unbeschränktheit und Ständigkeit. Für den Souveränitätsinhaber, den Herrscher, bedeutet sie das alleinige Gesetzgebungsrecht. ("..., daß das Hauptmerkmal des souveränen Fürsten darin besteht, der Gesamtheit und den einzelnen das Gesetz vorschreiben zu können und zwar, so ist hinzuzufügen, ohne auf die Zustimmung eines Höheren oder Gleichberechtigten oder gar Niedrigeren angewiesen zu sein."[85] Alle weiteren Souveränitätsmerkmale, als da sind das Recht, Krieg zu erklären und Frieden zu schließen[86], zur Ernennung der wichtigsten Beamten[87], das Recht der höchstrichterlichen Entscheidungsgewalt[88] und in Abwei-

---

[80] Zitiert nach: Werke Friedrichs d. Gr., hrsg. v. G. B. Volz, Berlin 1913, Bd. 7, S. 227f.

[81] Hartung, VerfG, S. 121; Hubatsch, Absolutismus, S. 173.

[82] §77. Das Wohl des Staats überhaupt, und seiner Einwohner insbesondere, ist der Zweck der bürgerlichen Vereinigung, und das allgemeine Ziel der Gesetze. §78. Das Oberhaupt des Staats, welchem die Pflichten zur Beförderung des gemeinschaftlichen Wohls obliegen, ist die äußern Handlungen aller Einwohner, diesem Zweck gemäß, zu leiten, und zu bestimmen berechtigt. §79. Die Gesetze und Verordnungen des Staats dürfen die natürliche Freyheit und Rechte der Bürger nicht weiter einschränken, als es das gemeinschaftliche Endzweck erfordert.

[83] Scheuner, Staatszwecke, S. 480; Schwennicke, S. 349.

[84] Conrad, Staatsgedanke, S. 25f.

[85] Bodin, I. Buch, 10. Kap., S. 292; Klassen, S. 6.

[86] Bodin, ebenda, S. 295.

[87] Ders., a.a.O., S. 298.

chung der ergangenen Urteile der Gnadengewährung[89] (was auch mit der Frage der Bindung des Herrschers an die Gesetze zusammenhängt) und die Regelung des Münz- und Geldwesens[90] wurden von Bodin aber nur als Ausfluß dieses wesentlichsten Souveränitätsmerkmals angesehen, weil die Befugnis zum Erlaß oder zur Aufhebung von Gesetzen sämtliche anderen Hoheitsrechte mitumfasse, so daß das Gesetzgebungsrecht auch als einziges Merkmal der Souveränität angesehen werden kann.[91] Aus der Tatsache, daß der Souverän der alleinige Inhaber der Gesetzgebungsbefugnis ist, schlußfolgerte Bodin, daß er nicht an die positive Rechtsordnung (der lex) gebunden sein könne und insofern "legibus solutus" sei.[92]

Für Bodin war es mit dem Wesen der Souveränität nicht zu vereinbaren, daß sie zeitlichen oder sachlichen Beschränkungen unterliegt, durch Verfassung oder Gesetze gebunden werden kann und eine Abtrennung einzelner Souveränitätsbestandteile durch Veräußerung, Teilung oder Verjährung für mit ihrem Wesen unvereinbar erklärt. Auch kann Träger der Souveränität demzufolge nur ein (individueller oder kollektiver) Herrscher sein. Auf den Monarchen als den Souveränitätsinhaber ist sie dauernd, vollkommen und bedingungslos übertragen, der von jedem menschlichen Gesetz entbunden sei und Privilegien der Gesamtheit, des Einzelnen oder der Korporation einseitig kassieren könne. Seine Grenzen findet Bodin's absolutistischer Souveränitätsbegriff vor dem Eigentum und der persönlichen Freiheit, welche der Souverän als unverletzlich anzuerkennen hat, und Verträge binden auch ihn.[93]

Sah demgegenüber die im Reich vorherrschende Meinung in der Staatstheorie im 17. Jahrhundert die Souveränität sowohl als teilbar als auch als beschränkbar an[94] (eine andere Ansicht vertraten noch Molina und Suarez, die in allen Fällen nach der Natur des Staates eine Gebundenheit seines Herrschers durch die positiven Gesetze und durch fortbestehendes Volksrecht annahmen[95]), so übernahm Althusius (1557-1638) dann den Souveränitätsbegriff Bodin's, übertrug ihn aber auf die Volkssouveränität und korrigierte ihn in einem Punkt: Er verwarf den Begriff der "Potestas absoluta" und erklärte auch die souveräne Gewalt nicht nur an das göttliche und natürliche Recht gebunden,

---

[88] Ders., a.a.O., S. 301.
[89] Ders., a.a.O., S. 306.
[90] Ders., a.a.O., S. 312.
[91] Ders., a.a.O., S. 294.
[92] Selmer, a.a.O., Sp. 465; Wyduckel, S. 17.
[93] Gierke, S. 151f.; Klassen, S. 8; Landmann, S. 55.
[94] Gierke, S. 155.
[95] Ders., S. 155.

sondern ebenso ist sie den positiven, speziell den Verfassungsgesetzen verpflichtet.[96]

War in der Folgezeit der Souveränitätsbegriff von den meisten Staatsdenkern in seiner bodinschen Ausprägung übernommen worden, teilweise von ihnen auch nuanciert und abgeschwächt, so steigerte ihn Thomas Hobbes (1588-1679) auf seine letzte denkbare Stufe, indem er die Souveränität für das der Staatsgewalt und ihr allein verbliebene Recht des Naturzustandes auf Alles (ius ad omnia) und den Souveränitätsinhaber als sterblichen Gott (deus mortalis) auffaßte. Diese Steigerung des Souveränitätsgedankens bei Hobbes erklärt sich aus seiner Theorie der Staatsgründung, weil danach der Souveränitätsinhaber als einziger seine Rechte aus dem Naturzustand behält. Zwischen dem deswegen von Hobbes als Leviathan apostrophierten Staat und seinem die Souveränität innehabenden und sie ausübenden Herrscher einerseits und den Untertanen andererseits gibt es keine vertraglichen Beziehungen und Verpflichtungen letzteren gegenüber,[97] deren Verletzungen zum Widerstand berechtigen könnten. Obwohl Hobbes die Souveränität dem Untertan gegenüber als bindungsfreie Gewalt konzipiert hat, anerkennt er gleichwohl Pflichten des Staatsgewaltinhabers, wonach das Wohl des Volkes das höchste Gesetz sei. Weil die Herrschaft um des Friedens und allgemeinen Wohls wegen eingerichtet worden sei, verstoße der Souverän gegen die natürlichen Gesetze, wenn er seine Macht anders als zu diesem Zwecke gebrauche.[98] Hobbes schlußfolgert, daß die Souveränität durch kein Gesetz, keinen Vertrag und keine Pflicht gebunden werden kann. Ihr einziger Richter ist der Souveränitätsinhaber selbst.[99]

Insbesondere für den aufgeklärten Absolutismus im 18. Jahrhundert war dann aber vor allem die Souveränitätslehre Samuel von Pufendorf's (1630-1694) von Bedeutung. Er milderte den Hobbes'schen Souveränitätsbegriff ab und knüpfte dabei an den Vertragsgedanken von Hugo Grotius an. Denn für Pufendorf entstand alle souveräne Gewalt aus der freiwilligen Unterwerfung und dem Einverständnis der Bürger. Die Unterwerfung aus freien Stücken ist die unmittelbare Ursache für die Souveränität, weil die Herrschaftsgewalt bei demjenigen entsteht, der die freiwillige Unterwerfung eines anderen annimmt. Der die Souveränität erzeugende Herrschaftsvertrag bringt auch erst den Staat hervor; Wesensmerkmal des Staates ist seine Souveränität. Deshalb ist derjenige absolut souverän, der die Herrschaftsgewalt nach eigenem Ermessen und unabhängig von bestimmten dauernden Satzungen der jeweiligen Situation an-

---

[96] Ders., S. 158; Möbus, S. 79; Wyduckel, S. 19f.

[97] Hattenhauer, S. 394.

[98] Dießelhorst, S. 27; Möbus, S. 96, 103.

[99] Gierke, S. 176; Hattenhauer, S. 396; Wyduckel, S. 14.

gepaßt ausüben kann.[100] Bei Pufendorf stand dem Herrscher als dem Souveränitätsinhaber (egal in welcher Staatsform) eine höchste, straflose, unverantwortliche, von jedem positiven Gesetz entbundene, für die Untertanen schlechthin heilige und unverletzliche Gewalt zu. Diese Gewalt erschöpft den gesamten Inhalt der aktiven staatlichen Rechte. Aber anders als die Souveränitätslehre von Thomas Hobbes sah es Pufendorf für das Wesen der Souveränität nicht abträglich an, wenn die höchste Gewalt verfassungsmäßigen Beschränkungen unterliegt. Denn aus der Natur der Staatsverträge leitete er Pflichten des Herrschers und Rechte der Untertanen her, wenn auch erstere nicht erzwingbar und letztere nur unvollkommen geschützt waren. Deswegen könne der Gewaltinhaber auch (staats-) vertraglich verpflichtet sein, für bestimmte Entscheidungen den Konsens des Volkes oder einer Deputiertenversammlung einzuholen, ohne daß er hierdurch seiner Souveränität verlustig geht.[101] Gebunden ist der Souverän an die Naturgesetze und seine sittliche Pflicht zur Sorge für das Staatswohl. Für den Fall, daß sich der Souveränitätsinhaber wegen einer von ihm getroffenen Maßnahme auf seine Verpflichtung zur Sorge für das Staatswohl beruft, steht den Untertanen als den davon Betroffenen aber kein Prüfungsrecht zu, weswegen sie seine Handlungen nicht für ungültig erklären können und gegen ihn auch keinen Widerstand leisten dürfen.[102]

Der Umfang oder die Beschränkung der Souveränität leitet über zu der Frage der Bindung des Herrschers an die Gesetze.

Nach der zeitgenössischen Staatstheorie wurde in dem Recht zur Gesetzgebung das herausgehobene Hoheits- oder Majestätsrecht gesehen, weil insbesondere durch das Instrumentarium der Gesetzgebung das Staatsziel erreicht werden sollte.[103] Das Gesetz wurde als vorrangiger Ausdruck des Herrscherwillens aufgefaßt und das Gesetzgebungsrecht nahm innerhalb der Souveränitätsrechte die erste Stelle ein, wodurch es die Gerichtsbarkeit aus dem Zentrum hoheitlicher Gewalt verdrängte, weil sie nur noch als Ausfluß des ersteren angesehen wurde und die Gesetzgebungsmacht die anderen Souveränitätsrechte mitumfaßte. Theoretisch begründete sich dieses damit, daß der Wille des Herrschers das Gesetz hervorbringt und seine Verbindlichkeit sich gerade aus eben diesem Herrschaftswillen herleitet.[104] Beschränkt wird die Freiheit des Gesetzgebers durch göttliches und natürliches Recht sowie durch den jeweiligen

---

[100] Welzel, S. 68f., 71.

[101] Gierke, S. 183; Schulze, S. 154; Welzel, S. 72f.

[102] Welzel, S. 71.

[103] Böckenförde, S. 81; Conrad, Staatsgedanke, S. 39; W. Ebel, Gesetzgebung, S. 70f.; Imboden, S. 12; Landmann, S. 69; Willoweit, Rechtsstaat?, S. 455; Wyduckel, S. 16.

[104] Gierke, S. 280; Schulze, S. 166.

Staatszweck. War nun aber die Kompetenz zum Erlaß von Normen schrankenlos? Jedenfalls der Theorie nach war sie eingeschränkt, weil der Mensch mit seinem Übertritt vom Naturzustande, in welchem das Naturrecht herrscht, in die bürgerliche Gemeinschaft, wo die staatlichen (= positiven) Gesetze herrschen, er sich gleichzeitig dieser Ordnung unterwirft. Die Rechte und Pflichten des einzelnen bestimmen sich nunmehr ausschließlich nach den staatlichen Gesetzen und nicht mehr (auch) nach den Naturgesetzen. Gleichwohl ist der Mensch Träger einiger Rechte, deren er sich unter keinerlei Umständen entledigen kann, welche er demgemäß auch nicht bei seinem Übertritt in die bürgerliche Gemeinschaft verliert. Es handelt sich dabei um die sogenannten unveräußerlichen Rechte der Menschheit. Selbige verbleiben dem Menschen auch in der bürgerlichen Gesellschaft und keine Gesetzgebungsmacht ist dazu berechtigt, den Bürger dieser zu berauben.[105] Dieses sind also die von der Theorie gezogenen Grenzen für den Gesetzgeber. Gerade unter dem Einfluß der Naturrechtslehre sah die Aufklärungsepoche in dem Mittel der Gesetzgebung ein Instrument zum Schutz der Rechte der Untertanen und damit umgekehrt auch zur Einschränkung der Herrschaftsgewalt.[106]

Sowohl die Frage nach der Bindung der Staatsgewalt an das Recht, was für den Untersuchungszeitraum mit der Bindung des Herrschers gleichzusetzen ist, weil der Staat im und vom Herrscher verkörpert wird, der Staat noch nicht zur Rechtspersönlichkeit theoretisch fortentwickelt worden ist[107], als auch diejenige nach der Überprüfung hoheitlichen Handelns durch (unabhängige) Gerichte sprich Rechtsschutz betreffen beide Aspekte der – im modernen Sinne[108] – Rechtsstaatlichkeit eines Gemeinwesens.

Wenden wir uns zunächst dem Aspekt der gesetzlichen Bindung zu. Dabei ist zu differenzieren: Unbestritten ist auch der Herrscher als Inhaber der Staatsgewalt dem göttlichen Recht und dem Naturrecht (ius divinum und ius naturae) unterworfen, was seiner Souveränität keinen Abbruch tat. Jedoch zeitigt eine Übertretung dieses übergeordneten Rechts keine Sanktionen.[109] Es soll sich dabei um eine Sünde handeln, welche aber nicht geahndet werden kann. Hinsichtlich des positiven Rechts ist zwischen dem Reichs- und Landesrecht zu unterscheiden. Die Reichsgrundgesetze wurden von der zeitgenössischen staatsrechtlichen Literatur auch für den Herrscher als verbindlich angesehen, insbesondere

---

[105] Conrad, Staatsgedanke, S. 34.

[106] Conrad, Dt. RG, Bd. II, S. 378.

[107] Erichsen, S. 25.

[108] Merten, S. 113; Willoweit, Rechtsstaat?, S. 452.

[109] Imboden, S. 11; Landmann, S. 57f.; Schwennicke, S. 350.

im Verhältnis zu seinen Untertanen. Das davon zu unterscheidende allgemeine Reichsrecht sollte hingegen für ihn keine Bindungswirkung entfalten.[110]

Wie sieht es nun aber mit dem positiven Recht aus? Läßt sich aus dem Grunde, daß das Gesetz vorrangiger Ausdruck des Herrscherwillens ist, eine "Selbst-"Bindung des Monarchen an die von ihm erlassenen Gesetze konstatieren? Eine Bindung des Regenten und Gesetzgebers an die von ihm selbst erlassenen Normen wird nach diesem voluntaristischen Gesetzesverständnis im 17. Jahrhundert noch abgelehnt. Im weiteren Verlauf, vor allem im Zuge der Aufklärung, ändert sich diese Auffassung. Nunmehr wird nicht mehr der Gesetzgebungsakt als solcher als das Wesentliche aufgefaßt, sondern der Schwerpunkt verschiebt sich zum Gesetzeswerk, zur Autorität der Rechtsnorm, hin. Wird aber die Normautorität als das wichtigste angesehen, so verlangt dieses quasi im zwangsläufigen Rückschluß auch ihre Respektierung durch den Herrscher selbst. Das bedeutet, daß der Gesetzgebungsmacht insofern Grenzen gesetzt sind, als sie einmal erlassene Gesetze durch später abweichende Rechtsvorschriften nicht aushöhlen darf.[111] Unabhängig davon soll der Herrscher jedenfalls dann an das von ihm selbst gesetzte Landesrecht gebunden sein, wenn er als Privatmann in Rechtsbeziehungen zu anderen Bürgern tritt. Umstritten ist hingegen die Bindung bei der Ausübung von Hoheitsrechten, wobei für den Absolutismus wieder die Souveränitätslehre Bodin's maßgeblich ist.

Für Bodin bedeutet Souveränität – um dieses hier noch einmal zu betonen –, daß ihr Inhaber "in keiner Weise dem Befehl anderer unterworfen (ist) und in der Lage sein muß, den Untertanen das Gesetz vorzuschreiben, unzweckmäßige Gesetze aufzuheben oder für ungültig zu erklären und durch neue zu ersetzen." Dieses kann aber nur derjenige, der nicht selbst den Gesetzen oder der Befehlsgewalt anderer unterworfen ist. Deshalb muß der Fürst als Inhaber der Souveränität von der Macht der Gesetze entbunden sein. Insoweit sei er legibus solutus.[112] Daraus schlußfolgert Bodin, daß der souveräne Fürst weder an die Gesetze seiner Vorgänger noch an seine eigenen gebunden sei.[113] Diese Ungebundenheit hinsichtlich des gesetzten Rechts gilt aber nicht für das Naturrecht oder gegenüber den Gesetzen Gottes, dem "ius", dem Recht (welchem das vom Souverän selbst geschaffene und damit Ausdruck seiner höchsten Gewalt darstellende Gebot, die "lex" gegenübergestellt, gleichzeitig aber dem im "ius" verkörperten übergeordneten Prinzip untergeordnet wurde).[114] Von diesen ab-

---

[110] Erichsen, S. 29f.

[111] Willoweit, Gesetzespublikation, S. 601f.; ders., Rechtsstaat?, S. 454f.

[112] Bodin, I. Buch, 10. Kap., S. 213; F. Ebel, Dt. RG II, S. 36/RdNr. 463; Schweder, S. 16.

[113] Hattenhauer, S. 409; Landmann, S. 48.

[114] Imboden, S. 11; Landmann, S. 50f.

zuweichen ist selbst dem souveränen Herrscher nicht gestattet. Weiterhin stellt Bodin die Ausnahme auf, daß der Fürst – wie jeder andere Privatmann auch – an diejenigen rechtlichen Verträge und Zusagen gebunden ist, die er selbst einging.[115] Aufgrund derselben Überlegung ist der Herrscher auch nur an solche (positiven) Gesetze und Verträge seiner Vorfahren gebunden, deren Einhaltung er geschworen hat. Ansonsten binden Verträge und Schwüre seiner Vorgänger ihn nur, wenn er ihr Erbe ist, weil er im Erbschaftswege in ihre Rechtsposition einrückt.

Die unbestrittene Bindung des Herrschers an göttliches und Naturrecht ließ aber die Frage nach der Bindung an das positive, selbstgesetzte unbeantwortet und wurde von Bodin nur in den bezeichneten Ausnahmefällen angenommen.[116] Diese Aussage gilt aber nur grundsätzlich, d.h. nicht uneingeschränkt. Denn bereits seit dem Mittelalter schloß das Staatszweckverständnis die Rechtsbindung der Herrschaftsgewalt ein (salus publica suprema lex esto).[117] Nach der mittelalterlichen christlichen Naturrechtslehre waren alle Menschen frei geboren, und es gab danach eine Sphäre persönlicher Freiheit, die weder der einzelne im vorausgesetzten Gesellschafts- oder Herrschaftsvertrag veräußern konnte[118], noch durfte der Staat bzw. sein Herrscher diese mißbrauchen, ohne zur gottlosen Tyrannis zu werden. Vor allem im Zeitalter des sogenannten aufgeklärten Absolutismus sahen die Theoretiker den Unterschied zwischem absoluten Herrscher einerseits und Despoten orientalisch-asiatischer Ausprägung andererseits darin, daß der Fürst sowohl dem göttlichen/übergeordneten Naturrecht verantwortlich war und nicht willkürlich herrschen durfte, sondern mit seinem Handeln das Wohl der Untertanen zu mehren hatte.[119] Auf den dahintersteckenden Fürsorge- und Wohlfartsgedanken ist an anderer Stelle noch näher einzugehen. Außerdem hatte der Herrscher Bodin zufolge auch die persönliche Freiheit und Eigentumssicherheit zu schützen, welche er dem natürlichen bzw. göttlichen Recht zuordnete.[120] In Preußen kommt zudem noch eine religiös bestimmte Komponente hinzu.[121] Die regierenden Hohenzollern waren seit Kurfürst Johann Sigismund (1613) vom Protestantismus zum Calvinismus konvertiert[122] und insbesondere unter dem Soldatenkönig gewann der Pietismus hallensischer Ausprägung eines August Hermann Francke an Einfluß auf die Auffassung und Ausübung vom königlichen Herrscheramt. Dieses blieb nicht

---

[115] Bodin, a.a.O., S. 214f.

[116] Erichsen, S. 31.

[117] Scheuner, Staatszwecke, S. 470.

[118] Klassen, S. 13f.

[119] Schwennicke, S. 349.

[120] Raumer, S. 175, 192.

[121] Ders., S. 175; Scheuner, Staatszwecke, S. 476.

[122] Schmidt, Rechtsentw., S. 18.

ohne Auswirkung auf die Staatsethik, wo vor allem unter der Regierung des genannten Monarchen eine religiös-patriarchalische Staatsauffassung[123] vorherrschte, derzufolge der Herrscher als Amtmann oder Statthalter Gottes fungierte, weil sich für ihn die weltliche Staatsgewalt von der göttlichen Weltregierung herleitete. Von diesem – etwas anders gelagerten – theoretischen Ansatz her oblagen dem Monarchen zwei Grundaufgaben, nämlich zum einen die Sorge hinsichtlich der irdischen Wohlfahrt der Untertanen, zum anderen die religiös-sittliche Verantwortung für das Seelenheil der seiner Herrschaft unterworfenen Gläubigen.[124] Mit Beginn der Neuzeit war dann die Lehre vom Staatsvertrag der Anknüpfungspunkt für eine rechtliche Einbindung der Staatsgewalt. Der einzelne habe sich in den Staat nur integriert und seiner Herrschaftsgewalt unterworfen, um seine persönliche Freiheit und Sicherheit zu erhalten und seinen Nutzen und seine Glückseligkeit zu mehren. Eine Begrenzung erfolgt hier theoretisch durch den Staatszweck, nämlich der Wohlfahrtsförderung seiner Untertanen.[125] Die Frage, inwieweit nun die Bindung an den Staatszweck die Staatsgewalt vor allem gegenüber den Untertanen rechtlich begrenzt oder sie gerade zur Verfolgung dieses Staatszweckes zu unbegrenzten Eingriffen in die Individualspähre legitimiert, hängt davon ab, ob der Landesherr verpflichtet ist, obigen Staatszweck zu verwirklichen. Denn er kann andererseits nicht weitergehend ermächtigt sein, als er verpflichtet ist.[126] Als Stichworte sind hier die Wohlfahrtsförderung (das gemeine Wohl oder Beste) sowie die "gute Policey" zu nennen. Vorwiegend dann im 18. Jahrhundert wurde das Erfordernis, wohlfahrtsfördernd zu handeln, als vollwertige rechtliche Verpflichtung für den Staat und damit gleichzeitig als Bindung ihrer Gewalt und rechtliches Maß ihres Handelns angesehen.[127] War einerseits eine Grenze für die Ausübung der Staatsgewalt durch den Staatszweck gezogen, so findet sie nach Meinung der Staatsrechtswissenschaft und Praxis ihre prinzipielle Beschränkung andererseits am wohlerworbenen Recht und der Freiheit des einzelnen.[128] Am Ausklang der Aufklärungsepoche formulierte der später ins ALR nicht übernommene § 79 Einl. AGB dieses folgendermaßen: "Die Gesetze und Verordnungen des Staates dürfen die natürliche Freiheit und Rechte der Bürger nicht weiter einschränken, als es der gemeinschaftliche Endzweck erfordert."

---

[123] Huber, S. 38; Wieacker, S. 324.

[124] Baumgart, Einl., S. 7; Conrad, Staatsgedanke, S. 12; Scheuner, Staatszwecke, S. 473f.

[125] Conrad, in: Svarez, S. XII; Scheuner, ebenda, S. 471, 480; Kleinheyer, Staat, S. 45.

[126] Erichsen, S. 34.

[127] Ders., S. 36; Schweder, S. 17; Scheuner, Staatszwecke, S. 480, 482.

[128] Erichsen, S. 39f.

Nach den Grundgedanken der Staatsvertragslehre hat jeder einzelne seine natürliche Freiheit nur begrenzt aufgegeben. Eingriffe der Herrschaftsgewalt in die Freiheit sind deshalb nur insoweit gestattet, als sie zur Verwirklichung des Staatszwecks erforderlich sind. Bei diesem Rechtsgrundsatz handelt es sich um das heutzutage anerkannte Prinzip der Erforderlichkeit, der Eingriff in das betroffene Rechtsgut muß erforderlich/notwendig und zusätzlich auch noch verhältnismäßig sein.[129] Bei Svarez in den Kronprinzenvorträgen heißt es hierzu im Diktus der Zeit: "Der Schade welcher durch die Einschränkung der Freiheit des einzelnen abgewendet werden soll, muß beiweitem erheblicher sein, als der Nachteil, welcher dem einzelnen oder auch dem Ganzen aus dieser Einschränkung entspringt. ... Nur die Erreichung eines überwiegenden Guts für das Ganze kann den Staat berechtigen, die Aufopferung eines minderen Guts von dem einzelnen zu fordern. Solange das Übergewicht nicht evident ist, muß es bei der natürlichen Freiheit bleiben."[130]

Svarez billigt dem Staat damit nur eine Regelungskompetenz hinsichtlich der Handlungsfreiheit zu, die Gewissens- und Willensfreiheit bleibt davon unberührt (diese Unterscheidung beruht auf dem Gedankengut der Reformation und den naturrechtlichen Thesen von Thomasius).

Wie sieht es nun aber hinsichtlich eines Eingriffsrechts in die wohlerworbenen Rechte, der sog. iura quaesita aus? Eine genaue Definition, welche Rechte darunter zu verstehen sind, ist schwierig. Auf jeden Fall zählen dazu all jene Rechte, die durch Vertrag zwischen dem Landesherrn und dem Untertan begründet wurden.[131] Neben den wohlerworbenen Rechten zählt nach der naturrechtlichen Staatstheorie aber auch das Eigentum zu den Schranken der Herrschaftsgewalt.[132] Bodin sagt hierzu, daß "kein Fürst der Welt die Macht (hat), dem Volk nach Belieben Abgaben aufzuerlegen. Er kann dieses ebensowenig wie anderen ihr Eigentum nehmen."[133] Wobei unter dem Eigentumsbegriff hier die Gesamtheit der vermögenswerten Rechte zu verstehen ist.[134] Allgemein werden unter den iura quaesita diejenigen subjektiven Rechte einer natürlichen oder juristischen Person verstanden, welche sie im Rahmen der bestehenden Rechtsordnung durch einen Rechtsvorgang erworben hat. (Definition von Pütter: Was ein jeder an besonderen Gütern oder Gerechtsamen als sein rechtmäßig erworbenes Eigentum [ius quaesitum] sich anzueignen berechtigt ist.[135]) Je

---

[129] Kleinheyer, Staat, S. 47.

[130] Svarez, S. 39.

[131] Gaile, S. 18f.; Kleinheyer, Staat, S. 69.

[132] Merten, S. 134; Willoweit, Die bürgerlichen Rechte, S. 7.

[133] Bodin, a.a.O., S. 220f.

[134] Erichsen, S. 43.

[135] W. Ebel, Pütter, S. 101; Erichsen, S. 43 m.H.a. Pütter, Beiträge, S. 355.

nachdem, welche Form der Herrschaftsgewalt theoretisch favorisiert wurde (weil sie die rechtlichen Schranken für die Ausübung hoheitlicher Herrschaftsgewalt bedeuteten[136]), ging man davon aus, daß die iura quaesita entweder überhaupt nicht oder nur unter bestimmten Umständen bzw. völlig frei zur Disposition des Herrschers standen, weswegen der fürstliche Absolutismus bestrebt war, die iura quaesita als Einschränkung der Ausübung seiner Herrschaftsmacht auszuschalten. Deshalb entwickelte die zeitgenössische Staatslehre ein besonderes, nur dem Herrscher zukommendes und die iura quaesita durchbrechendes ius eminens. Diese Wirkungsdurchbrechung der "wohlerworbenen Rechte" sollte aber nur zur planmäßigen Weiterentwicklung des Gemeinwohls geschehen dürfen.[137] Dieses war auch der Ansatzpunkt für die Lehre von den iura quaesita als Schranke für die Herrschaftsgewalt, die dann auch im preußischen ALR von 1794 zum Ausdruck kam, wo nach §§ 74 und 75 der Einleitung ein Eingriff in diese Rechte durch die Gewährung eines Entschädigungsanspruchs kompensiert werden sollte. Denn beide Prinzipien – sowohl die grundsätzliche Unantastbarkeit der iura quaesita als auch der Vorrang des Gemeinwohls – wurden aus dem Naturrecht abgeleitet, waren damit gleichberechtigt und konkurrierten demzufolge miteinander.[138]

Das Reichskammergericht faßte das dominium eminens als Ermächtigung zur Ausübung hoheitlicher Staatsgewalt zur Regelung eines Einzelfalls auf. Dagegen wollte Pufendorf in der Fortführung von Grotius[139] dieses Recht nur für Zeiten dringender Not des Gemeinwesens als Bestandteil der Staatsgewalt verstanden wissen[140], welches dann aber als ein selbständiges Hoheitsrecht den naturrechtlich begründeten Untertanenrechten gegenübersteht.[141] Später entwickelte sich die Auffassung, daß das dominium eminens als eine Art Staatsnotrecht den Eingriff zur Beförderung des Allgemeinwohls erlaube. Denn neben dem Staatsnotstand sei ein Eingriff in die iura quaesita auch "zum Nutzen und zu mehrerer Aufnahme des gemeinen Wesens etwas zu veranstalten" erlaubt.[142] Gleichwohl soll es sich bei dem dominium eminens um ein Ausnahmerecht handeln, zu dessen Ausübung der Landesherr nur im Ausnahmefall befugt ist. Wird der in seinen wohlerworbenen Rechten dadurch Betroffene mit einem Sonderopfer belastet, so soll die Ausübung dieses landesherrlichen Aus-

---

[136] Preu, S. 190f.; Siegers, S. 5.

[137] Preu, S. 47f.; Schwennicke, S. 302.

[138] Pirson, a.a.O, Sp. 472ff.; Siegers, S. 5f.; Rüfner, S. 33.

[139] Siegers, S. 7.

[140] Dies., S. 9.

[141] Dies., S. 8.

[142] Böckenförde, S. 57; W. Ebel, Pütter, S. 102; Erichsen, S. 46 (m.H.a. Pütter); Kleinheyer, Staat, S. 46; Preu, S. 191.

nahmerechts nach überwiegender Meinung nur gegen Entschädigung zulässig sein, wie es das preußische ALR dann auch in § 75 Einl. statuiert.

Davon ist zu trennen, wie der Untertan gegen solche Maßnahmen rechtlich geschützt war. Hintze hat in seiner Abhandlung "Preußen's Entwicklung zum Rechtsstaat" das Rechtsstaatkriterium vor allem mit einer Kontrolle der Gerichte über die Verwaltung verbunden.[143] Dieses ist bedingt durch die Tatsache, daß Verwaltungsbehörden auf vielen Gebieten sozusagen selbst über sich zu Gericht saßen, weil sie über Beschwerden der Untertanen in eigenen Angelegenheiten zu entscheiden hatten. Allerdings wurden durch das Ressortreglement von 1749 die Fiscusprozesse de facto weitgehend auf die Kammerjustiz (= Verwaltungsjurisdiktion[144]) übertragen, weil zwar alle Prozeßsachen Privater vor die Justiz gehörten, mit der Ausnahme solcher, welche in das statum oeconomicum et puliticum einschlugen, mit der König Friedrich Wilhelm I. zugeschriebenen ausgegebenen Devise "in dubio pro fisco". Diese unterstanden in der Jurisdiktion bis dato den Verwaltungsbehörden, also den örtlichen Regierungen.[145] Die Einrichtung unabhängiger Verwaltungsgerichte, die insoweit den Schlußpunkt der Entwicklung darstellt, erfolgte in Preußen systematisch erst ab 1872, die mit dem Landesverwaltungsgesetz vom 30. Juli 1883 und dem Zuständigkeitsgesetz vom 1. August desselben Jahres[146] zum Abschluß gelangte. Deren Aufbau war seit dem Beginn des vorigen Jahrhunderts vor allem von der Wissenschaft und Praxis gefordert worden. Vorläufer auf dem Weg zu einer unabhängigen Verwaltungsgerichtsbarkeit war in Preußen insbesondere die Verordnung vom 26. Dezember 1808[147], deren justizstaatliche Effizienz aber durch stetige Einschränkung des Rechtsweges ausgehöhlt worden war. Im absolutistisch geprägten 18. Jahrhundert fehlte es hingegen an einer solchen unabhängigen Kontrollinstanz. Erst die zunehmende Ausgestaltung und Differenzierung des öffentlichen Rechts führte zu einer stärkeren Unterscheidung zwischen Justiz- (= wenn ein subjektives Privatrecht streitbefangen war) und Polizei-/Verwaltungssachen, denn letztere galten als nicht appellationsfähig (politica non sunt appellabila). Die Rechtsprechung wurde im Laufe der Zeit dem Generaldirektorium entzogen und den Justizbehörden zugeordnet.[148] Dieses war für die Rechtswegeröffnung bedeutsam, denn Kennzeichen von Verwaltungssachen war gerade deren gerichtliche Nichtnachprüfbarkeit. Gleichwohl war der Einzelne auch schon damals auf dem Gebiet des öffentlichen Rechts nicht

---

[143] Preu, S. 165; Willoweit, Rechtsstaat?, S. 451.

[144] Hintze, Preußens Entwicklung, S. 103.

[145] Ders., ebenda, S. 117; Schmoller, Verfg., S. 159; Schrimpf, S. 70, 73; Schwennicke, S. 352.

[146] PrGS 1883/S. 155 bzw. 237.

[147] PrGS 1806/10, S. 464.

[148] Hartung, Studien, S. 200; Schmidt, Rechtsentw., S. 16.

rechtlos gestellt, sondern es stand ihm bei hoheitlichen Eingriffen in die sog. iura quaesita die Anrufung der obersten Reichs- oder Landesjustizgerichte offen.[149]

Jedoch hatte die Anrufung des Reichskammergerichts infolge des gewährten privilegium de non apellando faktisch kaum noch Bedeutung (für die Mark 1586 gewährt, 1750 fiel das privilegium de non appellando illimitatum als letztes reichsrechtliches Hindernis weg[150]; zumal große Teile des preußischen Staatsgebietes außerhalb dieser Gerichtshoheit lagen, weil sie nicht zum Reichsterritorium gehörten (das Herzogtum Preußen unterstand der Lehnshoheit der polnischen Könige, die erst 1660 mit dem Frieden von Oliva entfiel). Unabhängig davon betraf dieses Privileg sowieso die Ausübung der Gerichtsgewalt des Landesherrn durch seine Gerichte; hingegen entfaltete es keinerlei Wirkung, wenn Maßnahmen auf den Sektoren der Gesetzgebung oder Verwaltung vor Reichsgerichten beanstandet wurden.[151] Hinzu kam, daß damals wie heute aber die Verletzung eines Individualrechts geltend gemacht werden mußte. Von Bedeutung war insoweit die Unterscheidung zwischen Justiz- und Polizeisachen. Unabhängig von dem privilegium de non appellando war jedoch die reichsgerichtliche Zuständigkeit gegeben, soweit die Verletzung eines wohlerworbenen Rechts geltend gemacht wurde.[152]

Damit unterlag aber auch die Ausübung des dominium eminens hinsichtlich seiner Rechtmäßigkeit grundsätzlich der gerichtlichen Nachprüfung. Nur unter der Prämisse, daß einzelne Gliedstaaten wie z. Beisp. Brandenburg-Preußen sich der Reichsgerichtsbarkeit faktisch entzogen hatten, blieb dieses rein theoretisch und es galt praktisch der Grundsatz "Dulde und liquidiere", wie es auch in § 75 Einl. ALR zum Ausdruck kommt.[153] Bei gerechtfertigten Eingriffen aufgrund des dominium eminens, d.h. bei Überwiegen des Wohlfahrtszwecks gegenüber den iura quaesita, war die hoheitliche Maßnahme zu dulden, was aber wegen der den iura quaesita zukommenden Bedeutung nicht entschädigungslos geschehen durfte, weshalb der in seinem Recht beeinträchtigte liquidieren konnte.

Die Forderung nach einer unabhängigen Kontrollinstanz – sprich Gerichten – auch für die Verwaltungsangelegenheiten war eine der aktuellen rechtsstaatlichen Forderungen der damaligen Zeit. Damit verbunden ist auch die Frage

---

[149] Keller, a.a.O, Sp. 879f.; Preu, S. 190.

[150] F. Ebel, Legaldefinitionen, S.125 u. Fn. 368; Preu, S. 64 u. Fn. 38; Schmidt, Rechtsentw., S. 13, 16.

[151] Erichsen, S. 70; Rüfner, S. 23f.

[152] Erichsen, S. 73; Preu, S. 65; Rüfner, S. 29f., 32, 61.

[153] Erichsen, S. 77; Rüfner, S. 35.

nach gesetzlichen Ermächtigungsgrundlagen für hoheitliches bzw. verwaltungsmäßiges Eingriffsverhalten. Je höher die Gesetzgebungskompetenz innerhalb der Souveränitätsrechte stieg, desto lückenloser mußte auch das durch sie gesetzte Recht gelten, d.h. es sollten so wenig wie möglich Rechtsdurchbrechungen erfolgen. Montesquieu verlangte deshalb eine strikte Bindung des Richters an den Gesetzeswortlaut und postulierte damit die Gesetzesherrschaft.[154] Auch der Herrscher hatte sich der im Gesetz manifestierten, positiv formulierten Vernunft unterzuordnen. Denn die Gesetze entsprangen ja gerade seinem Willen. Der Gesetzesstaat war ein – der erste – Schritt auf dem Wege zum Rechtsstaat.[155] Unter diesen Prämissen bedurfte auch die öffentliche Eingriffsverwaltung zunehmend an gesetzlichen Grundlagen für ihr Handeln; der Untertan/ Bürger sollte geschützt werden, indem er nachvollziehen konnte, mit was für hoheitlichen Maßnahmen er zu rechnen hatte.

In gewissem Sinne schließt sich damit der Kreis. Zwar war das Verwaltungshandeln noch nicht durch Gesetze und Rechtsverordnungen allgemeinverbindlich reglementiert, sondern durch geheimzuhaltende Dienstanweisungen. Sie war damals noch nicht gesetzlich gebunden und es gab damit nur ein den Verwaltungsbehörden bekanntes und somit nicht öffentliches Verwaltungsrecht.[156] Gleichwohl ging die Entwicklung dahin, daß der absolutistische Staat für sein Handeln zunehmend gesetzlicher Grundlagen bedurfte. Hinsichtlich polizeilicher Verfügungen ging im Grundsatz davon auch das ALR aus.[157] Deswegen läßt sich anhand von den ergangenen Legislativakten zumindest mittelbar – durch ihre praktische Umsetzung – auch auf das Verwaltungshandeln rückfolgern und dem gesetzten Recht aussagekräftige Entwicklungstendenzen entnehmen.

[154] Willoweit, Rechtsstaat?, S. 456.

[155] Schmoller, Verfg., S. 129; Willoweit, Rechtsstaat?, S. 454.

[156] Hintze, Preußens Entwicklung, S. 105; Schrimpf, S. 75.

[157] Schweder, S. 27.

2. Kapitel

Vom Majestätsverbrechen

Wurde im vorhergehenden Abschnitt versucht, die geistes- und ideengeschichtlichen Grundlagen sowie das Umfeld für die Gesetzgebung im Absolutismus darzustellen, ist nunmehr auf die einzelnen Gruppen der Staatsschutzgesetze selbst einzugehen. An deren Spitze, als sozusagen klassisches Delikt, steht das Majestätsverbrechen, das crimen laesae maiestatis. Die Ausformung, welche diese Straftat im Entwicklungsverlauf bis in das 18. Jahrhundert erfahren hat, speiste sich – bildlich gesprochen – aus zwei Quellen, nämlich einem deutschrechtlichen Straftatbestand, bei dem der Unrechtsschwerpunkt auf dem Treuebruchsmoment lag, und dem im Rezeptionswege übernommenen und den Namen gebenden römisch-rechtlichen Tatbestand des Majestätsverbrechens.

Bei dem crimen laesae maiestatis der Römer handelte es sich ursprünglich um ein während der Republik zum Schutze der maiestas populi Romani um die Mitte des dritten vorchristlichen Jahrhunderts eingeführtes Delikt, welches zunächst neben dem eigentlichen Staatsverbrechen, der mit dem hierfür erforderlichen animus hostilis begangenen perduellio[1] bestand, letztere aber zum Ende der römischen Republik praktisch assimilierte.[2] Die perduellio sanktionierte die Anmaßung der Königsherrschaft und vergleichbare Handlungen, wobei umstritten ist, ob die perduellio einen umfassenden Tatbestand des Staatsverbrechens schlechthin darstellte[3], wie von der älteren Auffassung angenommen wurde, oder aber sich dieses in die perduellio einerseits und die proditio – den Landesverrat – mit den Unterfällen der defectio – dem Abfall von Bundesgenossen – und militärischen Delikten andererseits aufteilte, wie die neuere Forschung vertritt. Demgegenüber richtete sich der ursprüngliche Schutzzweck des crimen laesae maiestatis gegen die Machtbeeinträchtigung Roms gegenüber äußeren Gegnern.[4] Zu nennen ist hier die lex Appuleia[5] um 101 v. Chr. Die lex

---

[1] Weiske, S. 49.

[2] Baltzer, S. 34; Drda, S. 11; Lieberwirth, Sp. 648; Mommsen, S. 539; Schroeder, Der strafrechtl. Schutz, S. 13; Tietz, S. 26, 34; Weiske, S. 13, 40.

[3] Ritter, S. 83.

[4] Schroeder, Der strafrechtl. Schutz, S. 15.

[5] Ritter, S. 85, datiert sie auf 103 v.Chr.; Drda, S. 12; Tietz, S. 32.

Varia[6] von 91 oder 89 v. Chr. bezeichnete als ein Majestätsverbrechen das Aufreizen von Bundesgenossen zum Krieg gegen Rom. Die lex Cornelia[7] des Cornelius Sulla von 81 v. Chr. bezog zum erstenmal auch innenpolitische Delikte in den Schutzbereich des Majestätsverbrechens mit ein, was aus den Zeitumständen (Bürgerkrieg) heraus erklärlich ist. Das corpus iuris civilis Kaiser Justinians unterschied dann später zwischen Angriffen auf den "populus romanus" und solchen auf die "res publica" (D 48, 4).[8] Während des Prinzipats erfolgte eine Verlagerung des Schutzschwerpunktes von der maiestas populi weg auf die des princeps hin.[9] Das Majestätsverbrechen der römischen Kaiserzeit beruhte auf der lex Julia maiestatis[10] des Gaius Julis Cäsar, die als erste die maiestas principis strafrechtlich schützte. Auf ihr beruhte auch die Ausformung des Majestätsverbrechens, die es dann im corpus iuris civilis erfuhr. Auf der Grundlage dieses Gesetzes kam es während der Kaiserzeit zu Auswüchsen der Strafbarkeit und ihrer Ahndung, zumal die des Majestätsverbrechens Beschuldigten der herrscherlichen Willkür ausgesetzt waren. Als ein Majestätsverbrechen wurde es beispielsweise angesehen, wenn man ein Bordell mit einem kaiserlichen Siegelring betrat, in der Nähe kaiserlicher Bildwerke urinierte oder den dem Herrscher vorbehaltenen Purpur trug.[11] Wegen dieser Pervertierung[12] des crimen laesae maiestatis sah sich in der späteren Kaiserzeit Theodosius der Große dazu veranlaßt, dem Einhalt zu gebieten und mit seiner Constitutio "Si quis imperatori maledixerit"[13] von 393 n. Chr. entgegenzuwirken, indem der Straftatbestand des Majestätsverbrechens auf dem Gebiet des kaiserlichen Ehrenschutzes eingegrenzt wurde. Dieser Constitutio zufolge sollte derjenige, der durch im Trunkenheitszustand verübte mutwillige Beleidigungen den kaiserlichen Namen zu verletzen können glaubte, weder bestraft noch sonstigen Nachteilen ausgesetzt sein, weil Leichtsinn zu verachten und Torheit zu bedauern ist. In den Fällen verübten Unrechts aber sollte an den Kaiser berichtet werden, damit er unter Berücksichtigung der Täterpersönlichkeit über eine eventuelle Straffreiheit oder deren Verfolgung entscheiden konnte.[14] Dies gemahnt an einen fast schon aufklärerisch zu bezeichnenden Impetus. Doch nur

---

[6] Drda, S. 12; Tietz, S. 32.

[7] Drda, S. 12; Schroeder, Der strafrechtl. Schutz, S. 15; Tietz, S. 33.

[8] Schnabel-Schüle, S. 31; Schroeder, Der strafrechtl. Schutz, S. 16.

[9] Baltzer, S. 34; Boelcke, S. 6; Drda, S. 9; Holzhauer, Majestätsbeleidigung, Sp. 178; Lieberwirth, a.a.O., Sp. 649; Schminck, Crimen, S.22; Tietz, S. 28; Weiske, S. 26.

[10] Drda, S. 14; Tietz, S. 33.

[11] Mommsen, S. 584ff.; Schroeder, Der strafrechtl. Schutz, S. 17; Weiske, S. 9f., 35, 55, 122.

[12] Mommsen, S. 583.

[13] Boelcke, S. 7; Drda, S. 15; Tietz, S. 36.

[14] Ritter, S. 86f.; Schroeder, Der strafrechtl. Schutz, S. 17.

vier Jahre nach dieser Constitutio erging unter seinen minderjährigen Söhnen Arcadius und Honorius die berühmt-berüchtigte lex quisquis oder auch lex Arcadia[15] (397 n. Chr.). Unabhängig davon, daß dieses Gesetz die deutsche Strafrechtsentwicklung auf dem Gebiete des Herrscher- bzw. Staatsschutzes durch seine fast wortwörtliche Übernahme in das Reichsgrundgesetz der Goldenen Bulle Kaiser Karls IV. von 1356 beeinflußt hat, lag ihre Negativbedeutung vor allem darin, daß sie die Strafe auch auf die Söhne des Majestätsverbrechers erstreckte und ihnen ihr an und für sich verwirktes Leben nur aus kaiserlicher Gnade beließ. Das Vermögen der Söhne eines Majestätsverbrechers wurde konfisziert und deren Rechtsfähigkeit war gemindert (§ 1 der lex). Darüber hinaus wurde in diesem Gesetz der dem magistratus oder dem Inhaber des imperium zustehende Majestätsschutz auch auf die kaiserlichen Minister ausgedehnt. Geahndet wurde jede "factio scelesta", ohne allerdings näher auszuführen, ob nur das Leben des Kaisers oder auch schon dessen körperliche Unversehrtheit geschützt sein sollte, wohingegen bei den "viri illustres" sich der Angriff gegen deren Leben ("de nece") richten mußte. Außerdem genügte für die Täterschaft des Majestätsverbrechens schon das bloße Mitwissen, also die unterlassene Anzeige von der Tat.[16]

Die Strafe des Majestätsverbrechers war der Tod durch das Schwert und für Verstorbene – denn Anklagen wegen eines Majestätsverbrechens konnten sich auch noch gegen Tote richten – die "damnatio memoriae"; hingerichtete Majestätsverbrecher durften von ihren Angehörigen bzw. überhaupt nicht betrauert, ihre Statuen mußten vernichtet werden.[17] Das Vermögen des Täters fiel an den Fiskus mit der Wirkung, daß vom Majestätsverbrecher getroffene Verfügungen darüber seit seinem Tatentschluß unwirksam waren.[18] In Ausnahmefällen konnte an die Stelle der Todesstrafe auch die der Relegation oder Deportation treten[19], in anderen wiederum erfolgte die Hinrichtung statt mit dem Schwert durch Feuer oder den Galgen. Hinzu kamen prozessuale Besonderheiten beim Majestätsverbrechen, wie z. B. die Zulässigkeit der Folter.[20]

Zunächst unabhängig von den einschlägigen römischen Strafvorschriften gab es auch eine deutschrechtliche Entwicklungslinie, welche in die Germanenzeit zurückreicht und über die fränkische Zeit bis ins Mittelalter führt, wobei das alte deutsche Recht zwischen Vergehen an der oder gegen die Person des

---

[15] Drda, S. 15; Lieberwirth, Sp. 649; Mommsen, S. 594; Tietz, S. 36.

[16] Schminck, Crimen, S. 23; Mommsen, S. 542f.; Weiske, S. 118f.

[17] Mommsen, S. 590f.; Weiske, S. 143.

[18] Drda, S. 10; Mommsen, S. 592; Weiske, S. 17, 19, 80, 145.

[19] Mommsen, ebenda; Schroeder, Der strafrechtl. Schutz, S. 18; Tietz, S. 36; Weiske, S. 138.

[20] Mommsen, S. 588, 591.

Königs und solchen Tatbeständen unterschied, welche sich gegen die Existenz des Gemeinwesens richteten. Tacitus erwähnt im Kapitel 12 seiner "Germania" die Feindbegünstigung und die Schwächung der eigenen Wehrkraft.[21] Demnach stellten Angriffe auf die Existenz der politischen Gemeinschaft die ältesten einschlägigen Delikte dar, und die Ahndung von Kriegsverrat bot erste Ansätze für staatliches Strafrecht. Daraus schlußfolgert Schroeder[22], daß das politische Strafrecht historisch am Anfang der Legalordnung stand.

Für die Völkerwanderungszeit sind als wichtigste politische Delikte die Feindbegünstigung und Feigheit vor dem Feind sowie der Aufruhr im Heer zu nennen.[23] Die verschiedenen leges barbarorum aus fränkischer Zeit bezeichneten als Kernbestand des politischen Strafrechts die Infidelität, das bedeutet die Verletzung der persönlichen Treuepflicht[24], welche sich aus dem zu leistenden Untertaneneid herleitete, den Karl der Große 789 erneuert hat. Der Infidelitätstatbestand lag allen Volksrechten zugrunde, die teilweise auch noch den Verratstatbestand kannten. Unter dem Gesichtspunkt der Infidelität wandelte sich der Landesverrat zum Königsverrat, und in den Volksrechten fielen die Landesverratsfälle mit dem später zum Hochverrat zählenden Angriff auf den König[25] oder Herzog zu einem Staatsverbrechenstatbestand zusammen. Die zu verfolgende Entwicklungslinie führt über die lex ribuaria[26] (Titel 69, 72 § 1) – wohingegen die lex salica keine Bestimmungen über politische Delikte enthielt –, dem Edictus Rothari von 643, welches folgende Tatbestände erfaßte und ahndete: das Attentat auf den König, das Hereinführen oder -rufen von Feinden, die Verbergung und Versorgung von Spionen, die Anzettelung von Heeresmeutereien und Landflucht[27], zu der Novelle Köng Ratchis von 746, die zudem die Vorbereitung des Geheimnisverrats sanktionierte. In der lex Baiuvarorum findet sich neben den üblichen Tatbeständen zusätzlich der des Aufruhrs der

---

[21] Distinctio poenarum ex delicto: proditores et transfugas arboribus suspendunt, ignavos et inbelles et corpore infames caeno ac palude, iniecta insuper crate, mergunt. (Übers.: Die Strafen werden unterschieden nach der Art des Vergehens: Verräter und Überläufer hängt man an Bäumen auf, Feiglinge, Kriegsscheue und Männer, die ihren Körper entehrt haben, versenkt man dagegen im sumpfigen Moor und wirft Reisig darüber. [zitiert nach: Tacitus, Cornelius: Agricola/Germania, lt./dt.; hrsg., übersetzt und erläutert von Alfons Städele, Zürich und München 1991, S. 93]; Schroeder, Der strafrechtl. Schutz, S. 7; Tietz, S. 40.

[22] S. o. S. 14, Fn. 39.

[23] Holzhauer, Landesverrat, Sp. 1419.

[24] Holzhauer, ebenda, Sp. 1420; ders., Majestätsbeleidigung, Sp. 179; Planitz/Eckhardt, S. 109; Schlesinger, S. 12; Schminck, Crimen, S. 24; Schroeder, Der strafrechtl. Schutz, S. 8; Tietz, S. 38, 41.

[25] Planitz/Eckhardt, S. 109.

[26] Drda, S. 18; Ritter, S. 70.

[27] Drda, S. 19.

Bevölkerung gegen den Herzog. Die lex Allamanorum differenzierte zwischen der Schwere der Tatbeteiligung und unterschied bei der Heeresmeuterei zwischen Anführern und sonstigen Teilnehmern. Die lex Saxonum dann erweiterte in ihren Kapiteln 24-27 den Schutz des Königs auch auf dessen Söhne und das "regnum", wenn man so will, eine Art Staats- oder – weit interpretiert – Verfassungsschutz, der vor den Herrscherschutz trat.[28]

Die sächsischen Kapitularien führten zu einer sukzessiven Erweiterung des Infidelitätsverbrechens. In der Folgezeit trat der Ungehorsam gegen königliche Gebote in den Vordergrund des Staatsschutzverbrechens. Nicht nur die Untreue als solche, sondern jeder Ungehorsam gegen ein königliches Gebot konnte den Vorwurf der Infidelität begründen. Selbst die Infragestellung königlicher Urkunden fiel jetzt darunter. Zu nennen sind hier vor allem die Schutzbriefe und gerichtlichen Ladungen (Ladungsgehorsam), deren Nichtbefolgung unter diesem Aspekt bestraft wurde.[29] Die Staatsdelikte wurden gänzlich der Infidelität unterstellt; geschützt wurde nicht mehr die dem König persönlich geschuldete Treue, sondern dessen Autorität und Ehre. Es ist etwa auch um diese Zeit, wo sich für den Verstoß gegen die königlichen Gebote die Bezeichnung als "crimen maiestatis" einbürgerte, wohingegen die schwereren Fälle im Sinne des früheren Rechts weiterhin als "infidelität" bezeichnet wurden. Allerdings erfolgte im weiteren Zeitverlauf eine Aushölung des Staatsverbrechens durch die Felonie, einem lehnsrechtlichen Terminus, unter dem die Verletzung der vom Vasallen geschuldeten Treue und die Nichterfüllung von Lehnspflichten zu verstehen ist.[30]

Einen erneuten Entwicklungsschub infolge von Rechtsaufzeichnungen gab es im 13. Jahrhundert. Die Rechtsbücher aus dieser Zeit (Sachsenspiegel, Deutschenspiegel, Schwabenspiegel) kennen kein spezifisches Delikt gegen den Landesherrn mehr, sondern lassen das Staatsverbrechen in umfassenden Treuebruchtatbeständen aufgehen.[31] Die Rechtsfolge des Treuebruchs ist der Lehnsverlust. Daneben kam jetzt auch der Tatbestand der Verräterei auf, dem eine breitere Bedeutung zukam, aber tatbestandlich ebenfalls fast immer ein Treueverhältnis zum Opfer voraussetzte.[32] Der Sachsenspiegel als das bedeutendste deutsche Rechtsbuch des Mittelalters spricht im ersten Buch des Landrechts, Artikel 40 die Untreue an, wo es heißt: "Wer als treulos oder als heeresflüchtig

---

[28] Schroeder, Der strafrechtl. Schutz, S. 9.

[29] Holzhauer, Landesverrat, Sp. 1421; Ritter, S. 64f., 113; Schroeder, Der strafrechtl. Schutz, S. 10.

[30] Theuerkauf, a.a.O., Sp. 1098f.; Ritter, S. 69, 229; Schroeder, Der strafrechtl. Schutz, S. 11.

[31] Drda, S. 21.

[32] Holzhauer, Landesverrat, Sp. 1424.

aus des Königs Dienst erwiesen wird, dem spricht man durch Urteil seine Ehre und sein Lehenrecht ab, aber nicht sein Leben."[33] Der Untreuetatbestand bezog sich danach vermutlich nur auf den militärischen Bereich (treulos und heeresflüchtig aus des Königs Dienst) und hatte seinen Ursprung wahrscheinlich im Lehnswesen (= Verletzung einer durch selbiges begründeten persönlichen Verpflichtung). Demgegenüber werden in LdR II, 13.4 – einer Strafvorschrift – Verräter ganz allgemein neben Mordbrennern und anderen Delinquenten aufgeführt, für welche die Strafe des Rades bestimmt war.[34] Was unter dem Begriff der Verräterei zu verstehen sein sollte, wurde dagegen nicht näher ausgeführt.[35] Allerdings läßt sich aus der unterschiedlichen Schwere des Strafmaßes für die Untreue einerseits und die Verräterei andererseits schlußfolgern, daß es sich bei der letzteren um eine Tat von größerem Unrechtsgehalt handelte, vergleichbar den Taten u.a. eines Mörders, Mordbrenners oder eines beinahe-Sakrilegs der Beraubung von Kirchen oder Friedhöfen. Hinzu kommt, daß beispielsweise der Schwabenspiegel auch schon das Reich als Schutzobjekt benannte.[36]

Seit der Stauferzeit dann verdrängte das römisch-rechtliche crimen laesae maiestatis, mit dem zusammen auch die perduellion rezipiert wurde, die infidelitas.[37] Nach der Rezeption wurden die Begriffe nicht immer einheitlich verwandt, der des Hochverrats tauchte beispielsweise sowieso erst im 18. Jahrhundert auf und wurde synonym für das crimen laesae maiestatis als dem Zentraldelikt des politischen Strafrechts verwendet. Am Ende des 18. Jahrhunderts als Synthese der Entwicklung des Staatsschutzrechts, die es bis dahin genommen hatte, stand dann die – insoweit zukunftsweisende – Dreiteilung der Staatsverbrechen in den Hoch-, Landesverrat und die Majestätsbeleidigung im engeren Sinne, wie sie das preußische ALR vornahm.[38] Ob es vielleicht mit der insbesondere von den Staufern betriebenen renovatio imperii des römischen Weltreiches und der unter ihrer Herrschaft staatlicherseits begünstigten Rezeption des Römischen Rechts, weil als Kaiserrecht aufgefaßt, zusammenhängt, mag dahingestellt bleiben, jedenfalls erließ der letzte und bedeutendste Hohenstaufer, Friedrich II., neben dem Mainzer Reichslandfrieden zwei Majestätsgesetze, wenngleich sich deren Rechtsgeltung primär auf Italien beschränkte.[39] In seinem Edictum in regno Siciliae promulgatum von 1238 wurde die Häresie und

[33] Zitiert nach: Der Sachsenspiegel, hrsg. v. Clausdieter Schott, Übersetzung des Landrechts von Ruth Schmidt-Wiegand; Zürich 1984, S. 67.

[34] Ritter, S. 127; Tietz, S. 44.

[35] Boelcke, S. 10; Drda, S. 22.

[36] Schroeder, Der strafrechtl. Schutz, S. 12.

[37] Schminck, Hochverrat, Sp. 180.

[38] Vgl. u. S. 65, Fn. 73.

[39] Ritter, S. 131, 134.

Ketzerei als schlimmer als das crimen maiestatis und die perduellio bezeichnet, obwohl alle Vergehen mit derselben Strafandrohung belegt waren. Zumindest mittelbar dürften bei dieser Regelung innenpolitische Aspekte eine Rolle gespielt haben, nämlich die machtpolitische Auseinandersetzung des zweimal gebannten Kaisers mit der Kurie. Mit diesem Gesetz wurde die Verknüpfung von Religions- mit dem Majestätsverbrechen eingeleitet. Das ein Jahr später vom selben Herrscher erlassene Edictum contra infideles imperii Italicos von 1239 nannte als geschütztes Rechtsgut nur noch die persönliche Majestät des Herrschers.[40]

Ein dreiviertel Jahrhundert später erging unter Heinrich VII. 1312 das in die Extravaganzen des corpus iuris civilis aufgenommene und von Bartolus im Auftrag Kaiser Karl's IV. in einem Traktat erläuterte Edictum de crimen laesae maiestatis, welches schon in seinem Titel den Majestätsstrafschutz voraussetzte und nach dem das Staatsverbrechen auf einem Bruch des Treuetatbestandes beruhte.[41]

Die berühmteste Staatsschutzgesetzgebung des Mittelalters erfolgte dann 1356 mit dem Reichsgrundgesetz der Goldenen Bulle Kaiser Karl's IV. In ihrem erst im Dezember (25. 12.) desselben Jahres anläßlich der Reichsversammlung zu Metz veröffentlichtem Kapitel 24 übernahm sie fast wortwörtlich die lex quisquis und bezog anstelle der kaiserlichen Minister und Beamten die Kurfürsten in den Majestätsschutz mit ein. Dieser sich auf die Kurfürsten erstreckende Staatsschutz beruhte auf ihrer reichstragenden Funktion und entsprach dem Verfassungsgepräge des Kurfürstenkollegiums. Denn eigentlich kamen sie nur als mögliche Partner von Staatsverbrechen, nicht aber als geschützte Träger der Reichsgewalt in Betracht. Ebenfalls vom antiken Vorbild übernommen wurde das Strafmaß, nämlich die Schwertstrafe verbunden mit der Vermögenseinziehung des Täters sowie den zivil- und ehrenrechtlichen Nebenfolgen auch für die Kinder des Majestätsverbrechers. Mit der Goldenen Bulle ging eine weitere Verlagerung des Majestätsverbrechens auf die persönliche Majestät des Herrschers einher.[42]

Die weitere Entwicklungsstufe auf dem Gebiet des Staatsschutzrechts stellte dann die stark unter römisch-italienischem Rechtseinfluß stehende Wormser

---

[40] Ritter, S. 135.

[41] Drda, S. 24f.; Holzhauer, Landesverrat, Sp. 1423; Ritter, S. 138; Schlesinger, S. 16.

[42] Boelcke, S. 9; Conrad, Dt. RG I, S.430, 589; Drda, S. 26f.; Holzhauer, Landesverrat, Sp. 1423; ders., Majestätsbeleidigung, Sp. 178; Laufs, a.a.O., Sp. 1739ff.; Lieberwirth, a.a.O., Sp. 649; Mitteis/Lieberich, §§ 33 IV 2d=S. 247, 35 II 4=S. 402; Ritter, S. 149ff.; Schnabel-Schüle, S. 33; Schroeder, Der strafrechtl. Schutz, S. 27; Tietz, S. 45; Wieacker, PrivRG, S. 13.6

Reformation aus dem Jahre 1498 dar, die bestimmte, daß derjenige ein crimen laesae maiestatis begeht und mit dem Schwert gerichtet werden soll, der zu Versammlungen oder Aufruhr aufruft, oder der gegen den Rat, Magistrat oder Gemeinnutz zuwider handelt.[43]

Die nächsten wichtigen Kodifikationsschritte waren zum einen die Bambergische Halsgerichtsordnung (BHGO, als Bambergensis bezeichnet) von 1507 und die Peinliche Halsgerichtsordnung Kaiser Karl's V. von 1532, die Cautio Criminalis Carolina (CCC), oder abgekürzt auch nur als Carolina bezeichnet. Beide Ordnungen bildeten auch die Rechtsgrundlage für die Staatsverbrechenstatbestände im Kurfürstentum Brandenburg,[44] während die Rechtslage im Herzogtum Preußen durch die drei Landrechte von 1620, 1685 und 1721 bestimmt wurde, deren Geltung sich aber auf das Territorium des ehemaligen Herzogtums beschränkte.[45] Nach Art. 132 der Bambergensis war Schutzobjekt des Majestätsverbrechens nunmehr nur noch der Herrscher.[46] Diese Vorschrift bestimmte, wer "einer Römischen Kaiserlichen oder Königlichen Majestät, unseren allergnädigsten Herrn, lästert, ein Bündnis oder eine Einigung wider diese Majestät dergestalt macht, daß er damit, zu Latein genannt, Crimen laesae maiestatis getan hat", was als Bestätigung des partikularrechtlichen Vollzugs der Rezeption des Majestätsdelikts in toto (und nicht eines speziellen einzelnen Majestätsgesetzes) in der von Wissenschaft und Praxis fortentwickelten zeitgenössischen Form angesehen wird. Insofern differenzierte die Bambergensis nicht zwischen der Perduellio und dem Majestätsverbrechen im engeren Sinne. Demgegenüber stellte Art. 133 der BHGO mit der Stellung des Landesherrn einen neuen Staatsschutzwert auf.[47] Für die anderen dort genannten politischen Unzuverlässigkeitsdelikte, wie der Flucht u.ä., wurde als Strafe die Ehrlosigkeit des Täters und seine Bestrafung an Leib oder Leben nach Gelegenheit und Gestalt der Sachen bestimmt. Allerdings enthielt sie daneben zahlreiche andere Sonderstrafvorschriften, welche den Aufruhr und dgl. Tatbestände ahndeten, so wurde in Art. 135 mit Strafe bedroht, wer Fahnenflucht beging oder pflichtwidrig Schlösser oder Befestigungen übergab. Die Verräterei und der Aufruhr wurden in den Art. 149 bzw. 152 behandelt, zu denen die Art. 51 und 61 traten, die sich mit dem Indizienbeweis, den Voraussetzungen für die Tortur und dem Inhalt von peinlichen Fragen befassten. Art. 162 bestrafte ferner den Mord an hohen trefflichen Personen.

---

[43] Schlesinger, S. 24; Schroeder, Der strafrechtl. Schutz, S. 23, 25.

[44] Berner, § 35 = S. 27.

[45] Ders., § 38 = S. 29f.

[46] Drda, S. 34; Schroeder, Der strafrechtl. Schutz, S. 23.

[47] Ritter, S. 157.

Demgegenüber regelte die Carolina[48] in ihrem Artikel 124 als hier interessierenden einschlägigen Tatbestand lediglich die Verräterei, auf welche die Strafe der Vierteilung stand[49], setzte aber andererseits in Art. 218 ("..., so eyn übelthetter außserhalb des lasters vnser beleidigten Majestet oder sunst in andern fellen, ...") die Geltung des crimen laesae maiestatis voraus, wo die perduellion den schwereren Fall des Majestätsverbrechens bezeichnete.[50] Systematisch nachrangig gab es dann noch das crimen laesae maiestatis in specie, die persönliche Schmähung des Herrschers, Amtsvergehen und die Anmaßung von Hoheitsrechten. Besagter Artikel bestimmte, daß "der gewonheyt nach, durch viertheylung zum todt gestrafft werden (sollte)", wer "mit boßhafftiger verreterey mißhandelt". Hat die verübte Verräterei großen Schaden oder Ärgernis verursacht, was vor allem für den Fall angenommen wurde, wenn sie ein Land, eine Stadt , den eigenen Herrn, Bettgenossen oder "nahet gesipten freundt" betraf, sollte die Strafe durch Schleifen zum Richtplatz oder Zangenreißen vermehrt werden. Indem die Peinliche Gerichtsordnung für die Münzfälschung (Art. 111), Gefangenenbefreiung (Art. 180) und für annonyme Schmähschriften gesonderte Tatbestände schuf, schränkte sie das Majestätsverbrechen gegenüber dem Römischen Recht ein, wohingegen die gesonderte Behandlung des Landfriedensbruchs in Art. 129 (ebenso Art. 154 BHGO) lediglich die Rückkehr zum früheren Rechtszustand bedeutete.[51] In der Legalordnung der Peinlichen Gerichtsordnung erschien das crimen laesae maiestatis in der hier übriggebliebenen Form des libellus famosus (Art. 110) im Anschluß an die Religionsdelikte im weitesten Sinne wie der Gotteslästerung (Art. 106), dem Meineid (Art. 107) und der Zauberei (Art. 109). Diese Gliederung bahnte die Teilung zwischen öffentlichen und privaten Delikten an. Für die Zukunft blieb die Einleitung des Besonderen Teils von Strafrechtsbüchern mit den Religions- und daran anschließend den Staatsschutzdelikten, was deren enge inhaltliche Verknüpfung zum Ausdruck brachte, lange vorbildlich. Gleichwohl führte die Nichtübernahme des crimen laesae maiestatis in der Carolina zu keiner Trennung des Staats- vom Majestätsschutz.[52] Infolge der Einbeziehung der Kurfürsten in den Majestätsschutz durch die Goldene Bulle und einem Erstarken der Territorialherren verlagerte sich der Schwerpunkt der Majestätsverbrechensgesetzgebung vom Reich auf die Länder.

---

[48] Zitiert nach: Die Peinliche Gerichtsordnung Kaiser Karls V. von 1532, hrsg. und erläutert v. G. Radbruch, 6. Aufl. hrsg. v. Arthur Kaufmann, Stuttgart 1984.

[49] Drda, S. 38; Schaffstein, S. 54; Schlesinger, S. 33; Tietz, S. 47f.

[50] Holzhauer, Landesverrat, Sp. 1424f.; Schroeder, Der strafrechtl. Schutz, S. 24.

[51] Schnabel-Schüle, S. 34.

[52] Schminck, Hochverrat, Sp. 181; Schnabel-Schüle, S. 35; Schroeder, Der strafrechtl. Schutz, S. 26.

Bevor das Staatsschutzrecht in Form des Majestätsverbrechens knappe einhundert Jahre nach der Carolina im Landrecht des Herzogtums Preußen von 1620 eine erneute kodifikatorische Gestaltung erfuhr, sei an dieser Stelle kurz auf die gemeinrechtliche Doktrin zum selbigen eingegangen. Die wesentlichsten Vertreter waren Mathäus, Bocer, Carpzov und Boehmer. Allgemein anerkannt war und hervorgehoben wurde die Schwere des Staatsverbrechens, die seine Singularität begründete. Systematisch schloß sich das Majestätsverbrechen an das als Häresie und Sakrileg ausgestaltete crimen maiestatis divinae an. Die Unterordnung des Verbrechens gegen die weltliche unter das gegen die göttliche Majestät führte dazu, daß der Fürstenverräter gleichzeitig zum Verräter an Gott wurde.[53] Im Entwicklungsverlauf wurde versucht, die Anwendung des vom Staatsschutzgesetz Heinrich VII. als echten Amtsschutz ausgestalteten Schutzes der kaiserlichen Beamten, den Bocer als Quasiperduellion für den Fall des Ministermordes aufgefaßt wissen wollte, auf den Fall zu beschränken, wo durch den Ministermord gleichzeitig auch der Herrscher oder das Staatswesen getroffen werden sollte.[54]

Bedingt durch die für den Absolutismus bestimmende Souveränitätslehre Bodin's konnte das Majestätsverbrechen nach herrschender Auffassung nur von Untertanen begangen werden, weil für den Nichtuntertan die maiestas als maior status vel potestas eben keine maior status sei. Jedoch wurden als Untertanen nicht nur die vollberechtigten Bürger sondern auch die bloßen Einwohner eines Staates, die incolae, als solche angesehen.[55] Außerdem bemühten sich die Autoren darum, eine Systematik in die Staatsschutzbegrifflichkeit zu bringen. Seit den Kaisergesetzen wurden die Begriffe des crimen maiestatis und der perduellion inhaltlich gleichbedeutend verwandt; seit dem 16. Jahrhundert ist das crimen maiestatis dann praktisch der einzige Terminus für das Staatsschutzverbrechen.

Anstelle der von Mathäus vorgenommenen und auf Hotman zurückzuführenden (welcher die perduellion als einen Angriff auf das Staatsganze, das crimen maiestatis hingegen als einen solchen auf einen Teil desselben definierte[56]) Zweiteilung der Staatsverbrechen, unterteilte die Folgezeit dieselben häufig in eine Dreierkategorie und zwar in perduellion mit dem Unterfall der quasi perduellion beim Ministermord, dem crimen maiestatis in specie und der maledictio in principem, wobei Carpzov den Anwendungsfall der perduellion auf den Mordanschlag auf Kaiser oder Kurfürsten beschränkte.[57] Andererseits

---

[53] Ritter, S. 210f.

[54] Ders., S. 219.

[55] Ders., S. 225, 227.

[56] Ders., S. 245; Schroeder, Der strafrechtl. Schutz, S. 30.

[57] Hattenhauer, S. 437; Lieberwirth, a.a.O., Sp. 650; Ritter, S. 238.

konnte nach der Auffassung Boehmers, der den Begriff in das crimen laesae maiestatis in genere, die perduellio und das crimen laesae maiestatis in specie auffächerte, ein Majestätsverbrechen nicht nur derjenige begehen, der die ihm anvertraute Gewalt mißbrauchte oder sich Souveränitätsrechte (nach Bodin sind dieses hauptsächlich das Recht zur Gesetzgebung, die Entscheidung über Krieg und Frieden, Rechtsprechung, Begnadigung, Steuer- und Münzhoheit) anmaßt. Die perduellio, der eigentliche "hohe Verrat", deren alleiniger Schutzgegenstand der Staat ist, bedeutet den Angriff auf die Wesenheit und Ganzheit des Staates, wo es direkt, offen und unmittelbar um den Untergang des Staates ging, der Veränderung des Staates oder der Regierungsform bzw. solche Fälle, welche die Auflösung der rechtlichen Grundordnung betrafen. Die hier zu subsumierenden Fälle waren auf den Untergang des Staates, den Umsturz der Verfassung gerichtet. In dem Versuch, infolge eines Umsturzes eine neue (Rechts-)Ordnung aufzurichten, drückt sich gleichzeitig eine prinzipielle Gehorsamsaufkündigung gegenüber dem Bestehenden aus. Der absolute Staat legte seinen Untertanen nach der zeitgenössischen Doktrin einen unumschränkten Gehorsam auf.[58] Wegen dieser besonderen Ausformung des Treuegedankens kam es teilweise auch zu einer Ausweitung des Staatsschutzes auf das Unterlassen von Hilfeleistungen wie der Nichtenthüllung fremder Staatsgeheimnisse, die Nichtunterstützung des Heeres und die Nichthinderung des feindlichen Durchzuges über eigenen Grund und Boden. Die gleichzeitige Auffassung vom Wesen des hohen Verrats als eines Gesamtabfalls bedingte die Trennung der Staats- von den Verwaltungsverbrechen. Hingegen wurde in der gemeinrechtlichen Lehre der Landesverrat noch nicht gesondert behandelt, obgleich es zu einer dogmatischen Klärung einzelner Landesverratsfälle kam. Dadurch, daß differenzierte deutschrechtliche Tatbestände in ein umfassendes crimen maiestatis aufgingen, unterlag dieser römisch-rechtliche Verbrechenstatbestand selbst einer Differenzierung und es kam im Zuge dessen zu seiner Umschmelzung. Die Strafrechtswissenschaft im 18. Jahrhundert wollte unter den Begriff des Hochverrats alle diejenigen Delikte subsumieren, die sich gegen den inneren Bestand des Staates richteten und dadurch das Gemeinwesen am unmittelbarsten bedrohten. Alle anderen Vergehen, wie der gegen die äußere Sicherheit gerichtete Landesverrat und das Majestätsverbrechen in specie, sollten dagegen systematisch aus dem Grundbegriff des Hochverrats ausgegliedert werden. Das 18. Jahrhundert dann sonderte die bloß private Beleidigung des Monarchen als Staatsbürger aus dem crimen maiestatis aus und behandelte sie als iniuria atrox. Später wurde sie als Verbrechen der verletzten Ehrfurcht, als ein eigenes crimen laesae venerationis angesehen. Allerdings setzte die noch stark personalistische Staatsauffassung anfangs den Staats- mit dem Majestätsschutz gleich, was erst als Folge der Aufklärung dauerhaft überwunden wurde, weil die Ent-

[58] Schaffstein, S. 58.

wicklung von einem dynastischen Denken weg zu einem abstrakten Staatsbegriff hin verlief.[59]

Der des Majestätsverbrechens Angeklagte war sachlich wie verfahrensrechtlich entsichert. Von der Seite des Strafmaßes her wurden die schimpflichen Ehrenstrafen, insbesondere die damnatio memoriae, auf die perduellion beschränkt. Das gleiche galt einigen Schriftstellern zufolge (Mathäus, Boehmer) für den Vermögensverlust der Söhne. Auch die Vierteilung wurde nur auf die perduellion bezogen, wohingegen bei dem crimen laesae maiestatis in specie es als Strafen die Deportation und schimpfliche Relegation, später dann die poena extraordinaria (u.U. auch bloße Geldstrafe oder Staupenschlag) gab.[60]

Einige der hier aufgezeigten, von der gemeinrechtlichen Lehre vertretenen, Ansichten lassen sich auch in der Kodifikation des Landrechts für das Herzogtum Preußen von 1620 nachweisen. In seinem sechsten Buch/vierter Titel behandelte es unter der Überschrift "Von Laster beleidigter Mayesteth" nach der Gotteslästerung, der Zauberei und dem Meineid den Aufruhr, die Verräterei, die Münzfälschung und das bösliche Auftreten und Befehden. Der umfassende Tatbestand der Verräterei wurde in diesem Landrecht wie folgt beschrieben: "Das Laster der Verrhäterey wird auch auff viel wege begangen/als da einer seinen eigen Herrn oder Obrigkeit: Item/ein Statt oder Land bößhafftiglich verräth/und also zu schaden bringet/der hat auch das Leben verwirckt". Das Laster der beleidigten Majestät, welches sowohl das der göttlichen, als auch jenes der weltlichen Majestät umfaßte, weil der Fürst als Statthalter Gottes auf Erden angesehen wurde und insofern an dessen maiestas partizipierte, war an erste Stelle gesetzt.[61]

Ähnlich war der Regelungskanon im revidierten brandenburgischen Landrecht für das Herzogtum Preußen des Großen Kurfürsten von 1685, wo die Gestaltungsnähe der einzelnen Tatbestände zur Carolina auffällt. Ebenso wie diese kannte das kurbrandenburgische Recht die Tatbestände des Aufruhrs, der Verräterei und Münzfälschung, des Meineids, der Zauberei und bößlichen Befehdung. Parallelen lassen sich auch bei dem Strafmaß aufzeigen. Begehbar war die Verräterei in der Weise, daß "einer seinen eigenen Herrn oder Obrigkeit: Item, eine Stadt oder Land boßhaftiglich verräth/ und also zu Schaden bringet". Die Beschränkung der Majestätsbeleidigung auf die maiestas divinae und die systematische Stellung des Verräterei-Artikels zwischen dem Aufruhr einerseits und der nachfolgenden Münzfälschung und "boßlichen Befehdung" anderer-

[59] Baltzer, S. 36; Holzhauer, Majestätsbeleidigung, Sp. 179; Hubatsch, Friedrich u. Verw., S. 224, 227; ders., Staatsräson, S. 25; Lieberwirth, a.a.O., Sp. 650.

[60] Ritter, S. 264.

[61] Schnabel-Schüle, S. 36; Schroeder, Der strafrechtl. Schutz, S. 27f.

seits erlaubt zumindest den möglichen Rückschluß, daß die Verräterei des "Articulus V" als Staatsverbrechen in Form des gemeinrechtlichen weltlichen Majestätsverbrechens aufgefaßt wurde.[62] Insofern würden die Straftatbestände im von Friedrich Wilhelm I. 1721 erlassenen "Verbesserte(-n) Landrecht des Königreichs Preußen", das gegenüber seinem Vorgänger von 1685 von manchen Autoren als modern, ja geradezu revolutionär bewertet wird[63], lediglich eine Klarstellung dieser Auffassung bedeuten. Dieses Gesetzbuch ließ auf die Religionsdelikte die politischen Verbrechen folgen und stellte sie damit an die Spitze des Besonderen Teils. Das Verbesserte Landrecht gliederte das Majestätsverbrechen danach auf, ob der Täter den Landesherrn direkt oder indirekt angreift. Für die perduellion wie für das crimen maiestatis in specie war die "feindseelige Gesinnung", der animus hostillis des antiken Rechts erforderlich.[64] In Verbindung mit der Sicherheit trat der Staat als Schutzobjekt auf und als solches neben den Landesherrn; gleichzeitig verschwanden mit dem Staat als neuem Schutzobjekt Kaiser und Reich als ebensolche.[65] In Artikel VI, § 6 wurde die Münzfälschung zwar noch als zu dem crimen maiestatis in specie zugehörend aufgeführt, an anderer Stelle aber, nämlich in Artikel VIII, dezidiert selbständig behandelt. Ebenso wurden aus dem crimen maiestatis die maledicta ausgegliedert, Art. VI, § 9. Der Unterschied zwischen dem crimen perduellionis und dem crimen laesae maiestatis bestand darin, daß das eine direkt und das andere indirekt begangen wurde. Artikel VI, § 1 führt hierzu aus, daß "das Crimen Perduellionis darin eigentlich bestehet/ wann ein Unterthan directe sich wieder seinen Landes-Herrn und Vaterland aus feindseeligem Gemüth etwas unterwindet ...". Das Unterwinden, sprich die Begehungsweise des crimen perduellionis bestand danach in folgenden Möglichkeiten: Wenn der Täter "dem Herrn nach dem Leben trachtet/ Auffruhr und Rebellion wieder demselben erreget. Imgleichen da jemand den Feinden Brieffe oder Bohten zuschicket/ und Zeichen giebet/ oder bößlich verursachet/ daß denen Feinden durch Rahtschlag geholfen werde; Also wer auf die Weise wieder die Sicherheit Unser und Unsers Staats handelt/ item eine Stadt oder Land verräht und zu Schulden bringet/ ...". Die Strafe für die Verräterei war die Vierteilung, welche bei gegebenen Umständen noch durch das Schleifen zum Richtplatz oder Zangenreißen verschärft werden sollte. Zudem legte Art. 6 § 2 fest, daß das Andenken an einen Verräter mittels Zerbrechens oder Zerreißens seiner Ehrenzeichen, Schleifung seiner Wohnung und die Konfiskation seiner Güter "ausgerottet" werden sollte. Konnte sich der Staatsverbrecher aber durch Flucht "salvieren", war seine Exekution stellvertretend an einem Bild von ihm zu vollzie-

---

[62] Ritter, S. 201.

[63] Schroeder, Der strafrechtl. Schutz, S. 31.

[64] Ders., ebenda, S. 32.

[65] Ritter, S. 202f.; Schroeder, Der strafrechtl. Schutz, S. 33.

hen. Außerdem konnte die Verräterei nicht nur aktiv sondern auch in der Form bloßer Mitwisserschaft, die gleichwohl Täterschaft bedeutete, begangen werden und derselben Strafe unterliegen. Hingegen sollte derjenige, der von der Tat zurücktrat und sie aufdeckte, nicht bestraft werden.

Demgegenüber wurde das crimen laesae maiestatis humanae in specie sic dictum dadurch begangen, "wann einer indirecte' wieder seinen Landes=Herrn/ desselben Hoheit/ Würde/ und Ansehen etwas aus feindseeligem Gemühte begehet/ als zum Exempel: Da einer fürsetzlich und boßhafftiger Weise die dem Landes=Herrn gewidmete Statue, Bildniß/ oder Insignia; Item Dessen Salve garde violirte, falsche Müntze prägete/ oder andere Regalien/ sich anmassete/ ..." (Art. VI, § 6). Das feindseelige Gemüt, der animus hostillis der antiken römisch-rechtlichen perduellion, war für beide Begehungsformen des Staatsschutzverbrechens erforderlich, jedoch wurde bei dem letzteren im Strafmaß "nach Beschaffenheit der Umstände und Persohnen" differenziert zwischen Lebens-, Leibes- oder auch geringerer Strafe.

Die Staatsschutzverbrechen in der Ausformung, die sie im verbesserten Landrecht aus dem Jahre 1721 erfahren haben, galten auch unverändert während der fast ein Semisäkulum dauernden Regierungszeit Friedrichs des Großen. Anzumerken gilt es hier, daß die Abschaffung der Folter, welche der König in seiner berühmten Kabinettsorder vom 3. VI. 1740[66] kurz nach seinem Regierungsantritt befahl, die Fälle des Majestätsverbrechens zusammen mit denen des Landesverrats und schwerer Mordverbrechen zunächst hiervon ausnahm, deren vollständige Beseitigung dann aber durch Ordern vom 24. VI. und 4. VIII.1754 bzw. 4. VIII.1754 und 18. XI.1756 für Schlesien verfügt wurde.[67] An diesem markanten Beispiel läßt sich einmal mehr die absolutistische Regierungsweise verdeutlichen, wo mit Hilfe von (Kabinetts-)Ordern der gesetzesgleiche königliche Wille administrativ umgesetzt wurde.[68] Wie der Philosoph von Sanssouci ansonsten über die Beleidigung seiner Person dachte, ähnelte stark der Gesetzesbegründung Theodosius des Großen[69] und läßt sich zwei Kabinettsordern an die Etatsminister von Cocceji vom 22. XI. 1746[70] und von Danckelmann vom 30. VI. 1750[71] entnehmen. Die erstere betraf den Fall, daß sich ein Untertan gegenüber ausländischen "Ministern" abfällig über den König geäußert hatte, was ihn zu der Bemerkung veranlaßte, "wann etwa dumme oder unvernünftige Leute sich über mein Sujet im Reden vergehen sollten, Ich dar-

[66] AB/B.O., Bd. 6/2, Nr. 7 = S. 8; Baltzer, S. 35f.

[67] Berner, § 40 = S. 32; Rüping, S. 70.

[68] S. o. S. 32 u. 34.

[69] Vgl. o. S. 47.

[70] AB/B.O., Bd. 7, Nr. 112 = S. 187f.

[71] AB/B.O., Bd. 8, Nr. 401 = S. 785.

aus keine Affaire gemacht wissen will, allermaßen Ich, dergleichen zu ressentieren, zu weit unter Mich halte und, wann sich etwa jemand durch Reden oder Ausdruck über Mein Personal vergehen möchte, solches mehr verachtens= als strafenswerth finde, daferne es nur nicht sonsten Dinge sind, die den Staat selber angehen." (sic!)[72] Mit letzterer erließ er für im Zustande der Trunkenheit ausgesprochene Beleidigungen die ergangene Strafe gänzlich. Darin heißt es u.a.: "Da Ich (aus Eurem Berichte vom 24. dieses mit mehrem) ersehen habe, wie ein (jetziger Rector zu Schmiegel in Polen, Namens Kutzner) vor einigen Jahren in der Trunkenheit sich vergangen, daß derselbe sich verschiedene unbesonnene Expressionen über mein Sujet entfahren lassen, und was vor eine Bestrafung deshalb ihm durch den Criminalsenat zu Berlin zuerkannt werden wollen, so ist Euch darauf Resolution, daß weil dieser Mensch durch die Trunkenheit in die elende Umstände gesetzet worden, daß er seiner Vernunft gar nicht mächtig gewesen und deshalb allerhand unbesonnenes Zeug ausgestoßen hat, so mehr zu verachten als zu bestrafen ist, Ich demselben die ihm dictirte Strafe gänzlich erlassen will, dergestalt, daß er auch desfalls nicht einmal einige Geldbuße erlegen, sondern zum höchsten mit einem Verweis und Verwarnung, sich hinfüro vor dem Trunk zu hüten, abgefertiget werden soll." Allerdings ist darauf hinzuweisen, daß den Sachverhalten "nur" ein crimen laesae maiestatis in specie zugrunde lag. Gleichwohl werfen sie ein Streiflicht auf die Einstellung des Königs hinsichtlich seine Person betreffende Beleidigungen. Festhalten läßt sich, daß während der sechsundvierzig Jahre seiner Regierung keine Vorschrift erlassen wurde, die einzig den Schutz seiner Person zum Regelungsinhalt gehabt hätte. Andererseits wurde ein begangenes Verbrechen der Majestätsbeleidigung als ein Enterbungsgrund zwischen den Eltern und ihren Kindern statuiert, wie sich aus einem Circular an alle Justizkollegien vom 13. XII. 1773 ergibt.[73]

Entwicklungsschlußpunkt für die hier zu untersuchende Epoche des Absolutismus ist das preußische ALR von 1794, das zwar erst in nachfriderizianischer Zeit in Kraft getreten, gleichwohl vom Geist der Aufklärung durchdrungen ist und seine Entstehung den Reformbemühungen des Königs um das preußische Rechtswesen verdankt.[74] Mit der zukunftsweisenden Aufteilung der Staatsschutzverbrechen in Hoch- und Landesverrat einerseits, sowie der Beleidigung des Monarchen andererseits[75] vollzog sich die Unterscheidung der ursprünglichen Gleichsetzung vom Staat mit seinem Potentaten. Der Staat und seine ver-

---

[72] AB/B.O., Bd. 7, a.a.O., S. 188.

[73] NCCM, 1773/Nr. 69.

[74] Hattenhauer, Einf., S. 1.

[75] Blasius, S. 19f.; Holzhauer, Landesverrat, Sp. 1427; Schminck, Hochverrat, Sp. 184; Schnabel-Schüle, S. 36; Schroeder, Der strafrechtl. Schutz, S. 38.

fassungsgemäße Ordnung sind an die (primäre) Stelle des Herrschers in der Reihenfolge der Schutzgüter getreten. Der Herrscherschutz wurde somit dem Staatsschutz untergeordnet.[76] Gleichzeitig wurde damit ein für den Gesamtstaat einheitliches Staatsschutzrecht geschaffen, selbst wenn ihm theoretisch nur subsidiäre Bedeutung gegenüber bestehendem Partikularrecht zukam. Die uneinheitliche Rechtslage im Königreich – in Brandenburg galt hinsichtlich der Staatsverbrechen der von der Bambergensis und der Carolina getroffene Regelungsstand[77], während im ehem. Herzogtum Preußen mit den dortigen Landrechten sie zwischenzeitlich schon eine neuere Ausgestaltung erfahren hatten – bezüglich dieser Rechtsmaterie hatte damit ein Ende. Der Boden, auf dem diese Regelungsausformung des ALR beruhte, war u.a. durch das Schrifttum der Aufklärung und andere – nicht-preußische – Kodifikationen jedenfalls teilweise mitbereitet worden. Zu erwähnen ist hier insbesondere die oben näher dargelegte Lehre vom Gesellschaftsvertrag, die dazu führte, daß die politischen Delikte, an deren Spitze die Angriffe auf die Vereinigung zum Staat standen, demgegenüber die Angriffe auf den Regenten zurücktraten, als Verstoß gegen den Gesellschaftsvertrag aufgefaßt wurden. Sie konzentrierten sich auf die Zerstörung der Staatsverfassung, indem der Naturzustand mittels Aufwerfung zum Tyrannen oder die Anarchie herbeigeführt wird. Daneben behielt die Auslieferung des Staates an eine feindliche Macht ihre Bedeutung.[78]

Die vor-preußischen Kodifikationen waren das bayerische Strafgesetzbuch Kreittmayer's von 1751, der Codex iuris Bavarici, die Theresiana von 1768 und die Josephina Kaiser Joseph II. von 1787. In dem bayerischen Gesetzbuch und dem österreichischen Maria Theresias wurde das Staatsverbrechen des Aufruhrs nach der gemeinrechtlichen Auffassung unterschieden. Demgegenüber trennte die Josephina die Verbrechen gegen den Herrscher (= Hochverrat) von denen gegen den Staat (= Landesverrat). Der Schwerpunkt des durch die Staatsverbrechen zu ahndenden Unrechts lag immer noch auf der Treueverletzung, welche der Untertan dem Landesherrn und dem in seiner Person verkörperten Staat schuldete. Möglicher Täter konnte deshalb nach wie vor nur der Untertan sein, bei einem allerdings ausgeweiteten Untertanenbegriff.[79]

Eine echte Neuerung brachte insofern die Regelung der Staatsschutzverbrechen, wie das preußische ALR sie 1794 traf. Gliederungsmäßig stehen sie an der Spitze und werden an erster Stelle geregelt. Schutzobjekt war jetzt nur noch

---

[76] Holzhauer, Majestätsbeleidigung, Sp. 180.

[77] Berner, § 34 = S. 26f.; hier als Brandenburgica.

[78] Schroeder (Hrsg.), S. VIII; ders., Der strafrechtl. Schutz , S. 34, 37f.

[79] Boelcke, S. 12; Drda, S. 72; Holzhauer, Landesverrat, Sp. 1426; Ritter, S. 272f., 278.

der preußische Staat.[80] Geregelt wurden sie im II. Teil, 20. Titel/2. Abschnitt; die §§ 91 ff. handeln vom Staatsverbrechen überhaupt und dem Hochverrat insbesondere. Der dritte Abschnitt befaßt sich mit den Verbrechen gegen die äußere Sicherheit des Staates (§§ 100-148), der vierte nennt solche, die sich gegen die innere Ruhe und Sicherheit des Staates richten (§§ 149-195). Erst im fünften Abschnitt wurde die Verletzung der Ehrfurcht gegen den Staat abgehandelt (§§ 196-213). Die jetzt als Majestätsbeleidigung bezeichnete Ehrfurchtsverletzung konnte sich gegen den Landesherrn selbst (§§ 197-202) oder gegen dessen Familie (§§ 203-209) richten. Hinzu kam die Möglichkeit, die Ehrfurcht gegenüber dem Staat in der Weise zu verletzen, daß die Staatsbediensteten in ihrer Funktion als Amtsträger beleidigt wurden oder daß jemand für den öffentlichen und allgemeinen Gebrauch bestimmte Dinge, wie zwecks Bekanntmachung angeschlagene Patente und Verordnungen, aber auch Denkmäler und Statuen sowie Wegweiser abreißt, beschädigt bzw. verunstaltet (§§ 210-213).

Durch diese systematische Einteilung der Staatsverbrechen, die das Wesen des Verrats in einem Gesamtabfall vom Staat erblickte und theoretisch von Boehmer mitvorbereitet worden war, wurden die Verwaltungsverbrechen, deren Angriffssubstanz im Bereich der Verwaltung lag, von den echten Staatsverbrechen, die auf den Bestand des Staates selbst und der mit der höchsten Gewalt unzertrennlich verbundenen Funktionen abzielten, getrennt.[81] Der Staat selbst und als solcher wird durch die Staatsverbrechenstatbestände geschützt gegen 1. die Vernichtung oder Verringerung seiner Macht, 2. eigenmächtige oder gewaltsame Veränderung der Staatsverfassung oder 3. des Regenten.

Der Hochverrat wird in § 92 als ein Unternehmen, das auf die gewaltsame Umwälzung der Staatsverfassung abzielt oder sich gegen das Leben oder die Freiheit des Staatsoberhauptes richtet, beschrieben. Der Personenschutz des Monarchen, der mit dem des Verfassungsschutzes gleichrangig war, leitet sich hier aus seiner Funktion als Staatsoberhaupt her. Die andere Zielrichtung des Regentenschutzes erfaßte Verbal- und Realiniurien, die ihn zwar verletzen (beleidigen), aber als Funktionsträger nicht beseitigten bzw. veränderten. Das Strafmaß für den vom ALR aufgestellten umfassenden Schutz der Staatsehre gemahnt an die Constitution des Theodosius, denn § 201 bestimmte, daß beim Verbrechen der beleidigten Majestät die letztendliche Entscheidungsgewalt beim Herrscher lag und für den Fall, daß das Verbrechen aus Wahnsinn oder Zerrüttung der Geisteskräfte begangen wurde, der Täter bis zu seiner Gesundung in eine öffentliche Heilanstalt eingewiesen werden sollte (§ 202), weil er

---

[80] Baltzer, S. 37.

[81] Ritter, S. 257, 283f.

insofern nicht schuldfähig war, worin sich ein aufklärerischer Impetus, ja fast schon Verächtlichkeit bemerkbar macht.[82]

Nach dem Hochverrat wurde der Landesverrat geregelt, den das Gesetz in drei Klassen gegliedert hat. Allgemein war Landesverräterei ein solches "Unternehmen, wodurch der Staat gegen fremde Mächte in äußere Gefahr und Unsicherheit gesetzt wird" (§ 100). Die beiden ersten Klassen des Landesverrats sprechen von feindlicher Gewalt, in die dem Staat zugehörige Lande, Kriegsheere oder Hauptfestungen gebracht werden (= 1. Klasse, § 100) bzw. von den Feinden des Staates, auf deren Begünstigung Unternehmungen minderer Wichtigkeit abzielen (= 2. Klasse, § 106), waren insoweit also nur im Kriegszustande begehbar. Die dritte Begehungsform wandte sich gegen denjenigen, der versuchte, den Staat in Unvernehmen und Zwietracht mit fremden, nicht feindlichen Mächten zu verwickeln (weil auch dieses zum Nachteil des Staates gereichen konnte) bzw. wer solche fremden Mächte zum Nachteil des eigenen Staates begünstigte (= 3. Klasse, § 133). Die Strafe für die 1. Klasse war das Schleifen zum Richtplatz und das Rädern des Delinquenten. Bei der 2. Klasse sollte die Lebensstrafe nach den Umständen in sechs- bis zehnjährige Gefängnisstrafe umgewandelt werden, wenn die Landesverräterei dieser Klasse noch nicht ausgeführt oder dem Staat dadurch noch kein Nachteil entstanden war. Das Strafmaß für den Landesverrat der 3. Klasse war nach den unterschiedlichen Begehungsformen differenziert. Lediglich am Rande angemerkt sei hier die als eine Landesverräterei der 3. Klasse bewertete und in § 148 geregelte Begehungsform, wonach derjenige strafrechtlich belangt werden konnte, der Fabrikvorsteher, Bediente und Arbeiter zum Auswandern verleitet und ihnen dabei behilflich ist oder wer Fabriken- oder Handlungsgeheimnisse bzw. andere Vorteile dieser Art verrät oder entzieht. Hier zeigt sich der strafrechtliche Schutz von staatlicherseits benötigtem Wirtschaftspotential, wie an anderer Stelle noch näher auszuführen sein wird.

Während des Untersuchungszeitraumes fand eine Schwerpunktverlagerung des Unrechtsgehalts der Staatsverbrechen von der beleidigten göttlichen und weltlichen Majestät weg, hin zu den – auch schon vorher existierenden – Tatbeständen des Landes- und Hochverrats, die vor staatsorganisatorischen Umwälzungen schützen sollten, statt. Dabei brachte es die im Zuge der Aufklärung erfolgte Aufhebung der (staats-) theoretischen Verkörperung des Staates in der Person des Herrschers und die Fortentwicklung des Staates zu einer eigenen Rechtspersönlichkeit, was in Preußen seinen sinnfälligen Ausdruck darin fand, daß das Staatswohl dem der Dynastie übergeordnet war, und die Aufgabe der letzteren darin bestand, diesem Staatswohl zu dienen und es zu mehren[83], mit

---

[82] Boelcke, S. 12; Ritter, S. 291; Schroeder, Der strafrechtl. Schutz, S. 48.

[83] Huber, S. 36f.

sich, daß der Herrscher primär nur noch in seiner ihm zukommenden Staatsträgerfunktion geschützt wurde. Denn nur insoweit erfolgte noch eine Gleichsetzung der Institution "Monarch" mit einem Angriff auf den Bestand des Staates, der im übrigen gerade unabhängig vom Herrscher fortbestand. Davon getrennt wurde der herrscherliche Ehrenschutz (dem Friedrich der Große, was seine Person anbelangte, sowieso nur wenig Bedeutung beimaß), dessen Verletzung vom Tatunrechtsgehalt weniger schwer wog, weil dadurch nicht der Staat als solcher in seinen bestehenden "verfassungsrechtlichen" Verhältnissen geschädigt, sondern eben "nur" beleidigt wurde. Daß darin gleichwohl auch ein Angriff auf die staatstragenden Organisationsfundamente liegen konnte, bewies später dann die französische Revolution sowie die Tatsache, daß die unmittelbare Beleidigung des Staates oder seines Oberhauptes selbst nach dem ALR (II 20, § 91) als ein Staatsverbrechen definiert wurden.

3. Kapitel

Zur "inneren Sicherheit"

In einem engen sachlichen Zusammenhang mit den Staatsverbrechen im eigentlichen Sinne stehen auch diejenigen Bestimmungen, die hier unter dem Begriff der inneren Sicherheit systematisch zusammengefaßt werden sollen. Auszugehen ist dabei zunächst von den in den Landrechten selbst geregelten Tatbeständen.

Bereits das preußische Landrecht von 1620 kannte als diesbezügliche einschlägige Tatbestände den Aufruhr (6. Buch/4. Titel/Artikel IV, §§ 1f.) und die bößliche Befehdung (6. Buch/4. Titel/Artikel VII). Wegen des göttlichen Gehorsamsgebots sündigte auch derjenige gegen die Obrigkeit, "welcher ein Auffruhr des Volcks boßhafftiger weiß verursachet und anrichtet." Im Strafmaß wurde danach differenziert, ob der Aufruhr "fürsetzlich" (dann Enthauptung oder Auspeitschung und Ausweisung) oder "ohne fürsatz" (§ 2, dann eine den Einzelfallumständen entsprechende Leib- oder Lebensstrafe, wobei die Anstifter und Rädelsführer härter zu bestrafen waren, als die bloßen Mitläufer). Mit dem "fürsatz" war wohl weniger der Vorsatz im heutigen strafrechtlichen Sinne, als vielmehr das Kriterium des "Vorbedachts", des wohlüberlegten Handelns, gemeint, welches im mittelalterlichen italienischen Recht entwickelt worden war.[1] Die bößliche Befehdung, worunter eine Erscheinungsform des Landfriedensbruchs zu verstehen ist ("daß muthwillige Persohnen die Leuth wider recht und billigkeit bedrawen/entweichen und außtretten/und sich an endt und zu solchen Leuthen thun/da muthwillige beschediger enthalt/hülff/fürschub und beystand finden/von denen die Leuth je zu zeiten wider Recht und billigkeit mercklich beschediget werden/auch beschedigung und gefahr von denselbigen leicht fertigen Persohnen gewarten mussen/welche auch mehrmals die Leuthe durch solche bedrawung und forcht wider Recht/wider billigkeit dringen/auch an gleich und Recht sich nicht lassen benügen: Derhalben solche für rechte Landvehder gehalten werden sollen.") sollte mit der Schwertstrafe geahndet werden.

Im revidierten Landrecht von 1685 finden sich unter demselben "Titulus IV", der mit "Vom Laster beleidigter Majestät" überschrieben ist, in den Artikeln 4 – und damit in unmittelbarer Regelungsnähe zum im 5. Artikel behan-

---

[1] Rüping, S. 39.

delten Verrat – und in Artikel 7 die Tatbestände des Aufruhrs bzw. der "böß-lich(-en)" Befehdung. Erstere Vorschrift bestrafte denjenigen, "welcher einen Aufruhr des Volcks boßhafftiger Weis verursachet und anrichtet". Der Täter sündigte damit gegen die Obrigkeit, der untertänig und gehorsam zu sein Gott geboten hat. Diese Begründung erklärt auch die systematische Nähe zu den Delikten betreffend die Gotteslästerung im eigentlichen und weiteren Sinne, die sich in den vorhergehenden Artikeln 1-3 des 4. Titels geregelt finden. Die Tathandlung des Aufruhrs bestand darin, daß jemand "in einem Ambt/ Stadt/ Obrigkeit/ oder Gebieth/ gefährliche/ fürsetzliche/ und boßhafftige Auffruhren und Ungehorsam des gemeinen Volcks wieder die Obrigkeit macht oder anrichtet". Das Strafmaß sollte sich nach dem Unrechtsgehalt unter Berücksichtigung der Zeitumstände richten (was bedeutet, daß in allgemeinen Not- sprich vor allem Kriegszeiten der Aufruhr strenger bestraft wurde, weil die staatlichen Abwehrkräfte anderweitig gebunden sind und er deswegen nur eingeschränkt gegen den Aufruhr vorgehen kann), und die Tat wurde entweder mit der Enthauptung oder Rutenstreichung und Landesverweisung geahndet. § 2 desselben Artikels milderte die Strafe für nicht vorsätzliches Handeln und schärfte sie für den Fall einer mehrheitlichen Tatbegehung für die Rädelsführer und Anstifter.

Demgegenüber regelte der 7. Artikel die Landfehde, worunter "muthwillige Personen die Leute/ wieder Recht und Billigkeit/ bedrawen" zu verstehen war und von denen "die Leut je zu Zeiten/ wieder Recht und Billigkeit/ mercklich beschädiget werden/ auch Beschädigung und Gefahr von denselbigen leichtfertigen Personen gewarten müssen". Die Landfehder sollten mit dem Tod durch das Schwert bestraft werden, genauso wie die Brandstifter.

Ähnlich ist die Systematisierung im verbesserten Landrecht von 1721, wo es der Titel 5 ist, welcher "vom Laster beleidigter Majestät" handelt. Einschlägige Regelungen finden sich hier in den Artikeln 3 (= Bruch geschworener "Urphede"), 5 (= Aufruhr und Verwirrung des Gottesdienstes; hier tritt der Staat als Garant des Religionsfriedens auf) und 7 (= Beeinträchtigung und Hinderung der Staatsgewalt). Im folgenden 6. Titel finden sich noch Bestimmungen hinsichtlich der Friedensstörung, Selbstrache und Duelle (= Artikel 16), des Landfriedensbruchs (= Artikel 17) und der Befehdung und Bedrohung (= Artikel 18). Weitere Bestimmungen, die dem Regelungsbereich der inneren Sicherheit zuzurechnen sind, fanden sich beispielsweise im 8. Titel, der verschiedene Diebstahlstatbestände umfaßte, wo Artikel 7 sich mit "Spitzbuben, Beutelschneidern, Landstreichern, Zigeunern u.a." befaßte.

Die systematische Stellung des Urfehdebruchs in Artikel 3 steht wiederum in unmittelbarer Nachbarschaft zu den Gotteslästerungsdelikten wie dem Meineid (= Artikel 2) und der Zauberei in Artikel 4, wohingegen der Tatbestand des Aufruhrs gegen Gottesdienste im Anschluß daran im 5. Artikel, aber noch vor der Majestätsbeleidigung/Verräterei des Artikels 6 geregelt wurde. "Urphede" bedeutete den Fehdeverzicht, den Verzicht auf eigenmächtiges Handeln, wofür der Staat und seine Organe verantwortlich waren. Nach dieser Vorschrift machte sich strafbar, wer nach geleistetem Fehdeverzicht für eine bestimmte Zeit von einem Ort verwiesen wurde und vorzeitig zurückkehrte (§ 1), bzw. wer wegen begangener Straftaten verurteilt und nach geschworener "Urphede" aus einer Provinz oder allen königlichen Landen verwiesen wurde und entweder vor Zeitablauf zurückkehrte oder die Landesverweisung ignoriert hatte. Das Strafmaß differenzierte danach, ob dieser Fall des Urfehdebruchs zum ersten-, wiederholten Male oder schon mehrmals begangen wurde. Der Strafrahmen reichte von einer erneuten Verweisung mit mäßigen oder härteren Staupenschlägen bis zur Schwertstrafe beim dritten Mal, weil der Eidbruch dem Meineid vergleichbar war, sowie eine Mißachtung des landesherrlichen Gebots und staatlichen Gewaltmonopols darstellte, dessen effektive Durchsetzung das Erstarken der territorialen Souveränität mitbedingte. Allerdings blieb die Möglichkeit einer Strafmilderung vorbehalten.

Demgegenüber bestrafte der Artikel 5 "wann jemand dem Prediger auff der Cantzel wiederspräche/ ihn Lügen straffte/ Auffruhr/ Hader/ Zanck/ Schlägerey und andern Unfug in der Kirchen anrichtete/ oder sich wol gar an denen Geistlichen/ bey Verwaltung ihres Ampts/ vergriffe". Der inhaltliche Bezug zur Gotteslästerung, hier in Form der Mißachtung seiner Diener, liegt offen. Aber auch der Staat konnte einen Angriff auf das religiöse Fundament seiner Herrschaft nicht dulden, sah sich doch der absolutistische Monarch als Stellvertreter und Statthalter Gottes auf Erden. Wurde Gott gelästert oder kirchliche Institutionen angegriffen, war es auch um die Ehrfurcht und den Gehorsam gegenüber dem weltlichen Herrscher schlecht bestellt. Weiteres gesetzgeberisches Anliegen war hierbei die Ruhewahrung im Staatsinneren nach den Religionskriegen. Insofern ist die unter Friedrich II. geübte Meinungsfreiheit in religiösen Dingen zu beachten. Die Strafe hierfür reichte von der Landesverweisung, über den Staupenschlag bis hin zur Schwertstrafe.

Der Widerstand gegen die Staatsgewalt fand seine gesetzliche Regelung im 7. Artikel. Als tatbestandliche Handlung wurde angesehn, "wann ein Bürger oder Bauer sich der Obrigkeit oder denen Gerichts=Persohnen boshafftiger Weise wiedersetzte/ die Obrigkeit schimpffte und schmähete/ auch wol gar bey der Wiedersetzung verwundete/ ihre Befehle geringe achtete/ übel davon spräche/ und denenselben nicht pariren wolte/ dasjenige so er zu geben schuldig". Der Strafenkatalog umfaßte Staupenschläge, ewige Landesverweisung, Festungsbauarbeit, Gefängnis- aber auch Geldstrafe. Manifest wird hier der nach dem damaligen Zeitverständnis der Obrigkeit umfassend geschuldete Gehorsam. Anarchistischen Ansätzen jedweder Art war vorzubeugen. Eine Gehorsamsverweigerung gegenüber der göttlichen oder weltlichen Majestät bedeutet eben eine Beleidigung derselben und erklärt die systematische Einordnung dieser Tatbestände.

Die nächsten einschlägigen Bestimmungen befanden sich in den Artikeln 16 ff. des 6. Titels. Artikel 18 behandelt die "bößliche Befehdung". Es handelt sich dabei um Landfehder und zu verstehen ist darunter, daß "muthwillige Personen die Leute wider Recht und Billigkeit bedrawen/ .../ und von solchen die Leute je zu Zeiten wider Recht und Billigkeit mercklich beschädiget werden/ auch Beschädigung und Gefahr von solchen leichtfertigen Personen gewarten müssen". (= Patent vom 9. III. 1711) Der entsprechende Tatbestand findet sich im Landrecht von 1685 im Artikel 7 des 4. Titels. Mitläufer und diejenigen, welche den Landfehdern Unterstützung zuteil werden lassen, ihnen also Beihilfe leisten, wurden gleichfalls erfaßt, wohingegen die als Werkzeug dienenden Personen von der sonst vorgesehenen Schwertstrafe ausgenommen und nach den Einzelfallumständen angemessen zu bestrafen waren, § 2. Der Landfriedensbruch – die öffentlich mit "gewaffneter Hand" verübte Gewalt – fand in Artikel 17 seine Regelung. Ebenso fielen unter den §§ 2, 3 desselben Artikels die Gefangenenbefreiung entweder aus dem Gefängnis oder auf öffentlichen Wegen, wo die Bewachungsmöglichkeit schwieriger war, und die bewaffnete Auseinandersetzung auf eigenem Grund und Boden, § 4. Die Strafe für den Landfriedensbruch war – sofern dabei jemand schwer verwundet oder sogar getötet wurde – die Todesstrafe durch das Schwert, ggf. mit anschließender Aufflechtung auf das Rad. Die gleiche Strafe galt für die Gefängnisbefreiung, wohingegen die übrigen Fälle der Gefangenenbefreiung milder und variabel, was bedeutet, daß Einzelfallumstände beim Strafmaß Berücksichtigung finden konnten, bestraft werden sollten.

Im Artikel 16, der "von der Straffe der Selbst=Rache/ Friedens=Stöhrungen und Duellen" handelte, fand das entsprechende Edikt vom 28. VI. 1713[2] Aufnahme im verbesserten Landrecht des Soldatenkönigs. Dieses Edikt selbst hatte verschiedene gleich- oder ähnlich lautende Vorläufer, es basierte auf einem entsprechenden Legislativakt Kurfürst Friedrichs III. vom 6. VIII. 1688[3]. Danach war unter Strafe gestellt die verübte Selbstrache (wegen des staatlichen Gewaltmonopols) und das Duellieren. Grund für den wiederholten Erlaß dieser Bestimmungen war das verbreitete Duellunwesen, dem man auch auf Reichsebene beizukommen versuchte, um dadurch gleichzeitig das Polizeiwesen zu verbessern, dessen Erfolg aber begrenzt war.[4] Den Grund für das staatliche Einschreiten beschreibt das Edikt folgendermaßen: Weil "die Duellanten, Schläger und Balger auch ihre von Christo theur=erkauffte Seele in Augen=scheinliche

[2] CCM II/III, Nr. 27.

[3] CCM II/III, Nr. 14.

[4] Conrad, Dt. RG II, S. 260.

Gefahr setzen (worin wiederum die Verantwortung des Monarchen auch für das Seelenheil seiner Untertanen seinen Ausdruck fand)/ daheneben auch dem gemeinen/ besten/ grossen und unersetzlichen Schaden zufügen/ indem durch dergleichen Excesse, Ausforderungen/ Duelle und Rauff=Händel/ offtermahls diejenigen/ welche Uns/ dem Heil. Röm. Reiche und Unsern Landen/ mit ihrer Tapfferkeit/ Experience, und guten Qualitaeten sowol in Militair- als Civil- und andern Bedienungen schon viel nützliche und heylsame Dienste geleistet/ ins künfftige noch ferner thun und leisten können: Wie auch die studierende Jugend auf Academien in der besten Blüthe ihres Alters zu grossem Schaden des gemeinen Wesens ... freventlich und muhtwillig weggerissen und aufgerieben werden". Dem Staat konnte nicht daran gelegen sein, seine tauglichen (zukünftigen) Diener infolge eines tödlichen Duells zu verlieren. Daneben kommt auch die Verpflichtung des Einzelnen gegenüber dem Gemeinwesen zum Ausdruck; er hat seine persönlichen Kräfte und Fähigkeiten zu erhalten und sie zum allgemeinen Nutzen einzusetzen, wie es auch von Pufendorf in dessen Pflichtenlehre formuliert wurde. Nach dieser Bestimmung wurde sogar allein schon die Aufforderung zu einem Duell bestraft, "weil er Unsern hohen Respect und tragendes Königl. und Landes=Fürstl. Obrigkeitliches Ambt zu violiren sich nicht gescheuet" hat. Hinsichtlich des Verbots der Selbstrache wurde in dem Edikt ausgeführt: "wie der höchste Gott seiner Majestät die Rache allein vorbehalten/ und deswegen Könige/ Fürsten/ und Obrigkeiten auf Erden verordnet/ daß sie das Schwerdt an seiner Stelle gebrauchen", und an anderer Stelle heißt es: "Und wie nun der höchste Gott Uns zu Handhabung Göttlicher und Weltlicher Gesetze auf den Thron erhoben/ Uns auch aller Unterthanen Leben und Wollfahrt auf Unser Gewissen gebunden", bzw. (§ II) "sich nicht gelüsten lassen sollen/ desfals eigenmächtige Satisfaction zu nehmen/ noch Uns in das von Gott anvertraute Rach=Schwerdt zu greiffen". Regelungsintention war es, der dem Wohlfahrts- und Fürsorgegedanken verpflichteten absolutistischen Herrscher, wie dem alleinigen staatlichen Machtanspruch Geltung zu verschaffen. Nicht vergessen werden darf dabei, daß die Verantwortung des Herrschers als Landesvater für jeden einzelnen seiner Untertanen insbesondere vom Soldatenkönig als ihm persönlich obliegende Verpflichtung aufgefaßt wurde, wie sich auch seinem politischen Testament von 1722 (dort hinsichtlich der Soldaten) entnehmen läßt. Diese religiöse Pflichtenethik war damals noch ganz real und wurde von den preußischen Monarchen als bindend aufgefaßt.

Wie bereits erwähnt, beruhte diese landrechtliche Regelung auf diversen Vorläufern. Als erstes anzuführen ist in diesem Zusammenhang das "Mandat wider Zänckerey, Schlägereyen, Duelle u.c." vom 17. IX. 1652[5]. In ihm spiegeln sich allgemein-historische Zeitläufe wider, wenn darin zum Ausdruck

---

[5] CCM II/III, Nr. 8.

kommt, daß dergleichen Händel überwiegend von durch den Dreißigjährigen Krieg Entwurzelten (entlassenen Söldnern) verübt wurden und dessen Nachwehn sich insoweit bemerkbar machten ("welchergestalt nicht alleine nach dem geschlossenen und durch Gottes Gnade erlangten Frieden viele abgedanckte junge Gesellschaft, sondern auch viele andere unbändige Leute sich finden, welche allenthalben, wo sie kommen, zu schlagen und zu fechten Ursache suchen, also daß an vielen Oertern kaum eine Zusammenkunfft gehalten werden kan, da nicht Schlägerey und Rauff=Händel fürgehen, oder doch solcher Unfug, Lermen und Tumultiren angestifftet wird, dadurch mancher abgelebter Mann und ehrliches Frauenzimmer erschrecket, der Wirth in seinem Hause molestiret, und eine gantze Gesellschafft geärgert und verunruhiget wird."). Der nächste Gesetzgebungsakt hierzu ist dann das bereits erwähnte "Edict wider die Duella" vom 6. VIII. 1688, das seinerseits die unmittelbare Grundlage für das "Erklärte(-s) und erneuerte(-s) Mandat wieder die Selbst=Rache, Injurien, Friedens=Stöhrungen und Duelle" vom 28. VI. 1713 bildete und in dieser Fassung auch Aufnahme in das Landrecht von 1721 fand. Auffällig dabei ist das den Duellanten angedrohte hohe Strafmaß der Todestrafe mittels des Schwertes und der Vermögenseinziehung, wobei den "unschuldigen Frauen und Kindern die nothdürfftige Alimenta nicht benommen, sondern aus solchen Gütern bezahlet werden" (Art. VIII des Edikts 1688 = Art. VII des Mandats von 1713), damit sie nicht der staatlichen Armenfürsorge zur Last fielen. Plastisch-barock ist die Umschreibung der möglichen Beleidiger: Denn weil "die Erfahrung es auch bezeuget, daß diejenige, so dergleichen unzuläßige Händel anstifften, und nicht ruhen können, bis sie ihren Nächsten, ja wohl die allerbesten Freunde aus vergalletem und boßhafftem Gemüthe collidiren und zusammen hetzen, keines genereusen und aufrichtigen Gemüths seyn, sondern weilen sie sich gemeiniglich nur auf Fressen, Sauffen, Spielen und ein liederliches Leben begeben, und incapable seyn, dem Vaterlande einige ersprießliche Dienste zu erweisen, als suchen sie nur andern ihre offt sauer erworbene Ehre und guten Nahmen abzuschneiden, und sie in allerhand Unglück und Schaden, ja wohl gar um Leib und Seele zu bringen".

Um dem Duellunwesen beizukommen ergingen diverse Bestimmungen gegen das Degentragen, die bestimmten ständischen Gruppen wie Pagen, Lakaien, Schülern, Handwerksburschen und Gesellen selbiges verboten. Der zur damaligen Kleidung dazugehörende Kavaliersdegen war gleichzeitig sichtbarer Ausdruck der Standeszugehörigkeit seines Trägers und von dessen Satisfaktionsfähigkeit (worum später von studentischer Seite gekämpft wurde). Mit dergleichen Verboten sollte etwaigen Unglücksfällen und Mißbräuchen vorgebeugt werden, wenn es z. B. heißt, "daß durch den schädlichen Mißbrauch des Degen=Tragens viel und mancherley Unglücks=Fälle, Verwundungen, ja Mord und Todschlag verursachet, die Eltern ihrer Kinder, und diese ihrer Eltern beraubet, auch gantze Familien in die eusserste Desolation und Betrübniß gesetzet worden." (Edikt vom 11. VI. 1709)[6] Trug dennoch jemand dem erlassenen Verbot zuwider einen Degen, so war dieser von der Miliz abzunehmen und der Träger hatte beim wiederholten Male eine Arreststrafe zu gewärtigen.

Eine vergleichbare Materie regelten auch verschiedene Bestimmungen aus der Regierungszeit Friedrichs des Großen. So wandte sich beispielsweise ein Edikt vom 22. XI. 1755[7] gegen das Ziehen und Fechten mit Messern im Herzogtum Geldern, das – wie es selbst ausführte – in Ergänzung zum geltenden Stadt- und Landrecht des Herzogtums Strafverschärfungen "zur Sicherheit und Beschirmung unser getreuen Unterthanen" normierte. Auch hier dürfte der Anlaß für diese Regelung die wohl nicht unerhebliche Anzahl von Verletzten und Getöteten bei Messerstechereien gewesen sein, wie sie schon in den Edikten gegen die Duelle zum Ausdruck kam. Im Gesetz heißt es hierzu selber, "daß dessen ohngeachtet das Fechten und Stechen mit Messern allda so gebräuchlich geworden, daß selbige bey dem geringsten Streit und Wortwechsel gezogen, auch seit einigen Jahren vieles Unheil damit gestiftet und nicht allein schwere Verwundungen, sondern sogar öfters Entleibungen und Mordthaten geschehen sind".

Ein Circular vom 8. IV. 1756[8] ordnete an, daß es für "nöthig gefunden worden, das bey denen Unterthanen angetroffene Schieß=Gewehr denenselben abnehmen zu lassen" und selbige auf den Dachböden von Kirchen zu verwahren. Ein "erneuertes, erweitertes und geschärftes Edict" vom 11. VII. 1775[9] wandte sich gegen unbefugtes Schießen in den Städten und auf den Dörfern, weil dadurch "so viele grosse Feuers=Brünste und wohl gar Menschen=Mord verursachet" wurde und "dieses Uebel dem ohngeachtet nicht gänzlich unterblieben, sondern durch das verbothene Schiessen, insbesondere von jungen, rohen und unerfahrenen Leuten, annoch verschiedentlich viel Unglück angerichtet worden" ist. Die Obrigkeit ging gegen ein solches Treiben wiederholt mit Gesetzen vor, weil sich der Brauch eingebürgert hatte, vor oder an großen Festtagen wie Weihnachten und Neujahr, aber auch bei privaten Feierlichkeiten wie Hochzeiten und Kindtaufen, Gewehrsalven abzufeuern und mit "Schwärmer= und Granaten oder Raqueten=Werfern" zu schießen. Bedingt durch die beim Häuserbau verwandten Materialien, hauptsächlich wegen der Rohr- und Strohdächer, bestand dabei eine hohe Brandgefahr; infolge unvorsichtigen Hantierens war aber auch menschliches Leben gefährdet. Um solchermaßen verursachten Unglücksfällen vorzubeugen, mußte das Schießen mehrfach bei Strafe unter-

---

6 CCM V/I/I, Nr. 16; vgl.a. Nr.11 u. 14).

7 NCCM 1751-60, 1755/Nr. 90.

8 NCCM 1751-60, 1756/Nr. 42.

9 NCCM 1774/75, 1775/Nr. 35.

sagt werden. Zu diesem Zweck waren die in den Haushalten vorhandenen Gewehre sorgfältig (unter Verschluß) aufzubewahren, um deren unbefugten Gebrauch zu verhindern, wofür der jeweilige Hausvorstand (Hausväter, aber beispielsweise auch die Lehr- und Brotherrn) einzustehen hatten. Um gefahrträchtige Zwischenfälle und Eskalationen zu vermeiden, durfte keiner ein geladenes Gewehr auf der Straße mit sich führen. Hauptsächlich die jüngeren, weil unvorsichtiger reagierenden Männer waren von der Beschaffung eines Gewehres abzuhalten.[10]

Eine etwas andere Schutzintention hatte hingegen ein Rescript vom 25. XI. 1763[11], welches sich gegen Exzesse und Gewalttätigkeiten gegenüber den benachbarten Polen richtete. Zwar fand dieser Schutzzweck seine Manifestation auch in den Duelldelikten (nämlich die Sicherheit von Reisenden vor Übergriffen jedweder Art), so lag der Anlaß für den Erlaß dieser Norm – neben dem Handelsschutz – eher in der großen Politik: Die Vakanz der polnischen Königskrone zum damaligen Zeitpunkt, um die sich auch Prinz Heinrich von Preußen, der jüngere Bruder des Königs, bewarb, der seine Kandidatur aber aus Interessenrücksichtnahme gegenüber der russischen Zarin Katharina zurückzog, so daß sie ihren Thronkandidaten Stanislaw August Poniatowski als König von Polen bei der Wahl durchsetzen konnte. Politische Verstimmungen der Mächte untereinander wegen Übergriffen auf Staatsbürger des anderen Landes sollten dadurch vermieden werden.

Ebenfalls zum Bereich der "inneren Sicherheit" gehören solche gesetzlichen Bestimmungen, welche die Einwanderung sogenannter "dem Staate nicht dienlicher Personen" reglementierten, worunter die Zeit beispielsweise Bettler, Hausierer und Zigeuner faßte. Bei diesen Teilen der Bevölkerung handelte es sich um soziale Unterschichten und Randgruppen der absolutistischen Ständegesellschaft, um den einmal so bezeichneten "Stand der Standeslosen".[12] Diese Grenzexistenzen fanden in der Ständegesellschaft, die nach ihrem Selbstverständnis die Betroffenen für ihre Situation selbstverantwortlich machte, weil deren bedrückende Lebensumstände ihrer Faulheit, Böswilligkeit, Leichtlebigkeit und Lasterhaftigkeit zuzuschreiben seien, keinen Platz. Daß aber häufig auch die allgemeinen Zeitumstände (obwohl in den Bestimmungen teilweise auf sie hingewiesen wurden), vor allem die Kriege mit ihren volkswirtschaftlichen Folgen, die Ursache für einen sozialen Abstieg bildeten, wurde weniger wahrgenommen, zumal mit den Armenkassen damals nur ein noch wenig ausgeprägtes, in den Anfängen steckendes soziales Fürsorgenetz existierte, das nicht jeden Fallenden auffangen konnte. Andererseits fanden die Fürsorgever-

---

[10] Vgl. a. NCCM 1770/Nr. 6.

[11] NCCM 1761-65, 1763/Nr. 87.

[12] Aagard/Gleitsmann, S. 556 (m.H.a. Fischer).

pflichtung des Staates gegenüber seinen Untertanen ihren Ausdruck auch darin, daß arbeitsfähige Bettler u.a. in öffentliche Armen-, Werk- und Spinnhäuser eingewiesen wurden. Einerseits wurden sie dort verwahrt, verpflegt und an ein Arbeitsleben gewöhnt, andererseits machte sich der merkantilistische Staat ihr Arbeitskräftepotential zu nutze.[13] Auch eine religiöse Komponente sollte dabei nicht völlig übergangen werden. Weil das Leben auf Erden nichts weiter als Mühsal und Plage sei, wie der Soldatenkönig formulierte, und Arbeit als Gott wohlgefällig, es sich das Paradies zu verdienen galt, hatte der auch für das Seelenheil seiner Untertanen zuständige Monarch für ihre Arbeitsamkeit Sorge zu tragen.

Der Umfang der erlassenen Regelungen hierzu ist beträchtlich. Dieses ist u.a. dadurch mitbegründet, daß sich aus diesen Bevölkerungsgruppen ein Hauptpotential für die den Staat und seine Untertanen gefährdenden Eigentumsdelikte wie Einbruchdiebstähle und den Straßenraub rekrutierte.[14] Ein früher in diesem Zusammenhang zu nennender Legislativakt stammt aus der Regierungszeit des Großen Kurfürsten und ist ein Edikt gegen die Zigeuner vom 3. I. 1663[15]. Unter Zigeunern war dem erneuerten "Edict wider die Zigeuner, Bettel=Juden, Bettler und anderes herumlaufendes herrenloses Gesindel in Ost-Frießland" vom 30. XI. 1774[16] zufolge "die Art Leute zu verstehen, die sich gemeiniglich durch ihre gelbe Gesichtsfarbe und schwarze krause Haare von andren unterscheiden, gewöhnlich unter freiem Himmel sich aufhalten, auch wohl zu ihrer Nahrung dergleichen Mittel gebrauchen, deren sich andere Leute nicht bedienen, und die Truppweise herum zu ziehen pflegen". Das genannte Edikt von 1663 erkannte sehr wohl den Einfluß allgemeiner Zeitumstände auf das Auftreten dieser Bevölkerungsgruppen, denn darin heißt es u.a., "daß unterschiedliche Klagen einkommen, was Gestalt nach nunmehrer durch Gottes gnädige Verleihung geschlossenen allgemeinen Frieden, allerhand Herren=loses Gesindlein, so sich für Zigeuner ausgeben, und zu denen sich andere leichtfertige Müßiggänger schlagen, im Lande in starcker Anzahl, und dazu mit Büchsen und andern Gewehren versehen herumb ziehen, und den Unterthanen uffm Lande und in Städten viele Beschwerden zufügen, ja auch sich gar gewaltthätiger Händel unternehmen". Wo sie angetroffen wurden, sollten sie aus dem Territorium vertrieben werden.

Der oben angesprochene Gedanke der Eigenverantwortlichkeit für das Abgleiten in soziale Unterschichten und der gleichzeitigen Dienstbarmachung dieses Arbeitskräftepotentials für den Staat (wobei nicht vergessen werden darf,

---

[13] Preu, S. 251f.; Schulze, S. 82f.

[14] Schmidt, Kriminalpolitik, S. 66.

[15] CCM V/I/I, Nr. 19.

[16] NCCM 1774/75, Nachtrag 1775/Nr. 24.

daß Brandenburg-Preußen über Jahrzehnte hinaus bevölkerungsmäßig an den Folgen des Dreißigjährigen Krieges zu leiden hatte; vor allem die Mark Brandenburg war stark in Mitleidenschaft gezogen worden, ihre Bevölkerung war mancherorts bis um mehr als die Hälfte zurückgegangen; andererseits bedurfte ein prosperierendes Manufakturwesen genügender Arbeitskräfte [in einer Überbevölkerung, wie von Aagard/Gleitsmann[17] als Grund für den sozial-hierarchischen Abstieg angegeben, dürfte jedenfalls in Preußen auch noch in den Zeiten Friedrichs II. weniger der Grund gelegen haben, eher in der infolge der Kriege beeinflußten allgemeinen Wirtschaftslage, wo wegen der schlechten Auftragslage die Handwerker schwer ihr Auskommen fanden]) kommt deutlich in einem Edikt vom 11. VI. 1687[18] zum Ausdruck, welches bestimmte, "daß alle Müßiggänger und Bettler, so zur Arbeit und Spinnerey tüchtig, dazu angewiesen, die Wiederspenstigen aber ins Zucht= und Spinnhauß zum Verhuf der Manufacturen und Fabriquen gebracht werden sollen". In demselben wird weiter ausgeführt: "Wann aber auch ausser dem Unser hohes Landes=Fürstliches Ampt und Gewissen erfordert, ..., daß gewisse Zucht=Spinn= und Manufactur-Häuser angerichtet, alles liederliche, ledige und Bettel=Gesinde auffgetrieben, zur Arbeit angehalten, der Müßiggang abgeschaffet, auch die Jugend durchgehendes zu Erlernung guter Künste angewiesen werden, (wird folgendes befohlen) die in denen Städten und Flecken auch auff dem Lande und in den Dorffschafften befindliche Müßiggänger und Betteler und deren Kinder, welche zur Arbeit und Spinnerey tüchtig, von den Gassen und Landstrassen, auch aus ihren Herbergen aufzunehmen und anzuhalten, an denen Orten wo Wollen=Manufacturen und Zeugmachereyen seynd, daß sie sich bey denen Gewercksmeistern anfinden, und ihr Brod mit Spinnen verdienen". Darüberhinaus wurden ebenso vermögenslose Witwen und ledige Frauen ohne Anstellung zur Manufakturarbeit herangezogen. Damit die Fabriken in Brandenburg-Preußen überhaupt ersteinmal sich etablieren und dann empor kommen konnten, sollte ein ganz billiger Lohn festgesetzt werden, denn auf der "Beforder= und Verbesserung der Fabriquen, und folglich zu Populirung Unserer Städte, als auf welchem Fundament die Auffnahme und Wohlfahrt des Landmannes zugleich mit beruhet". Die der damaligen Zeit eigene andere Arbeitsmoral bedingte es zumindest mit, daß arbeitsfähige Untertanen ihre Arbeitskraft dem Staat und somit dem allgemeinen Wohl entzogen, und sich lieber auf die Bettelei zur Lebensunterhaltversorgung verlegten, wozu sie sich teilweise sogar selbst verstümmelten.[19] "Wie nun unsere gantze Intention hierunter dahin abzielet, daß auf solche Art die zu der Arbeit taugende Bettler von dem Müßiggang abgehalten, insonderheit junge starcke Leute zur Arbeit angewiesen, und männig-

[17] A.a.O., S. 557.
[18] CCM V/V/I, Nr. 25.
[19] Hinze, S. 17f.

lich so wohl in Städten als auf dem Lande von der Bettler beschwerlichen Anlauff verschonet, mithin alles aus dem Bettlen entstehende Unwesen abgestellet werden möge".

Die Versorgung von Bettlern und Armen oblag der Obrigkeit in ihren jeweiligen "Gerichten". Zu diesem Zweck gab es Armenkassen, die sich aus wöchentlichen Kollekten finanzierten, denen zu spenden nicht nur die vermögenderen Bürger, sondern auch Mägde und Knechte verpflichtet gewesen waren, anteilig nach ihrem Einkommen ("daß an vielen Orthen, unter der Bürgerschafft sich bemittelte Leute finden, die wenig oder nichts zu Collecten geben wollen, dabey aber so leicht unwürdige als würdige, sonderlich in Unsern hiesigen Residentzien, denen Deputirten zum Armen=Wesen mit ungestümen Bedrohungen recommendiren, daß sie nichts mehr beytragen, oder ihren Willen haben wollen, ungeachtet ihnen Nachricht von der wahren Beschaffenheit der Sachen gegeben wird, auch sonst jedermann frey stehet, Arme und Dürfftige mit gutem Grunde an die Armen=Cassa zu recommendiren; so wollen Wir zwar aus der freywilligen Collecte keine Impost machen, wollen aber gleichwohl ernstlich, daß alle und jede bey dieser Christlichen Schuldigkeit sich also anschicken, daß die Armuth unterhalten, und nicht alle Last auf die gutwilligen Hertzen fallen möge" = Nr. 5 der Armen- und Bettlerordnung vom 18.III.1701[20]). Weil die Spenden für den Unterhalt der Armen aber nicht ausreichten, gab es an den Stadttoren sog. Armenbüchsen, "in welchen ein jeder, der des Abends nach Läutunge der Thor=Glocken heraus, oder herein wolte, ein gewisses vor die Armen geben müßte". (Patent vom 3. XII.1700[21]) Diese Einrichtung gab es auch in anderen Territorien. Fußgänger hatten danach 6 Pfennige und Berittene oder Kutschen pro Pferd einen Groschen zu entrichten. Auf dem Lande bzw. in den Dörfern oblag die Armenversorgung den Patronatsherren, Pastoren und Gerichten gemeinsam. Reichte der Erlös des hierfür eingeführten Klingelbeutels nicht aus, so sollte "ein Theil der Patronus, ein Theil die Gemeine, wie nicht weniger die Kirche, nach Proportion, nachdem sie reich oder arm ist, item der Pastor, nach Vermögen beytragen, und bey dem Patrono, wann dieser läßig wäre, die Anstalt urgiren" (= Nr. 13 der Ordnung vom 18.III.1701). Später dann, in der Zeit Friedrichs des Großen, wurde auch häufig das von Deserteuren konfiszierte Vermögen und Abschoßgelder den Witwen-, Waisen- und Armenkassen zugewiesen. Um die Armenversorgung vor allem auf dem Lande nicht durch Überlastung zu gefährden, war es den städtischen Bettlern untersagt, dorthin abzuwandern ("Wir dennoch mit höchstem Mißfallen vernehmen, ..., daß fast überall in denen Städten, ..., zur Verpflegung ihrer Armen, keine zureichende Anstalt gemachet wird, und dieselbe

[20] CCM V/V/I, Nr. 32.

[21] CCM V/V/I, Nr. 31.

deßhalb Hauffen=weise, absonderlich Kinder von 6. 8. biß 15. Jahren auf dem Lande herumlauffen, wodurch die Dorffschafften, so sonst ihre eigene Armen versorget, zu fernerer Verpflegung müde und überdrüßig gemachet, und das Bettlen mehr als vorhin überhand nimmt." = Nr. 12 d.O.) Insbesondere die städtische Verwaltung wurde an die Einhaltung der ihr obliegenden Armenfürsorge gemahnt. Um das mit den eingerichteten Armenkassen erst in den Anfängen steckende System einer "sozialen Fürsorge" durch Mißbrauch nicht überzustrapazieren, sollten arbeitsunwillige Leistungsempfänger zur Arbeit angehalten werden, wodurch sich der Staat gleichzeitig deren Arbeitskräftepotential wirtschaftlich zunutze machte. ("Wann sich nun seithero geäussert, daß viel derselben sich an demjenigen, so ihnen aus der neu=angelegten Armen=Casse zu ihrem Unterhalt bey der ihnen angewiesenen Arbeit gereichet wird, nicht begnügen, sondern unter allerhand falschen Praetexten und erdichteten Kranckheiten, insonderheit junge starcke Weiber, die sich mit Lumpen behängen, und kleine Kinder bey sich haben, auf das Land lauffen, woselbst ohne dem dergleichen Gesinde sich überflüßig befindet, welche lieber das Betteln, als sich ehrlich zu nehren erwehlen, und dadurch nicht allein dem Landmann molest fallen, sondern auch in denen Krügen, oder wo sie sonsten einkehren, allerhand Laster und Schandtaten verüben". Edikt vom 10. IV. 1696[22])

Wer aber infolge eines Brandes seine Heimstatt verloren hatte oder seiner Religion wegen oder eines Krieges halber verjagt wurde und dadurch in Armut gelangt war, sollte einen Paß ausgestellt bekommen und sich nach Berlin begeben, wo er dann von der dortigen Armenkasse versorgt wurde (" In Berlin haben sich obgedachte Armen, als Abgebrandte, Religion= und Krieg halber Vertriebene, bey Unsern zum Armen=Wesen verordneten Commissarien anzugeben, welche dann zu deliberiren haben; Ob sie an Unser Consistorium recommendiret, oder sonst Allmosen zu suchen ihnen solle verstattet werden?" = Nr. 22 d.O.) Der in dem Paß vorgegebene Weg nach Berlin war einzuhalten und man mußte sich ihn jeweils bestätigen lassen; für Abgebrannte wurde das Zeugnis, welches sie zum Empfang von Leistungen aus der Kasse berechtigte, auf ein Jahr begrenzt, um vorkommenden Mißbräuchen, wie dem Verkauf solcher Päße durch die Berechtigten, entgegenzuwirken.[23] Aus wirtschaftlichen Versorgungsgründen waren fremde Bettler vom Staatsterritorium fernzuhalten bzw., wenn sie im Lande angetroffen wurden, trotz eines vorhandenen Passes, auszuweisen. Um zu verhindern, daß solche Menschen die Landesgrenze passierten oder sich einschlichen, waren vor allem neben den Zivil- oder Militärbedienten die an Flußläufen lebenden Untertanen wie Fischer und Fährmänner zur Mitwirkung verpflichtet. Auch hier gab es damals wie heute ähnlich gela-

[22] CCM V/V/I, Nr. 28.

[23] Hinze, S. 18.

gerte Problemfelder nur mit dem Unterschied, daß früher dem Staatswohl und der Staatsräson der Vorrang gebührte.

Wer sein Handwerk aufgab und dadurch seine Familie und er selbst aus der Armenkasse versorgt werden mußten, sollte zur Arbeit angehalten werden und von seinem täglichen Verdienst stand die Hälfte Frau und Kindern zu, die andere Hälfte verblieb ihm zum eigenen Lebensunterhalt (= Nr. 28 d.O. vom 18. III. 1701). Handwerksgesellen aber, für die an einem Ort keine Arbeit vorhanden war, sollten von ihren Innungen aufgenommen werden oder einen Zehrpfennig erhalten und dann weiterwandern (= Nr. 26f. d.O. von 1701 u. 2. des Edikts von 1698).

Der Tenor weiterer einschlägiger Regelungen, deren Anzahl – wie aus dem Anhang ersichtlich – erheblich war, ist gleichlautend oder ähnlich. Bemerkenswert erscheint, daß selbst die landesherrlichen Schlösser vor der Heimsuchung durch die Bettler, die sich Zugang verschafften, indem sie sich als ehemalige Soldaten oder Supliken- (Bittschriften-)überbringer ausgaben, nicht ausgenommen waren, wie sich einem Mandat von 1706[24] entnehmen läßt. Die Schloßwachen wurden deswegen zu mehr Wachsamkeit angehalten und die Bettler sollten schon an den Stadttoren zurückgewiesen werden. Für die Gruppe der Zigeuner galt sowieso, daß sie "über die Gräntzen, woher sie gekommen, gebracht, und aus dem Lande gewiesen werden sollen", Rescript com 3. X. 1708[25]. In einer späteren Bestimmung Friedrich Wilhelm's I. wird sogar angeordnet, sie bei ihrem Antreffen aufzuhängen, wobei diese drastische Bestrafung weniger auf ihre ethnische Zugehörigkeit als der ihnen zugeschriebenen Straffälligkeit zurückzuführen ist ("die in flagranti ergriffenen Zigeuner und Räuber, ..., sie seyen Manns= oder Weibes=Personen, sonder Anfrage aufgehangen, die sich wiedersetzen aber, oder derenman sich sonst nicht füglich bemächtigen kan, auf der Stelle todt geschossen", erneuertes und geschärftes Edikt vom 24. XI. 1724[26]). Teilweise sollten sie vor ihrer Landesverweisung noch für unterschiedlich lange Zeit zur Festungsarbeit herangezogen werden.

Aber auch die Schausteller der verschiedensten Couleur wie Marktschreier, Kommödianten, Seiltänzer, Gaukler, Taschen-, Marionetten- oder Puppenspieler gehörten zur Gruppe der weniger gern Gesehenen, weil "dergleichen loses Gesindel ... nicht nur durch ärgerliche Schauspiele, Gauckeleyen, schandbare Worte und Narrentheidungen der Jugend böses Exempel gegeben, wodurch dieselbe zum Müßiggang und liederlichen Leben verführt wird, sondern auch sowohl die Zuschauer durch ihren Betrug und Gauckelspiel um ihr Geld ge-

---

[24] CCM V/V/I, Nr. 35.

[25] CCM V/V/I, Nr. 38.

[26] CCM V/V/I, Nr. 55.

bracht, dessen sie doch bey diesen mangelhafften Zeiten selbst höchst benöthiget seynd"[27]. Für Jahrmärkte wurde ihnen ein zeitlich beschränktes Zutrittsrecht gewährt. Ebenfalls vom Gesetzgeber verboten waren Glücksspiele der unterschiedlichsten Art, weil "verschiedene von Unseren Unterthanen dadurch in gäntzlichen Verfall ihres zeitlichen Glücks, auch wohl gar an den Bettel=Stab und in die äusserste Schande gebracht worden" sind, Edikt vom 19. IX. 1731[28]. Bekanntlich galt dieses Verbot nicht nur gegenüber den gewöhnlichen Untertanen, sondern auch für Angehörige höheren Standes, ja selbst die Gemahlin des Königs, die stolze Sophie Dorothea aus dem Welfenhause mußte sich dem beugen, und konnte ihrer Spielleidenschaft in ihrem Schlößchen Monbijou nur heimlich frönen. Die beim Glücksspiel schicksalhafte Verknüpfung von Zufallselementen mit einem erbrachten Geldeinsatz machte die Untertanen arm und hielt sie von der Arbeit ab, was es wegen der Fürsorgeverpflichtung staatlicherseits zu verhindern galt. Hingegen griff Friedrich der Große nach dem Siebenjährigen Krieg aus finanziellen Gründen auf die Institution einer staatlichen Lotterie zurück, und duldete daneben keine weiteren; wegen mangelnder Rentabilität verpachtete er sie aber 1764 für die Dauer von dreißig Jahren.[29] Die Vorbehalte und das Vorgehen gegenüber diesen sozialen Gruppen hing teilweise wohl auch damit zusammen, daß man sie für Einbruchsdiebstähle und die Unsicherheit der Landstraßen verantwortlich machte, wozu es in einem Edikt vom 26. VII. 1715[30] heißt, "wieder die Zigeuner, Landstreicher, starcke Bettler und dergleichen Diebes=Gesinde herausgelassenen scharffen Edictis, sich dennoch eine Zeither starcke Banden dergleichen Landstreicher, Spitzbuben und Gaudiebe, deren Anzahl bereits so weit angewachsen seyn soll, daß die darunter gehörige sich unter einander nicht alle kennen sollen, ...; Als haben Wir aus Landes=Väterlicher Vorsorge, und damit eines Theils so viel möglich diese und dergleichen Diebs=Rotten, zur Sicherheit der Reisenden, auch Handels und Wandels, und damit ein jeder Unsers Königlichen Schutzes genissen möge". Die Wirtschaft Preußens war auf den Handelsverkehr angewiesen, für den die Sicherheit der Verkehrswege eine Voraussetzung darstellte.

Eine Instruktion vom 9. I. 1725[31] regelte, wie die "Visitation und Aufhebung der Diebes=Rotten, Bettler und Zigeuner, oder anderen liederlichen Gesindels in Städten und auf dem Lande anzustellen" war, derzufolge diese Aufgabe den Schulzen nebst einer "zulängliche(-n) Anzahl Leute aus der Gemeine oder sonsten" oblag bzw. in den Städten dem Magistrat und den dazu angehaltenen Leu-

---

[27] CCM V/V/I, Nr. 46.

[28] CCM II/III, Nr. 65.

[29] Lengelsen, a.a.O., S. 602, 604.

[30] CCM V/V/I, Nr. 45.

[31] CCM II/III, Nr. 50.

ten. Als Exikutivorgan der Verwaltung gab es zum einen die Polizei- und Zollausreiter, die für die Stadt und das Land, und andererseits die Landdragoner, welche nur für das platte Land bestellt waren und ausschließlich zur Verfügung des Landrats standen, obwohl auch die Polizei- und Zollausreiter ihre speziellen Anweisungen vom Landrat erhielten und bei Exekutionen auf dem Lande sich erst bei der dortigen Gerichtsbarkeit zu melden hatten, die ihnen assistieren sollte. Der Hauptunterschied bestand in dem unterschiedlichen Einsatzgebiet der Polizeikräfte. Bei ihren mindestens einmal im Monat stattfindenden Umritten oblag es ihnen, auf die Einhaltung der Garn-, Schleier-, Leinwand- und Tuchordnung sowie auf die Vorschriften bezüglich der Wegeverbesserung, der Freiräumung der Oder von Treibgut und wegen des Hausierens auf dem Lande und in der Stadt zu achten. Sie sollten kontrollieren, ob verbotene Ware ausgeführt oder verrufene Münzen eingeführt wurden. Ferner gehörte es zu ihren Pflichten, auf den Vor- und Aufkauf von Getreide und Lebensmitteln, auf Maß, Gewicht, Zigeuner, Diebe und Räuber, Bettler und Vagabunden zu achten. Die Kontrolle des Brauwesens sowie des Bier- und Branntweinausschanks auf dem Lande gehörte ebenso zu ihren Aufgaben, wie die Einhaltung der Akzise- und Zollfraudation; allerdings waren sie nicht befugt, Strafen zu verhängen und beschlagnahmte Sachen nicht länger als einen Tag zu behalten. Vielmehr hatten sie ihrer vorgesetzten Behörde Bericht zu erstatten. Die Landdragoner mußten die Polizeiausreiter unterstützen und hatten mit ihnen teilweise konkurrierende Befugnisse; zu ihren besonderen Obliegenheiten gehörten die Marsch- und Vorspannsachen.[32] Daß sich die Theorie nicht immer mit der Wirklichkeit deckte, geht aus einem Schreiben des Etatministers Graf von Münchow an die Breslauer Kammer vom 1. I. 1743[33] hervor, demzufolge gerade von den Polizeikräften eine "Plackerei" für die Bevölkerung ausginge, weil sie beispielsweise konfiszierte Ware gegen entsprechende Bestechungsgelder wieder herausgaben. Hier werden Defizite effizienten hoheitlichen Handelns deutlich, die aber zumindest teilweise durch die Rekrutierung der Polizeikräfte bedingt gewesen sein dürften. Daß Mißstände aber auch bei der Berliner Polizei bestanden, belegt eine Kabinettsorder vom 14. IV. 1747 an den Geheimen Rat Kircheisen[34], derzufolge die Polizei nicht genügend gegen die Bettler einschritt. Dem Verfall des Polizeiwesens war entgegenzuwirken und sein gegenwärtiger Stand bedurfte noch der Verbesserung. Die zur Bekämpfung dieser Mißstände eingesetzten staatlichen Ordnungskräfte – zu nennen ist hier vor allem die Landreiterei – stießen dabei allerdings an die Grenze ihrer Effizienz, was in ihrer anfangs noch mangelnden Organisation, hauptsächlich aber in ihrer zahlenmäßigen Unterlegenheit mitbegründet lag. Außerdem rekru-

[32] AB/B.O., Bd. 6/2, Nr. 211 = S. 423ff.

[33] AB/B.O., Bd. 6/2, Nr. 294 = S. 534f.

[34] AB/B.O., Bd. 7, Nr. 178 = S. 280.

tierte das 1693 gegründete Polizeidirektorium sein Personal u.a. aus Kriegsinvaliden, die auf diese Weise vom Staate versorgt wurden und so ihr Auskommen fanden. Daß sie den von ihnen zu Verfolgenden unterlegen waren, läßt sich leicht erahnen. Aus diesem Grunde wurden die Untertanen zur Mitwirkung verpflichtet. Dieses galt auch noch für die friderizianische Zeit, obwohl dem König Fortschritte auf dem Sektor der Verbrechensbekämpfung gelungen waren und eine wirksamere solche das Gewaltmonopol beim Staat und einen entsprechenden Polizeiapparat voraussetzt. Gleichwohl läßt ein "Publicandum wegen der Marodeurs bey jetzigen Krieges=Läuften und derselben Räubereyen, Einbrüche und Belästigungen" vom 17. VI. 1761[35] zeit- und umstandsbedingte Grenzen effizienten hoheitlichen Schutzes für das Staatsvolk erkennen, denn die während der andauernden Kriegszeiten von Deserteurshaufen geplagte Bevölkerung wurde zur vorrangigen Selbsthilfe bei der Gefahrenabwehr sowie Ergreifung und anschließenden Überstellung der Banden an die Militär- oder Zivilobrigkeit aufgefordert. Die Einbindung der Einwohner in Gefahrenabwehrmaßnahmen spiegelt ein Erlaß der Königsberger Kammer vom 30. IV. 1757[36], also gleichfalls aus der Zeit des Siebenjährigen Krieges, wieder, welcher die zu ergreifenden Maßnahmen gegen feindliche Marodeure regelte. Diese sollten sich daran ausrichten, ob es sich um regulär durchziehende Kriegstruppen oder "räuberisches Gesindel" handelte. Bei Plünderung und dgl. hatten die Bewohner die Sturmglocke zu läuten und Teer- oder Strohsäulen zu entzünden, damit die umliegenden Bewohner einerseits gewarnt und andererseits ihnen aber auch zu Hilfe eilen konnten. Um einer eventuellen Verschleppung durch die Feinde zu entgehen, hatten sich die Einwohner zwischen 14 und 35 Jahren ins Landesinnere zurückzuziehen und zu verstecken, wie es selbst noch in diesem Jahrhundert beim russischen Einfall in Ostpreußen zu Beginn des ersten Weltkrieges 1914 praktiziert wurde. Daß diese Einbindung der Bevölkerung in die Gefahrenabwehr aber keineswegs auf die Ausnahmezeit des (siebenjährigen) Krieges beschränkt blieb, verdeutlicht ein Edikt vom 30.VI.1781[37] demzufolge "bey würklich verübten gewaltsamen Diebstählen die Sturm=Glocken gezogen, die Diebe von Schulzen und Gemeinen verfolget, auch alle Pässe und Brücken ... besetzet werden sollen". Bei dem Mangel an polizeilichen Organen war die Hinzuziehung der Bevölkerung zu Polizeihilfspflichten eine bittere Notwendigkeit.[38] Einer wirksameren Verbrechensbekämpfung durch eine erfolgreichere Fahndung dienten auch die seit 1731 in Preußen eingeführten und als "Gaunerlisten" bezeichneten Fahndungslisten, die an alle Gerichts-

---

[35] NCCM 1761-65, 1761/Nr. 31.

[36] AB/B.O., Bd. 11, Nr. 143 = S. 214.

[37] NCCM 1781-85, 1781/Nr. 32.

[38] Obenaus, S. 4.

und Polizeibehörden versandt wurden.[39] Demselben Zweck dienten "erkennungsdienstliche" Maßnahmen wie die Kennzeichnung der ausländischen Bettler mit einem Brandmal[40], und daß sich Fremde nach der Polizeiverordnung von 1742 innerhalb von vierundzwanzig Stunden dem Polizeidirektor gemeldet haben mußten.[41] Der Staat wollte den Überblick drüber behalten, wer sich in seinem Territorium aufhielt und wer es betrat bzw. verließ. Seit 1780 oblag es den behandelnden Ärzten, die bei einer Schlägerei Verletzten dem Polizeidirektor zu melden.

Aber auch des (Einbruch-) Diebstahls hatte sich die Bevölkerung zu erwehren, wie einer Reihe von Gesetzgebungsmaßnahmen zum Ende des 17. Jahrhunderts zu entnehmen ist. Unter dem Aspekt, daß die Sicherheitsgewährung in Verbindung mit dem durchgesetzten staatlichen Gewaltmonopol zu den essentiellen Staatsaufgaben gehört, mußte staatlicherseits gegen Sicherheitsbeeinträchtigungen auch nach innen vorgegangen werden. Daß es hinsichtlich der allgemeinen Sicherheit zum Teil erhebliche Mißstände gab, offenbart die Einleitungsrede zum geschärften "Edict wider die Raubereyen und Diebereyen" vom 5. IV. 1723[42], worin es heißt "Ob wir nun wohl verhoffet, es würden diese so scharffe Edicta zureichend gewesen seyn, solchem Unwesen zu steuren; so haben Wir doch mit sonderbarem Mißvergnügen vernehmen müssen, daß Wir den von Uns hierunter intendirten heilsamen Zweck nicht erreicht, sondern vielmehr die Räubereyen und gewaltsamen Diebstähle annoch bis dato ungescheuet verübet werden, und gantze Banden dergleichen gottloser Räuber sich zusammen rottiren, Unsere Unterthanen sowohl in Städten als auf dem Lande gewaltsamer Weise überfallen, ihnen Hände und Füsse auf dem Rücken zusammen binden, mit Schlägen und allerhand Arten von Torturen hart tractiren, und übel zurichten, bis sie ihnen den Ort, wo das Geld verwahret ist, anzeigen, und hernach gantze Häuser ausplündern, und den Raub mit sich hinweg führen". Zur Verhütung dergleicher Straftaten hatte die Gerichtsobrigkeit in allen Dörfern für die Aufstellung genügender Nachtwachen zu sorgen, die 1588 von Kurfürst Johann Georg befohlen worden war, und deren erneute Organisation der Große Kurfürst anordnete.[43] Die ursprünglich zu Nachtwachendiensten persönlich verpflichteten Einwohner mußten seit der berufsmäßigen Einrichtung der Nachtwachen zu deren Kosten beitragen.[44] Für den Fall eines verübten Verbrechens war die Bevölkerung zur sofortigen Verfolgung des Täters angehalten und hatte zu diesem Zweck in der Nähe der Schlafstatt, zumindest aber griffbe-

[39] Ders., S. 16.
[40] CCM V/V/I, Nr. 57.
[41] Reith, a.a.O., S. 635.
[42] CCM II/III, Nr. 47.
[43] Obenaus, S. 39.
[44] Ders., S. 47.

reit, ein Gewehr, eine Flinte, Forcke, Mistgabel oder großen Prügel bereitzuhalten.

Ebenfalls zur Sicherheit der Einwohner dienten die Straßenlaternen, die – trotz wiederholter Bestimmungen hiergegen – zerschlagen und ramponiert wurden; anscheinend vorrangiges Ziel von derlei Angriffen waren die Laternen auf der Langen Brücke über die Spree direkt hinter dem Berliner Stadtschloß, wo sie abgebrochen und ihr Zubehör entwendet wurde, wie einem geschärften Patent vom 18. IX. 1732[45] entnommen werden kann. Die unmittelbare örtliche Nähe des königlichen Landesherrn schreckte die Täter demzufolge nicht ab. Wie fast immer hatte auch diese Bestimmung verschiedene Vorläufer. Die Strafe für dieses Delikt war mit zweihundert Reichstalern bemessen; wer das Geld nicht aufbringen konnte, sollte auf der Stirn gebrandmarkt und mit Staupenschlägen des Landes verwiesen werden, war hingegen der Täter ein Soldat, so hatte er sechsunddreißigmal die "Gasse" zu durchlaufen. Die Laternen waren auch nicht zum Anbringen von Nachrichtenzetteln sowie zum Anzünden von Pfeifen und Fackeln zu mißbrauchen.

Als weiteres Regelungsgebiet der inneren Sicherheit sollen noch die zur Seuchenbekämpfung erlassenen Maßnahmen kurz angesprochen werden. Ihr staatsschutzrechtlicher Charakter läßt sich unter dem Aspekt der während des Absolutismus als Staatsaufgabe gesehenen Wohlfahrtsförderung und Fürsorgeverpflichtung rechtfertigen, zumal im Seuchenfalle erhebliche volkswirtschaftliche Folgen und Auswirkungen auf die Bevölkerungszahl zu gewärtigen waren, welches wegen der dem Merkantilismus eigenen Populationsdoktrin von Bedeutung war. Schutzziel dieser Bestimmungen war es, zu verhindern, daß vor allem in den angrenzenden Nachbarstaaten ausgebrochene Vieh- (wie zum Beispiel die Schweinepest) und Menschenseuchen (hier ist insbesondere die nach wie vor drohende Pestgefahr zu nennen), nach Brandenburg-Preußen eingeschleppt wurden. Aus diesem Grunde sollte der Verkehr mit derartig gefährdeten Gebieten unterbunden werden, von dort kommenden Reisenden war die Passierung der Landesgrenzen verboten. Von den Schutzmaßnahmen gegen drohende Seuchengefahren war hauptsächlich die Gruppe der Lumpen-Bettler betroffen, die ihren notdürftigen Lebensunterhalt mit der Sammlung alter Kleidungsstücke und deren Absatz bestritten, weil darin eine Übertragungs- und Verbreitungsgefahr gesehen wurde. Nicht vergessen werden darf hierbei, daß der Seuchenbekämpfung durchaus eine staatserhaltende Bedeutung zukam, wenn man sich vergegenwärtigt, daß der großen Pest in Ostpreußen in den Jahren 1709/10 etwa 1/3 der Einwohner dieser Provinz zum Opfer fielen[46], und es Friedrich Wilhelm I. nicht unerhebliche Mühen und wirtschaftliche Anstren-

---

[45] CCM II/III, Nr. 67.

[46] Müller-Weil, S. 31.

gungen gekostet hat, dieses Land wieder zu peuplieren, was in dem Fall vorwiegend mit der geschlossenen Ansiedlung von Salzburger Exilanten geschah. Der Verlust von Einwohnern durch Seuchen wog für Preußen umso schwerer, als es seinen Menschenverlust durch den Dreißigjährigen Krieg noch auszugleichen hatte. Vorbeugend waren dergleichen Maßnahmen insofern, als sie schon auf den bloßen Verdacht einer Seuche hin erlassen wurden und deren Einschleppung bzw. Verbreitung zu verhindern versuchten.

Bei der Viehseuchenbekämpfung, vor allem der virusbedingten, hochkontagiösen Infektionskrankheit der Rinderpest, ging es eher um die gezielte Vorbeugung gegen ihre Verbreitung, wofür die einschlägigen Legislativakte, angefangen mit dem klassischen Seuchenedikt von 1711[47] bis hin zum "Patent und Instruktion, wie bei Viehsterben verfahren werden soll" vom 13. IV. 1769[48], das gleichzeitig eine Zusammenfassung der von den Vorgängern Friedrichs II. erlassenen Verordnungen darstellt, Zeugnis ablegen. Bei dergleichen Maßnahmen handelte es sich nicht nur um sicherheitsbedingte, sondern Viehseuchen zogen für die hiervon Betroffenen wie für den Staat enorme wirtschaftliche Folgen nach sich. Die von einem solchen Viehsterben heimgesuchten Landstriche wurden dadurch ruiniert, weil es infolgedessen an Grundnahrungsmitteln wie Fleisch, Butter und Milch für die Bevölkerung fehlte, und durch den mitbedingten Mangel an tierischen Dünger auch Ernteausfälle auftraten, die wiederum zu Hungersnöten führten.[49] Um die finanziellen Folgen für solchermaßen betroffene Bauern – auch wegen vorzunehmender Notschlachtungen – wenigstens etwas abzumildern, wurde am 21. XI. 1765 auf königliche Initiative hin eine Versicherungsgesellschaft gegen den Verlust infolge der Rinderpest ins Leben gerufen[50], die von jedem Regierungsbezirk zu errichten war und an welcher jeder Rindviehbesitzer teilzunehmen hatte. Für dieses Problemfeld sei beispielhaft das erneuerte "Edict, wie es wegen der sowohl ausserhalb als in Königl. Preußischen Landen an verschiedenen Orten eingerissenen Vieh=Seuche, und der deshalb vorzukehrenden Praecautionen zu halten" vom 28. XII. 1746[51] angeführt. Primäres Anliegen war es zu verhindern, daß Vieh aus Seuchengebieten nach Preußen gelangte. Deshalb waren die Landesgrenzen zu bewachen. Damit die Seuche auch nicht durch Reisende eingeschleppt wurde, mußten sie sich in ihren Pässen bestätigen lassen, nur von solchen Orten zu kommen oder solche passiert zu haben, wo länger als acht Wochen kein Viehsterben mehr war. Hornvieh, ungegerbte Rinderhäute und Felle, Haare, unge-

[47] CCM V/IV/III, Nr. 8.
[48] NCCM 1766-69, 1769/Nr. 27.
[49] Mickwik, a.a.O, S. 355.
[50] Ders., ebenda, S. 357.
[51] CCMC III, 1746/Nr. 30.

schmolzenes Talg, rohes, gesalzenes und geräuchertes Fleisch, aber auch Heu, Stroh und Häcksel durften aus diesem Grunde nicht eingeführt werden. Verstöße gegen diese Bestimmung zogen es nach sich, daß diese Ware fünf Ellen tief vergraben werden mußte und der Gesetzesübertreter eine empfindliche Leibesstrafe zu gewärtigen hatte. Importiertes Hornvieh aus einem Gebiet, wo die Seuche bisher noch nicht aufgetreten war, durfte nur eingeführt werden, wenn es zur Kennzeichnung gebrandmarkt und mit entsprechenden Pässen und Attesten versehen war. Um eine Infektion des Viehs im eigenen Land zu verhindern, war dem Viehhändler die Benutzung einer seuchenfreien Route vorgeschrieben, die er einzuhalten verpflichtet war und sich attestieren lassen mußte. Schon im Lande befindliche, nicht infizierte Tiere waren aus Kenntlichkeitsgründen (mit FR) zu brandmarken; Schlachtvieh war von extra dazu bestellten Verordneten drei Tage vor der Schlachtung zu begutachten. Es durfte nur geschlachtet werden, wenn es innerhalb dieser drei Tage, während der es getrennt gehalten wurde, keine Krankheitssymptome aufwies; nach der Schlachtung mußte es erneut begutachtet werden. Verendetes Vieh war nur an ganz bestimmten Orten wieder fünf Ellen tief zu vergraben, wohin es mit extra Wagen gebracht werden mußte, damit es nicht auf der Erde langschleifte und so zu einer weiteren Verbreitung der Seuche beitrug. Die für diesen Transport benutzten Pferde und Wagen waren separat für einen weiteren Gebrauch aufzubewahren. Infizierte Orte wurden unter Quarantäne gestellt. Ließ sich dieses nicht durchführen, so war zumindest das Rindvieh aus den straßenwärts gelegenen Ställen zu entfernen. Selbst krankes Vieh hütende Hirten durften andere Tiere erst dann wieder hüten, wenn sie sich und ihre Kleider ordentlich gewaschen und letztere zunächst am Feuer und danach an der frischen Luft getrocknet hatten, wie dem geschärften "Edict wegen des Vieh=Sterbens vom 20. X. 1716[52] zu entnehmen ist, das als Beilage C dem Avertissement vom 14. VIII. 1745[53] beigefügt war.

Um eine Seuchenverbreitung zu vermeiden, war ganz bestimmten Personengruppen wie Bettlern, aber auch Scherenschleifern und Messerschmieden die Einreise nach Preußen verboten. Sie zogen berufsbedingt durch die Lande, weswegen bei ihnen die potentielle Gefahr typischerweise größer war, daß sie auch an einen Ort gelangen konnten, wo die Seuche grassierte und sie so zu einem Verbreitungsfaktor wurden.

Über die Jahre hinweg blieb der getroffene Maßnahmenkatalog ähnlich, wobei vorrangiges Ziel stets gewesen war, die Einschleppung von Seuchen, zumindest aber deren weitere Verbreitung zu verhindern. Sobald bekannt wurde, daß irgendwo eine Seuche auftrat, waren die vorbeugenden Schutzmaßnahmen

---

[52] CCM V/IV/III, Nr. 13.

[53] CCMC III, 1745/Nr. 9.

zu ergreifen. Aus diesem Grunde bestand auch eine Seuchenanzeigepflicht. Vieh durfte die Grenze dann nur noch passieren, wenn es einwandfreie Atteste hatte und acht Tage an der Grenze in Quarantäne gehalten wurde (wegen der Seucheninkubationszeit). Die soweit wie möglich hermetische Abriegelung betroffener Orte im Seuchenfalle führte sogar dazu, daß das für die Tiere benötigte Futter und die Nahrungsmittel für die Bewohner der Region nur in Entfernung von der Ortschaft zu deponieren waren, wo sie dann abgeholt werden konnten, um jeglichen Kontakt mit der Außenwelt und damit eine eventuelle Verbreitungsgefahr zu vermeiden. Selbst Hunde mußten deshalb angebunden werden und frei herumstreunende waren zu erschießen, Edikt vom 28. II. 1724, Nr. 4[54]. Nach der Bannung einer Seuche waren die Ställe gut zu reinigen und zu lüften, daselbst gelagertes Futter zu vernichten. Verendete Tiere waren fünf Ellen tief zu vergraben und mit ungelöschtem Kalk zu bestreuen. Die Futtertröge der Tiere waren mit einer heißen Lauge zu reinigen. Daß es sich bei diesem Regelungskomplex für die damalige Zeit um kein Randproblem gehandelt hat, sondern um Erscheinungen mit wirtschaftlich existentiellen Folgen für die Betroffenen war bereits erwähnt worden und wird u.a. an der wiederkehrenden Häufigkeit solcher Bestimmungen deutlich. Erst zum Ende des 19. Jahrhunderts gelang es in Deutschland, die Rinderpest zu unterbinden.

Für den absolutistischen Staat unter bevölkerungspolitischen Aspekten von ebensolcher Bedeutung war die Bekämpfung der damals auch in hiesigen Breiten noch weit verbreiteten Pest, des sog. schwarzen Todes. Auch hierbei war es primäres Ziel der aus diesem Anlaß erlassenen Bestimmungen, die Einschleppung selbiger, häufig in Polen auftretender Krankheit zu verhindern, zumindest aber ihrer weiteren Ausbreitung vorzubeugen. Der Kanon der hierzu getroffenen Maßnahmen war weit gefächert. Fremde und Reisende, die von oder durch Orte gekommen waren, wo die Pest auftrat, sollten an der Grenze zurückgewiesen werden. Für die Verweigerung der Einreise war es unerheblich, ob die Betreffenden im Besitz eines für Brandenburg-Preußen lautenden Passes waren oder nicht, weil dessen Geltung in diesem Falle außer Kraft gesetzt wurde. Es sollte sich auch keiner unterstehen, dergleichen zurückgewiesene Personen einzuschleusen, vor allem Fährmänner sollten sie nicht übersetzen. Das Verbot einer Grenzpassierung richtete sich vor allem auch gegen Juden und Bettler, was dadurch mitbedingt war, daß diese beiden Bevölkerungsgruppen weniger seßhaft waren. Dadurch war bei ihnen die Gefahr größer, durch Orte oder mit Personen in Berührung zu kommen, die infiziert waren. Aus dem Grunde einer effektiveren Kontrolle waren auch ausschließlich die Land- und Heerstraßen zu benutzen; wer auf Schleichwegen angetroffen wurde oder versuchte, sich auf ihnen ins Land einzuschleichen, dem drohte die Todes-

[54] CCM V/IV/III, Nr. 25.

strafe. Gemäß des Ediktes vom 12. XII. 1708[55] war zur Abschreckung und Mahnung auf diesen Schleichwegen ein Galgen mit folgender Inschrifttafel: "Lebens=Straffe vor diejenige, welche sich von verdächtigen Orten aus Pohlen und denen darzu gehörigen Provintzien oder anderen inficirten Orten wegen der Pest durch die Schlupf=Wege einschleichen wollen" aufzustellen. Helfen konnte in einer solchen Situation nur, wenn sich aus dem Paß des so Angetroffenen ergab, daß er von einem unverdächtigen Ort kam. Gastwirten und anderen war die Beherbergung von Personen ohne Vorzeigen des Attestes untersagt. In einer späteren Bestimmung[56] wurde dieses sogar auf Verwandte ausgedehnt und galt für Stadt und Land gleichermaßen, wovon es nur dann eine Ausnahme gab, wenn die Ortsobrigkeit nach vorheriger Befragung einer Beherbergung zugestimmt hatte. Damit die Bevölkerung in solchen Notzeiten und einer notwendigen Abschottung von der Umwelt überleben konnte, hatte ein jeder Proviantvorräte anzulegen. Um die Fluktuation der städtischen Bevölkerung in Seuchenzeiten besser kontrollieren zu können, hatte sich jeder Stadtbewohner Passierzettel zu besorgen, die er beim alltäglichen Verlassen und Betreten der Stadt an den Stadttoren vorzuzeigen hatte. Ferner war es verboten bestimmte, wie es hieß, leicht Gift fangende Sachen wie Pelze, Bettdecken u.ä. in die Stadt einzuführen.[57] In dem ausführlichen Pest-Reglement vom 14. XI. 1709[58] wurde ausdrücklich auf hygienische Vorsichtsmaßnahmen zur Verhinderung einer Pestverbreitung hingewiesen. Angesprochen war die Reinhaltung von Straßengassen, Kanälen und Rinnsteinen, letztere waren ordentlich nachzuspülen und der Unflat aus den Haushalten sollte nicht mehr auf die Straße geschüttet werden. Bestimmte Gegenstände, die als Überträger der Krankheitserreger galten, wie Lumpen, alte Kleider, Betten, Federn, Haare, Wolle und dergleichen durften nur verkauft werden, wenn sie von pestfreien Orten und Leuten kamen. Um die Seuchenausbreitung einzudämmen gab es sogar ein Pest-Post-Reglement[59], das die Ausbreitung der Krankheit durch die Beförderung postalischer Sendungen verhindern sollte. Darin wurde dezidiert geregelt, wie die Postsendungen in Pestzeiten zu behandeln waren, so z. B. mußte das Papier vorher zu Desinfektionszwecken in eine Essiglauge getunkt und im Rauch eines Räucherpulvers getrocknet werden. Ein berechtigtes staatliches Interesse an dergleichen vorbeugenden Maßnahmen erklärt sich aus den hohen Bevölkerungsverlusten infolge der Pest. Wegen erneuter Pestgefahr aus der Türkei befaßte sich eine detaillierte Instruktion vom 10. IV. 1752[60] mit vorbeugenden Schutzmaßnahmen.

---

[55] CCM V/IV/II, Nr. 10.

[56] CCM V/IV/II, Nr. 37.

[57] CCM V/IV/II, Nr. 46.

[58] CCM V/IV/II, Nr. 16.

[59] CCM IV/I/III, Nr. 65.

[60] NCCM 1751-60, 1752/Nr. 24.

So durften u.a. Waren, die aus Pestgebieten kamen, trotz vorhandenen Paßes nur nach vorheriger Quarantäne eingeführt werden. In Säcken gelieferte türkische Baum- und Schafwolle, sowie Waren aus diesen – als krankheitserregerübertragend geltenden – Materialien waren vor Einfuhr auszubreiten und auszulüften. Die damit beschäftigten Arbeiter hatten hierbei Handschuhe, die später zu verbrennen waren, zu tragen und sich das Gesicht zu maskieren. Außerdem sollten sie nicht in der Windrichtung stehen und bei ihrer Tätigkeit starken Tabak rauchen.

An den diversen erlassenen Hausiereredikten zeigt sich wiederum die Verflechtung und das Übergreifen verschiedener Regelungsbereiche. Ihre hauptsächliche Intention war es, die Kaufleute in ihrer Handelstätigkeit wirtschaftlich zu schützen, indem Konkurrenten für sie – nämlich die in den Städten und auf dem platten Lande von Tür zu Tür ziehenden Hausierer - ausgeschaltet werden sollten. Weil sie für den Staat schwieriger zu kontrollieren waren, kam bei ihnen der wirtschaftsschädigende Schleichhandel häufiger vor, den es ebenfalls zu unterbinden galt. Mithierzu gehört der Aspekt einer zu unterbindenden Akziseumgehung. Wegen ihrer größeren Mobilität und der damit verbundenen Gefahr, auch Seuchengebiete zu passieren und somit zu deren Verbreitung beizutragen, wurde vor allem in solchen Krankheitszeiten immer wieder gegen sie interveniert. Gewisse Ausnahmen bei den Hausiererbestimmungen gab es für den Handel mit Kurzwaren, wozu der damalige Gesetzgeber Messer, Scheren, schlechte beschlagene Pfeifenköpfe und Schnallen zählte. Sekundär sollte durch die erlassenen Maßnahmen die Bevölkerung vor Übervorteilung geschützt werden, wie es in Nr. 12 des Hausierer-Ediktes von 1743 zum Ausdruck kommt, in dem es heißt, "daß zur Franckfurter Meß=Zeit, auch sonst wohl, sich allerhand liederliche Leute von Manns= und Weibes Personen finden liessen, welche unter dem Vorwand, das Vieh zu curiren, mit Saamen, Garten=Gewächs und andern Sachen im Lande herum vagiren, dabey auch gleich den ehemaligen Zigeunern mit sogenannten Wahrsagen, Planeten=Lesen, und dergleichen Betrügereyen dem einfältigen Landmann das Geld abgeschwatzet, hauptsächlich aber ihre darunter verborgene(-n) Diebereyen und Mausereyen auszuüben sich betreten lassen".[61]

[61] CCMC II, 1743/Nr. 31.

4. Kapitel

Die "Versammlungsfreiheit"

Quasi als eine Untergruppe der inneren Sicherheit und mit ihr inhaltlich eng verwandt aber auch in einem inhaltlichen Zusammenhang zur Meinungsfreiheit stehend soll hier noch kurz die mit moderner Begrifflichkeit als Versammlungsfreiheit zu bezeichnende Materie angesprochen werden. Eine größere Bedeutung dürfte sie allerdings erst mit der Französischen Revolution und ihrer Volksmassenmobilisierung und dann im 19. und vor allem 20. Jahrhundert erlangt haben, weswegen die gesetzlichen Maßnahmen hiergegen auch schon rein zahlenmäßig sehr gering ausfallen. Andererseits gibt es erhellende Gesetzesbestimmungen. Das Volk als der dritte Stand neben dem Adel und Klerus war sich bis 1789 eben noch nicht der Macht bewußt, die von seiner Massenzusammenrottung (levee en masse) ausgehen konnte. Außerdem mußte es sich als Stand auch ersteinmal definieren und "organisieren". Zudem dürfte in Preußen auch weniger Anlaß für "Volksversammlungen" als im revolutionären Frankreich bestanden haben.

Exemplarisch seien unterschiedliche, die Versammlungsfreiheit betreffende Legislativakte angeführt. In einer Circularverordnung vom 9. XII. 1742[1] wurden die von einigen Predigern initiierten privaten Zusammenkünfte zwecks religiöser Erbauungsstunden in Privathäusern unterbunden. Sinn und Zweck dieses Verbots war es weniger, öffentliche Unruhe zu verhindern, als religiöse Geheimbünde und Sektierertum zu vermeiden. Der Staat trat hier als Wahrer des Religionsfriedens und Beschützer der Institution "Kirche" auf. Zwar sollte jeder Untertan im Staate Friedrichs des Großen nach seiner Facon selig werden können, dieses hatte aber öffentlich und somit kontrollierbar, und nicht im Geheimen zu geschehen.

Ein anderes Circular vom 5. X. 1753[2] an sämtliche Magistrate in Kleve ordnete an, "daß fürohin ohne Vorwissen und Genehmhaltung derer Magisträte keine Aufzüge geschehen, noch vorgenommen werden sollen", denn in der Vergangenheit waren von Bürgern und Stadteinwohnern Aufzüge abgehalten worden, ohne dieses vorher mitzuteilen und die Genehmigung hierfür vom Ma-

---

[1] CCMC II, 1742/Nr. 36.

[2] NCCM 1751-60, 1753/Nr. 58.

gistrat einzuholen. Für Zuwiderhandlungen wurde schwere Geld-, aber auch Gefängnis- oder andere Leibesstrafen angedroht.

Ein fünf Jahre später ergangenes Avertissement vom 26. IV. 1758[3] wandte sich gegen den "von gemeinen Leuten, insonderheit von jungen Burschen" erregten Auflauf und das Lärmen, der von ihnen bei den geringsten Vorfällen veranstaltet wurde, was die öffentliche Ruhe und Ordnung störte. Weil es dabei zu Gewalt und Exzessen kommen konnte, wurde den Hauswirten und Einwohnern aufgegeben, Kinder, Lehrlinge und andere im Haushalt Angestellte anzuhalten, sich von derlei Situationen fernzuhalten und ihnen auszuweichen.

Ein weiterer diesbezüglicher Legislativakt war die Verordnung vom 15. IV. 1763[4] an alle Berliner (Schul-)Rektoren, deren Regelungsschwerpunkt allerdings im staatlichen Fürsorgebereich lag, mittelbar aber auch den hier angesprochenen Staatsschutzzweck mitintendierte. Es war danach darauf zu achten, daß die Gymnasiasten und andere Schüler nicht truppweise herumgehen sollten, weil daraus "die Gelegenheit zu allerley Unordnungen erwächset", wodurch sie den zum Studium erforderlichen Fleiß vermissen lassen würden. Sie sollten deswegen ihre Wege mit aller gebührenden Bescheidenheit und Anständigkeit vornehmen. Die darin angesprochenen Vorkommnisse eines ungebührlichen Benehmens prägten auch lange das Verhältnis von den Studenten zu den Stadtphilistern in Universitätsstädten bis zu einer auch moralisch-sittlichen Erneuerung des Studententums zunächst im Zuge der Aufklärung und des Freimaurertums, vor allem aber mit der Neuorganisation nach den Befreiungskriegen.

Ein bezeichnendes Licht auf die Geisteshaltung Friedrichs II. wirft in diesem Zusammenhang eine Kabinettsorder vom 25. XI. 1749[5]. Infolge von Unruhen in Ostfriesland und insbesondere Emden (wegen Steuererhöhungen) waren Abgeordnete aus dieser Provinz zum König nach Berlin bzw. Potsdam geschickt worden, wobei ihm geraten wurde, selbige bei ihrer Ankunft sofort arretieren zu lassen. Dieses Ansinnen lehnte der Monarch aber mit der Begründung ab, daß er denselben das Gehör nicht versagen könne, "da solches eine Art von einer Mir unleidlichen Tyrannie sein würde", weil er jedem seiner "Unterthanen frei lasse, seine vermeintliche Beschwerden, sie mögen nun gegründet oder ungegründet sein, ..., an Mich zu bringen".[6] Hingegen sollten die mutmaßlichen Hauptaufwiegler und Rädelsführer ausfindig gemacht und ohne viel Aufhebens

---

3 NCCM 1751-60, Anhang 1758/Nr. 2.

4 NCCM 1761-65, 1763/Nr. 19.

5 AB/B.O., Bd. 8, Nr. 277 = S. 602f.

6 Ebenda, S. 603.

inhaftiert werden, wovon man sich eine Beendigung des Aufruhrs im übrigen versprach.

Wie eingangs erwähnt befand sich dieser Sektor während des hier interessierenden Zeitraumes erst im Anfangsstadium seiner Entwicklung. Daraus resultiert, daß die angeführten Legislativakte inhaltlich noch nicht den Kern des Versammlungsrechts behandeln, sondern ihn nur tangieren. Weil durch Gesetzgebungsmaßnahmen staatlicherseits auf Realitäten häufig nur reagiert wurde, belegt dieser Umstand im Umkehrschluß ein hierfür geringer bestehendes Handlungsbedürfnis.

Andererseits fand der die Öffentlichkeit suchende Intellektuelle als in Betracht kommender potentieller "Störer" sein Diskussionsforum eher in dem von der französischen Metropole auch auf die preußische Königsresidenz übergreifenden Salonwesen, welches seine Blüte in Berlin in nachfriderizianischer Zeit zum Ende des 18. Jahrhunderts entfaltete, und weniger in Massenvolksversammlungen. Ansonsten war man darum bemüht, mittels legislatorischer Akte, die staatliche Ruhe und Ordnung aufrechtzuerhalten und Beeinträchtigungen hiervon zu verhindern, denn Ruhe galt auch schon damals als die erste Bürgerpflicht.

5. Kapitel

Zur Zensur

Als ein weiteres klassisches Gebiet der Staatsschutzgesetzgebung ist die Zensur anzusprechen, wobei sich dieser Begriff weder für die Gegenwart noch für die Vergangenheit eindeutig definieren läßt. Allgemein kann man Zensur als die staatliche Aufsicht über Veröffentlichungen in Druck oder Bild umschreiben, um unerwünschte Publikationen auszuschalten und die Publizistik im Sinne der Staatsführung zu beeinflußen, wobei die Zensur präventiv (= Vorzensur) oder repressiv (z. Beisp. durch Beschlagnahmung) ausgeübt werden kann. Für den Untersuchungszeitraum seien die Auffassungen des Juristen und Kameralisten Johann Heinrich Gottlob von Justi, der unter Zensur "die Aufsicht, daß sowohl im Lande keine gefährlichen und schädlichen Bücher gedrucket, als auch, daß dergleichen Bücher nicht aus anderen Landen eingeführet und verkaufet werden; und beydes müsse miteinander verknüpfet seyn, wenn die gute Ordnung hierinnen stattfinden soll" verstand, und andererseits diejeniege des Staatstheoretikers Joseph Freiherrn von Sonnenfels, der die Zensur enger definierte, nämlich nur als die Prüfung der im Manuskript vorgelegten neuen, noch nicht veröffentlichten Schriften, und zwischen Zensur und Revision – für bereits gedruckte Werke – unterschied. Anstelle dieser Unterscheidung zwischen Zensur und Revision differenziert man zwischen einer Vor- (vor Drucklegung) und einer Nachzensur.[1]

Neben der hier darzustellenden territorialen Zensurgesetzgebung gab es auch eine reichsrechtliche, wobei das Recht des Kaisers, das Druckwesen seiner Aufsicht zu untwerfen, Ausfluß des kaiserlichen Hoheitsrechtes über das Buchwesen war, welches zu den sog. regalia majora gerechnet wurde, "die dem Staate seinem Begriffe nach zustehenden, grundsätzlich unveräußerlichen Majestäts- oder Hoheitsrechte" (Gierke).[2] War der Umfang dieses Rechts, wobei nicht zweifelsfrei feststeht, wann es sich herausgebildet hat[3], im einzelnen zwischen dem Kaiser und den Landesherrn umstritten, blieb es doch gleichwohl als

---

[1] Eisenhardt, Die kaiserliche Aufsicht, S.3.

[2] Breuer, S. 24; Conrad, Dt. RG II, S. 136; Schömig, S. 78; Wricke, S. 14.

[3] Eisenhardt, Die kaiserliche Aufsicht, S. 9.

solches bis zum Ende des Reiches anerkannt. Die Bücherzensur gehörte danach zum Regelungsbereich des Reichspolizeiwesens.[4]

Nach zensurrechtlichen Vorläufern seitens der Kirche und von geistlichen Territorialherren[5], bedeutete das Wormser Edikt Kaiser Karl's V. von 1521 eines der ersten reichsrechtlichen Pressegesetze. Es verbot nicht nur alle Schriften Martin Luther's – womit das Edikt auf die sich anbahnende Glaubensspaltung zu reagieren versuchte, um die konfessionelle Einheit zu bewahren –, sondern sämtliche sich gegen den Papst und die herrschende Kirchenlehre richtende[6] und führte für alle Druckschriften, auch Schmachschriften und Gemälde die Vorzensur ein. Der Nürnberger Reichsabschied von 1524 nahm auf dieses Edikt bezug und legte den Reichsständen die Pflicht auf, für die Durchführung desselbigen zu sorgen, und die in ihren Territorien tätigen Druckereien zu beaufsichtigen.[7] Der Reichsabschied von Speyer fünf Jahre später verfestigte diese Tendenz, indem er bestimmte, daß keine Schrift gedruckt werden durfte, die nicht vorher durch "von jeder Obrigkeit dazu verordnete verständige Personen besichtiget" und zum Druck zugelassen worden waren. Gemäß des im darauffolgenden Jahr erlassenen Augsburger Reichsabschiedes von 1530 (wie auch nach der Reichspolizeiordnung von 1548) machten sich diejenigen Landesobrigkeiten selbst strafbar, wenn sie dieser ihrer Verpflichtung nicht nachkamen.[8] Begleitende Strafvorschriften, wie der Art. 110 der Peinlichen Halsgerichtsordnung Kaiser Karl's V. von 1532, welcher für die auf lateinisch libell famosa bezeichneten Schmachschriften sogar die Todesstrafe androhte[9], ergänzten und konkretisierten diese reichsrechtliche Zensurgesetzgebung. Eine abermalige Verschärfung bedeutete der Reichsabschied von Speyer aus dem Jahre 1570, demzufolge Druckereien wegen der besseren Überwachungsmöglichkeiten nur noch in bestimmten Städten, nämlich Reichs-, Universitäts- und Residenzstädten zulässig sein sollten.[10] Damit waren die so bezeichneten Winckeldruckereien verboten. Außerdem sollten die Druckereien ohne Vorwarnung – um nicht entsprechende Vorkehrungen treffen zu können – kontrolliert werden. Wurde gegen diese Obliegenheit seitens der Reichsstände verstoßen, ermächtigte die Reichspolizeiordnung von 1577 den Kaiser und seine Organe zum Einschreiten.[11] Zur Wahrnehmung dieser Zensuraufgaben gab es als

---

[4] Conrad, Dt. RG II, S. 259; Wricke, S. 37.

[5] Breuer, S. 23; Mallmann, Sp. 1902.

[6] Eisenhardt, Die kaiserliche Aufsicht, S. 25f.

[7] Ders., ebenda, S. 6, 29; Mallmann, Sp. 1903; Wricke, S. 14.

[8] Eisenhardt, Die kaiserliche Aufsicht, S. 31f.

[9] Ders., ebenda, S. 30.

[10] Ders., S. 33.

[11] Ders., S. 32f.

Reichsinstitutionen den Reichshofrat, das Fiskalat des Reichskammergerichts und die Bücherkommission mit Sitz in Frankfurt am Main.[12]

Bezweckten die Zensurmaßnahmen zunächst, die Verbreitung von Schriften der protestantischen Gegenlehre zu verhindern, so änderte sich dieses mit der Wandlung der Religionsverfassung des Reiches, die den Kaiser nach der Zerstörung der Einheit von Staat und Kirche durch die Reformation vom Schutzherrn der einen christlichen Kirche und ihrem Verteidiger gegen Ketzer, was noch deutlich im Wormser Edikt von 1521 zum Ausdruck kommt, zum Bewahrer des Religionsfriedens machte.[13] Die weitgehende staatskirchenrechtliche Parität der beiden großen christlichen Konfessionen im Reich führte vor allem nach dem Augsburger Religionsfrieden von 1555 dazu, daß sich nunmehr die Zensurgesetzgebung reichsrechtlich gegen alle Druckschriften richtete und solche verbot, welche die allgemeine von denen im Reich zugelassenen Konfessionen vertretene Lehre in Frage stellte, und diente damit der Wahrung des mühsam errungenen Religionsfriedens.[14] Nach dem Westfälischen Frieden von 1648 kam noch der nunmehr legalisierte Calvinismus hinzu.[15] Daß diesem Ziel vor allem die in Frankfurt/a.M. ansässige kaiserliche Bücherkommission nur ungenügend nachkam, weil deren Kommissare häufig gleichzeitig auch heimlich Zensoren im Auftrag der römischen Kurie waren und sie deshalb ihre Verbote einseitig, überwiegend gegen protestantische Schriften richteten, sei hier nur am Rande erwähnt. Abgemildert wurde dieses teilweise infolge einer Schwerpunktverlagerung der Überwachung im Laufe des 18. Jahrhunderts auf nichtreligiöse, politische Schriften hin. Zum Ausdruck kommt dieser Wandel in dem kaiserlichen Zensuredikt Karl's VI. von 1715, welches das letzte große Zensurgesetz des Reiches darstellt[16] und statuierte, daß niemand etwas gegen die Staatsregierung und Grundgesetze des Reiches schreiben durfte.

Es läßt einerseits die nach wie vor grundlegende Bedeutung der Konfessionen im Leben der Menschen erkennen, andererseits steht es für eine Politisierung der Zensur, indem es versucht, auf die Diskussion des politisch-rechtlichen Status' des Reiches (sog. grundgesetzwidrige Schriften) und die Naturrechtsauswirkungen Einfluß zu nehmen.[17] Die Beschränkung der Druckorte auf Universitäts- und Residenzstädte wurde aufgehoben. Gedruckt werden durfte nunmehr wieder in allen Städten, wo die von verständigen, gelehrten Zensoren

---

[12] Ders., S. 63ff., ders., in: Unmoralisch an sich, S. 2; Wricke, S. 16.

[13] Eisenhardt, Die kaiserliche Aufsicht, S. 22f.

[14] Ders., ebenda, S. 32; ders., in: Unmoralisch an sich, S. 18, 34.

[15] Ders., Die kaiserliche Aufsicht ..., S. 21.

[16] Breuer, S. 90; Eisenhardt, Die kaiserliche Aufsicht, S. 40f., 58; Mallmann, Sp. 1904.

[17] Breuer, S. 88; Eisenhardt, in: Unmoralisch an sich, S. 18, 34.

auszuübende obrigkeitliche Obsicht gewährleistet war, denn nur die "richtigen" Bücher sollten das Lesepublikum erreichen.[18] Durch den Einfluß der Aufklärung verringerte sich zudem in den weltlichen Territorien der konfessionelle Gegensatz. Die teilweise in älteren Zensurgesetzen angedrohte Todesstrafe wurde in diesem Jahrhundert zwar nicht mehr ausgesprochen, anstelle der Hinrichtung von Verfassern kam es aber zu Bücherverbrennungen – meist ganzer Auflagen – durch den Henker, wie auch Goethe sie noch in "Dichtung und Wahrheit" beschrieben hat.[19] Ansonsten drohten den Autoren, Druckern und Verlegern meist Geld-, Haft- oder Ehrenstrafen.

Bei der kaiserlichen Bücherkommission, die eine einseitig konfessionelle (sprich katholische) Zensurpolitik betrieb, wie in den (geistlichen) Territorien wurde die Bücherzensur dagegen noch als Instrument der Gegenreformation gehandhabt.[20]

Obwohl die einzelnen Reichsstände das kaiserliche Bücherregal respektierten und die erlassenen Pressegesetze als geltendes Reichsrecht anerkannten, gab es daneben eine eigenständige territoriale Presse- und Zensurpolitik, wobei die bücherpolizeilichen Vorschriften nicht immer mit dem geltenden Reichsrecht übereingestimmt haben. Ermächtigungsgrundlage für die landesherrliche Zensurgesetzgebung war der Nürnberger Reichsabschied von 1524.[21] Ging es um die Unterdrückung unliebsamer Publikationen in anderen Territorien, berief sich die Landesobrigkeit auch im 18. Jahrhundert noch auf das Reichszensurrecht. Ausschlaggebend bei der Gesetzgebung und der unterschiedlichen Handhabung des Reichs- und Landesrechts war die jeweilige Konfession des Territorialherrn.

Die Intention der Wahrung des Religionsfriedens als Folge der zumindest konfessionell mitbedingten Auseinandersetzungen während des 30jährigen Krieges mittels presserechtlicher Maßnahmen kommt deutlich in den frühen Legislativakten aus der Zeit des Kurfürsten Friedrich Wilhelm zum Ausdruck, obwohl der eigentliche Schwerpunkt der preußischen Zensurgesetzgebung erst in der Regierungszeit Friedrichs des Großen lag. Das erste einschlägige Reskript datiert vom 11. V. 1654[22] und ordnete an, daß Disputationsschriften nicht ohne Vorkenntnis der Obrigkeit veröffentlicht werden dürfen und theologische Schriften, egal ob innerhalb des Kurfürstentums oder außer Landes gedruckt,

---

[18] Breuer, S. 51, 89; Hellmuth, Zur Diskussion , S. 211.

[19] Breuer, S. 92 m.H.a. DuW, 4. Buch - HA -, S. 150f.

[20] Ders., S. 90.

[21] Eisenhardt, Die kaiserliche Aufsicht, S. 6; Mallmann, Sp. 1903; Schömig, S. 78; Wricke, S. 20.

[22] CCM I/I, Nr. 19.

vorheriger Zensur bedurften, weil "das infatiabile scribendi Cacoethes so gar ohne Ordnung überhand nehme, also, daß ein jeder, was ihm in den Kopf kommen, absque Censura Ecclesiae seines Gefallens publiciren lasse, dadurch denn allerhand haereses u. Schismata einreissen können".

Dieses Zensuredikt muß im Zusammenhang mit den religionspolitischen Auseinandersetzungen des Kurfürsten gesehen werden, der versuchte, seine ihm ergebene calvinistische Funktionselite gegenüber den Lutheranern zu begünstigen. Hinzu kam 1662 das Verbot, an dem Zentrum der lutherischen Orthodoxie, der Universität Wittenberg, Theologie und Philosophie zu studieren.[23] Der Große Kurfürst wollte erreichen, daß die reformierte Lehre von den Lutheranern nicht bloß toleriert, sondern anerkannt wurde ("Toleranzedikt" von 1664[24]). Dem widersetzten sich die lutherischen Stände, was 1668 zur Aufgabe der religiös verbrämten Machtpolitik des Landesherrn gegenüber den Ständen führte. Von dieser Auseinandersetzung war auch der Diakon an der Berliner Hauptkirche St. Nicolai und bedeutende Barockdichter Paul Gerhardt mitbetroffen.[25] Ihm wurde 1666 seine Amtsenthebung für den Fall angedroht, daß er seine Unterschrift unter dem Toleranzedikt verweigere.[26] Nachdem hiergegen die Stände erfolgreich intervenierten, wurde er 1668 dennoch aus dem Dienst entlassen, weil er sich auch nicht dem Edikt gemäß verhalten hatte.[27] Die 1666/1667 von seinem Berliner Amtskollegen besorgte Gesamtausgabe seiner Lieder in zehn Folgen, deren Druck und Vertrieb nur im Eigenverlag erfolgen konnte, kann auch als Kommentierung dieser religionspolitischen Machtkonfrontation gelesen werden. Der Ausweg in den Selbstdruck und -verlag wurde dabei zur Umgehung der Zensurbestimmungen benutzt.

Als nächste umfangreichere Zensurregelung ist die "General-Verordnung wegen derer Theologischen Schriften" vom 5. XI. 1703[28] anzuführen, derzufolge theologische Schriften nicht ohne vorherige Zensur, die den theologischen Fakultäten der Landesuniversitäten bzw. dem Bischof oblag, veröffentlicht werden durften. Die zum Druck freigegebenen Bücher sollten dann in Listen verzeichnet werden. Auch durften auswärts gedruckte Bücher, die schon der dortigen örtlichen Zensur unterlagen, nur nach vorheriger Zensur eingeführt und verbreitet werden. Die Buchdrucker durften nur nach erfolgter Zensierung drucken. Für den Fall, daß hiergegen jemand verstieß, sollte er der Druckexemplare verlustig gehen und mit einer im einzelnen erst zu bestimmenden Geld-

[23] Edikt vom 21. VIII. = CCM I/II, Nr. 20; Breuer, S. 70.

[24] vom 16. IX. = CCM I/I, Nr. 31.

[25] Neugebauer, in: Brandenburgische Geschichte, S. 330.

[26] Rescript vom 3./13. IV. = CCM I/I, Nr. 33.

[27] Breuer, S. 71; Wirsing, a.a.O.

[28] CCM I/I, Nr. 70; Breuer, S. 93.

buße belegt werden. Beziehen sich diese beiden Bestimmungen in der Hauptsache auf Schriften mit religiösem Inhalt, so regelt das Zensuredikt vom 14. V. 1703[29] allgemeiner, daß den "Statum publicum" betreffende "Scripta" in den Residenzen nicht ohne vorherige Genehmigung durch den Geheimen Rat gedruckt oder verkauft werden durften, weil solche anscheinend das Mißfallen der in den Spanischen Erbfolgekrieg verwickelten Mächte erregt hatten. Hier fand ein Grund für die Durchführung der Zensur seine Manifestation, der vor allem in der Pressepolitik Friedrichs des Großen – insbesondere während der Schlesischen Kriege – wieder zum Tragen kam. Gleichzeitig vollzog sich damit der Übergang von der theologisch zur politisch bedingten Zensur, was mit einer tendentiellen Verfestigung des Nebeneinanders der Konfessionen zusammenhing.

Der inhaltliche Schwerpunkt zensurrechtlicher Gesetze unter König Friedrich Wilhelm I. lag noch eindeutig in der Vermeidung religiös bedingter Streitigkeiten und in der Bewahrung des christlichen Glaubens, was aber nicht heißt, daß sich die Zensur nur auf religiöse Schriften beschränkt hat. Beispielsweise sieht ein Rescript vom 31. I. 1727[30] die Strafe des lebenslänglich in die Karrespannens für den Fall vor, daß jemand "mit Atheistischen Principiis angefüllete Bücher" einführt oder selbst druckt und verbreitet. Die weiteren im Anhang aufgeführten legislatorischen Maßnahmen weisen in dieselbe Richtung, wie zum Beispiel die Verordnung betreffend das Verbot der sogenannten Wertheimischen Bibel vom 2. bzw. 15. VI. 1736[31]. Die bei seinem Regierungsantritt von diesem König verbotenen Zeitungen wurden im Laufe der Zeit zwar teilweise wieder zugelassen (so zum Beispiel Rüdiger's Privilegierte Zeitung), aber einer straffen Zensur unterworfen.[32] Als Zensoren für zu privilegierende theologische Bücher wurden 1722 die Konsistorialräte, Feldpröbste und Hofprediger Jablonsky, Porst, Gedicken und Noltenio ernannt.[33]

Allgemein gesehen fand dann im Zeitalter des aufgeklärten Absolutismus eine Hinwendung zur Pressefreiheit im Sinne einer Freiheit von der Vorzensur statt.[34] Bekannt ist der Ausspruch Friedrichs des Großen, "daß Gazetten, wenn sie interessant sein sollten, nicht genieret werden müßten" (der König an Podewils).[35] Zu konstatieren ist allerdings, daß sein berühmt gewordenes Wort nicht zum Programm seiner Zensurgesetzgebung wurde, wobei anzumerken ist,

---

[29] AB/B.O., Bd. 1, Nr. 8 = S. 13; Müller-Weil, S. 189.

[30] CCM I/I, Nr. 118.

[31] CCM I/I, Nr. 132 u. 133.

[32] Etzin, S. 89; Welke, a.a.O, S. 426.

[33] CCM VI/II, Nr. 149.

[34] Mallmann, Sp. 1906.

[35] Consentius, S. 220; Etzin, S. 96; Schömig, S. 108.

daß zensurfrei sowieso nur derjenige Zeitungsteil sein sollte, der lokale und politische Begebenheiten unter der Rubrik 'Berlin' brachte.[36] Darüber hinaus bezog sich diese Äußerung ohnehin nur auf die Pressezensur, von der dem Gegenstande nach die Bücherzensur zu unterscheiden ist, die auch schon zum Zeitpunkt des Regierungsantritts des Königs bestand, und welche seit 1716 von dem 1740 (4. VIII.) verstorbenen Thulemeier als Zensor ausgeübt wurde.[37] Zu bedenken gilt es ferner, daß presserechtliche Zensurmaßnahmen nicht ohne weiteres auch für die Bücherzensur galten. Die gegenüber dem Zeitungswesen zunächst vom König an den Tag gelegte Liberalität änderte sich mit dem Ausbruch des ersten Schlesischen Krieges, in dessen Verlauf er versuchte, die inländische Presse dem Staatsinteresse dienstbar zu machen, um mit ihr ein Gegengewicht zu den preußenfeindlichen Tendenzen in der ausländischen Presse zu schaffen.[38] Trotz der zunächst gewährten Zensurfreiheit gab es bald Kontrollbestimmungen für die Presse, deren Zensur sich unter dem Kriegseinfluß verschärfte. Neben den allgemeinverbindlichen Zensurgesetzen gab es noch Einzelfallregelungen (auch Freistellung von der Zensur) aufgrund von Privilegien.

Wenden wir uns zunächst der Zeitungszensur zu. Das Zeitungswesen profitierte ersteinmal von dem neuen Klima der geistigen Freiheit, welches der Regierungsantritt Friedrichs des Großen hervorrief.[39] Über den gesamten Zeitraum seiner Regentschaft betrachtet entwickelte sich in der preußischen Residenzmetropole – im Vergleich zu anderen Städten – aber nur ein zweitrangiges Zeitungswesen. Bei seinem Regierungsantritt 1740 gab es im Königreich fünf Zeitungen, bei seinem Tode 1786 waren es acht.[40] Der dem König wegen der seinerzeitigen Rettung seiner kostbaren kronprinzlichen französischen Privatbibliothek persönlich verbundene Haude[41] bekam am 2. VI. 1740 vom Monarchen die Erlaubnis, die ab dem 30. VI. 1740 dreimal wöchentlich erschienenen "Berlin'schen Nachrichten von Staats- und gelehrten Sachen" zu drucken. Nach des Königs eigenen Worten sollte "wegen des Articuls Berlin dieses indistincte zu observieren, wegen auswärtiger puissancen aber cum grano salis und mit guter Behutsamkeit". Anscheinend bekümmerte sich Haude um diese Einschränkungen aber nicht, und seine Zeitung wurde wohl auch von niemandem zensiert, weil keiner – mangels eines Privilegs, was wegen der von Rüdiger verlegten "Berlinische(-n) privilegierte(-n) Zeitung nicht ging – den Umfang

---

[36] Breuer, S. 95f.; Etzin, S. 96.

[37] Etzin, S. 123f.

[38] Schömig, S. 128, 132, 135; Welke, a.a.O., S. 430.

[39] Etzin, S. 92.

[40] Welke, a.a.O., S. 425f.

[41] Consentius, Zeitungs=Zensur, S. 221f.

der Haude gewährten Freiheiten kannte. Bis in den ersten Schlesischen Krieg hinein erschien diese Zeitung jedenfalls mit aller unumschränkten Freiheit, und das nicht nur in ihrem Berlin betreffenden (Lokal-)Teil. Hingegen unterlag gleichzeitig Rüdigers privilegierte Zeitung der durch den Kriegsrat Ilgen ausgeübten Zensur.[42]

Mit Ausbruch der preußisch-österreichischen Auseinandersetzungen wurde Haude untersagt, in seiner Zeitung Nachrichten von den Angelegenheiten des königlichen Hauses und der nach Schlesien ziehenden Truppen zu bringen. Zwar unterlag die Militärberichterstattung wegen ihres besonderen Erkenntnisgehalts stets besonderen Vorschriften; wegen des fehlenden Privilegs konnte aber niemand die von Haude sich herausgenommenen Freiheiten überprüfen, so daß ihm dieser Umstände halber diese Nachrichtenmitteilungen extra verboten wurden. Weil er nicht im Besitz einer vorweisbaren Konzession war, mußte er kraft von Podewils unterzeichneten Dekrets vom 31. XII. 1740 künftig die Berlin betreffenden Artikel – wie auch der Zeitungsverleger Rüdiger – zur Zensur überweisen.[43] Außerdem müssen noch anderweitige Klagen eingegangen sein, denn er sollte auch über die fremden Höfe in Zukunft vorsichtiger berichten. Ein Rescript vom 7. III. 1741[44] wandte sich gegen "gantz ungereimte, und übel ausgearbeitete Sachen, Unsere höchste Gerechtsame und Angelegenheiten betreffend", die "in Unseren Landen ungescheuet unter die Leute gebracht" wurden. Um dergleichen Fehlgebrauch der gewährten Druckfreiheit zu verhindern, sollte zukünftig in den königlichen Provinzen nichts mehr gedruckt und verkauft werden, sofern es "auf Unsere Affairen und die Jura Unsers Königl. Chur=Hauses rapport hat", was nicht der durch das Kabinettsministerium ausgeübten Vorzensur vorgelegen und eine Veröffentlichungseinwilligung erhalten hat.

Auf Grund von Monita des Generaldirektoriums über in den Zeitungen veröffentlichte Personalnachrichten kam es zur Kabinettsorder vom 9. VII. 1743[45], welche die Zeitungszensur für sämtliche Artikel wieder einführte, wobei vor allem die Zensur der unter der Rubrik "von gelehrten Sachen" erscheinenden Zeitungsartikel wegen der dort gegebenen größeren Beleidigungsgefahr unter dem Kriegseinfluß wohl ziemlich engherzig gehandhabt wurde.[46] Zur Begründung dieses Einschreitens gegenüber der Presse entgegen der vormals gewährten Freiheit heißt es dazu, daß sie davon "einen übelen Gebrauch gemachet und

---

[42] Ders., ebenda, S. 222; Etzin, S. 98f.

[43] Consentius, Zeitungs=Zensur, S. 223; Müller-Weil, S. 190; Welke, a.a.O., S. 428.

[44] CCMC I, 1741/Nr. 10.

[45] AB/B.O., Bd. 6/2, Nr. 358 = S. 620f.; Consentius, Zeitungs=Zensur, S. 226; Etzin, S. 101; Müller-Weil, S. 190; Schömig, S. 110; Welke, a.a.O., S. 430.

[46] Consentius, Zeitungs=Zensur, S. 227; Etzin, S. 101.

darin verschiedentlich solche Unwahrheiten (hat) drucken lassen, welche auswärtige Puissancen so empfindlich als anstößig sein können". Deshalb sollte "die Freiheit, öffentliche Zeitungen sonder vorhergängige Censur drucken zu lassen, aufgehoben sein und nur=gedachte Gazettes nicht eher zum Druck gegeben werden ..., bis selbige vorher durch einen vernünftigen, dazu autorisirten Mann censiret und approbiret worden seind". Die Außen- wie Innenpolitik wurde – insbesondere in Krisen- und Kriegszeiten – zum übergeordneten und den Zeitungsinhalt bestimmenden Faktor.[47]

Wie einer Kabinettsorder des Königs an seinen Minister Podewils vom 5. VIII. 1750[48] zu entnehmen ist, scheint die Ausführung der Zensur dennoch das Mißfallen des Königs gefunden zu haben, denn es wurde von ihm bemängelt, daß die bisherige Zensur nicht mit der erforderlichen "attention" und "accuratesse" geschehen sei. Der bisherige Zensor Ilgen wurde durch den Geheimen Rat Vockerodt, der sich Ilgen's als expedierenden Sekretärs bediente, ersetzt; für die Zensurierung der Realschul-Zeitung wurde der Minister von Hertzberg berufen, der durch Kabinettsorder vom 29. I. 1755[49] auch die von dem Buchhändler Klüter verlegte französische Zeitung zu zensieren hatte. Podewils sollte ihn einweisen und er sollte vor allem darauf achten, daß "nichts in solchen Zeitungen glissiren möge, so auswärtigen Puissancen choquant oder Mir sonsten unanständig sein könne". Sollte ein Zeitungsverleger etwas von dem Zensor gestrichenes trotzdem drucken, so hatte er 10 Rthl. Strafe an die Armenkasse zu zahlen. Weil mit der Zensur verschiedene Personen betraut waren, fehlte es an einer einheitlich gehandhabten Zeitungszensur, weswegen dann seit dem 29. VI. 1755 das Mitglied der Berliner Akademie der Wissenschaften, als Schriftsteller wohl aber eher unbedeutende Ludwig von Beausobre als einheitlicher Zensor für die Berliner Zeitungen bestellt wurde. In "vorkommenden besonders dubieusen fällen" hatte er die Entscheidung des Königs einzuholen.

Die für Beausobre erlassene Instruktion vom 5. VII. 1755[50], die zwar die Zeitungs- wie die Bücherzensur anspricht, in der Hauptsache aber presserechtliche Maßnahmen behandelte, gab dezidierte Anweisungen für die Zensurausübung vor. Im Vorfeld des Siebenjährigen Krieges gewann wiederum die Rücksichtnahme auf die Außenpolitik an Bedeutung. So heißt es beispielsweise in der Instruktion u.a.: "1. Weil gedachte Zeitungen fast an die entfernteste

---

[47] Etzin, S. 104; Schömig, S. 111.

[48] AB/B.O., Bd. 9, Nr. 5 = S. 32f.; Consentius, Zeitungs=Zensur, S. 227f.; Etzin, S. 102; Schömig, S. 110; Welke, a.a.O., S. 431.

[49] AB/B.O., Bd. 10, Nr. 126 = S. 221f.

[50] AB/B.O., Bd. 10, Nr. 168 = S. 295ff.; Consentius, Zeitungs=Zensur, S. 230; Etzin, S. 104; Müller-Weil, S. 192; Welke, a.a.O., S. 432.

Oerter verschicket werden, müsset Ihr sorgfältig darauf sehen, daß darin nicht das allergeringste einfließe, worüber sich irgend ein auswärtiger Hof zu formalisiren und Beschwerde zu führen Ursach haben könnte, ..., besonders was den russisch kaiserlichen Hof angehet, nichts von dessen Einrichtungen und Verordnungen in Militär, Finanz= und andern Sachen, wohl aber, was derselbe von seinen vorgenommenen und in den Petersburgschen Zeitungsblättern inserirten Avancements und Festivitäten selbst kund gemachet passiren zu lassen und überhaupt darauf allen Bedacht zu nehmen, daß in denen Gazetten keine hasardirte und ungereimte Raisonnements über die publiquen Affairen und jetzigen Conjuncturen von Europa einverleibet bleiben". Zwar sollte bis zum Kriegsausbruch noch ungefähr ein Jahr vergehen, gleichwohl warf er seine großwetterpolitischen Schatten voraus. Aus demselben Grunde sollten Militärnachrichten wie Truppentransporte u.ä. nicht in den Zeitungen erscheinen, und wegen der Möglichkeit daraus zu ziehender politischer Rückschlüsse[51] die Mitteilung von vorgenommenen Standeserhöhungen unterbleiben, wenn nicht von der zuständigen Stelle dieses vorher genehmigt wurde. Bei den Zeitungsartikeln von gelehrten Sachen waren solche zu vermeiden, die den guten Sitten zuwider liefen oder von anstößigen Religionsstreitigkeiten handelten. Wegen der mangelnden Respektierung des Zensors aufgrund seines jugendlichen Alters erlaubten sich die Zeitungsverleger trotzdem manche Freiheiten.

Voß, der Nachfolger in der Herausgabe der Berlinischen Privilegierten Zeitung nach dem Tode Rüdigers (1751) und Spener, der Haude's Berlinischen Nachrichten 1748 übernommen hatte[52], mußten deswegen durch Anweisung vom 30. VIII. 1767 ihre Zeitungen künftig zusätzlich noch dem geheimen Legationsrat von Marconnay vorlegen.[53]

Die vielfältigen Bestimmungen, welche die Zeitungszensur reglementierten, bedingten eine zeitliche Verzögerung ihres Erscheinens, was wiederum die Nachrichtenaktualität der preußischen, und insbesondere der Berliner Zeitungen beeinträchtigte.[54] Vorrangiger Zensuraspekt bei den Zeitungen war hier die Außenpolitik; der sich erst noch zu einer kontinentalen Großmacht entwickelnde preußische Staat war darum bemüht, Verstimmungen anderer Höfe über in preußischen Zeitungen erschienene Nachrichten und daraus resultierende negative Folgen zu vermeiden, um politische Konstellationen nicht zu gefährden. Wegen dieser Rangfolge der staatlichen Interessen huldigte man bei der Zeitungszensur weniger dem aufklärerischen Zeitgeistideal. Zudem mußte auch

51 Consentius, Zeitungs=Zensur, S. 233.

52 Etzin, S. 105.

53 Consentius, Zeitungs=Zensur, S. 236; Etzin, S. 106; Müller Weil, S. 194; Welke, a.a.O., S. 435.

54 Consentius, Zeitungs=Zensur, S. 228f.

das verantwortungsbewußte, kritische Lesepublikum erst noch durch die Aufklärung herangebildet werden, weswegen es nur wohl dosierte Informationen erhalten sollte. Aus demselben Grunde durften selbst unter dem roi philosoph wegen der dadurch gegebenen Beleidigungsgefahr keine gottlosen und die guten Sitten beeinträchtigenden Artikel in den Zeitungen erscheinen.[55] Gleichzeitig kommt darin zum Ausdruck, daß neben der Wahrung des konfessionellen Friedens zunehmend der Staat und die Politik als Zensurzweck trat und was zu einer diesbezüglichen Werteverschiebung führte.

Die ihrem Gegenstande nach hiervon zu unterscheidende Bücherzensur, wozu auch die Zensurierung von Gedichten, Leichenreden und anderen Schriften gehörte, bestand wiegesagt schon zum Zeitpunkt des Regierungsantritts Friedrich II. Nach dem Tod des bisherigen Zensors Thulemeier übertrug der König die Zensur "in publicis" seinen Ministern Podewils und Borcke.[56] Das bereits erwähnte Rescript vom 7. III. 1741 war zwar allgemein formuliert, gemahnte aber speziell die Buchdrucker und -führer an die Einhaltung der Bestimmung. In seiner Begründung manifestiert sich bereits während des ersten Schlesischen Krieges das zensurrechtliche Primat der Außenpolitik. Zuwiderhandlungen hiergegen wurden mit einer Strafe von 100 Dukaten belegt. Genannt wird außerdem noch ein ganz konkreter Fall, in welchem die Konfeszierung aller noch vorhandenen Broschürenexemplaren, "deren debit Wir zu gestatten bedencklich finden", und ihre Einsendung an das Geheime Archiv angeordnet wurde. Weil trotzalledem "seit einiger Zeit verschiedene bedenkliche und anstößige Schriften insonderheit über politische und fremde Mächte berührende Affairen gedruckt und bekanntgemacht" wurden, welche das Mißfallen des Königs hervorriefen, bestimmten die neuen Zensoren in einem Erlaß vom 30. IX. 1742, daß von den Verlegern kein Buch zum Druck mehr angenommen werden durfte, welches zuvor nicht gehörig zensiert und dieses mit einem entsprechenden Vermerk des Zensors versehen worden war.[57] Hingegen unterlagen einmal zum Druck freigegebene Bücher keiner Zensur, weil es in Preußen eine Nachzensur nicht gab.[58] In einem Befehl vom 3. IV. 1743[59] wurde angeordnet, "keine gottlose, ärgerliche und dem Publico anstößige, zur großen Verderbung der Sitten gereichende infame Bücher" zu verbreiten. Hier kommt der Religionsschutz wie das Angehen gegen einen Sittenverfall und der Schutz des Staates zum Ausdruck.[60] Einem Rescript an das Kammergericht vom 23. XI. 1747[61] zu-

---

[55] Etzin, S. 101.

[56] Ders., S. 124.

[57] Ders., ebenda.

[58] Ders., S. 313.

[59] AB/B.O., Bd. 7, Nr. 284 = S. 408f.

[60] Etzin, S. 124; Schömig, S. 109.

[61] CCMC III, 1747/Nr. 42.

folge bedurften dergleichen Schriften der vorherigen Zensur, wofür durch Privileg vom 18. XI. 1747[62] der Akademie der Wissenschaften das Zensurprivileg als Einnahmequelle zugewiesen wurde.[63] Die Akademie selbst schlug eine einschränkende Deklaration dieses Privilegs vor (8. I. 1748), wollte es aber andererseits auch auf die vom Ausland her eingeführten Druckerzeugnisse, welche nicht der einheimischen Zensur unterlagen, ausgedehnt wissen (wegen der zu erhebenden Abgabe zugunsten der Akademie). Weil die Akademie größtenteils mit Franzosen besetzt war, eignete sie sich aber weniger gut für die Zensur deutschsprachiger Bücher.[64] Der König lehnte diese Zensurausdehnung auf auswärts gedruckte Bücher wegen des daraus zu erwartenden Nachteils für den Buchhandel ab. Aufgrund von Eingaben von Buchhändlern und -druckern wurde das der Akademie gewährte Ausübungsprivileg für die Zensur ausländischer Bücher mit Datum vom 10. III. 1748[65] wieder aufgehoben. Durch Edikt vom 11. V. 1749[66] wurde dann "die ehemalige seit einiger Zeit in Abgang gekommene Bücher=Census" wiederhergestellt, weil "verschiedene scandaleuse theils wider die Religion, theils wider die Sitten anlauffende Bücher und Schrifften in Unsern Landen verfertiget, verleget und debitiret" wurden. Zum Zweck ihrer Durchführung sollte eine Kommission in der Residenzstadt Berlin eingerichtet werden, an welche alle Bücher und Schriften zur vorherigen Zensur einzusenden waren. Es wurden vier Sektionen für juridische, historische, philosophische und theologische Publikationen errichtet, die jeweils mit einem Zensor besetzt waren. Hiervon ausgenommen wurden lediglich die Schriften der Akademie der Wissenschaften selbst, die insofern Zensurfreiheit als Ausfluß der Wissenschaftsfreiheit genossen[67], und wegen der von den Fakultäten ausgeübten Selbstzensur die Universitätsschriften, sowie die dem Statum publicum betreffende Schriften und bloße "Carmina". Bei angedrohten 100 Reichstalern Strafe war der Druck und die Verlegung ohne vorherige Zensur verboten, was gleichfalls für den Verkauf außer Landes gedruckter und verlegter "scandaleuse(-r) und anstößige(-r) Bücher und Wercke" galt. Durch dieses Edikt, das auf einen Immediatbericht vom 7. III. 1749[68] der Minister Cocceji, Bismarck und Danckelmann zurückging, wurde das Privileg hinsichtlich der Zensurausübung durch die Akademie der Wissenschaften aufgehoben und ihr die allgemeine Bücherzensur wieder entzogen. Der Bericht wurde anscheinend durch das ungehinderte Erscheinen des Wochenblatts "Der Wahrsager"

---

[62] Vgl. Fn. 54, Beilage A zu dem Rescript.

[63] Etzin, S. 125.

[64] Ders., ebenda.

[65] AB/B.O., Bd. 7, Nr. 342 = S. 468.

[66] CCMC IV, Nr. 58 (1749).

[67] Eisenhardt, in: Unmoralisch an sich, S. 32.

[68] AB/B.O., Bd. 8, Nr. 131 = S. 315f.; Schömig, S. 115.

veranlaßt. Diesen Umstand führten die Minister in ihrem Bericht auf einen fehlenden Zensor zurück, weswegen sie anheimstellten, einen solchen zu bestellen. Dieses genehmigte Friedrich II. durch Kabinettsorder vom 16. III. 1749[69], in der er aber auch zum Ausdruck brachte, "daß ein ganz vernünftiger Mann zu solcher Censur ausgesuchet und bestellet werde, der eben nicht alle Kleinigkeiten und Bagatelles releviret und aufmutzet".

Obwohl eine Verlagerung des inhaltlichen Zensurschwerpunktes von der Religion weg erfolgt war, gab es dennoch ihren Schutz bezweckende Einzelvorschriften wie beispielsweise das Mandat vom 7. IV. 1751[70], welches sich gegen die die Evangelisch Reformierte Gemeinde zu Rohndorf betreffende Schmähschriften richtete. Daß die erlassenen Zensurbestimmungen nicht durchweg beachtet wurden, geht aus dem Rescript vom 28. IX. 1751[71] – adressiert an den Geheimen Rat und Generalfiscal Uhden – hervor, das bei eventueller Unkenntnis des Zensurediktes von 1749 den Buchdruckern die für Zuwiderhandlungen angedrohte Strafe für diesesmal erließ. Nach nunmehr erfolgter Publizierung könnten sie sich jedoch nicht mehr auf ihre Unkenntnis berufen und es sollte mit aller Schärfe auf die Einhaltung desselben geachtet werden.

Jedoch dürften auch die Universitäten ihrer Verpflichtung zur akademischen Selbstzensur nicht immer im gehörigen Umfange nachgekommen sein, weil sonst die Cirkularerlasse vom 17. XII. 1742 an alle Universitäten und Gymnasien nicht erforderlich gewesen wären, denen zufolge überall dort, wo bisher noch nicht geschehen, Zensoren zu bestellen waren, "welche die Buchdruckereien und die Buchläden fleißig visitiren und sonst alle mögliche praecautiones nehmen sollen, damit nichts, was gegen Sr. K. M. Person, Staat und Interesse verstößt, oder andern Puissancen verkleinerlich ist, gedruckt werden dürfe".[72] Diese Erlasse erfolgten anläßlich eines in Halle vorgekommenen Falles. An dieselbe Universität war ein Befehl aus der Zeit des Siebenjährigen Krieges adressiert, worin es heißt, "daß seit einiger Zeit, verschiedene in die publique Sachen, besonders die teutschen Reichsverfassungen und die gegenwärtigen Krieges=Troublen einschlagende Piecen theils mit, theils ohne Benennung des Autoris, alldort zum Druck befördert worden; da es euch doch nicht unbekannt seyn kann, wie Wir durch wiederhohlte Verordnungen allen Unsern Universitäten ausdrücklich aufgeben lassen, keinerley in die publica einschlagende Schriften abdrucken zu lassen, noch auch darinn Responsa zu verfassen, bevor nicht solche an Unser Departement der auswärtigen Affairen zur Censur einge-

---

[69] AB/B.O., Bd. 8, a.a.O.

[70] NCCM 1751-60, 1751/Nr. 29.

[71] NCCM 1751-60, 1751/Nr. 84.

[72] AB/B.O., Bd. 6/2, Nr. 291 = S. 531f.; Schömig, S. 112.

sandt worden sind".[73] Demnach ging für auswärtige Angelegenheiten betreffende Universitätsschriften die ihnen zugestandene Selbstzensur unter dem Kriegseinfluß auf das auswärtige Departement über. Die ein halbes Jahr später erlassene Circular-Ordre vom 12. III. 1759[74] an die Buchführer in Berlin, benennt den Kammergerichtsrat Kahle für die Zensur historischer Schriften, dem pro zu zensierenden Schriftbogen zwei Groschen zu zahlen waren. 1765 wurde er auch zum Zensor der Ediktensammlung bestimmt.[75]

Deutlich unter Kriegseinfluß, und um den sich anbahnenden Friedensschluß von Hubertusburg vom 15. II. 1763 nicht unnötigerweise zu gefährden, steht inhaltlich das Circular vom 28. I. 1763[76]. Unmittelbarer Anlaß war die Veröffentlichung eines "erdichteten Supplements aux oeuvres u. poesies diverses du Philosophe de Sans-Souci" und eines "sog. vierten Teils vermischter Werke des Weltweisen zu Sans-Souci". Entgegen anderslautender Verbote "haben wir dennoch seit einiger Zeit, und insbesondere, in denen letzteren Jahren des gegenwärtigen Krieges, mit äusserstem Befremden, wahrnehmen müssen, daß die schnöde Gewinsucht, sowohl Buchführer, als auch wohl gar Buchdrucker, hin und wieder dahin verleitet, diese Unsere so oft wiederholte Verbote, strafbarer Weise aus denen Augen zu setzen, und sich, mit heimlichen Druck, noch mehr aber mit Verkaufung dergleichen Schriften abzugeben". Bei Mißachtung dieser Bestimmungen wurde der Privilegsentzug und eine Geldstrafe von 100 Dukaten angedroht. Veranlaßt wurde das Cirkular durch eine 1759, dem kritischsten Jahr des Siebenjährigen Krieges, in Paris erschienene Ausgabe des auch als Dichter hervortretenden Königs seiner Gedichte, die er ausdrücklich nicht für die Öffentlichkeit bestimmt hatte, sondern lediglich unter dem Titel "Oeuvres du philosophe de Sanssouci. Au donjon du chateau. Avec privilege d'Apollon." für seinen Freundeskreis hatte drucken lassen. Insofern war der König sein eigener (strenger) Zensor, weil Schriften, die den Staat, die Kirche oder die guten Sitten angriffen, wie er es in seinen Gedichten tat, die kräftige Seitenhiebe gegen Fürsten, Minister, antiklerikale und materialistische Anschauungen enthielten, nicht für die Öffentlichkeit geeignet und bestimmt waren. Deshalb sah sich Friedrich II. genötigt, eine von ihm autorisierte geglättete Fassung seiner Gedichte zu publizieren, in welcher er die Stellen gegen die Geistlichkeit und seinen Spott gegen König Georg von England und Zarin Elisabeth von Rußland, die Anlaß zu politischen Verwicklungen geben konnten, abmilderte. Dennoch wurde der Gedichtband vom Papst auf den index librorum prohibitorum gesetzt. Maßgeblich für sein Einschreiten war hier die Beeinträchtigung staatli-

---

[73] Befehl vom 7. X. 1758 = NCCM 1751-60, 1758/Nr. 42; Schömig, S. 116.

[74] NCCM 1751-60, 1759/Nr. 16.

[75] NCCM 1761-65, 1765/Nr. 119.

[76] NCCM 1761-65, 1763/Nr. 3.

cher Belange, was von diesem Einzelfall unabhängig dann gegeben war, wenn sie den Staat, die Kirche oder guten Sitten angriffen. Richteten sich Flug- oder Schmähschriften hingegen nur gegen seine Person und gefährdeten sie das Staatswohl nicht weiter, so unterließ er es, hiergegen vorzugehen, wie sich auch schon seinen Äußerungen über die Beleidigung seiner Person entnehmen ließ.[77]

Die nächste größere und allgemeinere zensurgesetzliche Regelung erfolgte dann mit dem Circular vom 1. VI. 1772[78]. Dabei ist auf den Umstand hinzuweisen, daß die um die Zensur geführte Diskussion ihren Niederschlag auch in den Gesetzen selbst fand. Während bei dem Erlaß von 1749 mangels einer Forderung nach Pressefreiheit deren Einschränkung nicht weiter begründungsbedürftig war, so wurde 1772 mit der Pflicht der Publizistik zur Wahrheitsverbreitung argumentiert; tendenziell ging es in die Richtung einer Fachzensur. In Erneuerung einer Bestimmung vom 6. III. 1709 wurde deshalb für alle medizinischen und chirurgischen Schriften die durch das medizinische Oberkollegium auszuübende Zensur für alle königlichen Lande bis auf die Provinzen Schlesien und Pommern bestimmt (Nr. VII). Zum Anlaß für die Neuregelung wurde genommen, daß seit dem Edikt von 1749 verschiedene Zensoren infolge ihres Versterbens abgegangen waren, deren Vakanzen eine Neubesetzung erforderten. Außerdem wurde als Grund für den Erlaß die teilweise Nichteinhaltung des Edikts angeführt. Als Zensoren wurden danach benannt bzw. bestätigt der geheime Finanzrat Kahle für die historischen Bücher und Schriften, der geheime Tribunalsrat Steck für juristische Bücher, der Oberkonsistorialrat Teller als theologischer Zensor und Professor Sulzer für philosophische Druckerzeugnisse. Sofern nach dem Edikt von 1749 oder anderer Circulare keine Ausnahmeregelungen bestanden, "müssen alle in Unsern Ländern (...) herauskommende Bücher und Schriften (...) zur Censur überreichet und eingesandt werden". Die Zensurfreiheit für die Schriften der Akademie der Wissenschaften wurde bestätigt, wobei es aber bei der Zensur für die von der Akademie herausgegebenen Ediktensammlung, der "Mylius"-Fortsetzung, verblieb[79], und wegen der universitätsinternen Zensur die Universitätsschriften ebenfalls nicht an die Zensurkommission eingesandt werden mußten. Die Zensur der in Berlin erscheinenden deutschen und französischen Zeitungen oblag nach wie vor Beausobre unter der Aufsicht des Auswärtigen Departements (Nr. VIII). Für die außerhalb der Residenzen verlegten Provinzeitungen waren die Nachrichten der Berliner verbindlich[80], und sofern für sie noch nichts bestimmtes festgelegt

---

[77] Etzin, S. 110, 297, 305; Schömig, S. 144.

[78] NCCM 1771/72, 1772/Nr. 35.

[79] AB/B.O., Bd. 13, Nr. 358 = S. 706.

[80] Consentius, S. 236.

war, sollte die Zensur von der dortigen Regierung oder dem Justizkollegium ausgeübt werden. Jedoch sollte durch diese Bestimmung "keineswegs (...) eine anständige und ernsthafte Untersuchung der Wahrheit" verhindert werden, "sondern nur vornehmlich demjenigen zu steuern, was den allgemeinen Grundsätzen der Religion und sowohl Moralischer als Bürgerlicher Ordnung entgegen ist".

Die hier zum Ausdruck kommende Auffassung wurde auch von den maßgeblichen Verfassern des ALR's, Klein und Svarez, vertreten. Zwar war die Meinung der Berliner Aufklärer geteilt. So plädierten Friedrich Nicolai und Moses Mendelssohn für die Meinungs- und Pressefreiheit, wobei Nicolai der Ansicht war, daß die Pressefreiheit die Qualität eines unveräußerlichen Menschenrechts genieße und unabdingbares Instrument aufklärerischer Weltdeutung sei. Demgegenüber differenzierten die ALR-Autoren danach, für welches Publikum die jeweiligen Schriften bestimmt waren.[81] Wandten sie sich an eine unvorgebildete Leserschaft (wobei die Unterstellung mitschwingt, daß sie deswegen unkritischer und demzufolge leichter beeinflußbar sei) sollten die Schriften zensiert werden. Lediglich die Zensur sollte durch eine entsprechende Gesetzgebung nachvollziehbarer und einheitlicher geregelt werden.[82] Hingegen sollten die Schriften für den schon aufgeklärten Teil der Nation nicht zensiert werden. In diesem "patrimonial-elitären Aufklärungsverständnis"[83] kommt wieder der reglementierende und in gewisser Weise auch bevormundende Fürsorgegedanke zum Ausdruck. Der Einzelne konnte nicht immer wissen, was für ihn gut ist und bedurfte deshalb der fachkundigen Anleitung. Das unwissende Publikum sollte vor "gefährdenden" Druckwerken geschützt werden, und nur die "richtigen" Bücher sollten den Leser erreichen, wobei das Kernproblem dann lautet, wer bestimmt, wer ein ungebildeter Leser und welcher Lesestoff für ihn geeignet ist.[84]

Dieses Circular aus der zweiten Regierungshälfte Friedrichs des Großen blieb die – neben dem pressespezifischen Dekret vom 17. IV. 1774[85] – zensurgesetzliche Grundlage bis zum Wöllnerschen Zensuredikt vom 19. XII.1788[86], das unter des Königs Neffen und Nachfolger erging. In einem Rescript vom 4. XII.1775[87], einer der letzten zensurrechtlichen Regelungen der friderizianischen Ära, wurde auf eine Beschwerde Nicolai's hin angeordnet, seine außer-

---

81 Hellmuth, Aufklärung und Pressefreiheit, S. 326; Schwennicke, S. 300.

82 Hellmuth, Zur Diskussion, S. 215, 218.

83 Ders., Aufklärung und Pressefreiheit, S. 322, 328ff., 333.

84 Ders., Zur Diskussion, S. 212, 214f., 218; Schneider, S. 108f.

85 Consentius, Zeitungs=Zensur, S. 237f.; Schömig, S. 85f.

86 NCCM 1788/Nr. 95; Etzin, S. 126.

87 NCCM 1774/75, 1775/Nr. 56.

halb Preußens gedruckte Allgemeine Deutsche Bibliothek wegen der daraus erwachsenden Nachteiligkeit für das Werk nicht weiter zu zensieren. Darüber hinaus wurde allgemein bestimmt, daß "alle von Buchhändlern hiesiger Lande verlegte aber auswärts gedruckte Bücher um so weniger einer Censur allhier bedürfen, als sie ohnedem an dem Ort des Drucks schon censirt werden müssen, und doch immer der Verleger reponsable dafür bleibet, wenn in dergleichen auswärts gedruckten Buche etwas enthalten ist, was den allgemeinen Grundsätzen der Religion und sowohl moralischer als bürgerlicher Ordnung entgegen läuft".[88]

Ein Circular der Cleve-Märkischen Regierung vom 7. XII. 1778[89] erhellt noch einmal den Einfluß allgemein-politischen Geschehens auf Zensurmaßnahmen. Im Zuge des als "Kartoffel-Krieg" bezeichneten Bayerischen Ebfolgekrieges zwischen Preußen und Österreich wurden die zu Köln und Brüssel herauskommenden französischen, sowie die zu Köln und Frankfurt a.M. herauskommenden Reichs-Oberpostamts-Zeitungen verboten. Zuwiderhandlungen hiergegen konnten mit einer Geldstrafe von 50 Dukaten geahndet werden, wovon die Hälfte dem Anzeigenden zukommen sollte. Zur Begründung dieser Maßnahme wurde ausgeführt, daß "seit dem Anfange der gegenwärtigen Kriegsunruhen einige fremde Zeitungsschreiber sich einer ungebührlichen Partheilichkeit gegen Uns und Unsern Staat schuldig gemachet" hatten.

Demnach kann festgehalten werden, daß die zensurrechtlichen Maßnahmen dieses Königs unter dem übergeordneten Aspekt der Politik, vor allem der Außenpolitik, erfolgten. Einerseits versuchte Friedrich – vorwiegend in Kriegszeiten – durch bewußt lancierte, zum Teil sogar von ihm selbst verfaßter, Artikel die Meinung des eigenen, aber auch der anderen Staatsvölker zu beeinflussen, und den Feind gezielt in die Irre zu leiten, bzw. Preußen gegenüber kritisch eingestellte Zeitungsschreiber zu unterbinden, wie beispielsweise sein Vorgehen gegen den Erlanger Redakteur Groß und den Kölner Gazettier Roderique illustriert.[90] Andererseits versuchte der König mittels Zensurmaßnahmen außenpolitische Verstimmungen und damit verbundenen Schaden für sein Königreich zu verhindern. Etwas anders verhielt er sich bei der Bücherzensur. Der König stand dem Bildungs- und Aufklärungsstand des (= allgemein) bzw. seines Volkes skeptisch gegenüber. Die Zensur hatte hier vor allem die Aufgabe, daß so apostrophierte "falsche" Bücher nicht an das Lesepublikum gelangten und somit Unruhe stiften konnten. Anders als den Staat nahm der König seine eigene Person von dem Schutz durch die Zensur aus.

---

[88] Etzin, S. 306.

[89] AB/B.O., Bd. 16/2, Nr. 417 = S. 508.

[90] Consentius, Hunderttausend Prügel, S. 123; Etzin, S. 117ff., 121.

Obwohl die relative Vielzahl der während seiner Regentschaft erlassenen Zensurgesetze nicht unbedingt für eine übertriebene aufklärerische Liberalität der Meinungsfreiheit spricht, bewirkte demgegenüber die vergleichsweise milde Handhabung dieser Zensurbestimmungen, was auch in ihnen selbst mittelbar zum Ausdruck kommt, daß die Zensurpraxis den Zustand der Zensurlosigkeit, einer faktischen Pressefreiheit nahekam.[91] Der König beschrieb das in einem Brief an d'Alembert mit den Worten, "indessen benutze [er] die Schreibefreiheit, um zu Berlin öffentlich etwas zu sagen, was man sich in Paris kaum in das Ohr zu sagen getraut".[92] Diese Freiheit kam hauptsächlich der Behandlung religiöser Dinge zugute[93] und das war, wenn man den damals nach wie vor gegebenen Machteinfluß der (katholischen) Kirche auf das öffentliche Leben und die Meinungsbildung berücksichtigt, nicht gerade wenig. Denn schließlich saß selbst ein Voltaire wegen seiner Schriften in der Pariser Bastille ein. So schließen sich auch die Äußerungen des Berliner Aufklärers Friedrich Nicolai und diejenige des Dichters Gotthold Ephraim Lessing nicht gegenseitig aus[94], sondern sie zeigen vielmehr die zwei Seiten ein- und derselben – vielleicht etwas janusköpfigen – Medaille, wobei bei dem letzteren eine mögliche Verstimmung über seine abgelehnte Bewerbung um einen Bibliothekarsposten eine gewisse Rolle gespielt haben mag und ansonsten der erwähnte Vorrang des Staatsinteresses vor der Meinungsfreiheit belegt wird. Daß Lessing später möglicherweise über die Gewährung religiöser Meinungsfreiheit auch anders gedacht haben wird, läßt sein Streit mit dem Hamburger Hauptpastor Göze jedenfalls als naheliegend vermuten.

---

[91] Mallmann, Sp. 1907.

[92] Etzin, S. 319.

[93] Ders., S. 320.

[94] Consentius, Zeitungs=Zensur, S. 240f.; Etzin, S. 107f., 324f.; Schömig, S. 124.

6. Kapitel

Vom Paßwesen und der Auswanderung

Als ein weiteres Gebiet klassischer Staatsschutzgesetzgebung im engeren Sinne ist das Paßwesen und das u.a. dadurch reglementierte Auswanderungsrecht anzusprechen. Seine Nähe zum staatsschutzrechtlichen Kernbereich begründet sich schon damit, daß die gesetzeswidrige Auswanderung ehemals als Landesflucht bestraft und sie vor allem in Zeiten politischer Gefährdung unter dem Aspekt des Landesverrats verfolgt wurde.[1] Die Auswanderungsfreiheit als eines der mittlerweile anerkannten elementaren Freiheitsrechte, deren theoretische Herleitung mit der gesellschaftsvertraglichen Staatsgründung zusammenhängt, ist in ihrer historischen Entwicklung inhaltlich eng mit den zu Beginn der Neuzeit aufkommenden Ideen der Religionsfreiheit und Toleranz verknüpft.[2] Das auch als Abzugsfreiheit bezeichnete Recht reicht mit seinen historischen Wurzeln bis ins Mittelalter zurück. Die obrigkeitlichen Interessen beim "freien Abzug", der nicht für Leibeigene und Eigenleute galt, bezogen sich dabei eher auf die finanzielle Seite, denn vor allem sollte der damit verbundene Verlust von Vermögenswerten aus dem Herrschaftsgebiet der jeweiligen Obrigkeit verhindert werden und wurde deshalb mit einer Abgabe belegt[3], wobei in der von den Städten erhobenen Abzugssteuer die enge (vermögens-) rechtliche Verknüpfung zwischen dem einzelnen Stadtbürger und der Bürgergemeinde ihren sinnfälligen Ausdruck fand.[4] Mit dem Erstarken der Territorien bemächtigten sich zum Ende des Mittelalters hin immer mehr die Landesherrn des Nachsteuererhebungsrechtes, welche jetzt als Abgabe für das Ausscheiden aus dem Untertanenverband angesehen wurde. In der staatsrechtstheoretischen Literatur des 17. und 18. Jahrhunderts wurde dieses Steuererhebungsrecht dem Landesherrn kraft seiner Landeshoheit, aufgrund eines "ius eminens" bzw. wegen eines "Staatsobereigentums" zugestanden.[5] Schon im Augsburger Reichsabschied von 1555 wurde den kaiserlichen und reichsständischen Untertanen – nunmehr für beide Hauptkonfessionen gleichermaßen geltend – wegen der Anerkennung des landesherrlichen ius reformandi der ungehinderte Abzug aus re-

[1] Holzhauer, Landesflucht, Sp. 1370f.
[2] Scheuner, Auswanderungsfreiheit, S. 201.
[3] Ders., ebenda, S. 205.
[4] Ders., ebenda, S. 206.
[5] Holzhauer, Landesflucht, Sp. 1371; Möhlenbruch, S. 98f.

ligiösen Gründen eingeräumt und erfuhr im Westfälischen Frieden von 1648 (Art. V, §§ 36 und 37 des Friedensschlußes zu Osnabrück) eine inhaltliche Erweiterung insofern, als den Abziehenden die Ausübung ihres Rechtes innerhalb einer Frist von drei bzw. fünf Jahren zugestanden wurde, sie die Ausstellung der hierfür nötigen Papiere einfordern konnten, ihr liegendes Gut entweder behalten oder veräußern und nicht mit willkürlich erhobenen Lasten beschwert werden durften.[6] Demgegenüber bekam das Abzugsrecht im Verlauf des 18. Jahrhunderts eine tendenziell andere Ausrichtung. Die durch den Dreißigjährigen Krieg bedingte Entvölkerung Mitteleuropas, hauptsächlich also die des deutschen Reichsterritoriums, wo das Kriegsgeschehen größtenteils ausgetragen worden war, und die während des Absolutismus praktizierte merkantilistische Wirtschaftspolitik führten wiederum zu einer ungünstigeren Einstellung der Staaten gegenüber der Auswanderung. Die Territorien waren jetzt darum bemüht, fremde Ansiedler zur Bevölkerungszahlvermehrung ins Land zu holen. So kam es, daß vor allem während des hier interessierenden Zeitraumes mit den Einwanderungspatenten einerseits entsprechende Auswanderungsverbote auf der anderen Seite korrespondierten, die zumindest eine gruppenweise Abwanderung und die Tätigkeit fremder Agenten und Werber zu verhindern suchten.[7] Das Paßwesen wurde dabei als diesbezügliches Regulativ eingesetzt.

Eine erste Blütezeit erlebte das Paßwesen in den vielfältigen mittelalterlichen Erscheinungsformen des Geleits[8] (hier zum Beispiel des Paßgeleits), wobei die Funktion des Passes einerseits in der Aufsicht über seinen Inhaber (diese Kontrollfunktion trat insbesondere in Italien unter Kaiser Friedrich II. von Hohenstaufen und in den von Tyrannen regierten oberitalienischen Städten in den Vordergrund) lag, und er andererseits zum Schutz des Inhabers sowie zum Schutz der Gemeinschaft vor Fremden diente.[9] Nachdem scheinbar die Bedeutung des Passes in der Neuzeit zunächst einmal infolge einer allmählichen Statusangleichung von Einheimischen und Fremden rückläufig war, erlangte er zum Ende des 19. Jahrhunderts (Gesetz über das Paßwesen des Norddeutschen Bundes vom 12. X. 1867) und dann vor allem mit dem ersten Weltkrieg erneut an Bedeutung.[10]

---

[6] Ballestrem, a.a.O, S. 147; Erler, Auswanderung, Sp. 274f.; Gerteis, a.a.O., S. 168; Holzhauer, Landesflucht, Sp. 1372; Möhlenbruch, S. 63, 66, 70f., 76, 79; Scheuner, Auswanderungsfreiheit, S. 209.

[7] Ballestrem, a.a.O., S. 148; Erler, Auswanderung, Sp. 275; Gerteis, a.a.O., S. 162; Möhlenbruch, S. 78, 97; Scheuner, Auswanderungsfreiheit, S. 210.

[8] Müller, S. 76ff.

[9] Erler, Paß, Sp. 1527.

[10] Ders., ebenda, Sp. 1528.

Preußen erließ 1713 ein Auswanderungsverbot, das sich gegen "alle und jede von Unsern angebohrnen Unterthanen" richtete, "welche hinführo aus Furcht der Werbung, oder sonst aus einer andern Absicht aus Unsern nach andern fremden Landen sich absentiren und weglauffen" wollen, Edikt vom 17.X. 1713[11]. Wenngleich der primäre Grund für dieses Edikt der vom König nach seiner Thronbesteigung forcierte Armeeausbau gewesen sein dürfte (denn es ging in erster Linie darum, sich der [Armee-] Werbung zu entziehen und die Ausgewanderten sollten wie Deserteure behandelt und bestraft werden), so richtete sich die Bestimmung gleichwohl gegen die Abwanderung von jeglichen Untertanen. Wer nicht binnen drei Monaten nach der Ediktpublizierung zurückkehrte, dessen Vermögen wurde eingezogen; ihm bei seiner Auswanderung behilfliche Amtspersonen (zum Beispiel durch Paßausstellung) oder Verwandten drohte der Amtsverlust bzw. eine Geld- oder Leibesstrafe. Das eingangs erwähnte hineinchangieren einer Treuebruchskomponente bei der unerlaubten Auswanderung kommt in diesem Edikt zum Ausdruck, wenn es darin heißt, daß "anenwogen dieselbe dadurch so wohl ihre Uns als ihrem Könige und Landes=Herrn schuldige natürliche Pflichte violiren, als Soldat und Deserteur seinen Eyd bricht." 1721[12] verbot Friedrich Wilhelm I. erneut jede Auswanderung aus Preußen. Die Verleitung von Bauern zur Auswanderung wurde dabei mit der Todesstrafe bedroht (weil das agrarisch dominierte Preußen auf sie zur Landbestellung nicht verzichten konnte), und für das Ergreifen von Emigranten wurde eine Belohnung in Höhe von zweihundert Talern ausgesetzt[13], woran der merkantilistisch-populationistische Aspekt erkennbar wird. Noch das preußische ALR von 1794 regelte in den §§ 127ff. II 17 die allgemeinen Grundsätze über das Auswandern und bestimmte, daß sich kein Untertan ohne Vorwissen des Staates (= Erlaubnisvorbehalt) dessen Gerichtsbarkeit durch Auswanderung aus dem Lande entziehen durfte (§ 127). Wer dieses dennoch unternahm, hatte willkürliche Geld- oder Leibesstrafe verwirkt (§ 139). Der solchermaßen statuierte Grundsatz der Auswanderungsfreiheit unterstellte sie hauptsächlich gewissen Formalien. Außerdem gab es personengruppenspezifische Bestimmungen. Gleichzeitig ist damit der gesetzgebungsmäßige Endpunkt des hier gesteckten Rahmens markiert.[14]

Um die Möglichkeit zur Auswanderung weitestgehend einzuschränken und ihr schon im Vorfeld vorzubeugen, sowie um eine negative Beeinflußung der Untertanen durch im Ausland (auf Reisen) abgeschaute Sitten und Gebräuche

---

[11] CCM III/I, Nr. 120; Holzhauer, Landesflucht, Sp. 1372.

[12] CCM III/I, Nr. 172.

[13] Gerteis, a.a.O., S. 148.

[14] Erler, Auswanderung, Sp. 275; Gerteis, a.a.O., S. 172; Holzhauer, Landesflucht, Sp. 1373; Merten, Die Rechtsstaatsidee, S. 133; Scheuner, Auswanderungsfreiheit, S. 210.

zu vermeiden – woran wiederum der allumfassende staatliche Fürsorgegedanke manifest wird –, wurde das Reisen vorwiegend junger Untertanen in fremde Länder außerhalb der Reichsgrenzen in aller Regel von einer speziellen Erlaubnis abhängig gemacht. Hiervon ausgenommen waren noch zunächst die wandernden Handwerksburschen, für welche diese Ausnahme erst später entfiel, weil sie diese gewährte Freiheit zur Auswanderung mißbrauchten. Dieses widersprach aber den Grundsätzen merkantilistischer Wirtschaftstheorie. Gleichzeitig sollte damit verhindert werden, daß zuviel Geld außer Landes floß, obwohl der Bildungs- und Erziehungswert infolge lebendiger Anschauung für den jungen Menschen anerkannt wurde. Hiervon betroffen war insbesondere die übliche sog. "grand Tour" der Adeligen. In einem Edikt vom 8. VII. 1700[15] heißt es hierzu, "daß die Reisen der Jugend ausserhalb Teutschland in frembde Länder und Provintzien, deren Zweck und Absehen zwar nicht zu verwerffen ist, insgemein zu einem grossen Mißbrauch ausschlagen, indem nicht allein das baare Geld ausser Landes geführet wird, sondern auch, anstat daß dasjenige, so andere Nationen an guten Ordnungen, Gebräuchen und Wercken der Kunst und Natur besonders haben, in acht genommen, zu Nutze gemachet und nach Gelegenheit in Unsere Lande versetzt werden solte, vielmehr im Gegentheil die anders wo im schwung gehende Mißbräuche und Untugenden bey Uns eingeführet, oder wenigstens die kosten vergeblich und ohne einigen dem Vaterlande dadurch zuwachsenden Vortheil angewendet werden." Deswegen wurde, weil es "dem Landes=Fürsten , oblieget, für Unserer unterthanen und absonderlich der Jugend Wohlfahrt zu sorgen," derartige Reisen unter den Vorbehalt einer speziellen Permission gestellt, Patent vom 21. I. 1714[16].

Gab es auch schon unter den Vorgängern des großen Preußenkönigs einschlägige Legislativakte, wie beispielsweise das bereits erwähnte Auswanderungsverbot von 1713 zeigt, so liegt der Schwerpunkt der diesbezüglichen Gesetzgebungstätigkeit auf diesem Sektor ebenfalls eindeutig in seiner Regierungszeit. Inhaltliche Regelungstendenz vieler Bestimmungen war es, ein staatlicherseits unkontrolliertes Abwandern, insbesondere von Handwerkern, Vasallen und anderen königlichen Bediensteten, zu verhindern, was den wirtschaftlichen Aspekt dieser Gesetzgebung verdeutlicht. Die Wirtschaftskraft des preußischen Staates war mitabhängig von seinem Handwerkerpotential. Um so wenig wie möglich auf erst mit Benefizversprechungen – was zunächst einmal einen wirtschaftlichen Verlust bedeutete – anzuwerbende auswärtige Arbeitskräfte angewiesen zu sein, mußte der um wirtschaftliche Autarkie bemühte merkantilistische Staat versuchen, einen Verlust solcher Gruppen zu verhindern.

---

15 CCM VI/II, Nr. 3.

16 CCM VI/II, Nr. 79.

Ein früher Gesetzgebungsakt aus der Regierungszeit Friedrich's II. auf diesem Gebiet ist ein Rescript vom 26. IV. 1741[17], welches aus den dargelegten Gründen anordnete, "daß die einländische Handwercks=Bursche nur in denen einländischen Städten zu wandern Freyheit haben sollen, durch aus aber nicht ausserhalb Landes", weil dann eine größere Gefahr für ein gänzliches Fernbleiben bestand. Aus diesem Grunde hatte der wandernde Handwerksbursche auch jede Veränderung seines Aufenthaltsortes seinen Eltern oder seinem Lehrmeister mitzuteilen. Ein späteres Rescript vom 15. VII. 1763[18] und damit aus der Zeit unmittelbar nach dem Friedensschluß von Hubertusburg stammend, nimmt hierauf bezug, ist in der Regelung aber etwas moderater. Inhaltlich geht es um Vermögensfragen von ausgewanderten Handwerkern. Hingewiesen wird noch einmal auf frühere Patente (vom 21. I. 1714 und 8. VII. 1760), die das Reisen außer Landes ohne spezielle Erlaubnis verboten. Obwohl "schon an sich nichts billiger ist, als im Lande zu bleiben, und sich ehrlich zu ernähren", so seien auch schon früher Ausnahmen gemacht worden und den Ausgewanderten ihr Vermögen und Erbschaften verabfolgt worden. Eine andere Vorgehensweise würde zudem "wider alle natürliche und gute politische Gesetze streiten", denn es "können sich dennoch gantz unschuldige Umstände ereignen, wodurch dergleichen Leute ihr Glück ausserhalb Landes machen können, worinn Wir ihnen hinderlich zu fallen, aus angestammter Landesväterlicher Hulde, keineswegs gemeint sind". Außerdem befürchtete man negative Auswirkungen auf auswärtige Handwerker, die man versuchte, ins Land zu holen, in ihrem Entschluß, ins Königreich Preußen zu ziehen. Im Falle eines Abwanderns sollten sie deshalb ihr Vermögen und auch Erbschaften mit sich außer Landes führen dürfen, der Staat hatte sich auf seine bisherige "Observantz" zu beschränken. Sichtbar werden an diesem Rescript die widerstreitenden Interessen, die es miteinander in Einklang zu bringen galt. Einerseits mußte Preußen in der Retablissementphase nach dem Siebenjährigen Krieg darum bemüht sein, eine Abwanderung von nützlichen Leuten zu verhindern. Die aus diesem Grunde ergriffenen Maßnahmen durften aber auf der anderen Seite nicht potentielle Einwanderer abhalten, auf die man ebenfalls damals angewiesen war, und welche man ins Land zu holen sich bemühte.

In eine ähnliche Richtung zielen zwei Bestimmungen aus den Jahren 1766 und 1768. In einem "Circulare an sämtliche Cammern, betreffend das Verbot wegen des Auswanderns der Handwercks=Bursche von hiesigen Landes=Kindern" vom 23. I. 1766[19] wurde moniert, daß trotz der anderslautenden Bestimmungen Handwerksburschen in andere (fremde) Städte wandern würden, "da-

---

[17] CCMC I, 1741/Nr. 16.

[18] NCCM 1761-65, 1763/Nr. 43; Schwennicke, S. 360.

[19] NCCM 1766-69, 1766/Nr. 9.

raus aber nichts anders erfolgen kann, als daß dadurch viele Landes=Kinder auf mancherley Art in auswärtigen Landen verlohren gehen". Zur Abstellung solcher Mißstände hatten die zuständigen Behörden mit aller "Attention" auf die wirkliche "Execution" der erlassenen "Ordres" zu achten. Um den abwandernden Handwerksburschen ihren Start in der Fremde wirtschaftlich zu erschweren (und sie dadurch gleichzeitig von einer Auswanderung abzuhalten), hatten die Polizeidirektoren und Magistrate, aber auch die Steuerräte darauf zu achten, daß die Meister den Gesellen keine "Particulair-Vorschreiben" ausstellen, womit versucht wurde, das verbotene Aushändigen von Kundschaften an solche Burschen zu unterlaufen. Eine höchst ungenügende Einhaltung der bisher erlassenen einschlägigen Bestimmungen war Anlaß für das "Circulaire" vom 10. II. 1768[20], demzufolge "gegen das Auswandern der Handwerksbursche, denen vielfältig erlassenen Verordnungen gemäß, besser und auf das schärfste invigiliren" sollten.

Ein Circular-Rescript aus der Spätphase der friderizianischen Regierungszeit vom 6. V. 1783[21] wandte sich hingegen wieder vehementer gegen die Auswanderung. Es sollten die ernstlichsten und nachdrücklichsten Verfügungen getroffen werden, "damit das verbothene Auswandern der Handwerksbursche(-n) von Landeskindern durchaus nicht weiter gestattet, sondern schlechterdings verhütet werden müsse", "zu mahlen dergleichen junge Bursche(-n), sowohl Profeßiones zu erlernen, als auch zu wandern, Gelegenheit genug im Lande haben". Es wurde ihnen deshalb verboten, ohne einen Paß des Regiments und von den Kriegs- und Domänenkammern außer Landes zu gehen, wobei Eltern und Verwandte von Ausgewanderten in die Mithaftung genommen wurden. Das ein Jahr früher erlassene Circular vom 18. III. 1782[22] benannte expressis verbis den Grund für ein solches Verbot, wenn es darin heißt, daß "von den wandernden Handwerks=Burschen sehr viele ausbleiben, auch zum Theil bey fremden Armeen sich engagiren laßen, und dort Dienste nehmen". Insonderheit wollte es der Staat vermeiden, von ihm investierte Ausbildungskosten (wie im Falle des großen Potsdamschen Waisenhauses) durch Auswanderung verlustig zu gehen. Jungen dieses Waisenhauses, die wegen ihrer Körpergröße nicht für den Militärdienst geeignet waren, erhielten nach ausgelernter Profession (also nach Ausbildungsabschluß) einen Paß ausgestellt, um innerhalb des Landes als Gesellen wandern zu können, bis sich für sie in einer Stadt die Niederlassungsmöglichkeit (die größtenteils nach wie vor zünftisch geregelt war) ergab. Wenn sie nun stattdessen auswanderten, verlor der Staat nicht nur ihre Arbeitskraft, sondern auch die für sie aufgewandten Ausbildungskosten kamen ihm nicht

---

[20] NCCM 1766-69, 1768/Nr. 9.

[21] NCCM 1781-85, 1783/Nr. 22.

[22] NCCM 1781-85, 1782/Nr. 14.

mehr zugute, was es zu verhindern galt, Circulare vom 7. III. bzw. 30. IV. 1776[23].

Eine weitere Adressatengruppe von Auswanderungsverboten waren die Vasallen und andere königliche Bedienstete. Hierzu zählte insbesondere der begüterte Adel und die zum Militärdienst heranzuziehenden Kantonisten. Es lag im Staatsinteresse, seiner Diener nicht verlustig zu gehen, indem diese in fremde Dienste eintraten. Als vorbeugende Schutzmaßnahme wurde deshalb "Dero Vasallen noch andere, so in Dero Diensten stehen, noch auch deren Söhne" verboten, "ohne Königl. Special-Permission aus Dero Landen (zu) reisen", Königl. Cabinets-Ordre vom 19. XII. 1743[24]. Demzufolge handelte es sich hierbei um kein generelles (Aus-) Reiseverbot, sondern nur um ein solches ohne vorherige besondere Erlaubnis. Dieses Erfordernis galt aber nur für solche Reisen, bei denen zumindest die potentielle Gefahr bestand, daß sich der Vasall absetzen und in fremde Dienste eintreten könnte, nicht hingegen für Privatreisen, Declaration der Ordre vom 19. XII. 1743 vom 25. III. 1744[25]. Als Druckmittel zur Durchsetzung dieser Intention wurde die Zurückbehaltung ihres Vermögens, also die Vermögenskonfiskation, eingesetzt. Im Regelungstenor vergleichbare Bestimmungen gab es aus den Jahren 1746, 1747, 1748 und 1750, deren wiederholter Erlaß für einen dementsprechenden legislativen Handlungsbedarf spricht, wie es in dem Circulare vom 10. VII. 1750[26] zum Ausdruck kommt. Inhaltlich ist ihnen gemeinsam, daß dieser Personengruppe verboten wurde, bei der Androhung des Verlustes ihrer Güter und ihres Vermögens ohne besondere königliche Erlaubnis außer Landes zu reisen und in fremde Dienste einzutreten. Davon ausgenommen waren Auslandsreisen in Privatangelegenheiten oder wer sich auf seinen auswärtigen privaten Gütern aufhielt (so das Circular vom 21. I. 1747[27]). Diesen Aspekt hob auch schon eine Kabinettsorder an Münchow vom 29. II. 1744[28] hervor, worin der König ausdrücklich darauf hinwies, daß das Erfordernis der speziellen königlichen Permission nicht für auswärtige Reisen in "Domestique= und Privatangelegenheiten" gelten sollte. Sollten dennoch – den erlaßenen Bestimmungen zuwider – Vasallensöhne ins Ausland und in fremde Dienste gegangen sein, so sollten gemäß einer Instruktion vom 9. I. 1751[29] diese zurückgefordert werden und auch deren Eltern hatten sich darum zu bemühen. In einem drei Jahre später erlassenen Edikt vom 29. I. 1754[30] wurde

[23] NCCM 1776/77, 1776/Nr. 14 u. 19.

[24] CCMC II, 1743/Nr. 53; Schwennicke, S. 358.

[25] CCMC II, 1744/Nr. 11.

[26] NCCM 1761-65/Nachtrag I, Nr. 4.

[27] NCCM 1761-65/Nachtrag I, Nr. 2.

[28] AB/B.O., Bd. 6/2, Nr. 438 = S. 708f.

[29] NCCM 1751-60, 1751/Nr. 4.

[30] NCCM 1751-60, 1754/Nr. 6.

darauf hingewiesen, daß es insbesondere in den Kleve-Märkischen Provinzen gegen die wiederholten Reise- und Auswanderungsverbote Zuwiderhandlungen gab ("dennoch höchstmißfällig vernehmen und in gantz sichere Erfahrung bringen müssen, wie ins besondere in Unserm Clev= und Märckischen Provintzien verschiedene Unserer Vasallen ihre Söhne ausserhalb Landes gehen, und in auswärtige Krieges=Dienste treten lassen"). Aus diesem Grunde ordnete das Edikt in konstanter Fortsetzung der bisherigen diesbezüglichen Gesetzgebung an, "daß derjenige unserer Adelichen Vasallen und Unterthanen, welcher ohne Unsere Höchst=Eigenhändige Erlaubniß in auswärtige Reiche und Lande auf Reisen gehet oder wohl gar in fremde Dienste tritt, seiner zurückgelassenen Güther und Vermögens verlustig erklähret, und solches absofort von Unserm Officio Fisci auf besondere Anzeige in Beschlag genommen, sequestiret, und confisciret werden solle". Ausgenommen wurden wiederum Reisen in privaten Angelegenheiten, wobei solche auf auswärtige Güter dergestalt einzurichten waren, daß dadurch nicht der Anschein erweckt wurde, man wolle seinen bisherigen inländischen Wohnsitz aufgeben oder sogar in fremde Dienste eintreten. Auch scheint die Auswanderungshemmschwelle bei den kleveschen Untertanen niedriger gelegen zu haben; diese mögliche Schlußfolgerung läßt zumindest das Rescript vom 25. VI. 1765[31] zu. In ihm wird die Ausstellung von Pässen und Zertifikaten für junge Leute zum Verwandtschaftsbesuch in Holland durch Geistliche untersagt, weil viele junge Leute die Gelegenheit dazu benutzten, um "darüber aber gantz und gar ausser Landes zu gehen". Allgemeiner heißt es in einem an sämtliche Kriegs- und Domänenkammern gerichteten Circular vom 15. IX. 1775[32], daß die Erlaubnis und Paßerteilung für Untertanen, um außer Landes zu gehen, durch die örtlichen Obrigkeiten "aber Unserer allerhöchsten Intention ganz entgegen ist und dergleichen Pässe um außerhalb Landes zu gehen, ohne Unser allerhöchstes Vorwissen, an die Unterthanen schlechterdings gar nicht weiter gegeben werden sollen". Um eine Abwanderung von Einheimischen zu verhindern, wurde das Auswanderungsrecht und die Reisefreiheit eingeschränkt, denn nach dem Aderlaß der drei Schlesischen Kriege versuchte das Königreich Preußen, eine weitere Schwächung der Population und damit seiner Wirtschaftskraft zu verhindern, mit dem Paßwesen als diesbezüglichem Regulativ.

Aus der Zeit des Siebenjährigen Krieges wandte sich ein Patent vom 2. VIII. 1757[33] gegen die Abwerbung preußischer Untertanen durch die Russen. Den auf die Depeuplierung des Landes gerichteten russischen Maßnahmen (öffentliche Manifeste) versuchte man preußischerseits mit einer – zumindest

---

[31] NCCM 1761-65, 1765/Nr. 65.

[32] NCCM 1774/75, 1775/Nr. 42.

[33] NCCM 1751-60, 1757/Nr. 42; Treue, Wirtschaftsgeschichte, S. 211f.

partiell – propagandistisch eingefärbten negativen Darstellung des Lebens als russischer Untertan zu begegnen ("Dahingegen kan es niemanden verborgen seyn, in welchem Drucke und grossem Zwange die Einwohner der Rußisch= Kayserl. Provintzien sich befinden, und wie leicht sie die härteste Begegnungen und bey dem geringsten Vorfall das Exilium nach Siberien zu gewärtigen haben, auch wie schwer und fast unmöglich es denen sich daselbst niedergelassenen Fremden gemachet wird, in ihr Vaterland zurück zu ziehen oder sich mit ihrem Vermögen unter eine andere Herrschaft und Regierung zu begeben."). Die Untertanen wurden an den von ihnen geleisteten Treueeid erinnert.

Eine vom König während des Siebenjährigen Krieges in seinem Hauptquartier Seydendorf ergangene Anweisung an den damaligen Großkanzler von Jariges vom 18. VII. 1762 führte zu dem Circular vom 24. VII. 1762[34], demzufolge gerade in der Zeit der Existenzbedrohung Preußens die Edelleute und Vasallen erneut daran gemahnt wurden, daß ein ungenehmigter Eintritt in fremde Dienste oder außer Landesgehen den Verlust sämtlicher Erbschaftsrechte nach sich zog. Vier Jahre später ordnete dieses ein Rescript vom 29. IV. 1766[35] abermals an, worin es hieß, "daß der ohne Unser allerhöchstes Vorwissen und specielle Erlaubniß ausser Landes sich begebenden Adelichen Vermögen und Revenuen, sonder Nachsicht mit Arrest beleget und confisciret werden sollen".

Demgegenüber betreffen die ergangenen Regelungen wegen der Vorspannpässe das Paßwesen nur mittelbar. Vorspannpässe gaben ihrem Inhaber das Recht, die Zurverfügungstellung von Reit- oder Wagenpferden verlangen zu können. Die Bestimmungen bezweckten aber in der Hauptsache den Schutz der zur Bereitstellung von Pferden Verpflichteten, also hauptsächlich der Bauern. Denn der Paßinhaber konnte berechtigterweise nur soviele Pferde verlangen, wie in dem Vorspannpaß genannt waren. Der erteilte Vorspannpaß galt nur für die darin genehmigte Reise und durfte nicht ausgedehnt werden, Patent vom 17. XII. 1737[36]. Auch sollte der Vorspann nur gegeben oder verabfolgt werden, wenn hierzu eine königliche Order oder Paß erteilt wurde ("befehlen demnach hierdurch allergnädigst, jedoch alles Ernstes und ein vor allemal, daß von nun an niemand, er sei von der Königlichen Familie, Officier, Minister oder wer es nur sein kann und wolle, nicht der geringste Vorspann, wenn es auch nur ein Wagen oder Pferd wäre, gegeben werden soll, wofern nicht S.K.M. Dero Ordre oder Paß unter Dero höchsteigenhändigen Unterschrift ertheilet haben", Kabinettsorder vom 3. IX. 1736[37]). Um die Hauptleidtragenden so gut wie möglich zu schützen, bestimmte der Soldatenkönig in einer weiteren Kabinettsorder

---

[34] NCCM 1761-65, 1762/Nr. 30.

[35] NCCM 1766-69, 1766/Nr. 38.

[36] AB/B.O., Bd. 5/2, Nr. 214 = S. 378.

[37] AB/B.O., Bd. 5/2, Nr. 88 = S. 137ff., 138.

vom 17. IX. desselben Jahres[38], daß der Bauer, welcher die Vorspannpferde stellte, sich selbst auf den Kutschbock setzen sollte, "und seine Pferde nach Gefallen antreiben (konnte), doch daß er alle zwei Stunden anderthalb Meilen fahre", denn die Kutscher und Laquaien der Vorspannpaßinhaber würden die Pferde über Gebühr strapazieren. Eine vergleichbare Regelungstendenz weisen zwei Bestimmungen aus der Zeit König Friedrich's auf, welche sich um die Glättung kriegsbedingter Erscheinungen bemühten. Sie datieren vom 18.XI. 1760[39] bzw. 23.II.1762[40]. Die "durch den Krieg [ohnehin] sehr gedrückten Unterthanen" sollen nicht noch zusätzlich durch die Abpressung von Vorspannpferden, über die kein Paß erteilt wurde, gebeutelt werden. Das galt auch für Militärpersonen, kommandierende oder beurlaubte.

Eine weitere hierher gehörende Regelungsuntergruppe befaßte sich mit den Deserteuren; selbst ausgediente und invalide Soldaten sollten wegen ihres Arbeitskräftepotentials im Lande verbleiben und nicht auswandern dürfen.[41] Exemplarisch soll an dieser Stelle ein Bestimmmungskomplex betreffend ehemals in sächsischen nunmehr in preußischen Diensten stehenden Regimentern vorgestellt werden. Um sich eine strategisch günstigere Ausgangslage zu verschaffen und von ihm in Dresden vermutete wichtige Geheimdokumente in seinen Besitz zu bekommen, begann der König die den Siebenjährigen Krieg eröffnenden Auseinandersetzungen mit einem Präventivschlag gegen das Kurfürstentum Sachsen. So kam es, daß ehemalige sächsische Truppen nunmehr unter preußischer Fahne standen und kämpften. In einem Patent vom 23. X. 1756[42] aus Torgau wurde den sächsischen Untertanen anbefohlen, in ihrer Heimat eintreffende sächsische Deserteure sofort zu arretieren und bei der nächsten Garnison abzuliefern. Diejenigen, welche den Deserteuren halfen durchzukommen, sollten "an derer Deserteurs Stelle an Leibe, Leben und Vermögen, ohne alle Gnade bestraffet werden". Auf königliche Anordnung wurde dieses Patent jedoch modifiziert deklariert, Declaration vom 25. X. 1756[43]. Sich bis zum 1. Dezember freiwillig wieder bei ihren Regimentern einfindenden Deserteuren sollte danach für diesesmal Pardon erteilt werden. Außerdem sollte das Vermögen von Deserteuren mit Arrest belegt und es durfte ihnen unter keinen Vorwänden verabfolgt, also ausgehändigt werden, um ihnen ihre wirtschaftliche und finanzielle Basis zu nehmen. Denn dadurch wurde es ihnen erschwert, anderswo Fuß zu fassen. Um seine Truppenstärke nicht unnötig dadurch zu dezimieren, weil sich Deserteure wegen der zu befürchtenden Strafe nicht zu-

---

[38] Ebendort, S. 139.

[39] NCCM 1751-60, 1760/Nr. 35.

[40] NCCM 1761-65, 1762/Nr. 9.

[41] Patent vom 14. II. 1721 = CCM III/I, Nr. 172.

[42] NCCM 1751-60, 1756/Nr. 97.

[43] NCCM 1751-60, 1756/Nr. 98.

rückmeldeten ("auch sich offeriret, wiederum zurück zu kommen; wenn sie nur versichert wären, daß sie wegen begangener Desertion in keine Strafe gezogen werden wollten") wurde der bereits in der Deklaration vom 25. X. angesprochene Pardon am 22. XI. 1756[44] befristet bis zum Jahresende erlassen und abermals mit Patent vom 28. XII. 1756[45] bis zum 1. II. 1757 verlängert. Dem König war mehr daran gelegen, die Deserteure wieder bei der Truppe zu haben, als sie bestraft zu wissen. Während der Kriegszeiten wurden verschiedentlich aus diesem Grunde Generalpardons erlassen. Erhellend ist in diesem Zusammenhang eine der letzten Kabinettsordern Friedrich Wilhelm's I. vom 13. V. 1740[46], und damit kurz vor seinem Tod, wonach der versprochene Pardon auch zu halten war.

Die diversen getroffenen zwischenstaatlichen Auslieferungsabkommen betreffend die Deserteure sahen in der Regel eine Auslieferung selbiger gegen Erstattung der Verpflegungs- und sonstiger Unterhaltskosten für den Soldaten und gegebenenfalls sein Pferd vor.

Gerade der Bereich des Paßwesens und Auswanderungsrechtes zeigt, wie die Verlagerung von Gesetzgebungskompetenzen von subsidiären territorialen Gewalten auf den (absolutistischen) Landesherrn hin, es diesem ermöglichte, die Bevölkerungspolitik in Einklang mit den gesamtstaatlichen Interessen, insbesondere mit der merkantilistischen Staatswirtschaft, für die der Bevölkerungsreichtum eines Landes ein wichtiges Kriterium für seine Wirtschaftskraft war, zu bringen. Demzufolge galt es jetzt nicht mehr bloß den wirtschaftlichen Vermögensverlust, wie er in den erhobenen Abschoß- und Abzugsgeldern manifest wurde, zu verhindern, sondern die des arbeitenden und steuerpflichtigen Untertanen selber, was bei einer zeit- und umständehalber mitbedingten Unterbevölkerung wie in Brandenburg-Preußen umso wichtiger war. Es erfolgte hier die Regelung eines Teilbereichs unter übergeordneten (wirtschaftlichen) Gesamtaspekten, wie sie bei einer dezentralen Regelungskompetenz nicht hätten erfolgen können. Bei dem später dann im ALR festgeschriebenen Erlaubnisvorbehalt der Auswanderung handelt es sich insoweit um ein schon vorher aufgestelltes Kriterium, wenn es in früheren Gesetzen beispielsweise heißt, daß die Reise/Auswanderung nicht ohne spezielle (königliche) Permission erfolgen dürfe.

---

[44] NCCM 1751-60, 1756/Nr. 108.

[45] NCCM 1751-60, 1756/Nr. 118.

[46] CCMC I, 1740/Nr. 14.

7. Kapitel

Die Judengesetzgebung

Zu den Staatsschutzmaßnahmen mit bevölkerungsspezifischer Ausrichtung zählen die – zweifelsohne einen Schwerpunkt der Gesetzgebungstätigkeit bildenden – Vorschriften, welche Juden betreffen. Gerade an ihnen wird deutlich, daß sich manche Legislativakte nicht eindeutig nur einer systematischen Gruppe zuordnen lassen, sondern sie auch in mehrere solcher einschlägig sein können; vor allem gibt es Überschneidungen mit der Wirtschaftsgesetzgebung. Dieses erhellt aber bloß die Verflechtung unterschiedlicher Intentionen, die dann zu einem ganz bestimmten Gesetzgebungsakt führten.

Gab es im Mittelalter bis zum Beginn der Neuzeit in der Kurmark jüdische Siedler, die zwar nicht immer in einem geschlossenen Siedlungsgebiet lebten, so änderte sich dieses grundlegend mit dem überraschenden Tode des prachtliebenden Kurfürsten Joachim II. am 3. I. 1571 zu Köpenick, der zum Anlaß genommen wurde, seinen jüdischen Münzmeister Lippold des Mordes am Kurfürsten zu bezichtigen und ihn nach grausamen Folterqualen zu rädern und zu vierteilen (23. I. 1573). Den übrigen märkischen Juden aber wurde auf ewige Zeiten der Aufenthalt im Lande verboten.[1] Aber auch in anderen, erst nach dem Dreißigjährigen Krieg zu Kurbrandenburg gekommenen, Territorien siedelten seit dem Mittelalter Juden, die dort wie anderswo den üblichen Verfolgungen zu Pestzeiten ausgesetzt waren, was in Magdeburg und Halle zu ihrer dauernden Vertreibung im 15. Jahrhundert führte.[2]

Unter der Regierung des Großen Kurfürsten erfolgte eine Neuorientierung in der die Juden betreffenden Politik. Der moderne absolutistische Staat zog die diesbezügliche Regelungsaufgabe an sich und überließ sie nicht mehr, wie im Mittelalter, den selbständigen nachgeordneten Gewalten, wie den städtischen Ratsherren, Rittern, Prälaten oder Bischöffen, was zu einer Regelungsvereinheitlichung führte.[3] Nach einigen schon vorher gewährten Geleitsbriefen und Handelsprivilegien aus der Zeit unmittelbar nach dem Ende des Dreißigjährigen Krieges, weil "die vergangene Kriegsunruhen den Handel und Wandel bis-

---

[1] Bruer, S. 39; Freund, S. 7; Geiger, S. IX; Rachel, Die Juden, S. 176; S. Stern, I/1, S. 5f.

[2] Geiger, S. VII; S. Stern, I/1, S. 4, 6f.

[3] S. Stern, I/1, S. 9.

hero nicht wenig gesperret" haben, und welche die enge Verknüpfung der Judengesetzgebung mit wirtschaftlichen Aspekten dokumentieren, bedeutete das Edikt vom 21. V. 1671, durch welches fünfzig aus Wien vertriebenen Judenfamilien Aufnahme im Staate des Großen Kurfürsten gewährt und das auch als "Magna charta" der brandenburgischen Judenpolitik tituliert wurde[4], den Ausgangspunkt der neueren Rechtsentwicklung hinsichtlich der Judenpolitik in Brandenburg-Preußen. Die von den Hohenzollernherrschern gegenüber den Juden betriebene Politik läßt sich nicht immer auf einen einheitlichen Nenner bringen; als Leitgedanke ihrer Maßnahmen ist am ehesten noch die wirtschaftliche Nutzbarmachung dieses Bevölkerungsteils für den Gesamtstaat zu konstatieren. Der Große Kurfürst wollte sie dabei wie die Hugenotten als Modernisierungsmotor für seine einheimische Wirtschaft einsetzen.[5] Sowohl das Generalgeleit für zehn schon in Halberstadt lebende Juden vom 1. V. 1650[6], durch welches der bestehende Zustand in den durch den Westfälischen Frieden neuhinzugekommenen Gebieten akzeptiert wurde, als auch das zunächst auf sieben Jahre begrenzte Handlungsprivileg vom 20. VIII. desselben Jahres[7] belegen dieses. Ersteres nahm die benannten Personen "in Unser gnädigstes Geleite, Schutz und Schirm" auf. Sie durften in Halberstadt wohnen bleiben, "und daselbst ihren Handel und Wandel in Kaufen und Verkaufen, Geldausleihen und Schlachten" wie zuvor betreiben, "frei, sicher und von männiglich ungehindert reisen, ihre Güter durchführen und ... ihre Nahrung treiben". Bei der Geldleihe durften sie aber von einem Reichstaler nicht mehr als einen Gosler (Pfennig) Zinsen wöchentlich nehmen sowie Pfänder erst nach einem Jahr veräußern.[8] Das erwähnte Handelsprivileg betraf polnische Juden, die schon für Polen solche besaßen. Ihnen wurde gestattet, "in Unserm ganzen Kurfürstentum und Landen zu Wasser und Lande frei, sicher und gleitlich zu passiren, auch darinnen allenthalben die öffentliche freie Jahrmärkte und Niederlagen zu besuchen und mit Unsern Untertanen und Fremden Handlung zu treiben". Ein Niederlassungsrecht für Brandenburg-Preußen wurde ihnen hingegen noch nicht gewährt. Notwendig geworden war ein solches Privileg wegen des grenzüberschreitenden Handelsverkehrs, wenn der Staat an ihm teilnehmen und davon profitieren wollte. Außerdem war dadurch eine Beförderung der Frankfurter (a.d.O.) Messen beabsichtigt. Neben dieser wirtschaftlichen Verflechtung kommt darin auch die Vermischung und Unmöglichkeit einer völligen Abschottung in Grenz- und damit Mischregionen zum Ausdruck. Trotz der zeitlichen Beschränkung seiner Geltungsdauer sollten aber nach dem Ablauf der Be-

---

[4] Dies., ebenda, S. 13.

[5] Bruer, S. 19, 40.

[6] S. Stern, I/2, Nr. 104 = S. 92ff.

[7] CCM V/V/III, Nr. 1 = S. Stern, I/2, Nr. 1 = S. 1ff.

[8] S. Stern, I/1, S. 9, 51.

fristung die Juden um die Erneuerung des Privilegs nachsuchen können, was in der Folgezeit mit der Erneuerung vom 22. X. 1660[9] auch geschah. Ausdrücklich von den ihnen eingeräumten Rechten ausgenommen war das Hausieren außerhalb der Jahrmärkte, wie überhaupt aus wirtschaftlichen Überlegungen heraus noch häufig gegen das den ordentlichen Handel und seine Kaufleute schädigende Hausieren durch wiederholte Gesetze vorgegangen wurde, auch deshalb, weil durch den Hausiererhandel leichter Einfuhrverbote umgangen werden konnten. Auf dieser, dem Nutzen beider Beteiligten dienenden Basis war der Boden für eine mögliche Wiederansiedlung von Juden in dem Kurfürstentum bereitet, wobei nicht vergessen werden darf, daß nicht alle Provinzen des Landes von der Judenvertreibung 1573 mitumfaßt waren.

Dem Wiederaufnahmeedikt vom Mai 1671 gingen Verhandlungen und Gutachten voraus. Schon in dem ersten diesbezüglichen Rescript vom 19. IV. 1670[10] wurde der Beweggrund für die Aufnahme der Juden deutlich ausgesprochen, wenn es darin heißt, "ob Wir nun wohl mehr Juden ins Land zu nehmen Bedenken tragen, so möchten Wir doch endlich nicht ungeneigt sein, daferne es reiche, wohlhabende Leute wären, ein vierzig bis fünfzig Familien in Unsern Landen aufzunehmen". Aufgenommen sollten vorwiegend also nur begüterte Familien werden, weil man sich davon einen wirtschaftlichen Auftrieb für das Land versprach.[11] Dieses heißt aber keineswegs, daß die Aufnahme vertriebener Wiener Juden durch den Kurfürsten vom Toleranzgedanken völlig entkleidet gewesen wäre; nur wußte man damals das Humane mit dem dem Staat Nützlichen zu verbinden. Die Geheimen Räte wiesen in ihrem Gutachten vom 14. V. 1671[12] auf einen von der Landschaft und den Ständen zu erwartenden Widerstand hin, sprachen sich aber gleichwohl für deren Aufnahme aus, gaben allerdings eine zahlenmäßige Begrenzung zu bedenken ("Dieweil aber das Land an Leuten noch großen Mangel, auf deren Erlangung und sonderlich so viel möglich vermögender Leute man billig zu sehen, ..., so wird nunmehr wohl nicht die Frage so eben davon sein, ob sie anzunehmen, sondern auf was Masse solches geschehen und dergestalt verwilliget werden soll, damit es zwar zu Aufnehmung der Commercien, aber auch nicht zu Ruinirung und Vertreibung oder mehrerer Behinderung der Eingesessenen gereichen möge"). Der von den Eingesessenen zu erwartende Widerstand lag darin begründet, daß sie in den Juden nicht eine ihr Geschäft belebende Konkurrenz sahen, sondern Handelsgegner. Mit dem "zu Beforderung Handels und Wandels" erlassenen Edikt vom

---

[9] Dies., I/2, Nr. 6 = S. 6.

[10] Dies., a.a.O., Nr. 7 = S. 6f.; M. Stern, a.a.O., S. 132.

[11] v. Borries, S. 163.

[12] S. Stern, I/2, Nr. 11 = S. 10ff.

21. V. 1671[13] gestattete Kurfürst Friedrich Wilhelm dann fünfzig jüdischen Familien, welche wegen ihrer Vertreibung aus Wien heimatlos geworden waren, die Niederlassung in der Mark Brandenburg. Zwar gab es in den übrigen Herrschaftsgebieten des Kurfürstentums wie z. Beisp. Kleve-Mark, Ostpreußen (entgegen anderslautenden Zusicherungen) sowie insbesondere Minden und Halberstadt – letzteres besaß mit dem Generalgeleit von 1650 ein sehr weitgehendes Judenprivileg – bereits Juden, die jedoch aufgrund persönlicher Schutzbriefe der Landesherrn die Berechtigung zum Aufenthalt hatten. Hingegen fehlte bis dato eine generelle Regelung, wie sie das Wiederaufnahmeedikt darstellte.[14]

In dem Edikt wurde den fünfzig Familien "bevorab zu Beforderung Handels und Wandels ... einige von andern Orten sich wegbegebende Jüdische Familien ... in Unser Lande der Chur= und Marck Brandenburg, und in Unseren sonderbaren Schutz gnädigst auf= und anzunehmen". Ihre Aufnahme sollte zur Belebung des noch in Auswirkung des 30jährigen Krieges darniederliegenden brandenburgischen Handels beitragen, was sich bereits daran zeigt, daß der den Juden in dem Edikt eingeräumte mögliche Betätigungsbereich noch relativ weit gefaßt war. In den späteren Generalprivilegien wurde der ihnen zugestandene Tätigkeitsbereich dezidiert benannt. Jedoch waren auch schon in ihm erste Ansätze von Beschränkungen, die den Juden später verstärkt auferlegt wurden, enthalten. Um eventuellen Vorbehalten aus der Bevölkerung vorzubeugen, wurde ihnen die Errichtung einer Synagoge untersagt, es blieb ihnen aber gestattet, sich zu Gottesdiensten privat zu versammeln und sie abzuhalten (Nr. 6). Damals war es ihnen auch noch erlaubt, "Stuben, oder gantze Häuser, Wohnungen und Commodität vor sich zu miethen, zu erkauffen oder zu erbauen", jedoch unter der Prämisse, daß nach dem Ablauf einer bestimmten Zeit sie wieder an Christen zu veräußern seien in der Art, "daß ihnen die Unkosten davor restituiret werden" (Nr. 1). Der durch das Privileg den Juden gewährte Schutz war zunächst auf zwanzig Jahre beschränkt (Nr. 9), weswegen es den aufgenommenen Juden nur begrenzt eine sichere Zukunft bot. Für die Zeit seiner Geltungsdauer wurde allerdings "allen Unsern Unterthanen und Bedienten, was Standes und Würden die auch seyn, (anbefohlen,) daß sie von dato an die 20 Jahr über offtgedachte Judenschafft in Unsern gantzen Churfürstenthumb und dabey gewandten Landen allenthalben frey und sicher passiren, die offene Jahrmärcke, Niederlage und Handlungs Oerter zu besuchen alle ihre Wahren öffentlich feil zu haben, und ihrer Gelegenheit nach Ehrbaren Handel und unverbotene Kauffmannschafft gantz frey und ungehindert verstatten, auch sich an ihnen nicht vergreiffen, Inmassen dann auch ferner alle und jede Magistrate

[13] CCM V/V/III, Nr. 2 = S. Stern, I/2, Nr. 12 = S. 13ff.

[14] M. Stern, a.a.O., S. 131.

und Gerichts=Verwalter ihnen auff ihr Ansuchen zu deme so sie befüget gebührlich verhelffen, und gleich andern Gastrecht wiederfahren lassen, und solches bey Vermeidung Unserer hohen Ungnade und darzu einer Straffe vor funffzig Goldgülden, auch nach befinden wol einer höhern, keines weges anders halten sollen". Den Handel sollten sie gemäß "Unsern edicten" (Nr. 2) und "denen Reichs Constitutionibus" (Nr. 3) führen, wodurch insbesondere der Handel mit gestohlenen Gütern, also die Hehlerei, und der Wucher verboten wurden. Für sie sollte der den Halberstädten Juden gewährte Zinssatz gelten. Auch war es ihnen nach dem Privileg beispielsweise gestattet, "offene Krahme und Buden zu haben".

Gegen das Wiederaufnahmeedikt und die folgende Ansiedlung der jüdischen Familien wurden in der Folgezeit besonders aus den Reihen der christlichen Kaufleute, die sich durch die Handelsmethoden der Juden ins Hintertreffen gedrängt sahen, Einwände erhoben. Während der Handel der Christen an den Geschäftsstandort gebunden war und größtenteils sowohl die Preise als auch das Warensortiment durch die Zünfte vorgegeben waren[15], waren die von den Zünften und Handelsgilden ausgeschlossenen Juden vorwiegend darauf bedacht, durch hohen Umsatz in vielfältigen Handelssparten zur Erzielung günstiger Preise zu gelangen. Außerdem waren sie es, die oftmals die Kundschaft aufsuchten, und nicht die Kunden, die sich ins Geschäft bemühen mußten.[16] Dieses Geschäftsgebaren widersprach zutiefst dem Standesethos der christlichen Kaufleute. Gegen das den Juden gewährte Privileg regte sich deshalb schnell der Widerstand verschiedener ständischer Gruppen (Gewandschneider zu F.a.d.O[17], die Tuchmacher zu Landsberg a.d. Warthe[18], Eingabe der Landstände[19], Bittschrift sämtlicher Innungen in Berlin und Cölln[20], Bittschrift der Kauf- und Handelsleute der neuen Stadt Brandenburg[21]). Tenor der darin zum Ausdruck gebrachten Befürchtungen war, daß die Juden durch ihre Art und Weise, den Handel zu betreiben, der einheimischen Kaufmannschaft im besonderen und der Bevölkerung im allgemeinen, die dem Kurfürstentum auch in schlechten (Kriegs-) Zeiten gedient habe, den Lebensunterhalt abspenstig machen würden ("werden Nahrung an sich ziehen, ihre Waren in die Häuser tragen und anbieten und weil wir gleich ihnen die Tücher in einerlei Preis unmöglich geben können, uns das bislein Brot gleichsam von dem Maule hinweg-

---

[15] Freund S. 8f., 10; Rachel, Die Juden, S. 178.

[16] Rachel, ebenda.

[17] S. Stern, I/2, Nr. 16 = S. 20ff.

[18] Dies., ebenda, Nr. 18 = S. 23f.

[19] Dies., ebenda, Nr. 23 = S. 28ff.

[20] Dies., ebenda, Nr. 27 = S. 33f.

[21] Dies., ebenda, Nr. 28 = S. 35f.

nehmen und uns extreme ruiniren").[22] Eine vorgefaßte Meinung und unterschiedliche Auffassungen hinsichtlich des Handeltreibens kommen auch deutlich in der Eingabe der Landstände an den Großen Kurfürsten vom Ende des Jahres 1672 zum Ausdruck, worin es heißt, die Juden "laufen auf die Dörfer und in die Städte, hausiren und dringen sich zu den Leuten, geben ihre Waren, welche meistenteils alt und schluderhaft sein, um einen geringen Preis, ziehen und locken die Käufer und den Landmann hierdurch an sich, betrügen ihn aber in effectu und nehmen auch den anderen Einwohnern, die bishero die Last und Hitze getragen, die Nahrung vor dem Maule hinweg. Scheuen sich nicht, an dem heiligen Sonntage mit Kaufen und Verkaufen umzugehen, auf die Dörfer und in die Kruge zu laufen und ihre Ware anzubringen.") Der Kurfürst beschied, daß sich auch die Juden an die erlassenen Landesbestimmungen zu halten hätten.[23] Andererseits sollten "dieselben wider Unsern ihnen erteilten Schutzbrief nicht beschweren, noch ihnen ichtwas widerrechtliches zufügen zu lassen, sondern sie vielmehr bei denen von Uns ihnen erteilten Privilegien gebührenden Schutz zu leisten", Rescript vom 9. XI. 1672 an den Magistrat zu Frankfurt a.d.O.[24] Vor allem gegen das Hausieren, welches keineswegs auf die Juden beschränkt war, wurden immer wieder Bestimmungen erlassen, um den Handel und die Kaufmannschaft zu schützen, aber auch zum Zwecke der Beachtung von Aus- und Einfuhrverboten, welche von Hausierern leichter umgangen werden konnten. Einer gewissen Bestätigung der gegen sie gefaßten Vorurteile hinsichtlich ihrer Zuverlässigkeit leisteten sie selbst Vorschub, als sie im Zuge der schwedischen Invasion das Land verließen und erst nach dessen Befriedung zurückkehrten, wie sich dem Bericht der Geheimen Räte vom 17. VIII. 1675[25], die ja ihre Ansiedlung befürwortet hatten, entnehmen läßt. Diese oder in ähnlicher Weise geäußerten Klagen führten sehr bald schon zur inhaltlichen Beschränkung des jüdischen Handels, so daß sich die Juden immer häufiger der Geld- und Pfandleihe zuwenden mußten.

Wie auch schon früher wurde nur ein Jahr nach dem Ablauf der Schutzfrist des Aufnahmeedikts durch Kurfürst Friedrich III. 1692[26] erneut den Juden das Hausieren gänzlich untersagt. Bereits in einem allgemeineren Edikt gegen das Hausieren vom 21. IX. 1663[27] wandte sich bereits der Große Kurfürst dagegen, "daß nun eine geraume Zeit hero verschiedene Schub=Kärner, Juden und andere Stöhrer und Umläuffer, so theils keine Handelung oder ehrlich Handwerck

[22] S. Stern, I/2, Nr. 16 = S. 20ff.

[23] S. Stern, I/2, S. 22, Fn. 1.

[24] Dies., I/2, Nr. 22 = S. 27f.

[25] Dies., ebenda, Nr. 32 = S. 41f.; dies., I/1, S. 61.

[26] CCM V/II/VII, Nr. 4.

[27] CCM V/II/VII, Nr. 1.

gelernet, theils aus der Lehre entlauffen, und an keinem Orte gesessen, auch keine onera publica tragen, und deswegen von andern Potentaten und Herren in Ihren Landen nicht gelitten werden" in seinen Kurlanden hausieren, weil sie dadurch den "Crahmern und Handwerckern, so die onera des Landes mit tragen helffen, die Nahrung gäntzlich zu hemmen, und das Brodt gleichsam aus dem Munde zu nehmen". Infolge der größeren Flexibilität und Mobilität der Hausierer, welche mitbedingt war durch keine zünftische oder dergleichen Beschränkungen, war durch sie, wenn die Krämer und Handwerker zu den Jahrmärkten kamen um ihre Waren feilzubieten, vor allem bei der Bevölkerung des platten Landes bereits eine Bedarfsdeckung durch die sie aufsuchenden Hausierer eingetreten, was den Absatz für die Krämer und Handwerker stagnieren oder sogar zurückgehen ließ. Nur zwei Jahre nach diesem allgemeinen Hausiereredikt, das sich nicht gegen eine spezifische Bevölkerungsgruppe richtete, wurde am 11. IV. 1665[28] ein spezielles Hausierverbot für die Juden erlassen. Dieses richtete sich weniger gegen sie, weil sie Juden waren, als vielmehr daß auch sie sich den allgemeinen Landesgesetzen zu unterwerfen hatten, wie es dann auch ausdrücklich im Wiederaufnahmeedikt von 1671 expresis verbis formuliert wurde, wonach allen Bevölkerungsteilen aus den dargelegten Gründen das Hausieren verboten war. Die Juden traten aber häufiger als andere als Hausierer in Erscheinung. Aber noch ein anderer Grund ließ den Landesherrn gegen das Hausieren einschreiten: Denn selbiges führte nämlich dazu, daß "Dero Accise-Casse auch mercklich defraudiret würde", weil durch das Hausieren "das Commercium zwischen Städten und Dörftern sehr abnehme, und fast gantz zerfiele", Edikt vom 17. VIII. 1692[29]. Dieses bedingte den Rückgang der an den Stadttoren (sog. Torakzise) quasi als Binnenzoll zwischen Stadt und Land erhobenen Akzise.

Bei der Akzise handelte es sich um eine Verbrauchssteuer, welche zwecks ihrer Ertragssteigerung vor allem auf die für die Lebensversorgung wichtigen Grundgüter erhoben wurde. Im Kurfürstentum Brandenburg war es hauptsächlich der seine holländischen Jugenderfahrungen in die Tat umsetzende Große Kurfürst, der die Akzise nach diesem Vorbild zur wichtigsten Steuerquelle ausgestaltete. Erhoben wurde sie teils bei der Produktion der Güter, und teilweise erst bei ihrer Einbringung in die Stadt.[30] Unter der Regierung des ersten preußischen Königs wurde die städtische Akzise immer mehr zu einem Instrument merkantilistischer Schutzzollpolitik, was gleichzeitig der Aufbesserung der desolaten Staatsfinanzen diente. Aber erst unter seinem Nachfolger wurde das Akzisewesen zum Abschluß gebracht und führte gleichzeitig zu einer scharfen

[28] CCM V/II/VII, Nr. 2.
[29] CCM V/II/VII, Nr. 4.
[30] Erler, Akzise, Sp. 88; Schmoller, Verfg., S. 95f.

Trennung von Stadt und Land, was seinen sichtbaren Ausdruck in den zu diesen Zwecken errichteten Stadttoren, wie beispielsweise dem unter Friedrich Wilhelm I. gebauten und heute noch stehenden Potsdamer Jägertor, fand.[31]

Gleich- oder ähnlichlautende Hausierverbote wurden in der Folgezeit, wie auch aus dem Anhang ersichtlich ist, immer wieder erlassen.

Wie ein roter Faden zieht sich durch die Judengesetzgebung das Bemühen der Herrscher, deren Anzahl im Lande zu begrenzen. Deshalb mußten die unvergleiteten Juden, das waren diejenigen, welche kein Schutzprivileg besaßen, das Land, wenn sie sich darin aufhielten, wieder verlassen und ihr Zuzug wurde stark kontrolliert und reglementiert. Aus diesem Grunde war es den privilegierten Juden und anderen auch nicht gestattet, unvergleitete länger zu beherbergen, weil man befürchtete, sie würden dieses als Möglichkeit zu längerer oder dauernder Niederlassung mißbrauchen.

Die Rechtsverhältnisse der Schutzjuden seit der frühen Neuzeit bestimmten sich nicht mehr so sehr aus den Schutzbriefen, wie dieses noch bis ins Spätmittelalter der Fall gewesen war, sondern nach den Judenordnungen[32], die in der Regel detaillierte Bestimmungen zu den Rechtsverhältnissen der Schutzjuden enthielten. So bestimmte u.a. die kurfürstliche Verordnung für die Berliner Judenschaft vom 2. IX. 1684 in Abänderung des Aufnahmeediktes aus dem Jahre 1671, "daß denen Juden, die offene Buden und Gewölbe hiermit gänzlich verboten, selbige von ihnen geräumet und dergleichen nicht ferner gestattet werden" soll, Nr. 4.[33] Zwölf Jahre später erging mit dem "Patent wegen derer Juden Laden und Buden in denen Residenzien" vom 16. X. 1696[34] eine entsprechende Regelung derzufolge "denen hiesigen Schutz=Juden alle nach Anno 1690 angelegte Laden und Buden geschlossen und zugemachet, und ihnen hinkünfftig keine ferner anzulegen, obgleich solches in ihren Schutz=Briefen enthalten seyn möchte, verstattet werden soll", weil – wie es in dem Patent als Begründung heißt – "die Anzahl der neuen Buden sich seithero so weit vermehret, daß nicht leicht eine Strasse in Berlin zu finden, wo nicht etliche Juden=Gewölbe angerichtet und mit allerhand Krahm=Waaren zu der Kauffmannschafft größtem Abbruch und Schaden beleget worden". Daß damit aber keineswegs ein Streitpunkt aus der Welt geschafft wurde, belegt die sich während der Regierungszeit Friedrich Wilhelms I. über mehrere Jahre hin er-

[31] Hintze, Beamtenstaat, S. 330; Schmoller, Verfg., S. 99; Treue, Wirtschaftsgeschichte, S. 170f.

[32] Battenberg, a.a.O., Sp. 1536.

[33] S. Stern, I/2, Nr. 51 = S. 55f.; Rachel, Die Juden, S. 179.

[34] CCM V/V/III, Nr. 7.

streckende Auseinandersetzung zwischen deutschen und französischen sowie jüdischen Berliner Kaufleuten.[35]

Neben den Klagen der Kaufmannschaft kamen zudem solche der Bevölkerung über zu hohe Wucherzinsen, die jedoch insofern unbegründet waren, als die Höhe der möglichen Zinsen durch landesherrliche Edikte oder Verordnungen vorgegeben und bestimmt wurden. Meistens richteten sich die im einzelnen unterschiedlichen zulässigen Zinssätze nach der Höhe und der Dauer des gewährten Darlehns.

Auch das den Juden im Wiederaufnahmeedikt noch gewährte beschränkte Erwerbsrecht für Häuser wurde durch Verordnungen aus den Jahren 1697[36] und 1699[37] beschnitten. 1697 wurde angeordnet, daß im Falle eines kinderlosen Versterbens von Juden die Immobilien an die Christen heimfallen. Zwei Jahre darauf wurde in einer allgemeinen Verordnung ihnen verboten, Häuser und andere Immobilien ohne Spezialkonzession zu erwerben, welche aber nur "erheblicher Uhrsachen halber zu ertheilen" war. Anscheinend war es ihnen gelungen, mehr Grundbesitz zu erwerben, als dem Staate lieb war.

Für die Juden in den Residenzen gab es seit dem 24. I. 1700[38] eine neue Verordnung, die jedoch schon zum Ende des Jahres durch ein erneutes Reglement modifiziert wurde.[39] Zwischenzeitlich hatte sich die Anzahl der sich im Kurfürstentum aufhaltenden Juden gegenüber 1671 vermehrt, wo bekanntlich fünfzig Familien Aufnahme fanden, weswegen ihnen in der Verordnung "Unterschleiffe, Mißbräuche und Betrügereyen" vorgeworfen wurden. Zur Sühne mußten die vergleiteten Juden von nun an das doppelte Schutzgeld (jetzt 16 Taler pro Familie) jährlich zahlen (Einleitung/Nr. 1 u. 3 der VO). Die unvergleiteten Juden, d.h. die nicht im Besitz eines Geleit-Briefes waren, sollten nach der Entrichtung eines doppelten Schutzgeldes weggeschafft werden. Zusätzlich zum Schutzgeld mußte die gesamte Judenschaft 3.000 Reichstaler in Gold zahlen (Nr. 3 der VO; diese Summe wurde noch im selben Jahr auf 1.000 Taler reduziert = Nr. 4 des Reglements vom Dez. 1700). Die Vergleitung mußten sie sich bestätigen lassen, wobei durch die staatlichen Stellen darauf zu achten war, daß die Zahl von den besagten fünfzig Judenfamilien als Obergrenze nicht überschritten wurde. Die zahlenmäßig darüberliegenden Familien brauchten zwar nicht auszusiedeln, hier sollte vielmehr der Zeitfaktor erledigend eingreifen. Deswegen durften neue Judenfamilien zur Vergleitung erst

---

35 S. Stern, II/1, S. 59, 83.

36 CCM V/V/III, Nr. 8.

37 CCM V/V/III, Nr. 9.

38 CCM V/V/III, Nr. 10.

39 CCM V/V/III, Nr. 12; Rachel, Die Juden, S. 181.

dann wieder angenommen werden, wenn die Anzahl der fünfzig Familien unterschritten war (Nr. 2 der VO). Die Befreiung vom Leibzoll, der Gebühr, die bei einer Reise vom Geltungsbereich des Schutzbriefes in ein anderes Gebiet anfiel, wurde aufgehoben (Nr. 3 u. 7 der VO). In dem zeitlich jüngeren Reglement wurde hinsichtlich der unvergleiteten und fremden Juden – deren zahlenmäßiger Anteil wohl stark zugenommen hatte – bestimmt, daß sie innerhalb von vierzehn Tagen nach der Publikation des Reglements das doppelte des Schutzgeldes zu bezahlen hatten. Dieses war ihnen vom Hausvoigt zu quittieren. Erst danach sollten sie innerhalb von vier Wochen "allhiesige Residentzien und gesamte dero Lande räumen". Das Betreiben von sog. "Crahme und Buden" war danach nicht mehr gestattet mit Ausnahme solcher Läden, die schon 1690 existiert hatten oder wer "dafür besondere Concessiones und Decreta erhalten" hatte. Das Hausieren wurde erneut untersagt und sie sollten wissentlich weniger gestohlene Sachen an sich bringen (Nr. 3 des Reglements), sowie kein ungemünztes Gold oder Silber außer Landes verbringen. Vom Kurfürsten zwar vergleitete, aber außerhalb Landes wohnende Familien, die ihr Schutzgeld nicht beglichen, wofür die übrige Judenschaft haftbar gemacht werden konnte, wurde durch das Reglement der ihnen dereinst erteilte Schutzbrief aberkannt. Wegen des Besitzes und Erwerbs von Häusern und Immobilien wurde festgesetzt, daß diejenigen, welche bisher schon Häuser besessen hatten, diese als Eigentum behalten und auf ihre "Desandentes und Kinder, nicht aber auf Collaterales transferiren" konnten (= Nr. 10). Um die Einschleichung landesfremder Juden zu verhindern, sollten solche nicht länger als drei Tage beherbergt werden dürfen.

Interessant ist ein Patent vom 4.I.1703[40] wonach der König es verbot, sie dem durch den Schutzbrief verliehenen Schutz "zuwider in keine Wege weder heimlich noch öffentlich [zu] kräncken, vielweniger einige wider Rechtliche Gewalt zufügen zu lassen". Es widersprach der Vorstellung von königlicher Würde und Macht, wenn der mit der Vergabe des Schutzbriefes zum Ausdruck gekommene Wille der Majestät nicht respektiert wurde, das Königswort also wertlos sein sollte.

Eine der letzten größeren Gesetzgebungsakte, welche die Juden in Preußen betrafen, aus der Regierungszeit des ersten Königs war das Edikt vom 17.X.1712[41], wonach Juden, die nicht vergleitet waren und bettelten, nicht geduldet werden sollten. Bestimmungen gegen unvergleitete und Betteljuden gab es immer wieder. Die Anzahl der im Land geduldeten Juden sollte sich im wesentlichen auf die vergleiteten beschränken, weil damit der Staat versuchte, einen Überblick über deren Anzahl zu behalten, und das Ausstellen von Geleit-

[40] CCM V/V/III, Nr. 14.
[41] CCM V/V/III, Nr. 30.

oder Schutzbriefen staatlicherseits auch als Regulativ eingesetzt wurde um zu steuern, wen man im Lande aufnahm. Keinesfalls wollte man die so bezeichneten Betteljuden dulden, die von Land zu Land wanderten und sich ihren Lebensunterhalt damit verdienten, indem sie hauptsächlich Lumpen aller Art erbettelten, die sie dann weiterveräußerten. Anlaß für den Erlaß des Ediktes von 1712 war die noch an verschiedenen Orten auftretende Seuche (Pest), deren Verbreitungsgefahr man bemüht war einzudämmen (in Ostpreußen wütete in den Jahren 1709/10 die Pest, unter deren Folgen die Provinz noch lange litt). Weil nun aber die Betteljuden mit dem von ihnen betriebenen Lumpenhandel und auch schon wegen ihres bloßen Umherziehens zwangsläufig eine Gefahrenquelle darstellten, sie außerdem durch ihr Betteln den jeder "Orts schon genug vorhandenen Armen, denen Einwohnern sehr beschwerlich fallen, und lange Zeit zur Last liegen bleiben, ehe sie sich wieder fort machen, wodurch denen unvermögenden Juden im Lande die Beyhülffe verringert wird, und fremde Bettler die meiste Almosen hinweg raffen". Deshalb sollten die Betteljuden die Landesgrenzen nicht mehr passieren dürfen und wenn sie der Aufforderung, sich fortzubegeben, keine Folge leisteten, sollten "die gesundeste und stärckste unter ihnen aufgegriffen und zur Vestungs= oder andem öffentlichen zur Reinigung und Säuberung der Städte und Flecken gereichende Arbeit, bey schlechtem Bier und Brod, sofort angehalten werden". Ausländische reisende Juden mußten aus diesem Grunde, bevor sie passieren durften, den Nachweis erbringen, daß sie an einem Orte wohnhaft seien und ein Handwerk oder ehrliches Gewerbe betreiben, dessen Zweck ihre Reise diene, nicht aber, um zu betteln. Die Juden durften sich zwar untereinander Gutes antun, sie sollten durch ihre Fürsorgebereitschaft aber keine fremden Betteljuden anlocken. Die zum Erlaßzeitpunkt des Ediktes sich bereits im Lande befindlichen auswärtigen Betteljuden sollten wie gewöhnlich mit einem Zehrpfennig versehen und des Landes verwiesen werden, weil – wie es zur Begründung hieß – "darunter sich öffters Spitzbuben und Diebes=Volck verborgen gehalten" haben. Mitstrafbar machten sich diejenigen, welche sie beherbergten und verpflegt haben. Für die unvergleiteten Juden sollten die eingesetzten Judenkommissare zusammen mit anderen Behördenstellen ein Bleiberecht für sie prüfen, ohne daß dadurch aber die Christen in ihrem Lebensunterhalt eingeschränkt werden durften. Bestanden diese Voraussetzungen, so konnte ihnen gegebenenfalls ein Schutzbrief ausgestellt werden; einen Rechtsanspruch hierauf hatten sie aber nicht. Hatten verarmte Judenfamilien schon "lange Jahre" im Lande oder einer der Städte gelebt, ohne sich etwas zuschulden kommen zu lassen, so sollten sie "aus Barmhertzigkeit ferner geduldet werden, und die Allmosen ihres Volcks geniessen" können. Wenn die betroffene Judengemeinde die Almosen nicht aufbringen konnte, sei es daß sie selbst zu arm war oder zuviele Arme bereits zu unterstützen hatte, so wurden andere Gemeinden in ihre Einstandspflicht genommen und Almosenleistungen von ihnen sollten transferiert werden. Die vergleiteten Juden wurden nochmals an die pünktliche und richtige Begleichung ihres Schutzgeldes gemahnt. Der (Berliner) Judengemeinde war aber andererseits auch das Recht zugestanden worden, fremde und unvergleitete Juden mit dem Bann zu belegen und sie so aus ihrer Gemeinschaft auszustoßen, Verordnung vom 20. IX. 1704[42]. Außerdem war es den Juden insbesondere untersagt, sich auf dem Lande anzusiedeln (vgl. z. Beisp. die CircularVO vom 24. XI. 1705[43] und das Rescript vom 16. X. 1706[44]). Für diese Regelung sprachen verschiedene Gründe. Dörfer als relativ kleine, aber homogen gewachsene Siedlungsgemeinschaften sollten durch zuziehende Fremde nicht gestört werden. Eventuelle Haß- und Neidgefühle der ärmlicheren Landbevölkerung gegenüber den Juden sollten vermieden werden. Diese waren zu befürchten, weil sie entweder zu höheren Einkünften gelangten oder durch Almosen unterstützt werden mußten. Zudem war man bestrebt zu verhindern, daß Juden (ländlichen) Grundbesitz erwarben und dadurch eine Konkurrenz für den Landmann werden konnten. Des weiteren hatte man die Juden hauptsächlich zu dem Zweck ins Land geholt, weil man sich von ihnen eine Beförderung des Handels erhoffte. Dieser war aber in den Städten beheimatet.

In der "Confirmatio Privilegii der hiesigen Judenschafft" vom 20. V. 1714[45] wurde durch Friedrich Wilhelm I. erstmals geregelt, daß ein Schutzjude, der sich ordnungsgemäß verhalten hat, im Falle der Heirat eines seiner Kinder, es sei Sohn oder Tochter, dieses auf seinen Schutzbrief mitansetzen konnte und im Todesfall des Vaters das Privileg auf das angesetzte Kind übergehen sollte (= Nr. 10). Die Einbeziehung weiterer Kinder in den Schutz des Privilegs wurde von deren Vermögensmasse abhängig gemacht. Erforderlich war hierfür ein Vermögen von 1.000 Talern für das zweite und von 2.000 Talern für das dritte Kind. Für die Erlangung der Konzession mußte das zweite 50 und das dritte Kind 100 Taler zahlen (= Nr. 11). Die übrigen Kinder hatten keine Aussicht, einen Schutzbrief zu erhalten. Deutlich wird hieran die Verknüpfung von wirtschaftlichen Interessen einerseits (Schutzbrieferteilung bei entsprechend vorhandenem Vermögen, wobei das Privileg als Begründung angibt, die Gemeinde vor einer Verarmung zu schützen, weil sie – wie aufgezeigt – für ärmere Gemeindemitglieder aufkommen mußte) und andererseits dem Bemühen, es bei der Anzahl der vorhandenen Juden in etwa zu belassen (vgl. Nr. 15 des Privilegs). Einer Witwe war es dagegen verstattet, auf dem Privileg ihres verstorbenen Mannes gegen Entrichtung einer Gebühr iHv. 30 Reichstalern zu verblei-

---

[42] CCM V/V/III, Nr. 17.

[43] CCM V/V/III, Nr. 20.

[44] CCM V/V/III, Nr. 23.

[45] CCM V/V/III, Nr. 31; Baumgart, Absoluter Staat, S. 76; Freund, S. 14; S. Stern, I/1, S. 60.

ben, und sie mußte auch nur noch die Hälfte des Schutzgeldes (= 4 Taler pro Jahr) bezahlen. Als Anhang zu dem Privileg findet sich eine Namensliste der für Berlin vergleiteten Juden.

Am 30. X. 1717 erteilte der König siebenundvierzig Familien ein Privileg und einen Schutzbrief für die Neumark[46], deren Auswahl sich nach ihrem Vermögen und ihrer guten Aufführung richtete, wie es in der Einleitung zu diesem Gesetz selber heißt. Mit dem Privileg wurde ihnen eine umfassende Handelserlaubnis gewährt und sie durften in ihren Wohnhäusern offene Läden und Buden unterhalten, was ihnen unter Kurfürst Friedrich III. ja teilweise wieder verboten worden war und wo sie ihre Waren auch außerhalb der Jahrmärkte vertreiben konnten. Sie mußten sich aber der Ausfuhr von Rohwaren – was gleichfalls für die guten Gold- und Silbermünzen galt – und des Hausierens enthalten. Denn die Rohwaren sollten im Lande selbst verarbeitet und erst diese Produkte dann vertrieben werden. Demgegenüber sollten sie "sich so so viel möglich befleißigen ..., allein in Unsern Landen fabricirte Waaren an Auswärtige zu vertreiben, und zu verführen". Der Staat versuchte sich ihre vielseitigen Handelsbeziehungen für seinen Warenabsatz nutzbar zu machen. Verboten wurde ihnen die Geldleihe auf gestohlene Güter. Der Ankauf selbiger war ihnen untersagt und Pfänder durften erst nach Jahrersfrist "versilbert" werden. Um vorkommende "Unterschleife" bei der Pfandleihe zu unterbinden, wurden die Juden angehalten, vom Magistrat durchpaginierte Pfandbücher anzulegen, in denen der Pfandgeber, das Pfand und der dafür erhaltene Gegenwert einzutragen waren. Von Christen durften sie nicht mehr als 10% Zinsen nehmen (= Nr. 2). Die Leibzollfreiheit für vergleitete Juden wurde beibehalten (= Nr. 4), ebenso die Möglichkeit der Ansetzung von Kindern, wenn sie heirateten, auf das Privileg, welches im Todesfall des Privilegiumsinhabers auf eines seiner Kinder übergehen konnte (= Nr. 6). Verstarb ein Schutzjude, ohne Kinder zu hinterlassen, so waren bei der Neuansetzung auf den vergebenen Schutzbrief einheimische vor fremden Juden zu berücksichtigen.

Mit der Allgemeinen Verordnung vom 18. VIII. 1722[47] wurde verkündet, daß wegen der Vermehrung der Judenfamilien, welches "zum mercklichen Nachtheil der Kauffmannschafft und derer Christen anderer Nahrungs=Mittel gereichet, insonderheit auch denen vielerley Arten des schändlichen Wuchers", eine Heirat nur bei vorheriger Meldung bei der Rekrutenkasse und Erlangung einer Heiratserlaubnis gestattet wurde. Damit war für Juden, die nicht mit einem Schutzbrief bzw. als angesetzte Kinder mit einer Anwartschaft auf denselben versehen waren, das Heiraten im Lande – wenn überhaupt – nur unter großen Schwierigkeiten möglich. Außerdem wurden den Juden immer größere

[46] CCM V/V/III, Nr. 35.

[47] CCM V/V/III, Nr. 43.

Geldsummen abverlangt. Zum Beispiel wurden ab 1728 von den preußischen Schutzjuden jährlich 15.000 Reichstaler gefordert, Erlaß vom 24. IV. 1728[48]. Dieses lag aber auch in der rein zahlenmäßigen Zunahme der Juden zumindest mitbegründet.

Mit dem "General-Privilegium und Reglement, wie es wegen der Juden ... zu halten" vom 29. IX. 1730[49] wurde durch Friedrich Wilhelm I. eine umfassende Reglementierung geschaffen, die alle entgegenstehenden Regelungen aufhob (= Nr. 1) und somit erstmals ein einheitliches staatliches Recht für die Gesamtheit der preußischen Juden darstellte.[50] Der Inhalt, zusätzliche Beschränkungen der Juden, wurde bereits durch die Einleitung, in der den "vergleiteten Juden verschiedene Mißbräuche angemercket" wurden, vorgegeben. Vorgeworfen wurde ihnen vor allem, daß sie "entweder den ihnen nur auf gewisse Maasse concedirten Handel und Gewerbe zum grossen Präjuditz der Christen=Kaufleute allzuweit extendiret, oder auch unvergleitete Juden wider Unsere allergnädigste Intention sich mit eingeschlichen haben". Immer wieder versuchten die zünftisch organisierten christlichen Handwerker und Gewerbetreibenden sich ihrer flexibleren, weil organisationsungebunden jüdischen Konkurrenz zu erwehren und königliche Maßnahmen gegen sie zu erwirken. Konkurrenz als Belebung des Geschäfts wurde von ihnen noch nicht so aufgefaßt. Beispielsweise durften Juden von nun an nur noch einen konzessionierten offenen Laden oder eine Bude und zwar an ihrem Wohnort haben (= Nr. 2). Es wurde ein Handelsverbot bezüglich "Material=Waaren, Gewürtz und Specereyen, wie auch mit rohen Rind= und Pferde=Häuten" erlassen; die Bier- und Branntweinherstellung wurde ihnen verboten. Juden, die im Besitz einer Konzession für einen Laden oder eine Bude waren, wurde ausdrücklich der Handel "mit Juwelen und Silber, wie auch mit seidenen, goldenen und silbernen Tressen, Drap d'or und Drap d'argent, reichen Estoffen und Bändern, gestickten Kleidern und Schabracken, Brabantischen und Sächsischen Canten, mit Nesseltuch und weissen Cattun, nicht minder mit Federn, gar gemachtem Leder, auch rohen Kalb= und Schaaf=Fellen, mit Peruquen=Cameel= und Pferde=Haaren, Baum=Wolle, ausländischem Zwirn, Talg, Wachs, Peltzwerck, Pohlnischen Waaren, deren Einfuhre durch die Edicte nicht verbothen ist, wie auch mit The und Caffe" gestattet. Hierbei handelte es sich vorwiegend um Luxusartikel, für deren Beschaffung Handelsbeziehungen ins Ausland notwendig waren, welche insbesondere die Juden aufgrund ihrer Geschäftsbeziehungen, Familien- und Glaubensbrüderverzweigung unterhielten. Der Handel unkonzessionierter Juden

[48] S. Stern, II/2, Nr. 196 = S. 259f.

[49] CCM V/V/III, Nr. 53; v. Borries, S. 163; Bruer, S. 46; Rachel, Die Juden, S. 182; S. Stern, II/1, S. 82.

[50] Baumgart, Die Freiheitsrechte, S. 139; ders., Absoluter Staat, S. 73.

wurde auf "alten Kleider=Kram, Kleinig= und Trödel=Waaren", sowie Wechselverkehr und Pferdehandel begrenzt (= Nr. 3). Ohne "speciale Permission" war weiterhin der Kauf von Häusern und Wohnungen untersagt (= Nr. 8). Mit Ausnahme des Petschierstechens (Siegelstechen oder Gravieren, dessen Ausübung nicht zunftgebunden war und deren Ausüber meistens zur Klasse der unvergleiteten, extraordinären Juden gehörten[51]) war den Juden die Ausübung eines bürgerlichen Handwerks verboten (= Nr. 9). Die Ansetzungsbefugnis zur Übertragung des Schutzbriefes wurde mit dem Privileg auf zwei Söhne beschränkt, was auch für das Heiraten galt, wobei das Vermögen der anzusetzenden Söhne – wie schon früher verordnet – jetzt aber mindestens 1.000 schon beim ersten bzw. 2.000 Reichstaler beim zweiten Sohn betragen mußte. Für die "Transferirung der Privilegien" mußten als Ansetzgebühr 50 bzw. 100 Reichstaler gezahlt werden. Durch die Aufnahme der verheirateten "Schutz=Juden=-Söhne" in das Patent ihrer Eltern sollte die für einen Ort festgesetzte Anzahl der Judenfamilien nicht überschritten werden (= Nr. 12). Somit durften sie in der Praxis nur noch bei freiwerdenden Schutzbriefen angesetzt werden. Außerdem mußten die Juden jeder Provinz kollektiv für die Bezahlung der Schutz- und Rekrutengelder haften (= Nr. 17). Hinsichtlich der Pfandleihe (= Nr. 6) verblieb es bei der bisher getroffenen Regelung, vor allem der Pflicht zur Führung eines Pfandbuches, allerdings mit der Änderung, daß Pfänder erst nach einer zwei Jahresfrist verwertet werden durften. Der zulässige Zinssatz variierte nach Kreditumfang und Kreditdauer (= Nr. 7). Dieses umfassende Privileg bildete für zwei Jahrzehnte die Rechts- und Regelungsgrundlage für die Juden im Königreich Preußen und wurde erst von dem unter Friedrich dem Großen erlassenen revidierten General-Juden-Privileg und Reglement vom 17. IV. 1750 abgelöst. Hingegen gelangte ein projektiertes Judenedikt von 1737 nicht zur Publizierung und erlangte keine Gesetzeskraft. Jedenfalls wurden aber die Edikte von 1714 und 1730 nicht strikt befolgt, wie sich u.a. aus der Anzahl der in Berlin geduldeten Juden ergibt, die teilweise sogar Spezial- oder Generalprivilegien erhielten.[52]

In den Jahren 1737 und 1738 erließ der Soldatenkönig nochmals erneuerte bzw. geschärfte Edikte gegen Betteljuden.[53] Sie nahmen vor allem auf das Edikt vom 13. XI. 1719 Bezug. Konkreter Anlaß des Ediktes vom 9. IX. 1738 war eine im Königreich Ungarn und im Fürstentum Siebenbürgen auftretende Seuche, deren Einschleppung es zu verhindern galt. Hier zum Beispiel zeigt sich der Wechselbezug zu den die innere Sicherheit betreffenden Staatsschutzmaßnahmen. Weil "die Bettel=Juden, so ohne Unterscheid allerhand Länder

[51] Brilling, S. 114, 123.

[52] S. Stern, III/1, S. 72.

[53] CCM V/V/III, Nr. 56 u. 57.

durchstreichen, darinnen alte Kleider und Lumpen erhandeln, und solche unbedachtsamer und gewissenloser Weise nach anderen Orten hinbringen und verkauffen", und deshalb die Gefahr der Seucheneinschleppung bestand. Deshalb sollte ihnen die Ein- und Durchreise nicht verstattet sein. Wurden sie dennoch dem Edikt zuwider angetroffen, so war dieses mit vierzehntägiger Gefängnisstrafe und anschließender Landesverweisung zu ahnden, die bei ihnen befindlichen alten Kleider und Lumpen mußten verbrannt werden. Die Bevölkerung (Bauern und Wirte, aber auch die vergleiteten Schutzjuden) waren zur Mitwirkung beim Ergreifen von Betteljuden aufgefordert.

Die friderizianische Judenpolitik des aufgeklärten roi-philosoph, für den "Aufklärung" mehr als nur ein Schlagwort bedeutete, die er vielmehr als eine politische Verpflichtung auffaßte, in Staat und Gesellschaft praktische Reformen durchzuführen[54], zeichnete sich eher durch Distanziertheit aus. Auf dem Sektor der Judenemanzipation wurde der deutsche "Modellstaat" Preußen nicht zum Vorreiter der Entwicklung im praktisch-politischen Bereich.[55] Die von gewichtigen Stimmen der deutschen Aufklärung wie Friedrich Nicolai und dem preußischen Kriegsrat Christian Wilhelm von Dohm geforderte Besserstellung der Juden führte unter seiner Regentschaft noch zu keinem spürbaren Durchbruch.[56] Österreich unter Kaiser Joseph II. und andere Territorialstaaten des Deutschen Reiches waren in dieser Hinsicht teilweise fortschrittlicher.[57] Andererseits war es aber charakteristisch, daß Dohm's Schrift "Über die bürgerliche Verbesserung der Juden" (1781) im friderizianischen Preußen erschien und von einem königlichen Beamten verfaßt wurde, wirft diese Tatsache doch ein bezeichnendes Licht auf die Geisteshaltung der Beamtenschaft. Dohm zeichnete mit seiner Schrift den Weg hin zu den Reformen am Anfang des neuen Jahrhunderts vor.[58] Die Einstellung des Königs zu dieser Bevölkerungsgruppe war zwiespältig. Sie war zweifelsohne vor dem Siebenjährigen Krieg eine andere als danach, wie sich anhand seiner beiden politischen Testamente von 1752 und 1768, denen für die Gesamtpolitik ein programmatischer Charakter zugesprochen werden kann, ablesen läßt. Meinungsbildend waren dabei seine während des Krieges mit den Juden gemachten Erfahrungen und die von ihrer Seite zuteil gewordene Unterstützung. In dem früheren der beiden Testamente äußert er sich über die Juden dahingehend, daß sie "von allen diesen Sekten die gefährlichsten [sind]; denn sie schädigen den Handel der Christen und sind für den Staat nicht zu brauchen. Wir haben die Juden zwar wegen des Kleinhandels mit

[54] Duchhardt, a.a.O., S. 565.

[55] Ders., ebenda, S. 569.

[56] Rachel, Die Juden, S. 192.

[57] Baumgart, Die Freiheitsrechte, S. 128.

[58] Ders., ebenda, S. 126; ders., Absoluter Staat, S. 87; Fischer, S. 9; zu Dohm: Detering, Heinrich, Ein Held der Ebene, in: F.A.Z. vom 29.V.1995, S. 33.

Polen nötig [!], aber wir müssen verhindern, daß sie sich vermehren. Sie dürfen nicht nur eine gewisse Zahl von Familien, sondern auch eine gewisse Kopfzahl nicht überschreiten. Wir müssen ihren Handel einschränken indem wir sie vom Großhandel fernhalten und ihnen nur den Kleinhandel gestatten". "Ferner muß [der Herrscher] ein Auge auf die Juden haben, ihre Einmischung in den Großhandel verhüten, das Wachstum ihrer Volkszahl verhindern und ihnen bei jeder Unehrlichkeit, die sie begehen, ihr Asylrecht nehmen. Denn nichts ist für den Handel der Kaufleute schädlicher als der unerlaubte Profit, den die Juden machen." Teilweise werden diese harten Äußerungen dadurch relativiert, wenn es an anderer Stelle auch mit bezug auf die Juden heißt, daß in Preußen verschiedene Konfessionen friedlich beieinander lebten. "Wenn der Herrscher aus falschem Eifer auf den Einfall käme, eine dieser Religionen zu bevorzugen, so würden sich sofort Parteien bilden und heftige Streitereien ausbrechen. Allmählich würden Verfolgungen beginnen, und schließlich würden die Anhänger der verfolgten Religion ihr Vaterland verlassen, und Tausende von Untertanen würden unsere Nachbarn mit ihrem Gewerbefleiß bereichern und deren Volkszahl vermehren."[59] Auch die Juden sollten demnach weder bevorzugt noch benachteiligt werden, sondern als Untertanen dem Staate erhalten bleiben. Ein derartiges Urteil über die Juden läßt sich in dem politischen Testament von 1768 denn auch nicht mehr finden. Hier haben die unbestreitbaren Verdienste der jüdischen Entrepreneurs im Siebenjährigen Krieg und ihre wirtschaftlichen Leistungen im nachfolgenden Retablissement für das Überleben und den Wiederaufbau des preußischen Staates die Kritik des Königs gemildert.[60]

Wie seinem ersten politischen Testament zu entnehmen ist, sah Friedrich II. die Juden eher als nachteilig für die preußische Bevölkerungsstruktur an. Möglicherweise war der König hier in seiner Einstellung von dem Judengegner Voltaire mitbeeinflußt worden.[61] Sie wurden von ihm mit teilweise harten Maßnahmen unter Druck gesetzt, der in der Regel nur dann gelockert wurde, wenn die Juden Gegenleistungen, vorwiegend Geldleistungen, zum Wohle des Staates erbrachten. Andererseits bediente sich dieser Herrscher der Juden in vielfacher Hinsicht, z. B. indem er durch sie die Münzverschlechterung (höherer Schlagfuß aus einer Tonne Silber) während des Siebenjährigen Krieges betreiben ließ ("Außen schön, innen schlimm - außen Friedrich, innen Ephraim").[62] Dadurch wurde das Mißtrauen der übrigen Bevölkerung den Juden gegenüber genährt, die unter der Münzverschlechterung zu leiden hatten und gleichzeitig den mit der Risikoübernahme erwirtschafteten Gewinn bei den Entrepreneurs

---

[59] Testament von 1752, S. 35 u. 44 (zitiert n.d. Reclam Ausgabe).

[60] Baumgart, Die Freiheitsrechte, S. 138.

[61] Ders., ebenda; Duchhardt, a.a.O., S. 567.

[62] Duchhardt, ebenda.

sahen.[63] Kriegszeiten als Ausnahmezeiten locken sowieso jedwedes Glücksrittertum an. Damals erfolgte die Münzverschlechterung zudem auf Geheiß des Monarchen. Festzustellen bleibt, daß der König bei der Judenpolitik im Widerspruch zwischen eigener Ansicht und dem Wohle des Staates stand, was er seiner Staatsauffassung folgend zugunsten des Staates löste.[64]

Eine umfassende Neuregelung der Rechtsstellung der Juden unter Friedrich II. erfolgte durch das revidierte "General-Privilegium und Reglement vor die Judenschaft im Königreiche" vom 17. IV. 1750[65], welches das ältere Privileg von 1730 ablöste und teilweise (wegen der Judenemanzipation im Zuge der Stein-Hardenbergschen Reformen von 1812) bis zur preußischen Verfassung von 1849 Gültigkeit hatte.[66] Bekanntlich und immer wieder kolportiert wurde es von den Juden als so entehrend empfunden, daß sie um seine Nichtveröffentlichung baten (um ihre Kreditwürdigkeit im Handel nicht zu gefährden; es wurde auch erst 1756 in der Ediktensammlung publiziert, und von Mirabeau als würdig eines Kannibalen ("loi digne d'un cannibale") bezeichnet wurde.[67] In diesem Privileg wie in dem zwei Jahre später entstandenen ersten politischen Testament manifestiert sich die Auffassung des Königs, daß einerseits die Anzahl der im Königreich lebenden Juden begrenzt bleiben müsse (was eine Zuzugsbeschränkung für fremde und unvergleitete Juden bedeutete), und andererseits ein ausgeglichenes Verhältnis betreffend die Erwerbsmöglichkeiten für Christen und Juden garantiert werden müsse. In der Einleitung zu diesem Privileg und Reglement wird diese Intention folgendermaßen beschrieben: "Nachdem wir ... bey denen darinnen vergleiteten und geduldeten Juden, verschiedene Mängel und Mißbräuche angemercket, insonderheit aber gar eigentlich beobachtet haben, daß derselben überhand nehmende Vermehrung nicht nur dem Publico, besonders aber denen Christlichen Kaufleuten und Einwohnern ungemein Schaden und Bedrückung zugefüget, sondern auch der Judenschafft selbst dadurch und durch Einschleichung unvergleiteter, Fremden und fast nirgends zu Hause gehörenden Juden, viele Beschwerden und Nachtheil erwachsen; Wir aber aus allergnädigster Landesväterlicher Vorsorge alle und jede in Unserm Schutze stehende getreue Unterthanen, sowohl Christen als Juden, in beständigen guten Wesen und Flor ihrer Nahrung und Gewerbe so viel immer möglich gesetzet und erhalten wissen wollen: Dannenhero nöthig gefunden, solche Vorkehrung zu machen, daß diese Unsere allergnädigste Absicht erreichet, zwischen der Christen= und Juden=Nahrung= und Gewerbe Proportion

---

[63] Fischer, S. 11.

[64] Bruer, S. 69f.

[65] NCCM 1751-60, 1756/Nr. 65; Battenberg, a.a.O., Sp. 1539f.; Baumgart, Die Freiheitsrechte, S. 143; S.Stern, III/1, S. 80.

[66] v. Borries, S. 168; Rachel, Die Juden, S. 186.

[67] Baumgart, Absoluter Staat, S. 81; v. Borries, S. 165; Rachel, Die Juden, S. 185.

gestifftet, und insbesondere durch unzuläßig erweiterten jüdischen Handel und Wandel keinem von beyden zu nahe geschehe."

Die in dem Privileg getroffenen Regelungen basierten auf erhobenen Untersuchungen und darauf gestützten Vorschlägen, und sollten als zur "Erhaltung Unsers Endzwecks und damit verknüpften Wohlfarth der sämtlichen vom Handel und Wandel lebenden Landes=Einwohner dienlich erachtet" werden. Zunächst beschränkte das Privileg den zu duldenden Personenkreis auf eine im Anhang befindliche Namensliste von dort aufgeführten und vergleiteten Schutzjuden und deren Familien- und Hausstandsangehörigen. Unvergleitete Juden sollten nicht in Preußen geduldet werden. Zu ihnen zählten aber wiederum diejenigen unvergleiteten Juden nicht, die sich nur vorübergehend ihrer Kommerzien wegen im Lande aufhielten (Art. II). Zudem unterschied dieses Gesetz zwischen ordentlichen Schutzjuden, denen das Recht zur Ansetzung und Verheiratung von nur noch einem Kind bei einem Vermögen von 1.000 Reichstalern gestattet war (Art. V, Nr. 1,2 u. 6), und außerordentlichen, aber auf Lebenszeit geduldeten Juden. Zu der letzten Gruppe wurden beispielsweise die gerechnet, welche eine Schutzjudenwitwe geheiratet hatten oder sonst im Besitz einer Konzession waren, wie auch die Witwe und übrigen Kinder einer Schutzjudenfamilie, bei denen ein Kind auf das Privileg bereits angesetzt war. Die außerordentlichen Juden waren nicht befugt, ein Kind anzusetzen (Art. V, Nr. 1 u. 2). Das Recht auf die Ansetzung eines zweiten Kindes für ordentliche Schutzjuden wurde mit dem Hinweis auf die Kabinettsordern vom 27. X. 1747[68] und 23. V. 1749[69], die insoweit inhaltliche Regelungsvorläufer des Generalprivilegs von 1750 waren[70], nicht mehr gestattet (Art. V, Nr. 2). Nach dem Tod des Schutzjuden genossen dessen nicht angesetzten Kinder keinen weiteren Schutz (Art. V, Nr. 4 u. 16). Sie durften dann nicht mehr selbständig ein Handelsgewerbe betreiben, sondern konnten allenfalls bei einem anderen vergleiteten Juden dienen. Daran wird das Bemühen um die Einschränkung der jüdischen Handelstätigkeit deutlich. Die Möglichkeit einer Ausnahme gab es für die zweiten und dritten Kinder reicher Juden. Wenn sie es schafften, ein Vermögen von 1.000 Reichstalern zusammenzubringen, konnten sie um ein besonderes Privilegium für ihre Person nachsuchen. Der Staat wollte dadurch verhindern, daß finanzkräftige Juden samt ihres Vermögens außer Landes gingen und wirtschaftliches Potential für sich gewinnen. Bei einer Heirat mußte der Schwiegersohn/die Schwiegertochter "ein gutes Vermögen haben" und sollte aus Preußen stammen, damit sich die Anzahl der im Land befindlichen Juden nicht zu sehr vermehrte (Art. V, Nr. 11). Vorsätzlichen Bankrott sanktionierte

---

[68] S. Stern, III/2,1, Nr. 64 = S. 195f.

[69] Dies., ebendort, Nr. 86 = S. 222; vgl. a. Nr. 85 u. 88.

[70] Bruer, S. 71.

das Privileg mit dem Verlust des Schutzes für den vergleiteten Bankrotteur und aller anderen im Schutzbrief aufgeführten Personen (Art. X). Sein Schutzbrief wurde kassiert und es durften auf ihn auch keine neuen Judenfamilien angesetzt werden. Gegen den "vorsetzlichen und boßhaften Banquerout" gab es immer wieder Einzelgesetze, auf welche das Privileg teilweise Bezug nahm. Mit der Einbeziehung sämtlicher in dem Schutzbrief aufgezählter Personen in die Haftung für den Bankerotteur sollten die Juden von einem leichtfertigen Verhalten abgeschreckt werden. Ein gleiches Schicksal wurde bei Diebstahl und Hehlerei angedroht, wobei ggf. die jüdische Gemeinde des betreffenden Ortes für den entstandenen Schaden aufzukommen hatte. Vor allem diese Einstandspflicht war höchst umstritten, weil hier u.U. eine Haftung ohne Schuld festgesetzt wurde, und sich darin die Auffassung der Legisten und Kameralisten manifestierte, derzufolge eine Körperschaft – wie hier die Judengemeinde – gleich einer Einzelperson delikts- und damit auch schadensersatzpflichtig sein könne.[71]

Die Ausübung eines bürgerlichen Handwerks sollte ihnen nur noch dann gestattet sein, wenn in diesem Bereich "keine Professions-Verwandte und privilegirte Zünffte" existierten. Zu diesen Handwerken zählten neben dem Petschierstechen, das Malen, optische Gläser, Diamanten und Steine schleifen, Gold- und Silbersticken, weiße Waren ausnähen und das Krätzwaschen (Art. XI). Für den Handel wurde ein Katalog der erlaubten Handelswaren erstellt, der sich im wesentlichen mit dem des Privilegs von 1730 deckte (Art. XVIII). In der Gerichtsbarkeit unterlagen die Juden in Kriminal- und Zivilsachen den ordentlichen Gerichten, in Sukzessions-, also Erbschaftssachen, und anderen in den jüdischen Religionsritus einschlagenden Fällen den Mosaischen Gesetzen und damit den Rabbinern (Art. XXXII), denen dadurch ein wichtiges Herrschaftsinstrument über die Gemeinde gestutzt wurde, was auf der anderen Seite aber zu einem Heranführen und einer Angleichung an ihr christliches Umfeld führte.[72] Trotz seines restriktiven Regelungscharakters zeichnete sich das neue Generalprivileg andererseits durch eine Vielzahl von zugelassenen Ausnahmemöglichkeiten aus, vorwiegend im Falle eines entsprechend vorhandenen Vermögens des Antragstellers. Daran wird deutlich, daß die Politik in den Juden vor allem ein Finanzobjekt sah. Eine Reihe finanziell potenter sogenannter Hoffaktoren, das waren Hof- und Heereslieferanten sowie Kreditgeber, waren mit außergewöhnlichen Privilegien und Vergünstigungen versehen, und wurden zu einem maßgeblichen Träger der Industrialisierungspolitik des Königs, vor allem was die Textil- und Seidenindustrie angeht, indem er die Gewährung der Vergünstigungen häufig von einem unternehmerischen Engangement ab-

---

[71] Freund, S. 29; S. Stern, III/1, S. 82.

[72] Bruer, S. 103; Freund, S. 29.

hängig machte.[73] Diese Vorgehensweise beschränkte sich keineswegs erst auf die Zeit nach dem Siebenjährigen Krieg. Außerdem bediente sich Friedrich der jüdischen "Entrepreneurs" zwecks Geldmanipulation um mit ihrer Hilfe den drohenden Staatsbankerott während des dritten Schlesischen Krieges abzuwenden.[74] Hinzu kommt, daß das Schutzgeld der brandenburgischen Gesamtjudenschaft auf 25.000 Reichstaler im Jahre 1765 anstieg[75], was nicht ausschließlich auf ihre rein zahlenmäßige Zunahme zurückzuführen ist; hinzuzurechnen sind noch verschiedene Sonderzahlungen wie Heirats- und Rekrutengeld, welche sie aufzubringen hatten, um vom Militärdienst befreit zu sein.

In diesem Zusammenhang ist auch der Abnahmezwang von Erzeugnissen der späteren Königlichen Porzellanmanufaktur (KPM) bei bestimmten familiären Anlässen zu nennen. Mitte des 18. Jahrhunderts beherrschten die sächsischen Porzellanfabriken von Meißen und ihre Erzeugnisse den Porzellanmarkt. Diese Überlegenheit und damit die Abhängigkeit Preußens auf diesem Gebiet mißfielen dem König, der einen preußischen Gegenpol in der Porzellanherstellung wünschte. 1751 errichtete der Schweizer Johann Wegeley in Berlin einen Vorgängerbetrieb, der allerdings schon nach sechs Jahren wieder einging.[76] Die Voraussetzungen für den Betrieb einer Porzellanmanufaktur änderten sich aber, als mit der preußischen Besetzung Sachsens zu Beginn des Siebenjährigen Krieges die Meißner Manufaktur samt ihres künstlerischen und technischen know how in des Königs Hände fiel.[77] Der Kaufmann Johann Ernst Gotzkowsky schuf diesem Gedanken Friedrichs folgend 1760/61 mitten im Siebenjährigen Krieg eine Porzellanfabrik in Berlin. Weil aufgrund der schwierigen Brenntechnik und der mangelnden Erfahrung die Berliner Produkte dennoch gegenüber der Konkurrenz deutlich zurückblieben und das finanzierende Bankhaus Bankrott ging, brach das Unternehmen 1763 zusammen. Daraufhin erwarb der König den maroden Betrieb, welcher von nun an als "Königliche Preußische Porcelain-Fabrique zu Berlin" firmierte. Zur Umsatzsteigerung wurden mit Kabinettsorder vom 21. III. 1769[78] die preußischen Schutzjuden verpflichtet, z. B. bei Ansetzung des ersten Kindes auf den Schutzbrief und bei einem Hauskauf für 300 Taler, oder bei Erwerb des Generalprivilegiums für 500 Taler Porzellan zu erwerben und im Ausland zu verkaufen. Man bediente sich der Juden zu Exportzwecken, denn sie waren gehalten, das von ihnen abgenommene Porzellan im Ausland durch Verkauf abzusetzen. Ein Circular vom

[73] Bruer, S. 76, 83; Schultz, S. 260.

[74] Duchhardt, a.a.O., S. 567.

[75] Baumgart, Absoluter Staat, S. 73; anders: Freund, S. 22 (1768).

[76] Henderson, S. 484; Treue, Wirtschaftsgeschichte, S. 192.

[77] Treue, ebenda.

[78] S. Stern, III/2,1, Nr. 384 = S. 511f.; v. Borries, S. 165; Freund, S. 25; Rachel, Die Juden, S. 190.

12. I. 1783[79] hält die Akzise- und Zollämter sowie die Grenzoffizianten dazu an, darauf zu achten, "daß das zum Ausgang declarirte Porzellen, würklich ausgehe". Geleitscheine sollten nur attestiert werden, wenn das Porzellan außer Landes ging. Ferner sollten die genannten Personen darauf acht haben, "daß dieses von den Juden, durch ein Grenz=Amt exportirtes Porzellen nicht hin wiederum durch ein anderes Grenz=Amt eingebracht werde". Weil durch den Staat bereits vorgegeben war, daß jeweils ein Drittel des abzunehmenden Porzellans aus guter, mittlerer und schlechterer Qualität bestehen sollte, und den Juden keine große Wahlmöglichkeit hinsichtlich des von ihnen abzunehmenden Porzellans eingeräumt wurde, bekamen sie oftmals nur schwer oder unter großen wirtschaftlichen Verlusten verkäufliche Ware, wobei die ihnen zugedachten Porzellanaffen noch eine Kuriosität eigener Art darstellten.[80]

Zwar erließ 1771 das Generaldirektorium eine Erleichterung bei den angesetzten Kindern, insofern als die Abnahmeverpflichtung nur noch für den Fall galt, wenn ein "extraordinairer Schutz-Jude unter die Classe derer ordinairen aufgenommen wurde.[81] Als aber 1779 Unregelmäßigkeiten bei der Porzellanabnahme beklagt wurden, wurde diese Entscheidung ex tunc revidiert und den preußischen Juden eine Nachzahlung in Höhe von 223.000 Talern auferlegt, wobei etwa lediglich die Hälfte dieser Summe durch den Gegenwert des abzunehmenden Porzellans gedeckt war. Diese Nachzahlung wurde durch die Beamten mit größter Entschlossenheit eingetrieben. Erst im Jahr 1788 unter dem Nachfolger Friedrich Wilhelm II. gelang es den Juden, sich für die Abstandszahlung von 40.000 Talern (bei Anrechnung von 35.000 Talern restlicher Nachzahlung) aus der Pflicht zur Porzellanabnahme zu befreien.[82]

Eine ähnliche, allerdings auf die damit befaßten jüdischen Kaufleute beschränkte, Politik verfolgte Friedrich der Große hinsichtlich der preußischen Seidenproduktion und -fabrikation.[83] Für den Unterhalt der Templiner Strumpf- und Mützenfabrik waren die Juden seit 1768 ebenfalls verpflichtet.[84] Auch an diesen Maßnahmen zeigt sich, daß die Juden von Friedrich II. dazu auserkoren waren, durch ihre Abgaben den Interessen des Staates zu dienen und die merkantilistische Wirtschaftspolitik zu unterstützen. Durch seine Maßnahmen sorgte der König dafür, daß das von den Juden in Ausnutzung der Kriegskon-

---

[79] NCCM 1781-85, 1783/Nr. 4.

[80] Bruer, S. 77f.

[81] S. Stern, III/2,1, Nr. 403 = S. 532f.

[82] Bruer, S. 78.

[83] Ders., S. 79f.; v. Borries, S. 166.

[84] Baumgart, Absoluter Staat, S. 82; v. Borries, S. 165; Freund, S. 24f.; S. Stern, III/1, S. 188f.

junktur erworbene Vermögen im Lande verblieb und zum Retablissement des Staates eingesetzt wurde.[85]

Während der Regierungszeiten von Friedrich II. und seinem Neffen und Nachfolger Friedrich Wilhelm II. erweiterte sich das Königreich Preußen neben den Provinzen Schlesien (1742) und Ostfriesland (1744) vor allem infolge der polnischen Teilungen um östliche Gebiete. Durch die erste polnische Teilung 1772 kamen Westpreußen, der Netzedestrikt, das Ermland und Kulmerland als neue Staatsgebiete zum Territorium hinzu. Im Zuge der zweiten (1793) und dritten (1795) polnischen Teilung wurden Südpreußen und Neu-Ostpreußen in den preußischen Staat eingegliedert.

Bei diesen Gebietsveränderungen wurde eine jüdische Bevölkerung in den preußischen Staatsverband aufgenommen, die sich gegenüber der jüdischen Bevölkerung des "Kerngebietes" in wesentlichen Punkten unterschied. Die im Westen lebende jüdische Bevölkerung war durch die restriktive preußische Judenpolitik geprägt, welche die Juden möglichst auf wohlhabende, der Wirtschaft zuträgliche jüdische Unternehmer begrenzt wissen wollte. Sie machten einen relativ geringen Anteil an der Gesamtbevölkerung aus und waren grundsätzlich im Handelsgewerbe tätig. Demgegenüber stellte die jüdische Bevölkerung im Osten einen relativ großen Anteil an der Gesamtbevölkerung (9% in Neu-Ostpreußen) und überragte die westliche Judenschaft zahlenmäßig um ein Vielfaches. In einigen Städten bestand die Hälfte der ortsansässigen Bevölkerung aus Juden. Auch die gesellschaftliche Stellung der Ostjuden war eine andere. Durch die polnische Bevölkerung wurden in erster Linie die Schichten des Adels und der Bauern besetzt. Die vakante Mittelstellung eines Bürgertums nahmen vielfach die Juden ein, so daß die bürgerlichen Berufe wie Handwerker oder Händler hier durch die Juden ausgeübt wurden, was in den neuen preußischen Provinzen Posen und Westpreußen ihnen vielfach noch von der polnischen Herrschaftszeit her gestattet war.[86] Allerdings gab es im Gegensatz zu den Kerngebieten auch sehr viele Juden, die an oder unter der Armutsgrenze lebten. Zusätzlich bildeten die jüdischen Gemeinden hier durch den starken Zusammenhalt der Juden, sich von den vielfach assimilierungsfreundlichen Juden im Westen unterscheidend, stärkere und von der übrigen Bevölkerung isolierte Positionen heraus.[87] Die Absicht Friedrich II. war es, insbesondere die armen Juden mit einem Vermögen unter 1.000 Talern außer Landes zu schaffen. Er konnte jedoch grundsätzlich davon überzeugt werden, daß dieses zwangsläufig zu einer untragbaren Ausdünnung vieler Landstriche und Städte führen würde,

---

[85] Baumgart, ebenda, S. 84; S. Stern, III/1, S. 198; Treue, Wirtschaftsgeschichte, S. 210.

[86] Brilling, S. 115.

[87] Bruer, S. 147f., 149.

weswegen das bei Juden erforderliche Vermögen auf 100 Taler herabgesetzt wurde. Dennoch wurden Bettler und mittellose Hausierer abgeschoben, wie es auch ansonsten gängige Praxis gewesen war. Diese Politik versagte jedoch spätestens, als es keinen polnischen Nachbarstaat mehr gab, in den diese unerwünschten Juden hätten ausgewiesen werden können.[88]

Für die erworbenen polnischen Gebiete galt ebenso wie für die anderen hinzugekommenen Provinzen das revidierte General-Privilegium von 1750 nicht automatisch. Vielmehr erforderte die besondere Situation der neuerworbenen Provinz eine spezifische Regelung der Rechtsstellung für die dort lebenden Juden.[89] Erschwerend kam im Falle von Westpreußen vor allem hinzu, daß es dort keine traditionelle Judenpolitik wie beispielsweise die österreichische in Schlesien gegeben hat, an die man hätte anknüpfen können, so daß die öffentlich-rechtlichen Verhältnisse der Juden in Westpreußen neu geregelt werden mußten.[90] Außerdem mußte die Gesetzgebung hierbei einen Ausgleich zwischen dem Staatsinteresse, die Anzahl der Juden zu beschränken, einerseits, ohne aber dabei den lebenswichtigen polnischen Handel andererseits zu gefährden, schaffen.[91] Dieser anvisierte Interessenausgleich fand seinen Niederschlag in dem "General=Privilegium und Reglement für die Judenschaft in den Danziger Vorstädten" vom 9. VIII. 1773[92]. Inhaltlich modifizierte es leicht das Generalprivilegium von 1750. Des Königs Intention ging dahin, mittels der Judenschaft in den Danziger Vorstädten die polnischen Händler von Danzig ab in die neu gegründeten preußischen Vorstädte zu ziehen. Die Ausschaltung der polnischen Handelskonkurrenz wurde 1775 mit dem Abschluß des ungleichen Handelsvertrages mit Polen besiegelt.[93] Demgegenüber steht das Bemühen um die Verringerung der jüdischen Bevölkerung in der neugewonnenen Provinz. Weil aber bei einer ad hoc Ausweisung mit verschiedensten Problemen zu rechnen sei, denn nicht selten stellten die Juden in den Städten ein Drittel oder sogar die Hälfte der Bevölkerung dar, was wirtschaftliche Einbußen, Verwirrung und Unsicherheit nicht nur unter der jüdischen Bevölkerung und die Frage der Tilgung der auf den Synagogen lastenden Schulden aufgeworfen hätte[94], einigte man sich diesbezüglich auf ein sukzessives Vorgehen. Hinzu kam, daß der Verwaltungsapparat vor Ort, d.h. konkret Oberpräsident von Domhardt und die Beamten der westpreußischen Kammer, aber auch das Generaldirektorium

---

[88] Bruer, S. 151.

[89] Ders., ebendort, S. 156; Fischer, S. 8/Fn. 2; S. Stern, III/1, S. 79, 89.

[90] S. Stern, III/1, S. 94.

[91] Dies., ebenda, S. 95.

[92] NCCM 1773/Nr. 40; Bruer, S. 153f.

[93] Hentschel, Manufaktur- und Handelspolitik, S. 149; Treue, Wirtschaftsgeschichte, S. 204.

[94] Bruer, S. 150.

in Berlin offen passiven Widerstand gegen des Königs Willen leisteten, indem sie die Ausführung königlicher Befehle verzögerten oder mittels erfundener Vorwände die Ausweisung hintertrieben.[95] Dennoch wurden in den Jahren 1774-1785 in dem Netzedestrikt 6.000 und aus der gesamten Provinz Westpreußen 7.000 Juden zur Auswanderung gezwungen[96], wovon vor allem ärmere und einfachere Juden betroffen waren. Im Gegensatz dazu steht die deutliche Bevorzugung einzelner. Hierbei handelt es sich aber nur um einen scheinbaren Widerspruch, denn durch deren Privilegierung versuchte der König ihre Leistungskraft und Arbeitsfähigkeit zu motivieren und gleichzeitig für den Staat dienstbar zu machen. Durch Belohnung und Beförderung ihrer eigenen Interessen und diese mit seinen königlichen zu verbinden, bezweckte er dadurch die allgemeine Wohlfahrt zu steigern.[97] Um einen Überblick über die Bevölkerungsentwicklung der Juden in der Provinz Westpreußen zu haben, bestimmte das Privileg von 1773 in Art. 4, "daß die Judenältesten quartalsweise der Kammer Listen einzureichen hätten, in denen alle vor gefallenen Veränderungen wie Trauungen, Geburten und Todesfälle und sonstige Abgänge" zu vermerken waren.

Zahlreiche weitere Legislativakte erfaßten die unterschiedlichsten Lebensbereiche. Ein Edikt vom 15. I. 1747[98] verbot "der Judenschaft" den Ankauf verdächtiger Ware und verlangte die Rückgabe von Diebesgut an die rechtmäßigen Besitzer. Hiergegen zuwider handelnde Juden waren mit dem Verlust des Schutzbriefes für sich und ihre Familien zu bestrafen. Eine Neubesetzung der dadurch freigewordenen Stellen wurde ausgeschlossen. Per Rescript an sämtliche Kriegs- und Domänen-Kammern vom 13. I. 1751[99] wurde die Vergabe neuer Privilegien an Judenfamilien untersagt mit der durch den wirtschaftlichen Nutzen für den Gesamtstaat gerechtfertigten Ausnahme intendierter Fabrikgründungen.

Die Absicht des königlichen Gesetzgebers verdeutlicht ein "Rescript an die Königsbergische, Pommersche und Neumärckische Cammer" vom 9. VIII. 1753[100]: "Nachdem Wir allerhöchst selbst angemercket, wie die kleine und schlechte (= schlichte) Judenschafft, in denen kleinen Städten Unserer Provintzien, ohnerachtet aller dagegen ergangenen Verordnungen, sich mehr und mehr ausbreiten, Wir aber dieses der Kaufmannschafft und andren christlichen Kaufleuten so sehr nachtheilige Werck, ... jetzto nicht zugedencken, mehr und

---

[95] Baumgart, Die Freiheitsrechte, S. 141; S. Stern, III/1, S. 96f.

[96] v. Borries, S. 168; S. Stern, III/1, S. 99.

[97] Baumgart, Absoluter Staat, S. 80; S. Stern, III/1, S. 100.

[98] CCMC III, 1747/Nr. 1.

[99] NCCM 1751-60, 1751/Nr. 6.

[100] NCCM 1751-60, 1753/Nr. 50.

mehr eingeschrencket wissen wollen; als declariren Wir euch Unsere Intention dieserwegen dahin, daß ihr darauf bedacht seyn, und arbeiten sollet, daß die Anzahl der schlechten und geringen Juden, in denen kleinen Städten, sonderlich in denen, so mitten im Lande belegen, woselbst solche Juden gantz unnöthig, und vielmehr schädlich sind, bey aller Gelegenheit und nach aller Möglichkeit daraus weggeschaffet, und hauptsächlich nur in denen kleineren, nach den pohlnischen Grentzen zu, belegenen Städten gelassen werden."

Diese Bestimmungen zeigen, daß Preußen auf eine Begrenzung der jüdischen Bevölkerung bedacht war, nur die vom Merkantilismus propagierte wirtschaftliche Prosperität und Autarkie diktierte Ausnahmen (Fabrikgründungen) und beschränkte sie zugleich (Bankrott). Ein Edikt vom 25. XII. 1747[101] bestimmte für den Fall, daß "einer Unserer Schutz=Juden einen Banquerout machen, und ausser Standes sich befinden wird, seine Creditores zu bezahlen, sodann derselbe sowohl vor seine Person, als die ihm An- und Zugehörige des Schutzes verlustig gehen, sein Schutz=Brief gäntzlich cassiret werden, und dergestalt erloschen seyn solle, daß auch solcher nicht einmahl mit einer andern und neuen Juden= Famille besetzet werden dürffe."

Den Zusammenhang zwischen (der nachfolgend dargestellten) Wirtschaftspolitik und Judengesetzgebung illustrieren auch das in Fortführung und Modifizierung der bisherigen diesbezüglichen Gesetzgebung erlassene Verbot des Pachtens und Haltens von Wollspinnereien bei Verlust des Schutzprivilegs, Edikt vom 10. I. 1752[102] (schon Friedrich Wilhelm I. verbot mit Edikt vom 10. IX. 1727[103] den Juden wegen des Vorwurfs der Wollausfuhr trotz entgegenstehender Verbote alles Aufkaufen von Wolle[104]), die Untersagung des Holzhandels per Rescript an das KG vom 11. IX. 1761[105], sowie das Verbot der Kuhpächterei durch eine Kabinettsorder an das Generaloberdirektorium vom 12. XI.1764[106].

Wie schon eingangs erwähnt wurde, so gilt bei der die Juden betreffenden Gesetzgebung im besonderen, daß aus einer Betrachtung nur der einschlägigen Gesetze und Verordnungen ein falscher Gesamteindruck der diesbezüglichen Politik entsteht. Denn trotz der vielfältigen legislatorischen Beschränkungen wuchs die Anzahl der im Königreich lebenden Juden beständig, was für deren nicht restriktive Handhabung spricht. Mit der Politik Friedrich Wilhelms I. und

[101] CCMC III, 1747/Nr. 45.
[102] NCCM 1751-60, 1752/Nr. 3.
[103] CCM V/II/IV, Nr. 88.
[104] Rachel, Die Juden, S. 181.
[105] NCCM 1761-65, 1761/Nr. 44.
[106] NCCM 1761-65, 1764/Nr. 76.

Friedrichs II. wurde den Juden der Weg aus dem Ghetto bereitet, gerade auch dadurch, indem sie in vielen Pflichten den übrigen Staatsbürgern gleichgestellt wurden, was ihnen den Weg zu einer schrittweisen Emanzipation ebnete, deren Vorläufer der kleine Teil Privilegierter war, denen wegen ihres wirtschaftlichen Engagements für den preußischen Staat rechtliche Verbesserungen gewährt wurden und sich damit über die Masse ihrer Glaubensbrüder hinaushoben und in ihrem Habitus sich dem christlichen Umfeld anglichen.[107] Hierin fanden sie vor allem bei der aufgeklärten preußischen Beamtenschaft Unterstützung.[108] Ihr Rechtsstatus wandelte sich dabei vom Schutzjuden zu dem eines Staatsbürgers.[109]

[107] Treue, Wirtschaftsgeschichte, S. 209.
[108] Baumgart, Die Freiheitsrechte, S. 144.
[109] Battenberg, a.a.O., Sp. 1537.

8. Kapitel

Zur Wirtschaftsgesetzgebung

Abschließend und den Regelungskanon abrundend soll in diesem Kapitel auf die Wirtschaftsgesetzgebung als Materie des Staatsschutzes im weiteren Sinne eingegangen werden. Mit dieser systematischen Einordnung wird zwar der Rahmen der Staatsschutzgesetzgebung weit gezogen. Weil jedoch maßgebend für die Zuordnung einer Norm als staatsschützend ihr im Auslegungswege zu ermittelnder Schutzzweck sein soll[1], rechtfertigt sich die hier vorgenommene Klassifizierung zumal unter dem Aspekt, daß während des Absolutismus mit Hilfe des staatsdirigistisch betriebenen Merkantilsystems versucht wurde, eine wirtschaftliche Autarkie zu erlangen, und so die Staatsmacht nach innen und außen zu mehren. Die teilweise abschottenden gesetzlichen Maßnahmen sollten die Wirtschaftsentwicklung und dadurch das Allgemeinwohl fördern. Ihre Zurechnung zur Staatsschutzgesetzgebung erhellt sich u.a. – wiederum vom Ende des untersuchten Entwicklungszeitraumes her betrachtet – aus der Vorschrift des § 148 II 20 ALR, der letzten Vorschrift des dritten Abschnitts, der – wie bereits erwähnt – mit "Von Verbrechen gegen die äußere Sicherheit des Staats" überschrieben ist. Nach dieser Vorschrift wurde derjenige mit einer vier- bis achtjährigen Festungs- oder Zuchthausstrafe belegt, der Fabrikvorsteher, Bediente und Arbeiter zur Auswanderung verleitet bzw. Fabriken- und Handlungsgeheimnisse an Fremde verrät oder ähnliche Vorteile vorsätzlich seinem Vaterlande zugunsten anderer Staaten entzieht. Das merkantilistische Wirtschaftssystem Preußens konnte es sich aus vielerlei Gründe nicht leisten, derlei Vorkommnisse ungeahndet zu lassen. Jedoch wurde mit dieser Bestimmung lediglich eine bestehende legislatorische Entwicklung fortgeführt. König Friedrich Wilhelm I. untersagte in einem Verbot vom 9. X. 1719[2] das Abwerben von Künstlern, "Manufacturiers" und "Handwercks=Gesellen von allerhand Professionen", denn es bestand im eigenen Land noch kein Überschuß an solchen Arbeitskräften, vielmehr ein Mangelbedarf. Einen ähnlichen Regelungsgehalt weist ein kriegsmitbedingter Befehl Friedrichs II. vom 15. IV. 1760[3] auf, in dem der wirtschaftliche Verlust für den Staat auch hinsichtlich der dann fehlinvestierten Benefizien infolge des Abwanderns hervorgehoben wur-

---

1 S.o. S. 14.

2 CCM V/II/V, Nr. 18.

3 NCCM 1751-60, 1760/Nr. 10; vgl. a. NCCM 1761-65, 1764/Nr. 78.

de, weswegen "mit größter Sorgfalt dahin zu sehen [war], damit nicht bey jetzigen noch fortdauernden Krieges=Troublen, die in der Provintz mit vielen Kosten etablirte Manufacturiers und Fabricanten, sich aus Unserm Lande weg(zu)begeben, und an andern fremden Orten Manufacturen und Fabriquen an(zu)legen".

In Brandenburg-Preußen war es wiedereinmal mehr der von seinen holländischen Jugenderfahrungen geprägte Große Kurfürst, der dieses Wirtschaftssystem in seinen Landen etablierte. Unter Merkantilismus, dessen Begriff einer Formulierung aus Adam Smith's vierten Buch "Vom Wohlstand der Nationen" von 1766 ("Commercial or Mercantile System") entlehnt wurde[4], und dem ein staatsbildendes Moment zuzusprechen ist, wird das im absolutistischen Staat bis zum Ende des 18. Jahrhunderts vorherrschende Wirtschaftsdenken und -handeln zusammengefaßt. Der merkantilistischen Lehre zufolge beruhe der Reichtum eines Staates auf seinem Besitz an Geld in Form von Edelmetallen. Kann man seinen Besitzstand hieran nicht durch Edelmetallvorkommen im eigenen Land oder Kolonien mehren, so ist die Hauptquelle hierfür der auswärtige Handel, durch welchen das Geld und mit ihm das Edelmetall ins Land gezogen werden soll. Dieser Handel ist für den Staat umso vorteilhafter, wenn er mit einheimischen Kaufleuten geführt und wenn mehr exportiert als importiert wird, also ein positiver Handelsüberschuß besteht, wobei die Ausfuhr von im eigenen Land verarbeiteten Rohstoffen einträglicher als deren unverarbeitete Ausfuhr ist. Ein überschüssiger Außenhandel verleiht dem Staat darüber hinaus auch politische Hegemonie, sichert und verstärkt diese.[5] Auf Preußen übertragen, wo der Armee die Rolle eines wichtigen Wirtschaftsfaktors zufiel, diente der Merkantilismus hier wesentlich, aber nicht ausschließlich, auch einer militärischen Machtgewinnung und -entfaltung.[6] Das dirigistische Eingreifen des Staates gibt hierbei dem Handel die nutzenintensivste Gestalt, weil nur er den hierfür erforderlichen Gesamtüberblick besitzt. Die Wirtschaftspotenz eines Landes ist zudem abhängig von seiner Bevölkerungszahl. Diesen "wirtschaftstheoretischen" Grundsätzen des Merkantilismus läßt sich schon die Herleitung für die meisten Legislativakte auf diesem Sektor entnehmen.

Der sparsame preußische Staatsmerkantilismus[7], den Hugo Rachel in fünf Perioden untergliedert hat[8], ist hier erst relativ spät entstanden. Seine Anfangs-

4 Hartung, Studien, S. 201; Hintze, in: ders., S. 50; Treue, Merkantilismus, Sp. 488.

5 Hentschel, Merkantilismus, S. 139; Hinrichs, Hille u.a., S. 164, 168; Möhlenbruch, S. 96; Schmoller, Merkantilsystem, S. 42, 47; Treue, Merkantilismus, Sp. 489; Ziechmann, Merkmale, S. 472.

6 Schrimpf, S. 33f.; Treue, Wirtschaftsgeschichte, S. 161.

7 Hubatsch, Absolutismus, S. 182; Treue, ebenda, S. 169.

8 Rachel, Merkantilismus, S. 223.

phase wird von ihm auf den Zeitraum von 1640 bis 1713 datiert und umfaßt damit die Regentschaften der Kurfürsten Friedrich Wilhelm und Fiedrich III. (seit 1701 als König in Preußen dann Friedrich I.). Erschwert wurde er zusätzlich durch den zerstreuten Territorialbesitz mit seinen vielen Grenzen und den unterschiedlichen Entwicklungsstandards der einzelnen Provinzen. Unter Preußens "größtem inneren König" Friedrich Wilhelm I. fand dann der systematische Ausbau dieses mittlerweile etablierten Wirtschaftssystems statt, dessen schärfste Ausprägung – nach vorherigem weiteren Ausbau – es unter dem Alten Fritz nach dem Siebenjährigen Krieg erfuhr. Die Richtungsschwerpunkte wurden von den einzelnen Herrschern dabei unterschiedlich gesetzt, wobei immer die ungünstige Ausgangsposition Preußens, das trotz entsprechender industrieller Entwicklungstendenzen in der Hauptsache ein Agrarstaat war und vorerst auch blieb,[9] nicht vergessen werden darf. Es handelte sich um ein an Rohstoffen armes und karges Land, welches – ohnehin nicht dicht besiedelt – zusätzlich unter seiner Entvölkerung infolge des Dreißigjährigen Krieges zu leiden hatte. Der Große Kurfürst stützte seine Wirtschaftspolitik in Anlehnung an sein holländisches Vorbild gleichermaßen auf den Handel wie auf das Manufakturwesen. Beide betrachtete er als Säulen des Staatswohlstands und ließ sich deshalb deren Förderung angelegen sein lassen.[10] Als Drittes trat, um den Menschenmangel zu beheben, eine staatliche Peuplierungspolitik hinzu, welche als sog. populationistischer Merkantilismus in Preußen bezeichnet wurde[11], denn der Bevölkerungsreichtum wurde gemäß merkantilistischer Theorie als wahrer Reichtum eines Landes angesehen[12], wie es auch Friedrich Wilhelm I. formuliert hat. Deswegen versuchte der preußische Staat immer wieder, Einwanderer ins Land zu holen, denen durch Gesetze Vergünstigungen in vielgestaltiger Art zugesichert wurden. Gedacht war dabei hauptsächlich an den Zuzug von Menschen aus wirtschaftlich weiterentwickelten Ländern, weil nur solche der einheimischen Wirtschaft Impulse verleihen konnten.[13] Dabei diente die Einwanderungspolitik selbst wie die in ihrem Zuge gewährten Vergünstigungen (zum Beispiel das freie Meisterrecht) dem absolutistischen Staat gleichzeitig dazu, erstarrte und dadurch wirtschaftsentwicklungshemmende Zunftstrukturen aufzubrechen.[14] Zwar erging auf preußische Initiative hin 1731 eine

---

[9] Schmoller, Seidenindustrie, S. 537; Treue, Wirtschaftsgeschichte, S. 173.

[10] Hinrichs, Gr. Kurfürst, S. 240.

[11] Treue, Wirtschaftsgeschichte, S. 161.

[12] Conrad, Dt. RG II, S. 262; Hentschel, Bevölkerungspolitik, S. 150; Hubatsch, Absolutismus, S. 73, 183; Schmoller, Einwanderung, S. 569.

[13] Aagard/Gleitsmann, Arbeitskräfte, S. 543; Hentschel, Bevölkerungspolitik, S. 150; ders., Manufaktur- und Handelspolitik, S. 145; Hinrichs, Gr. Kurfürst, S. 240; Schmoller, Einwanderung, S. 570; Schultz, S. 56; Wermelskirchen, a.a.O.

[14] Aagard/Gleitsmann, Arbeitskräfte, S. 539; Hinze, S. 16; H. Rachel, in: AB/ Handels-etc., Bd. 2/1, S. 286; S. Stern I/1, S. 48; dies., III/1, S. 184f.

Reichszunftreform, welche die Zünfte der territorialen Polizeiaufsicht unterstellte; diese bewirkte aber nichts Entscheidendes. In Preußen selbst wurden die in "Selbstgerechtigkeit und Fortschrittsgegnerschaft"[15] verharrenden Zünfte aufgrund der 1733 erlassenen Handwerksordnung dem Staat unterstellt, was ihre Rechte beschnitt.[16] Weitere wirtschaftslenkende Staatsschutzmaßnahmen waren über die Jahre hinweg die Erhebung von Aufkauf- und Ausfuhr- sowie Einfuhrverboten, die Zoll- und Steuerpolitik und das Manufakturwesen zur Rohstoffverarbeitung im Lande selbst. In diesen Zusammenhang gehört auch – schon vom theoretischen Ansatz des Merkantilismus her – die Münzpolitik. Regelungsintention dieser Gesetzgebungsmaßnahmen war es auf der Grundlage der vom Merkantilismus intendierten Autarkie[17] die wirtschaftliche Prosperität Preußens zu schützen und zu fördern.

Welche gesetzlichen Maßnahmen gab es hierzu nun im einzelnen? Um überhaupt eine erfolgreiche Wirtschaftspolitik betreiben zu können, mangelte es am Anfang der Regierung des Großen Kurfürsten in seinem Herrschaftsgebiet praktisch an allem, selbst wenn man gewisse regionale Unterschiede zwischen den einzelnen Provinzen berücksichtigt. Es fehlte am Geld wie an Menschen; gewerbliche Fähigkeiten und Unternehmergeist war in der einheimischen Bevölkerung eher die Ausnahme als die Regel. Das ohnehin an wirtschaftlichen Ressourcen nicht allzu reiche Land litt zudem unter den Folgen des Dreißigjährigen Krieges. Um dem Menschenmangel gegenzusteuern wurde fast die gesamte merkantilistische Epoche hindurch, und damit länger als in anderen europäischen Staaten, eine Einwanderungspolitik betrieben. Dem Lande mangelte es damals sowohl an landwirtschaftlichen wie gewerblichen Arbeitskräften. Ferner mußte der Staat zum Zwecke seiner wirtschaftlichen Weiterentwicklung darum bemüht sein, Träger besonderer handwerklicher Fertigkeiten ins Land zu ziehen, sowie die kapitalkräftige Einwanderung zu fördern, denn begüterte Niederlassungswillige – Kaufleute wie Privatiers – kamen als potentielle Unternehmer und Verleger in Betracht. Zu diesem Zweck wurden unter allen Herrschern Edikte erlassen, die Ausländer zur Niederlassung anlocken sollten und ihnen deswegen Vergünstigungen der verschiedensten Art gewährten. Denn nur bei einem Zuzug von Auswärtigen erhöhte sich für den Staat die Untertanenzahl.[18]

---

[15] Treue, Wirtschaftsgeschichte, S. 176.

[16] Hinrichs, Hille u.a., S. 169; Neugebauer, in: Brandenburgische Geschichte, S. 350; Treue, ebenda, S. 177.

[17] Hubatsch, Absolutismus, S. 71, 73; Schmoller, Merkantilsystem, S. 45; Treue, Wirtschaftsgeschichte, S. 160.

[18] Hentschel, Bevölkerungspolitik, S. 151; Hubatsch, Absolutismus, S. 75; ders., Friedrich u. Verw., S. 102; Schmoller, Einwanderung, S. 570, 582.

Das erste diesbezügliche Edikt erging nach dem Frieden von Oliva am 19. I. 1661[19]. Denjenigen, die wüste Stellen übernahmen und bebauten "und also sich in diesen Unsern Landen häußlich niederzulassen Vorhabens seyn solten, [wurde versprochen] einige empfindliche Ergötzlichkeit wiederfahren zu lassen". Zu diesen staatlicherseits gewährten Vergünstigungen zählte die "sonderbahre exemption und Befreyung von allerhand Landes=Beschwerden, sie seyn ordinar oder extraordinar", wie beispielsweise Steuern, Kollekten, Kontributionsentrichtung und Einquartierung auf zehn Jahre, andere "Praeflationen" wurden auf sechs Jahre eingeräumt. Gedienten Kriegsteilnehmern wurde Bauholz zugestanden. Diesem ersten folgten viele andere nach, wobei der Vergünstigungskatalog ein ähnlicher war; so wurden immer wieder die Freiheit von bürgerlichen und anderen Lasten für einen gewissen Zeitraum, unentgeltliche Bürger- und Meisterrechte, freie Baustellen und -unterstützungen (wie die Zurverfügungstellung von kostenlosem Bauholz), Akzise-, Abzugs- und Werbefreiheit in Aussicht gestellt.[20] Vorwiegend um das noch unvollkommene einheimische Manufakturwesen in seiner Produktqualität zu befördern, ging man gegen Ende der Regierungszeit des Großen Kurfürsten (ca. 1680) zu einer planmäßigen Einwanderungspolitik über. Die Bemühungen richteten sich an diejenigen, die auf diesem Sektor über mehr Fertigkeiten verfügten. Angesprochen waren hier vor allem Franzosen. Die durch das Potsdamer Edikt vom 29. X. 1685 bewirkte Einwanderung von Refugierten in das Kurfürstentum trug zu dessen wirtschaftlicher Fortentwicklung nicht unwesentlich bei, weil sie insbesondere über größere Kenntnisse und Erfahrungen im Manufakturwesen, aber auch im Handwerks- und Gewerbebereich verfügten. Zu den durch sie überhaupt erst in hiesigen Breitengraden etablierten Gewerbezweigen gehörten die Seiden-, Sege-, Gaze-, Bänder- und Tapetenmanufakturen, der Seidenanbau, die Gold- und Silberwirkerei, die Ziselier- und Emaileierkunst, die Verfertigung feiner Tuche und Hüte, der Strumpfwirkerstuhl, Zeugdruckerei, Schönfärberei, Ölbereitung, Lichtergießen, die Spiegel- und Spielkartenfabrikation.[21] Selbstverständlich ließ es sich dabei nicht völlig verhindern, daß – durch die gewährten Vergünstigungen angelockt – auch solche Einwanderer kamen, welche die wirtschaftliche Entwicklung nicht förderten und keinen Gewinn sondern eher eine Belastung darstellten.[22] Dieses wird sich aber nie vollständig vermeiden lassen. Die von Preußen geübte Toleranz und Aufnahmebereitschaft gegenüber religiös Verfolgten, bei denen es sich meistens um qualifizierte Einwanderer handelte,

---

19 CCM VI/I, Nr. 81.

20 Hentschel, Bevölkerungspolitik, S. 152; Rachel, Merkantilismus, S. 224; Schulze, Polizeigesetzgebung, S. 83f.

21 Rachel, ebenda, S. 228; Wirsing, a.a.O.; Wermelskirchen, a.a.O.

22 Hentschel, Bevölkerungspolitik, S. 151; Hubatsch, Friedrich u. Verw., S. 103; Rachel, in: AB/Handels- etc., Bd. 2/1, S. 287; Schmoller, Einwanderung, S. 590.

die dem Staate für seine Peuplierungspolitik willkommen waren, setzte sich auch unter den Nachfolgern des Großen Kurfürsten fort; unter Friedrich Wilhelm I. waren es vor allem die vom Fürstbischof Firmian vertriebenen protestantischen Salzburger Exilianten, die er zur Neubesiedlung der durch die Pest seit 1709 entvölkerten Provinz Ostpreußen ansiedelte.[23] Auch Friedrich der Große griff auf die Auslobung von Benefizien zurück, um wirtschaftlich erwünschte Einwanderer ins Land zu ziehen. Dem erneuerten "Edict, von denen vermehrten Wohlthaten und Vortheilen vor die Auswärtigen, die sich in den Königl. Preußischen Landen niederlassen" vom 1. IX. 1747[24], welches nach dem bevölkerungsmäßigen Aderlaß des Siebenjährigen Krieges durch das Edikt vom 8. IV. 1764[25] ausdrücklich bestätigt wurde, zufolge, zählte zu den gewährten Vergünstigungen für Einwanderer, wobei vor allem an solche "mit gutem Vermögen und Mitteln versehene Familien" gedacht war, die gänzliche Befreiung "von aller gewaltsamen Werb= und Enrollirung", Nr. 1. Zudem wurden sie für die Dauer von zwei Jahren von allen bürgerlichen Lasten befreit, wobei die mithierunterfallende "Consumtions-Accise" von den örtlichen Akzisekassen ihnen im Voraus zu erstatten war, Nr. 2 u. 3. Ihre zum persönlichen Gebrauch bestimmte Habe sollten sie zoll- und abgabenfrei einführen dürfen, Nr. 4, und solange sie ohne Einkommen von ihrem eigenen Vermögen lebten von dem Servis-Zutrag für die Soldatenunterbringung verschont bleiben, Nr. 5. Wer sich von den Einwanderern in Berlin, der Kurmark oder den Provinzen Pommern, Magdeburg und Halberstadt niederließ sollte außerdem noch folgende zusätzliche Vergünstigungen erhalten: Die Consumtionsaccisefreiheit betrug statt zwei drei Jahre, die Servisfreiheit wurde unabhängig vom Einkommenserwerb auf drei Jahre zugestanden, den Zugewanderten gleich den einheimischen Landeskindern Zugang zum Kriegs- und Zivildienst eingeräumt und die Möglichkeit eröffnet, ihr Vermögen zum 5%igen Jahreszins "in die von Unserer Churmärckischen Landschaft garantirte publique Fonds" zu investieren[26], was auch für solche gelten sollte, die aus Ländern kamen, wo es das sog. Hagestolzenrecht gab, wonach im Erbfall eines in der Altersgrenze zwischen 50 und 51 Unverheirateten oder innerhalb von dreißig Jahren nach dem Vorversterben des früheren Ehegatten nicht Wiederverheirateten ein Heimfallrecht an den weltlichen oder geistlichen Grundherrn stattfand, welches später, zu Anfang des 17. Jahrhunderts, auch auf das unbewegliche Vermögen ausgedehnt wurde.[27] Weil sich der König insbesondere auch "die Aufnahme derer Landes= Fabriquen und Vermehrung derer Künstler und Handwercker in denen Städten,

---

[23] Schmoller, ebenda, S. 568.

[24] CCMC III, 1747/Nr. 25.

[25] NCCM 1761-65, 1764/Nr. 23.

[26] Schmoller, Einwanderung, S. 613.

[27] Graf Korff Schmising, a.a.O., Sp. 1910.

eine der Haupt=Absichten Unserer höchsten Landes=Väterlichen Vorsorge bishero seyn lassen", gewährte ein Patent vom 15. II. 1753[28] für hauptsächlich in neumärkischen Städten fehlende Handwerker und Fabrikanten, die sich aus fremden Landen (weil ansonsten keine zahlenmäßige Vermehrung der Bevölkerung eintrat) in den besagten Städten niederlassen wollten, "Beneficia und Freyheiten" in der Gestalt, daß ihnen die Transport- und Reisekosten mit acht Groschen pro Meile erstattet wurden (Nr.1), sie für zwei Jahre entweder freie Wohnung oder einen jährlichen Mietzuschuß iHv. 15 Talern erhielten (Nr. 2), für die Dauer von drei Jahren eine Consumtions Akzisefreiheit (Nr. 3), sowie eine fünfjährige Befreiung von Servis, Einquartierung und anderen bürgerlichen Lasten (Nr. 4) eingeräumt bekamen. Darüber hinaus wurde ihnen das freie Bürger- und Meisterrecht zugestanden (Nr. 6) und zuziehende fremde Meister sollten sowohl für ihre Person selbst als auch für ihre Söhne und "aus der Fremde mitgebrachten oder daher verschriebenen Gesellen" von aller Werbung und Enrollirung völlig gesichert sein (Nr. 6). Als wirtschaftliche Starthilfe sollte den Handwerksmeistern "nach Beschaffenheit seiner Profession ein proportionirlicher Vorschuß an Gelde ohne Zinsen" für eine nach dem Einzelfallumständen zu bestimmende Dauer zugestanden werden (Nr. 7).

Infolge der Ein- und Auswirkungen der drei Schlesischen Kriege, vor allem des Siebenjährigen Krieges, bedurfte der preußische Staat nach dem Hubertusburger Friedensschluß in der anschließenden Aufbauphase, dem so bezeichneten Retablissement, abermals des Zuzugs auswärtiger Fachkräfte. Aus diesem Grunde wurde mit dem bereits erwähnten "Edict von denen Wohlthaten und Vortheilen, deren fremde bemittelte (sic!) Personen und Familien, Manufacturiers, Professionisten und Handarbeiter, welche sich in Königl. Preußl. Landen niederlassen, sich zu erfreuen haben" vom 8. IV. 1764 die älteren Edikte vom 15. IV. bzw. 1. IX. 1747 mit den dort getroffenen Regelungen ausdrücklich erneuert. Populationspolitik wurde immer noch durch die Gewährung von Privilegien an Neusiedler betrieben. Darüber hinaus wurde nunmehr auch den ins Land ziehenden Professionisten und Handarbeitern, wenn sie sich in Städten niederließen, ebenfalls eine zweijährige Akzise-, Einquartierungs- und Servisfreiheit zugestanden und ihnen das freie Bürger- und Meisterrecht erteilt; siedelten selbige sich aber auf dem platten Lande an, so sollten sie neben der Freiheit vor der Werbung auch freies Holz aus den Landesforsten oder das für das Bauholz benötigte Geld erhalten. Die solcherweise errichteten Häuser verblieben den Siedlern trotzdem erblich. Zusätzlich wurde ihnen eine fünfzehnjährige Freiheit von allen Landes=Praestandis zuteil. Weil sich der Gesetzgeber, wie er es in den Edikten selbst ausdrückte, die Förderung kapitalkräftiger Einwanderung zur Aufgabe gemacht hatte, sicherte man den begüterten Nie-

---

[28] NCCM 1751-60, 1753/Nr.6.

derlassungswilligen eine Abzugs- und Abschoßfreiheit für den Fall späterer erneuter Auswanderung oder Vererbung des Vermögens ins Ausland zu, so zum Beispiel das Edikt vom 3. IX. 1749[29]. Unter Bezugnahme auf diese Vorschrift verfügte beispielsweise ein Reskript vom 4. II. 1755[30] an die pommersche Regierung, daß eine nach dem Mecklenburgischen zurückziehende Glasmeisterwitwe ihr Vermögen – entgegen der herkömmlichen Handhabung – abschoßfrei ausführen durfte.

Seit den Regierungstagen des Großen Kurfürsten, der nach dem Dreißigjährigen Krieg damit begann, durch die Aufnahme von Ausländern in seinen Landen die infolge von Kriegseinwirkungen, Epedemien und Abwanderung eingetretenen Bevölkerungsverluste auszugleichen, wurde eine konsequente, von staatlicher Seite aus gelenkte Einwanderungspolitik betrieben. Zu seiner Herrschaftszeit waren es hauptsächlich zwei Nationalitätengruppen, die in diesem Zusammenhang von Bedeutung waren. Aufgrund seiner verwandtschaftlichen Beziehungen zum Hause Oranien, des Kurfürsten erste Gemahlin entstammte diesem Hause, weswegen das von ihr nördlich von Berlin angelegte Schloß auch Oranienburg benannt wurde, zog er Holländer als Spezialisten zur Förderung des Garten-, Landschafts- und Kanalbaus heran.[31] Die andere große Einwanderungsgruppe war nach der Aufhebung des Ediktes von Nantes durch Ludwig XIV. die der – bereits erwähnten – (französischen) Hugenotten, welche er mit dem Edikt von Potsdam (1685) zur Niederlassung in den brandenburgisch-preußischen Territorien aufforderte. Die so entstandene französische Kolonie wurde dann zu Beginn des 18. Jahrhunderts nochmals durch den Zuzug von Pfälzern (hierbei handelte es sich ebenfalls um Hugenotten, die sich zunächst einmal in der Pfalz niedergelassen hatten), Wallonen, Orangeois und französische Schweizer "aufgefüllt".[32] Der Einwanderung der Hugenotten vergleichbar war in den 1730er Jahren unter König Friedrich Wilhelm I. die Immigration von über 15.000 protestantischen Salzburgern, die wegen ihres Glaubensbekenntnisses von ihrem Fürstbischof vertrieben worden waren und fast geschlossen in der pestentvölkerten Provinz Ostpreußen angesiedelt wurden.[33] An diese kolonisatorische Tradition seiner Vorfahren knüpfte dann Friedrich II. mit seinem "ausgeprägten Engagement für Peuplierung" (Theodor Schieder) und seinen binnenkolonisatorischen Maßnahmen, worunter die Kultivierung brachliegender Landstriche – vor allem Melioration, die Gewinnung von Kolo-

[29] CCMC IV, Nr. 78 (1749).

[30] NCCM 1751-60, 1755/Nr. 15.

[31] Henderson, a.a.O., S. 480; Meinardus, in: FBPG, Bd. 12/S. 553ff.

[32] Aschoff, a.a.O., S. 386; Rachel, Merkantilismus, S. 224; Treue, Wirtschaftsgeschichte, S. 170.

[33] Hubatsch, Grundlinien, S. 35; Schmoller, Einwanderung, S. 584; Treue, Wirtschaftsgeschichte, S. 174.

nistenland durch Brachlegung von Sümpfen, Oderbruch[34], wo nach den Worten des Königs er eine Provinz im Frieden gewonnen habe, Warthe- und Netzebruch, aber auch die Wiederbesetzung wüster = verlassener Stellen oder gerodete Forste – und Vermehrung der gewerblich tätigen Bevölkerung in den Städten und Dörfern zu verstehen ist, an. Die Ansiedlung der Kolonisten erfolgte dabei hauptsächlich auf königlichem Domänenland, wodurch sie zu Untertanen der jeweiligen Domänenämter wurden.[35] Um die Bevölkerungszahl Preußens durch Kolonisten zu vermehren, bemühte man sich vor allem um Neuansiedler durch Einwanderung; demgegenüber war die Ansetzung inländischer Kolonisten nachgeordnet, obwohl auch sie einen bedeutenden Umfang einnahm. Jedenfalls trugen beide Erscheinungsformen, die Einwanderung wie die binnenländische Bevölkerungsbewegung, zur Stärkung der preußischen Wirtschaft bei.[36] Noch um die Mitte des 18. Jahrhunderts hatte das Königreich Preußen ein Bevölkerungsdefizit im Vergleich zu der Zeit vor dem Dreißigjährigen Krieg. Auf längere Zeit gesehen amortisierten sich die den Einwanderern gewährten Vergünstigungen durch eine infolge der Intensivierung der Landwirtschaft und der Schaffung von (qualifizierten) Arbeitsstätten daraus resultierende Steigerung der Produktion und des Absatzes (beim Binnenhandel), was wiederum im Wege der Besteuerung zu einer Vermehrung der Staatseinnahmen führte. Auch die Erneuerung und den Ausbau des Heeres hatte man dabei mit im Blick.

Gemäß der während der absolutistischen Epoche maßgeblichen merkantilistischen Wirtschaftsdoktrin, derzufolge der Gewinn für den Staat um so größer ist, wenn er nicht nur die Rohstoffe exportiert – um dann ggf. die daraus hergestellten Produkte wieder zu reimportieren – sondern wenn er sie selbst verarbeitet, und erst die fertigen Waren ausführt, weil in diesem Falle durch die Weiterverarbeitung Menschen eine Arbeit gefunden haben und sie auch zu einem höheren Preis abgesetzt werden können, als die Rohwaren, betrieb auch Brandenburg-Preußen seit seiner Hinwendung zu diesem Wirtschaftssystem eine planmäßige Manufakturpolitik, die zunächst von einer entschiedenen Förderung und dem Schutz der einheimischen Wollmanufaktur ausging.[37] Wurden vom Großen Kurfürsten der Handel und das Manufakturwesen noch zu gleichen Teilen gefördert, weil er sie als gleichberechtigte wirtschaftliche Stand-

[34] Hentschel, Bevölkerungspolitik, S. 154; Neugebauer, in: Brandenburgische Geschichte, S. 356; Schmoller, Einwanderung, S. 604; Treue, Wirtschaftsgeschichte, S. 188; vgl. hierzu a.: Detto "Die Besiedlung des Oderbruchs", S. 163ff.

[35] Aschoff, a.a.O., S. 388; Hubatsch, Grundlinien, S. 58; Neugebauer, in: Brandenburgische Geschichte, S. 355; Schmoller, Einwanderung, S. 598; Treue, Wirtschaftsgeschichte, S. 189.

[36] Treue, Wirtschaftsgeschichte, S. 186.

[37] Rachel, Merkantilismus, S. 227.

beine seines Staates ansah, so favorisierte Friedrich Wilhelm I. das Manufakturwesen gegenüber dem Handel eindeutig[38], weil ersteres im Verhältnis zum letzteren mehr Menschen zum Broterwerb diente. Zahlreich sind die hierzu erlassenen (Manufaktur-) Edikte, welche sich in ihrem Regelungsgehalt über die Jahre hin ähneln. Den Schwerpunkt bildete dabei die einheimische Wollindustrie, zu der später auch noch das Baumwoll- und Seidenmanufakturwesen sowie weitere Zweige traten.

Die Grundsätze der kurfürstlichen Wollmanufakturpolitik finden sich nach ähnlichen Vorgängerbestimmungen und neben der Akziseordnung vom 2. I. 1684[39] im "Edict, über die verbothene Auf= und Vorkäufferey der Wolle, Einführung der fremden Tücher und Zeuge, auch die Verbesserung der Wollen=-Manufactur" vom 30. III. 1687[40] niedergelegt. Wegen der "über alle zu deren höchsten Schaden und Verderb practisirte Vor= und Aufkäufferey der Wolle", der durch die schlechte Aufsicht insbesondere der Land- und Zollbereiter nicht Einhalt geboten werden konnte und "weilen das Commercium auf solche masse sich an die benachbarte Oerter gewand, die aus der ausgeführten Wolle in auswärtigen Städten fabricirte Tücher hinwider in Unsere Lande gebracht, und dagegen jährlich gar grosse Summen Geldes hinausgezogen", dieses aber zur Abnahme der einheimischen Tuchmacher und dadurch zum wirtschaftlichen Niedergang der Städte im Kurfürstentum (mit) beigetragen hat, regelte der Kurfürst mit diesem Edikt den Wollhandel und die -produktion. Ziel der getroffenen Regelung war es, "die gute Wolle, womit die göttliche Gütigkeit Unsere Lande so reichlich versehen, in Unsern Chur=Landen, so viel möglich verarbeitet, und die daraus verfertigte Tücher, Boye und Zeuge nicht alleine innerhalb denen selben, sondern auch in andern Unsern Hertzog= und Fürstenthümern, Provintzen und Landen consumiret und vertragen, auch andere Frembde, wegen deren tüchtigen Fabrique, solche zu erhandeln und abzuholen, angefrischet werden mögen." Zur Erreichung dieses Zwecks wurde folgendes bestimmt: Keiner durfte mehr fremde Tücher importieren, deren Preis pro Elle weniger als ein Taler und zwölf Groschen kostete; dasselbe galt für "die Einfuhre aller auswärts gemachten Boyen, Sergen und Raschen". Ausgenommen wurde hiervon der Handel von Fremden untereinander und zwischen Einheimischen und Fremden mit Ballen oder Packen dieser Erzeugnisse auf den Messen, weil dieses dort zu Einbußen geführt hätte. Die Wolle durfte weder aufgekauft noch ausgeführt werden, damit die Wolle diejenigen erhielten, "welche solche selbsten verarbeiten". Wegen der schlechten finanziellen Lage der (privaten) Wollweber sollten auf den Jahrmärkten die Kaufleute, Kramer und Gewand-

[38] S. Stern I/1, S. 45; dies., II/1, S. 57f.

[39] CCM IV/III/II, Nr. 17, Sp. 161ff. (Nr. 18-29); Rachel, Merkantilismus, S. 227.

[40] CCM V/II/IV, Nr. 24.

schneider die Wolle erst nach elf Uhr erhandeln dürfen, damit sich vorher die Wollweber eindecken konnten und der Preis für sie nicht unnötig in die Höhe getrieben wurde.[41] Soweit den Ämtern die Ausfuhr (mit Akzisebescheinigung) der Wolle noch gestattet war, hatten sie sich hierzu einheimischer und nicht fremder Kaufleute zu bedienen, so daß der heimische Handel wenigstens davon noch profitierte. Die hierzu privilegierten städtischen Gewandschneider durften zwar vom Adel die Wolle erwerben, von Bauern, Pfarrern oder Schäfern aber nur zum Verlag für die Wollweber. Tuch- und Zeugmacher, die nur gildegebunden oder mit einer Konzession arbeiten durften, sollten nur soviel Wolle kaufen, wie sie auch verarbeiteten. Zur Qualitätsverbesserung der Wolle wurde verboten, die gröbere, zottigere und schwerer wiegende Wolle von Heideböcken unterzumischen, noch daß selbige sich mit den Schafen vermischten. Damit die beste Wolle nicht unter der Hand selbst verwertet wurde, war es – außer einer gewissen Eigenbedarfsdeckung – verboten, die Wolle spinnen und zu Tüchern verarbeiten zu lassen, die dann gewalkt und gefärbt wurden. Die Einfuhr daraus hergestellter Kleider war untersagt. Die gesponnene Wolle sollte nur an Wollweber und Zeugmacher verkauft werden. Damit die Qualitätsnormen und Produktgrößen auch eingehalten wurden, befand sich im Anhang zu diesem Edikt eine neu erlassene Schauordnung. Um die Publikumsnachfrage mit einheimischen Fabrikaten befriedigen zu können, sollte vor allem auf die Herstellung (grauer und braun) gefärbter Tücher geachtet werden. Gildeprivilegien waren daraufhin zu überprüfen, damit Gewandschneider und Tuchmacher ihr Auskommen fanden. Ferner war darauf zu achten, daß Gilden, Kaufleute und Tuchmacher sich preislich nicht gegenseitig unterboten, sondern jeder sein Auskommen fand. Die Stagnation und den teilweisen Rückgang der inländischen Wollweberei wurde in dem Edikt mit auf den Umstand zurückgeführt, "daß, wann die Kauffleute und Gewandschneider hiebevor die Tuchmacher mit Geld oder Wolle versehen, diese sich auf die schlimme Seite geleget, die versprochene Tücher, auch wohl gar die Wolle verkauffet, das Geld mit Fressen und Sauffen verprasset und durchgebracht" und dadurch die Verleger, welche für den Warenabsatz und die termingerechte Belieferung ihrer Kunden einzustehen hatten, in Mißkredit und Ruin gebracht hätten. Das dadurch in Mitleidenschaft gezogene Verhältnis zwischen Kaufleuten, Gewandschneidern und Tuchmachern sollte durch manigfaltige Maßnahmen verbessert werden. Eingeführte fremde Tücher sollten mit 6% versteuert werden und teurer als 1½ Taler sein, damit sich Kaufleute und Krämer hauptsächlich mit den preiswerteren einheimischen Tuchwaren eindeckten. Um es an Spinnereien nicht mangeln zu lassen, war "das etwa befindliche liederliche und ledige Gesinde, welches sich nicht vermiethen, sondern sich auf seine eigene Hand setzen und nehren will, auf(-zu-)treiben, und mit Nachdruck darzu an(-zu-)halten, daß sie von denen

[41] H. Rachel, in: AB/Handels-, etc., Bd. 2/1, S. 277; Schulze, S. 69.

Wollenwebern und Zeugmachern die Wolle annehmen, und nach der Art, wie man sie anweisen wird, tüchtiges Garn gegen ein billichmäßigen Lohn spinnen müssen". Zur Weiterverarbeitung der Tücher waren Schönfärbereien einzurichten und alle "Fuscher=Färbereyen" (ohne Meister und Lehrbriefe) zu unterbinden, wohingegen die Schwarzfärberei nur eingedämmt wurde. Die Tuchfärberei hatte zudem im Lande und nicht auswärts zu geschehen. Zwecks Kostennivellierung wurde vom Staat eine Färbertaxe (= Gebühr) festgesetzt. Um Verunreinigungen bei der Färbung der Tücher und dadurch deren geringeren Verkehrswert zu vermeiden, bestimmte das Edikt, einige Stöcke in den Walckmühlen ausschließlich für die weißen Tücher zu verwenden. Den Tuchmachern war verordnet, nur Tücher und Boyen, aber keine Tuch- oder Lakenrasche herzustellen, die Zeugmacher wurden auf die Herstellung von Zeugen gemäß den jeweiligen Professionen und Privilegien beschränkt.

Unter des Großen Kurfürsten Nachfolger Friedrich III. mußten wegen der Unterwanderung der erlassenen Bestimmungen erneut zwei Wolledikte vom 3./13. IX. 1690[42] bzw. vom 11. IX. 1695[43], welche die 1687 getroffenen Regelungen erneuerten, erlassen werden, wobei das Edikt von 1690 es den vergleiteten Juden ausdrücklich untersagte, Bündelwolle aufzukaufen und auszuführen. Die letztere Bestimmung war bis zur Regierungszeit des Soldatenkönigs die letzte große, das Wollgewerbe betreffende Gesetzgebungsmaßnahme. Die Erneuerung des Wollexportverbots war wegen der Zunahme der wollverarbeitenden Betriebe wie Tuch-, Zeug-, Rasch- und Hutmacher, Strumpfstricker, Crepon- und Moquette und anderer Wollfabrikate notwendig geworden. Flankiert wurden diese Maßnahmen von Einfuhrverboten, wie zum Beispiel dem für blaue Tücher vom 21. VII. und 24. XII. 1693[44] und einer Höherimpostierung ausländischer Waren. Während auf fremde Konkurrenzprodukte eine höhere Akzise gesetzt wurde, begünstigte man die einheimischen Wirtschaftswaren durch Zoll- und Akzisefreiheit; auf dieses Regulativum wird noch an anderer Stelle kurz eingegangen. Um darüberhinaus die inländischen Absatzmöglichkeiten zu fördern, wurden die Frankfurter (a.d.O.) Messen und die Magdeburger Heermesse entschieden begünstigt, Patente vom 29. VII. 1687[45], demzufolge die Händler nur die Hälfte des Zolls, die Käufer und Verkäufer aber keine Akzise und letztere auch nur die Hälfte des sonst üblicherweise zu erlegenden Brückengeldes zu entrichten hatten, und vom 12. II. 1690.[46]

---

[42] CCM V/II/IV, Nr. 28; Schulze, S. 68.

[43] CCM V/II/IV, Nr. 31.

[44] CCM V/II/IV, Nr. 29f.

[45] CCM V/II/IV, Nr. 25.

[46] CCM V/II/IV, Nr. 27; H. Rachel, in: AB/Handels-, etc., Bd. 2/1, S. 275.

An diese von seinen Vorgängern vorgefundenen Strukturen knüpfte König Friedrich Wilhelm I. mit seiner Wollmanufakturpolitik an. Wegen der zwischenzeitigen Rückläufigkeit der Magdeburger Tuchmärkte sollte mit dem Edikt vom 3. VII. 1713[47] diesbezüglich ein neuer Impuls gegeben werden. Wegen permanenter Zuwiderhandlungen wurde immer wieder mit Verordnungen und Edikten das Aufkaufen und die Ausfuhr der Wolle untersagt, denn beides wurde als die Hauptursache dafür angesehen, daß das wollverarbeitende Gewerbe rückläufig war ("vor die Ursach, von welcher der Verfall der Woll=Manufacturen herrühre, aufs genaueste untersuchen zu lassen, da sich dann hervor gethan, daß durch die schädliche Auf= und Vorkaufferey, auch Ausfuhr der Wolle, ..., denen im Lande wohnenden Wollwebern die benöthigte Wolle entzogen, und der Preiß derselben dadurch sehr gesteigert, folglich der Debit der einländischen Woll=Waaren mercklich gehemmet worden."; Edikt vom 13. VI. 1714[48] "wegen der Wolle Ausführung, Aufkauffs, Reinigung u. auch Verfertigung derer Wollenen Zeuge"). Der darin getroffene Regelungskanon griff dabei auf bekannte, ältere Maßnahmen zurück. Die erlassenen Wollausfuhrverbote bewirkten die ausreichende zur Verfügungstellung dieses Rohstoffes für die eigenen protegierten Wollmanufakturen.[49] Von entscheidender Bedeutung für die weitere Entwicklung der Wollmanufaktur in Preußen unter diesem König war dann die Errichtung des Berliner Lagerhauses, einer Art staatlichen Fabrik, die gleichzeitig für viele einen Arbeitsplatz bot. In ihm wurden gute Stoffe für die Offiziere und besseren Stände verfertigt.[50] Auch sonst gründete dieser König Spinn- und Webschulen, und ließ Spinn- und Arbeitshäuser anlegen. Einwandernden fremden Wollarbeitern gewährte er die üblichen Vergünstigungen, Patent vom 27. IX. 1717[51], insbesondere wurde ihnen, ihren Kindern und Hausgenossen die sich sonst als einwanderungshemmend auswirkende Freiheit von der Militärwerbung zugestanden, Nr. 4[52]; die königlichen Vasallen und Bedienten hatten sich zwecks Absatzsteigerung nur noch aus einheimischen roten und blauen Tüchern einzukleiden, Edikt vom 26. IV. 1718[53]. Zwecks Absatzsicherung für die Berliner Lagerhauserzeugnisse verpflichtete Friedrich Wilhelm I. ab 1722 zusätzlich die Neumärker Juden, jährlich vom Militär aus Qualitätsgründen zurückgewiesene Stoffe im Wert von 10.000 Ta-

---

47 CCM V/II/IV, Nr. 37.

48 CCM V/II/IV, Nr. 41.

49 H. Rachel, in: AB/Handels-, etc., Bd. 2/1, S. 279, 307; Schulze, S. 66; Treue, Wirtschaftsgeschichte, S. 175.

50 Aagard/Gleitsmann, Arbeitskräfte, S. 540; Hentschel, Manufaktur- und Handelspolitik, S. 145; S. Stern III/1, S. 183; Neugebauer, in: Brandenburgische Geschichte, S. 349; Treue, Wirtschaftsgeschichte, S. 177f.

51 CCM V/II/IV, Nr. 55.

52 Hentschel, Bevölkerungspolitik, S. 152.

53 CCM V/II/IV, Nr. 58; H. Rachel, AB/Handels-, etc., Bd. 2/1, S. 305.

lern abzunehmen.[54] Um eine Verbesserung der Wollqualität zu erzielen, sollten alle schwarze, braune, graue und griese Wolle tragenden Schafböcke abgeschafft werden, ebenso die schwarzen, braunen und buntscheckigen, filzhaarigen oder Springhaare unter der Wolle habenden Schafe, Nr. 1 und 2 des Ediktes vom 15. V. 1722[55]. Allerdings war die Schafräude noch nicht als Krankheit erkannt, weswegen man die infizierten Tiere von den Herden auch nicht absonderte, was zur Ansteckung der gesunden Schafe und zu dadurch bedingten Qualitäts- (sog. Schmierschafe) und Ertragseinbußen bei der Wolle führte.[56] Selbst Friedrich der Große bemühte sich noch kurz vor seinem Tod seit 1784 um die Einführung feinwolligen spanischen Schafsviehs, um dadurch eine Qualitätsverbesserung der inländischen Schafzucht und damit auch der Wolle zu erzielen. Hingegen ist der Import spanischer Widder (Merinos) bereits 1748 quellenmäßig nicht verbürgt.[57] Der vom Gesetzgeber getroffene Maßnahmenkatalog reichte bis hin zu der Bestimmung, welche wegen des Mangels von Wollspinnern "aus Landes=Väterlicher Vorsorge [anordnete], daß von dato publicationis an, weder in Unseren hiesigen Residentzien noch in anderen Unseren Städten keinem Weibes=Volck, es seyen gleich Soldaten= oder Bürger=-Weiber, die Aufkäufferey und daß Aufhöckern, es sey womit es wolle, auf den Gassen, Märckten und Kellern, oder sonst in Thoren, auf den Brücken oder anderen Passagen so wenig, als in den Häusern damit herum zu lauffen gestattet werden soll, wenn sie sich nicht vorhero verbindlich machen, wochentlich ein Pfund Wolle zu spinnen, und ... wöchentlich gegen gewöhnliche baare Bezahlung zu lieffern." Bei Weigerung drohte ihnen der Konzessionsverlust zum Höckern. Selbiges wurde auch anderen feilbietenden Frauen verordnet, die "solche Zeit nicht mit Müßiggang zubringen, sondern entweder Wolle oder Flachs dabey spinnen, oder mit Knütten und Nähen die Zeit passiren" sollten, Edikt vom 14.VI.1723[58]. Noch aus der aufgeklärten Regierungszeit Friedrichs des Großen gibt es ähnlichlautende Bestimmungen, wie beispielsweise die Instruktion vom 16. III. 1748.[59] Neben dem dabei durchschimmernden calvinistisch-pietistischen Arbeitsethos versuchte der preußische Staat, sämtliche ihm zur Verfügung stehenden Arbeitskräfteressourcen zu aktivieren. Vor allem aber die nur noch im Inland vorzunehmende Montierung (= Einkleidung) der zahlenmäßig stark angewachsenen preußischen Armee bedeutete für die Tuch- und Zeugmacher eine fest einkalkulierbare Auftragskonstante und einen nicht zu unterschätzenden Faktor in dieser Manufakturbranche und schuf damit den mi-

---

[54] Treue, Wirtschaftsgeschichte, S. 179.

[55] CCM V/II/IV, Nr. 77.

[56] Riedel, S. 172.

[57] Riedel, S. 173f.; Treue, Wirtschaftsgeschichte, S. 184f.

[58] CCM V/II/IV, Nr. 81; Schulze, S. 82.

[59] Riedel, S. 157.

litärischen Großkonsumenten, Montierungsreglement vom 30. VI. 1713[60]. Die Wollindustrie avancierte zum Kernstück des von monarchischer Seite dirigierten preußischen Merkantilismus. Um den Debit der für das Land so wichtigen Wollmanufakturen durch bei der Bevölkerung verbreitete Bekleidungsgewohnheiten nicht zu schmälern, und weil sich jeder seinem Stand gemäß zu kleiden hatte, dieses aber auch nicht übertreiben durfte, untersagte das Edikt vom 6. XI. 1731[61] den Mägden und Frauen niederen Standes, egal ob christlichen oder jüdischen Glaubens, sechs Monate nach der Ediktspublikation noch seidene Camisöler, Röcke und Lätze zu tragen. Falls eine Frau damit dennoch angetroffen wurde, war ihr das seidene Kleidungsstück auf offener Straße abzunehmen. Zu erwähnen ist in diesem Zusammenhang auch der Export märkischer Tücher nach Rußland durch die von 1725 bis 1738 bestehende russische Handelskompagnie, die erst infolge des englisch-russischen Handelsvertrages von 1734 erlagen.[62] Die verfügten Wollausfuhrverbote begünstigten zusammen mit den angelegten Wollmagazinen in Tuchmacherstädten den Aufstieg der heimischen Textilindustrie, der durch Einfuhrverbote für fremde Tuche seit 1718/19 unterstützt wurde.[63]

Diese Regelungstendenz in der Wollindustrie wurde auch von Friedrich dem Großen beibehalten; nach wie vor wurde der Aufkauf und die Ausfuhr der Wolle bis in die Zeiten nach dem Siebenjährigen Krieg verboten. Allerdings machte sich zu seiner Regierungszeit ein durch den Zeitgeschmack bedingter Umschwung bemerkbar. Statt des schweren Wolltuchs bevorzugte das lieblichere Rokoko modebedingt die leichteren Seiden- und Baumwollstoffe und Kattune, welche sein Vorgänger noch als Konkurrenz für das Wollgewerbe verboten und unterdrückt hatte. Auch Friedrich II. arbeitete weiterhin mit Einfuhrverboten für dergleichen fremde Stoffe, gründete aber in seinem Königreich gleichwohl selbst Manufakturen hierfür.

Wegen der vorrangigen Förderung der einheimischen Wollindustrie wurden diese Produktionszweige zunächst nur sekundär betrieben. Neben dem Import fremder Waren kam eine einheimische Herstellung solcher Erzeugnisse vor allem erst mit der Einwanderung französischer Emigranten in Gang, die auf diesem Sektor höhere Fertigkeiten und über mehr Erfahrung verfügten. Spielte dieser Produktionsbereich in der Gesetzgebung des Großen Kurfürsten allenfalls eine untergeordnete Rolle, so erfolgte aus dem genannten Grunde, verbunden mit einer Hinwendung des Geschmacks zu erleseneren Stoffen, schon unter

---

[60] CCM III/I, Nr. 112.

[61] CCM V/I/I, Nr. 22.

[62] S. Stern III/1, S. 183; Schmoller, Die Compagnie, S. 523ff.; Treue, Wirtschaftsgeschichte, S. 180.

[63] Treue, ebenda, S. 177.

seinem Sohn und Nachfolger, dem pracht- und die Repräsentation liebenden Kurfürsten Friedrich III., und erst recht unter König Friedrich II. eine Gewichtsverlagerung, die sich auch in der Gesetzgebung nachvollziehen läßt. Zu den so bezeichneten französischen Manufakturen, wozu nach dem Mandat vom 22. II. 1689[64] solche "von allerhand Tüchern, Stoffen, Hüten, Strümpfen von Seyden und Wollen" zählten, sind durch die nach dem Potsdamer Edikt eingewanderten Refugierten verbessert bzw. überhaupt erst begründet worden. Die Gewerbezweige der Seiden-, Serge-, Gaze- und Bändermanufakturen profitierten wie andere Produktionszweige durch ihren Zuzug und etablierten sich dadurch erst im Kurfürstentum.[65] Damit "die Manufacturen in Unsern Landen desto mehr in Aufnehmen und Schwung gebracht werden mögen", daß keine "frembde Gaze, von was Farbe auch auf was Art dieselbe fabricirt seyn möge" bzw. "auf daß aber die häuffige Einführung frembder Waaren vorbedeuteter Art, den Abzug der Manufacturen nicht Hinderung bringen möge", sollten nur noch solche aus der Residenzmanufaktur verkauft werden, Patent vom 18. VI. 1686[66] bzw. "alle frembde Waaren, von Tüchern, Serges de Nimes, de Rome und Apolinaires; lt. Ratines, so dann auch Moquettes, Brocatelles, Gazes und Estamines, gantz oder halb Seyden, und insgemein alle dergleichen andere Stoffen und Zeuge, so wohl als Hüte, gantz und halb Castors, Vigones, Louttres und Codebecqs, auch Strümpfe, Seyden und Wollen" sollten mit zehn Prozent belegt und gekennzeichnet werden. Demgegenüber wurden einheimische Waren bei der Einfuhr in andere Städte entweder gar nicht oder niedriger (mit zwei Prozent, so zum Beispiel in der Verordnung vom 10. XII. 1714[67]) versteuert, um ihnen somit einen preislichen Marktvorteil zu verschaffen. Immer wieder wurde dabei auch die Privilegsgewährung als staatliches Lenkungsinstrumentarium eingesetzt (vgl. beispielsweise das Edikt vom 16./26. II. 1695[68] und Patent vom 8. III. 1699[69]), wie andererseits neue Manufakturen nur zugelassen wurden, wenn sie eine Konzession erhielten, was nicht zu Lasten der alten, schon bestehenden Manufakturen geschehen durfte, Patent vom 12. XII. 1703[70]. Denn dem Staatsinteresse war nicht damit gedient, wenn zwar neue Fabriken gegründet wurden, dafür aber eingesessene vorhandene mangels Produktabsatzes sich nicht mehr rentierten, weil dieses unterm Strich betrachtet keinen wirtschaftlichen Zuwachs bedeutet hätte.

---

[64] CCM V/II/V, Nr. 3.
[65] Rachel, Merkantilismus, S. 228.
[66] CCM V/II/V, Nr. 1.
[67] CCM V/II/V, Nr. 16.
[68] CCM V/II/V, Nr. 6.
[69] CCM V/II/V, Nr. 9; vgl.a. CCM V/II/V, Nr. 13.
[70] CCM V/II/V, Nr. 10.

Im Zusammenhang mit dem Versuch, die Seidenindustrie in Preußen heimisch zu machen – bekanntlich gehörte sie zu den mit erheblichen finanziellen Aufwand geförderten Lieblingsprojekten Friedrichs des Großen, über deren volkswirtschaftliche Rentabilität geteilte Auffassungen bestehen – gehörte als Voraussetzung hierfür, nicht erst das Rohmaterial einführen zu müssen, um es dann im Lande weiterzuverarbeiten, sondern die Rohseide selbst zu gewinnen. Aus diesem Grunde wurden immer wieder Bestimmungen erlassen, die sich mit der Anpflanzung (beispielsweise auf Kirchhöfen, aber auch anderswo) und Pflege von Maulbeerbäumen beschäftigten. Zwar konnte die Materialgewinnung an Rohseide von 100 Pfund im Jahre 1746 auf 14.000 Pfund bis Mitte der achtziger Jahre gesteigert werden[71]; gegenüber der auswärtigen und krefeldischen (seit 1731) Seidenindustrie, welche sich zu keiner Umsiedlung bewegen ließ[72], konnte sich die Berliner (seit 1746) nur zeitweilig aber nicht auf Dauer behaupten, geschweige denn durchsetzen, was weniger an ihrer Produktqualität als an den günstigeren Preisen ausländischer Erzeugnisse lag, welchem man mit einer Akziseaufhebung für die Rohseideneinfuhr und Schutzzöllen für Seidenwaren gegensteuern wollte. Selbst wenn dieser Luxusindustriezweig nur mit Hilfe von staatlichen Zuschüssen existieren konnte, war ihre Förderung – jedenfalls vom merkantilistischen Wirtschaftsstandpunkt aus – gerechtfertigt, weil dadurch dem Lande die hierbei hohen Produktionskosten erspart blieben.[73]

Hinsichtlich der Baumwollindustrie, deren Erzeugnisse vom Soldatenkönig als Absatzkonkurrenz für die Wollmanufaktur angesehen wurden und die er deshalb nicht weiter förderte, vielmehr die Einfuhr fremder Baumwollerzeugnisse verbot[74], hielt sein Sohn zwar die Einfuhrverbote für fremde Kattune aufrecht, gestattete aber die Anlage inländischer Kattunfabriken, deren erste 1742 in Berlin gegründet wurde. Hierbei handelte es sich um einen Textilgewerbezweig, der ohne größere staatliche Hilfsmaßnahmen auskam und sich zu wirtschaftlicher Blüte entwickelte.[75] Mit dem wiederholten und erweiterten Edikt gegen die Einbringung und den Gebrauch fremder Kattune und Zitze vom 13. X. 1752[76] wurde auf dergleichen ältere Normierungen verwiesen und bestimmt, daß die fremden Kattune bei Strafe nicht weiter eingeführt, verkauft und ge-

---

[71] Bruer, S. 79.

[72] Henderson, a.a.O., S. 482; Schmoller, Seidenindustrie, S. 558f.; Treue, Wirtschaftsgeschichte, S. 194.

[73] Henderson, a.a.O., S. 483; Hentschel, Manufaktur- und Handelspolitik, S. 146; Rachel, Merkantilismus, S. 240; Schmoller, Seidenindustrie, S. 541, 550, 552; S. Stern III/1, S. 193; Treue, Wirtschaftsgeschichte, S. 181; KO Fr. d. Gr., in: Baumgart, S.71ff., 72.

[74] Treue, Wirtschaftsgeschichte, S. 177.

[75] S. Stern III/1, S. 190; Treue, Wirtschaftsgeschichte, S. 193.

[76] NCCM 1751-60, 1752/Nr. 70.

braucht werden durften. Weil die inländischen Fabrikate die Qualität der auswärtigen erreicht hatten und die Industrie auch zur heimischen Bedarfsdeckung in der Lage war, bestand für einen Import fernerhin keine Notwendigkeit mehr. Die hiergegen zuwider eingeführte Ware sollte konfisziert und verbrannt werden, und der Denunziant zur Belohnung die Hälfte der zu erlegenden Geldstrafe erhalten. Kaufleuten wurde eine Frist bis Jahresende gesetzt, um sich von derlei Warenvorräten zu trennen, weil auch sie nur noch die inländischen Erzeugnisse vertreiben sollten. Gleichzeitig wurde die Baumwollspinnerei mit einem bis fünf Reichstalern jährlich aus der Landeskasse belohnt, wie einem Publicandum vom 22. V. 1753[77] zu entnehmen ist. Entgegen früherer anderslautender Bestimmungen wurde mit Rescript vom 8. IV. 1760[78] wegen des kriegsbedingten Mangels hauptsächlich auch bei der Armee die Einfuhr fremder Leinwand gegen die gewöhnliche Akzise bis auf weiteres gestattet. Solche umständehalber ergangenen Aufhebungen früherer Einfuhrverbote gab es öfters. Sie widersprachen zwar dem wirtschaftspolitischen Grundsätzen; jedoch gebührte in Krisenzeiten wie der des Siebenjährigen Krieges der Bedarfsdeckung der Vorrang, wenn hierzu die einheimische Industrie nicht mehr in der Lage war. Änderte sich die Versorgungslage, kehrte man zu den Einfuhrbeschränkungen zurück, so beispielsweise mit dem aus unmittelbarer Nachkriegszeit stammenden Rescript vom 4. VII. 1763[79], welches das Einfuhrverbot für "auswärtig fabricirte Samte und Velphe, worunter selbst die Crefeldter mit gerechnet sind, imgleichen keine fremde sogenannte Droguets, Frises, und überhaupt keine Sorten von ausländischen Sammet, vom größten bis zum geringsten zur einländischen Consumtion und Debit" erneuerte. Die inländische Bedarfsdeckung hatte ausschließlich durch die Berlinische und Potsdamsche Fabrik zu erfolgen, zumal diese Samtfabriken "genugsam und überflüßig im Stande sind, alle Sorten von Sammt und Velphen, so nur verlanget werden können, aus ihrem bereits habenden Waaren=Lager zu fourniren". Bei abermaligen Zuwiderhandlungen hiergegen hatte ein christlicher Kaufmann mit einem halb- bis einjährigen Verlust seiner Handelskonzession zu rechnen; jüdische Kaufleute hingegen mußten in solchen Fällen gewärtig sein, ihr Schutzprivileg zu verlieren und das Land verlassen zu müssen.

Die verschiedenen Zweige des Textilgewerbes bildeten bis zur industriellen Revolution, die in Preußen und dem übrigen Deutschland gegenüber England zeitverschoben um ungefähr ein halbes Jahrhundert erst nach den Befreiungskriegen ca. 1815 einsetzte, die eigentliche große Industrie.[80] Gleichwohl wurde

---

[77] NCCM 1751-60, 1753/Nr. 31.

[78] NCCM 1751-60, 1760/Nr. 9.

[79] NCCM 1761-65, 1763/Nr. 40.

[80] Aagard/Gleitsmann, Arbeitskräfte, S. 539; Treue, Wirtschaftsgeschichte, S. 193.

während des hier zu untersuchenden Zeitraumes auch in anderen Sparten der Grundstock für eine später weiterführende Entwicklung gelegt. In diesem Zusammenhang ist die Eisenindustrie zu erwähnen. Bereits aus der ersten Regierungshälfte des Großen Kurfürsten gibt es legislatorische Bestimmungen, welche die neugegründeten Kupfer- und Messing-, später dann auch die Glasindustrien schützen und fördern wollten. Noch 1650 war den Braunschweigischen Kupfer- und Messinghändlern gegen Erlegung der gewöhnlichen Akzise freie Einfuhr und freier Handel mit ihren Waren in der Kur- und Mark Brandenburg zugestanden worden. Um aber den 1653 niedergebrannten und mit nicht unerheblichen Kosten wiederaufgebauten Kupferhammer zu Neustadt-Eberswalde wirtschaftlich zu unterstützen, wurde mit Edikt vom 20. III. 1654[81] die bisher gewährte Einfuhr von solchen Erzeugnissen aufgehoben; bei Zuwiderhandlungen der Händler drohte ihnen der Verlust ihrer Waren und ihres Fuhrgespanns (Pferd und Wagen). Zehn Jahre später erging aus derselben Intention heraus dann ein Edikt (vom 29. IV. 1664[82]), wonach nur Kupfer von besagtem Neustädter Hammer verarbeitet werden sollte und weder fremdes ein- noch altes ausgeführt werden durfte. Insofern erneuerte es ein älteres Edikt vom 21. XII. 1654[83]. Um dem Handwerk der Kupfer- und Kesselschmiede ihren Absatz auf den Jahrmärkten zu sichern, war es den Händlern derartiger Waren verboten, auf die Dörfer zu fahren um zu hausieren, wie es weitverbreitet der Fall war, so daß bei der Bevölkerung eine Bedarfsdeckung eintrat, und deswegen während der Jahrmärkte der Absatz stagnierte. Um den hierfür zuständigen Organen – vor allem handelte es sich dabei um die Land- und Zollausreiter, aber auch die Dorfschulzen und Magistraten – die ihnen obliegende Kontrolle zu erleichtern, ob es sich bei der fraglichen Ware um einheimische oder fremde Produkte handelte, sollte das Kupfer gekennzeichnet werden, wofür damals das Szepter mit dem Kurhut darüber und die Jahreszahl vorgeschrieben war, Edikt vom 8. IV. 1663[84]. Wie so häufig waren Verstöße gegen die bereits erlassenen Gesetze der Grund für eine erneute Normierung. Außerdem wurde es den Händlern verboten, altes Kupfer, Messing, Zinn oder andere Metalle aufzukaufen, weil sie dadurch – wenn sie das Metall nicht schon durch Ausfuhr entzogen – die Preise für den Kupferhammer und die Schmiede verteuerten. Die Markierung der einheimischen Produkte wurde beibehalten, wobei lediglich das Signum im Laufe der Zeit sich änderte (Edikte vom 21. XII. 1702, 13. u. 20. VIII. 1709, 17. VII. 1714, 16. VI. u. 24. IX. 1719, 16. II. 1736[85]). Auch bei Stahl und Eisen wurden Einfuhrverbote verfügt, um den Absatz der inländischen Produkte – vor allem

---

[81] CCM IV/II/II, Nr. 4.

[82] CCM IV/II/II, Nr. 10.

[83] CCM IV/II/II, Nr. 6.

[84] CCM IV/II/II, Nr. 11.

[85] CCM IV/II/II, Nr. 33, 37, 38, 41, 44, 45, 52.

die des Peitzischen Eisenhammers – zu begünstigen, denn "obzwar eine grosse Quantität fertig geschmiedetes Eisen in Vorrath verhanden, solches dennoch gantz nicht abgehe oder abgeholet werde, welches dann vornehmlich und allein daher rühret, daß das frembde Eisen Hauffen=weise in Unsere Lande der Chur= und Marck=Brandenburg eingeführet, ..., solch frembdes Eisen aber dem Unserigen Eisen, wie dasselbe itzo auf Unseren Peitzischen Eisenhämmeren geschmiedet wird, an Gütigkeit bey weitem nicht gleich ist, ...; Und Wir dann aus angezogenen Motiven billich dahin sehen, daß vorberührte Unsere Eisenhämmer conserviret, und das darauf geschmiedete Eisen im Lande verkauffet werde". Der primäre Absatz landeseigener Erzeugnisse war zumal dann gerechtfertigt, wenn sie – tatsächlich oder nur behauptet – in ihrer Qualität besser waren als die fremden, Edikt vom 10. VIII. 1674.[86] Zu diesem Zweck hatten auch die Schmiede nur solches vom Peitzischen Eisenhammer zu verwenden, worauf gehörig zu achten war. Verstöße wurden in der bekannten Weise mit der Konfiskation von Ware und Fuhrwerk oder Schiff geahndet, von deren Veräußerungserlös dem Anzeigenden ein Viertel zukam. Wegen der personellen Unterbesetzung der Land- und Zollreiterei war der Staat auf die Mithilfe des Einzelnen angewiesen, wofür ein pekuniärer Anreiz geschaffen wurde, Edikt vom 7. I. 1676.[87] Zu dem Peitzischen Eisenhammer von 1666 kam 1685 der neuangelegte zu Rathenow hinzu, Edikt vom 15. VI. 1685.[88] Die Fabrik zu Hegermühle versorgte das Kurfürstentum "mit aller Nohtdurfft, guten, ohn tadelhafften, so wol Schwartzen, Schloß, Stürtz, und Pfannen, als Weiß= und verzinneten Boden, Creutz= und Futter=Blechen, und zwar umb ebebmäßigen Preiß, wie bißhero die Frembden verkauffet werden". Weil dementgegen "dennoch die Einheimische Kauffleute blosserdinges aus einer Wiedersetzlichkeit, die frembden Bleche mehr, dann die Einländische zu erhandeln verlanget", wie es in der Verordnung vom 8. VIII. 1688[89] heißt, wurden fremde Eisen und Bleche mit einem höheren Impost belegt, zum Beispiel gegenüber fünf Groschen Akzise für Weißblech zu 450 Blatt von kurfürstlichen Eisenhütten wurde auf die gleiche ausländische Warenmenge eine Steuer iHv. einem Taler und sechs Groschen erhoben. Am höchsten wurden danach weiß- und schwarz Blechwaren außerhalb der Jahrmärkte mit acht Talern (während der Jahrmärkte waren es vier Taler, um den von Brandenburg-Preußen gewünschten Meßhandel nicht gänzlich zu torpedieren) impostiert. Wurde versucht, durch eine um die Hälfte geringere Akzise als normalerweise für fremde Bleche üblich die Händler nicht gänzlich von den Jahrmärkten fernzuhalten, so gab es für die Frankfurter (a.d.O.) Messe oder bestimmte Städte möglicherweise speziell ge-

[86] CCM IV/II/II, Nr. 14.
[87] CCM IV/II/II, Nr. 17.
[88] CCM IV/II/II, Nr. 21.
[89] CCM IV/II/II, Nr. 22.

währte Freiheiten (vgl. das Edikt vom 30. IV. 1691[90], worin sich das Ineinandergreifen von Handelsbeschränkungen einerseits und Meßplatzförderung andererseits zeigt). Unter des Großen Kurfürsten Nachfolger Friedrich III. ist diese einmal eingeschlagene Gesetzgebungslinie beibehalten worden. Neben dem Eisenhammer zu Neustadt-Eberswalde wurde nun mit Edikt vom 12. VI. 1690[91] auch der zu Wernigerode privilegiert. Um den Verbleib des alten Kupfers und Messings nachprüfen zu können und dessen Ausfuhr zu verhindern und damit gleichzeitig in dieser Gegend (insbesondere im Herzogtum Magdeburg und im Fürstentum Halberstadt) zukünftig nur noch in Wernigerode geschmiedetes Eisen gehandelt wurde, sollte das vorhandene Metall preisverschieden gestempelt werden, Nr. 3 des Ediktes. Auch fernerhin wurde die Einfuhr fremder Messing- und Eisenwaren für entbehrlich gehalten und verboten, denn die Herstellung solcher Erzeugnisse war mittlerweile zu einer solchen Perfektion gelangt, "daß nunmehro recht guter untadelhaffter Meßing darselbst (Heger-Mühle) zubereitet, auch allerhand Gefässe aus derselben Materia zum nützlichen Gebrauch ausgearbeitet, und in solcher Quantitaet gemachet werden, daß Unsere Lande und deren Einwohner damit reichlich versehen werden können." Der Produktionsvorrat ermöglichte es, "daß ein jeder Unserer Unterthanen und Einwohner in Unsern Landen seine Nothdurfft, so viel er dessen verlanget, davon haben kan". In ihrem Regelungsgehalt ähnliche Vorschriften wurden selbst noch in der Regierungszeit Friedrichs II. erlassen. In einem Avertissement vom 27. IV. 1751[92] wurde die neue Taxe für die in Neustadt-Eberswalde verfertigten Messingwaren festgelegt und gleichzeitig bestimmt, daß nach wie vor die Einführung fremder Produkte verboten blieb. Allerdings wurde den Lingeschen Messerhändlern – anders als den Böhmischen – zugestanden, solche fremde kurze Ware gegen Erlegung des gewöhnlichen Zolls und der Akzise einzuführen und zu vertreiben, welche noch nicht in den königlichen Landen selber produziert würden. Der Grund für diese Privilegierung lag in der sonstigen Abnahme und des Verkaufes der heimischen Erzeugnisse speziell durch diese Messerhändler. Dieses galt umsomehr, als in Neustadt-Eberswalde eine Scheren- und Messerfabrik angelegt worden war, weswegen der Impost schlechter fremder Messer und Scheren untersagt wurde, Mandat vom 5. VIII. 1751.[93] Zu den bereits existierenden Messingfabriken kam dann noch die Neugründung zu Iserloh hinzu, die ebenfalls im Wege einer Produktimpostierung geschützt wurde. Um einem Mangel vorzubeugen, war die Ausfuhr von Messingschrott und anderen als Zusatz verwendbaren Materialien untersagt, vielmehr war es gegen bare Bezahlung an die Fabriken abzuliefern, Edikt

[90] CCM IV/II/II, Nr. 26.
[91] CCM IV/II/II, Nr. 25.
[92] NCCM 1751-60, 1751/Nr. 40.
[93] NCCM 1751-60, 1751/Nr. 60.

vom 8. II. 1754.[94] Nach dem Siebenjährigen Krieg während der Zeit des Wiederaufbaus hielt der König an seinen hergebrachten wirtschaftspolitischen Praktiken und Reglementierungen fest. Jetzt erst recht bedurfte die daniederliegende heimische Industrie der staatlichen Förderung und des Schutzes, damit ihr Wiederaufbau gelang. Die in die Unternehmen investierten staatlichen Gelder mußten sich amortisieren. Deshalb und zum Schutz der in Zantzshausen in der Neumark neu angelegten Blechwerke für schwarze und weiße Bleche, die "zu allen Arten von Arbeiten füglich gebrauchet werden können" und in ihrer Güte den auswärtigen Blechen nicht mehr nachstanden, durften in allen Provinzen diesseits der Weser (Preußen und Schlesien miteingeschlossen) keine anderen als die Zantzshauser Bleche verarbeitet werden; fremde Bleche wurden gänzlich verboten. Einfuhrverbotsumgehungen bestrafte danach der Gesetzgeber mit zweihundert Reichstalern Strafe für jedes Pfund Blech. Zwecks Versorgung mit dem Zantzshauser Blech waren hiervon Niederlagen einzurichten, wo jedermann alle Sorten von weißen und schwarzen Blechen zu billigen Preisen erhalten konnte, die aus Kenntlichkeitsgründen mit einem Stempel zu markieren waren. Um dem Handel keinen zu großen Abbruch zuzufügen, blieb der Transit mit Paß für ausländische Bleche bestehen, Publicandum vom 24. VI. 1768.[95] Den Absatz des einheimischen Blechs versuchte man auf manigfaltige Weise zu befördern. Aus diesem Grunde hatten Beamte eiserne Öfen von den einheimischen Hüttenwerken zu beziehen, bei öffentlichen Bauten sollte das landeseigene Blech und Eisen gebraucht werden und bei Kirchen, deren Patronatsrecht der König ausübte, sollte zur Deckung der Kirchturmhauben anstelle der Schieferschindeln schwarzes Blech verwendet werden. Aus demselben Grunde wurde für heimische Bleche eine neue Preistaxe festgesetzt, Circular und Rescript vom 2. XI. 1771.[96] Bestanden zunächst in engen Grenzen noch Ausnahmemöglichkeiten für ausländische Produkte so wurden diese im Laufe der Zeit beseitigt. Mit Publicandum vom 1. VII. 1779[97] wurde das für die mit der ersten polnischen Teilung hinzugekommenen neuen Provinzen noch nicht geltende Verbot vom Juni 1768 (s.o.) auf Westpreußen und den Netzedestrikt ausgedehnt. Mit Geltung ab dem 1. I. 1781 wurde durch Publicandum vom 29. XI. 1780[98] dann das gänzliche Einfuhrverbot weißer Bleche vom 1. VII. 1779 (s.o.) auch auf schwarze Bleche ausgedehnt. Ebenso verhielt es sich mit dem nunmehrigen Importverbot in allen königlichen Landen für schwedisches Eisen. War – wie ausgeführt – ursprünglich die Einfuhr schwedischen Eisens ausdrücklich noch zugelassen worden, so konnte mittlerweile der preußische

---

[94] NCCM 1751-60, 1754/Nr. 11.

[95] NCCM 1766-69, 1768/Nr. 53.

[96] NCCM 1771/72, 1771/Nr. 66f.

[97] NCCM 1778/79, 1779/Nr. 22.

[98] NCCM 1780/Nr. 30.

Bedarf, auch derjenige der Armee (Artillerie), an Umfang und Güte alleine durch die einheimischen Fabriken gedeckt werden, so daß man der auswärtigen Eisenwaren nicht mehr bedurfte. Ausgenommen wurde lediglich wieder der Durchgangshandel, sowie ausdrücklich die Provinzen Ost- und Westpreußen. Hier erfolgte das Verbot erst mit Publicandum vom 25. VI. 1782[99], welches das Verbot vom November 1779 auch auf diese Provinzen erstreckte (eine beschränkte Einfuhrerlaubnis gab es wegen der Rücksichtnahme auf den von Ostpreußen und Elbing gehenden Transithandel noch für schwedisches Stangeneisen, Nr. 4 des Publicandums, welches erst 1784[100] untersagt wurde). 1777 konnte Friedrich II. Heinitz als Leiter für das preußische Berg- und Hüttenwesen gewinnen. Er trieb die Entwicklung auf diesem Gebiet voran und versuchte, den Bergbeamten das Wissen auf diesem Gebiet durch Reisen und den Besuch von Bergakademien weiter zu vermitteln.[101] Die Metallindustrie (Kupferhammer von Eberswalde und Hochofen von Zehdenick) profitierten von einem kriegsbedingten Aufschwung und einer daraus resultierenden Weiterentwicklung.[102] Um die hierfür benötigten Facharbeiterkräfte zu gewinnen, gewährte ein Privileg vom 1. XI. 1768[103] den "Hütten=Bediente(-n) und Arbeiter(-n)" die üblichen Vergünstigungen wie beispielsweise Einquartierungs- und Abgabenfreiheit, aber auch die Abschoßfreiheit für ihr Vermögen bei ihrem Abzug, Nr. 6.

Ein weiterer, von staatlicher Seite geförderter Industriezweig war die Glas- und Spiegelindustrie. Eine der frühesten Gesetzgebungsmaßnahmen während des hier interessierenden Zeitraumes ist das vom Kurfürsten Friedrich Wilhelm am 21. XII. 1658[104] erlassene Edikt wegen der neu angelegten Glashütte zu Grimnitz, welche nunmehr soweit gediehen war, "daß daselbst gutes Schoffglaß, Scheiben= und allerhand Trinck= und Apotheckerglaß gemacht wird, und in solcher Quantitaet, daß ohn Zweiffel Unser gantzes Land disseit der Oder, auch diß= und jenseit der Elbe, damit wird versehen werden können". Das einheimische Glas sollte jeden Ort mit Passierzetteln zoll- und lizensfrei passieren können, wohingegen aber "kein frembd Glaß, ausserhalb was Trinckgeschirr ist, worunter aber Flaschen nicht zu verstehen" waren, mehr eingeführt werden sollte, auch nicht zu den Ausnahmen erheischenden Jahrmärkten. Hinzu kamen die später gegründeten Glashütten zu Marienwalde, Regentin, Joachimsthal und

---

[99] NCCM 1781-85, 1782/Nr. 30.

[100] NCCM 1781-85, 1784/Nr. 31.

[101] Gundermann, S. 67; Henderson, a.a.O., S. 481; Hentschel, Manufaktur- und Handelspolitik, S. 148; Hubatsch, Grundlinien, S. 56; Treue, Wirtschaftsgeschichte, S. 201; Weber, a.a.O, S. 487f.

[102] Henderson, a.a.O., S. 480; Treue, Wirtschaftsgeschichte, S. 196.

[103] NCCM 1766-69, 1768/Nr. 94.

[104] CCM IV/II/II, Nr. 8; Schulze, S. 64.

auf dem Drewitz. Wegen ihres stockenden Produktabsatzes, wodurch die Gefahr der wirtschaftlichen Unrentabilität bestand, wurden die zunächst für böhmische Glashändler – für den Verkauf zum privaten Gebrauch, aber nicht für den Handel – auf den Frankfurter (a.d.O.) Messen gewährten Einfuhrfreiheiten mit Edikt vom 25. IX. 1673[105] aufgehoben und der fremde Glashandel auf oder außerhalb der Jahrmärkte untersagt. Die bisher ergangenen einschlägigen Gesetze waren jedoch infolge der Kriegsunruhen anscheinend nur unzulänglich befolgt worden, was ihre wiederholte Erneuerung mit Patent vom 20. X. 1675[106] erforderlich machte (ebenso das Edikt vom 7. VI. 1678[107]). Weitere vom Staat protektionierte Glashütten entstanden, so vor allem die Spiegelglashütte in Neustadt a.d. Dosse, "woselbst allerhand Spiegel= Kutschen= und andere Gläser, geblasen, geschliffen, poliret, und mit Folien beleget werden", und später dann auch die Kristallglashütte zu Potsdam. Weil deren Erzeugnisse weder an Größe noch an Güte anderswo in Europa produzierten Erzeugnissen nachstanden, griff der Staat auch auf diesem Sektor wirtschaftslenkend mit Importverboten ein. Eigens für die Neustädter Erzeugnisse wurde in Cölln a.d. Spree ein Magazin errichtet, zu dessen Kommissar der Kaufmann Isaac Dalancon bestellt wurde. Fremde Ware durfte nicht eingeführt werden, jedenfalls war für sie doppelter Zoll und Akzise zu entrichten, während Dalancon freier Warenverkehr zugestanden wurde, Edikt vom 9. V. 1695.[108] Zur Steigerung der Produktgüte erging im darauffolgenden Jahr das Reglement für die Spiegelmanufaktur zu Neustadt a.d. Dosse vom 17. XI. 1696.[109] Auch noch im Barockzeitalter handelte es sich bei Spiegelglas um ein kostbares Material, dessen Produktionsfertigkeit nicht allgemein üblich und das deshalb dementsprechend teuer war, wie zum Beispiel das venezianische Spiegelglas. Schwierigkeiten bereitete es hauptsächlich, das "Anlaufen" des Glases zu vermeiden; auch wurde es nur in kleineren Maßeinheiten verfertigt, um dann erst zu größeren Flächen zusammengesetzt zu werden. Die Beliebtheit von Spiegelkabinetten und -galerien bei der Innenarchitektur dieser Zeit sei ebenfalls erwähnt. So heißt es denn auch in dem Reglement selbst, daß "die Zubereitung der Materie zu denen Spiegeln eines von den vornehmsten Puncten ist". So durfte beispielsweise die Öffnung des Kühlofens für das Spiegelglas nur in Gegenwart des Direktors und eines kurfürstlicherseits bestellten Buchhalters erfolgen, der die Qualität an Ort und Stelle zu begutachten hatte (Nr. 2). Vom Sommer desselben Jahres stammt auch die erlassene Glastaxa[110], die für das weiterzuverarbei-

[105] CCM IV/II/II, Nr. 12.
[106] CCM IV/II/II, Nr. 15.
[107] CCM IV/II/II, Nr. 18.
[108] CCM IV/II/II, Nr. 28.
[109] CCM IV/II/II, Nr. 31.
[110] CCM IV/II/II, Nr. 30.

tende Pfund feinen Kristallglases zwölf Groschen veranschlagte und bis zu acht Talern und zwölf Groschen für Wein-Bouteillen von einem Quart und dgl. Krüge reichte. Weil den erlassenen Bestimmungen zuwider trotzdem "allerhand frembd Fenster= wie auch gemein Scheib= und Trinck=Glaß von allerhand Sorten ohne Unterschied ... eingeführet, und alle Orte dermassen damit überfüllet worden, daß Unsere eigene Glaß=Hütten, ..., darüber zu Grunde gehen müsten, (indem sie ihre Waare, welche doch weit besser als das Hartzische, Mecklenburgische, Pommerische und Böhmische Fenster=Glaß ist, darum gar nicht verkauffen können, weil die Frembden mit ihrer geringeren Waare nicht nur alle Städte und Flecken anfüllen, sondern auch auf dem Lande von Hauß zu Hauß herum gehen, und solche dem gemeinen Mann, als welcher ohnedem mehr auf einen kleinen Gewinn, als auf die Reinigkeit des Glases siehet, fast aufdringen)", wurde der Import allen fremden Glases mit Edikt vom 1. VII. 1700[111] erneut untersagt. Bei Zuwiderhandlungen hiergegen drohten dem Täter Konfiskation seiner fremden Waren und eine willkürliche, d.h. in jedem Einzelfall erst zu bestimmende (Geld-) Strafe, wovon dem Anzeigenden wieder die Hälfte des Betrages zukommen sollte. Auf diese Weise versuchte der Staat sich immer wieder der Mithilfe der Bevölkerung zu vergewissern. Die 25%ige Impostierung allen fremden Spiegelglases mußte mit Patent vom 2. VI. 1710[112] erneuert werden. Auch der zweite preußische König reihte sich mit seiner diesbezüglichen Gesetzgebung nahtlos in die durch seine Vorgänger vorgegebene Linie ein. Wegen permanenter Gesetzesverstöße hauptsächlich böhmischer Glashändler erneuerte er bereits im ersten Jahr seiner Regierung mit Edikt vom 2. X. 1713[113] ältere Vorschriften, alles fremde Glas, "es habe Nahmen wie es wolle, und komme her wo es wolle", zu verbieten, wozu er sich während seiner Regentschaft noch mehrmals gezwungen sah. Gleichbleibendes Ziel dieser zahlreichen ähnlichlautenden Gesetze war es, den Absatz landeseigener Erzeugnisse zu gewährleisten und zu verhindern, daß für fremde Glaswaren das Geld außer Landes ging. Mit derselben Intention unterlag der Handel mit inländischem Glas keinerlei Beschränkungen, wie sich aus der Verordnung vom 21. VII. 1723[114] entnehmen läßt. Um den Glashandel auch in geregelte Bahnen zu lenken, war das Hausieren mit selbigem verboten und der Verkauf von Buden aus nur während der Jahrmärkte geduldet, Edikt vom 24. VII. 1725.[115] Nur

[111] CCM IV/II/II, Nr. 32.
[112] CCM IV/II/II, Nr. 39.
[113] CCM IV/II/II, Nr. 40.
[114] CCM IV/II/II, Nr. 48.
[115] CCM IV/II/II, Nr. 51.

ausnahmsweise wurde die Einfuhr fremder Fabrikate mit besonderer Genehmigung erlaubt, Edikt vom 16. IV. 1725.[116]

Demgegenüber stellt das aus der zweiten Regierungshälfte Friedrichs des Großen stammende Circular vom 5. I. 1774[117] eher einen singulären Gesetzgebungsakt auf diesem Gebiet dar, wenngleich damit an herkömmliche Regelungsintentionen angeknüpft wurde. Zwar war auch schon bisher zum Schutze der Spiegelmanufaktur in Neustadt a.d. Dosse die Importierung fremder Spiegel verboten gewesen, jedoch wurde als Ausnahme diejenige solcher kleinen Spiegel zugelassen, die nicht größer als acht Zoll waren, weil solche von der Manufaktur noch nicht hergestellt wurden. Insofern bestand für das zu schützende einheimische Unternehmen keine Konkurrenzgefahr verbunden mit Absatzeinbußen. Nachdem diese Manufaktur nunmehr aber auch die kleinen Spiegel selbst verfertigte und zur Bedarfsdeckung des Landes im Stande war, wurde die weitere Einfuhr solcher kleinen fremden Spiegel fortan verboten.

Weil nach der Theorie des Merkantilismus der Wohlstand eines Staates sich u.a. nach seinem Besitz an Edelmetall bemißt[118], ist zu den Staatsschutzmaßnahmen wirtschaftspolitischen Einschlags die Münzgesetzgebung mithinzuzuzählen. Nachdem vorwiegend im Mittelalter zahlreiche Münzprivilegien verliehen worden waren, was zu einer Dezentralisierung des Währungswesens geführt hatte, wurde das Münzrecht in der Goldenen Bulle Kaiser Karls IV. von 1356 im 10. Kapitel als Privileg der Kurfürsten anerkannt.[119] Grundlegend für die merkantilistische Geldtheorie war der Metallismus, demzufolge die Geldmenge und -schöpfung nicht an die Produktionskraft der Volkswirtschaft gebunden waren, sondern sich am Vorhandensein der für die Prägung benutzten Edelmetalle Gold und Silber orientierte.[120] Mangels diesbezüglicher natürlicher Rohstoffresourcen mußte Brandenburg-Preußen – wie andere Staaten auch – das für seine Münzprägung benötigte Edelmetall einführen, wozu der Rohstoff selbst wie auch fremde Münzen taugten, die man einschmolz, um sie dann neu ausprägen zu können, was aber nur dann Sinn machte, wenn sie einen höheren Edelmetallgehalt hatten, als die eigenen Münzausprägungen. Für das damalige Geldwesen waren verschiedene Faktoren von maßgeblichem Einfluß. Entscheidend für den (Wechsel-) Wert einer Münze war zunächst einmal ihr Edelmetallgehalt, zu welchem Behuf man sich auf die Angaben des Münzmeisters verlassen mußte (wollte man nicht jede einzelne nachwiegen). Hier gab es nun zwei Möglichkeiten, den Metallgehalt zu verändern: Einerseits konnte man den

[116] CCM IV/II/II, Nr. 39.
[117] NCCM 1774/75, 1774/Nr. 1.
[118] Hubatsch, Absolutismus, S. 72.
[119] Baltzarek, a.a.O., Sp. 766; S. Stern III/1, S. 229.
[120] Ziechmann, Geld, S. 591.

Feingehalt (= der Anteil an Gold oder Silber in einer Münze)/ die Legierung verändern[121] (seit der ersten Reichsmünzordnung vom Esslinger Reichstag von 1524 galt für das Heilige Römische Reich Deutscher Nationen die Kölnische Mark mit einem Gewicht von 233,855 Gramm als Maßeinheit), oder man erhöhte die Anzahl der aus einem eine Kölnische Mark wiegenden Metallklumpen zu prägenden Münzen (sog. Schlagfuß). Daneben wurde immer wieder versucht, die Staatsfinanzen durch die Herausgabe minderwertiger Kleinmünzen aufzubessern, was sich an dem Wechselverhältnis dieser Kleinmünzen (Kreuzer) zum Taler ablesen läßt. Eine Blütezeit für die falsche Nachprägung solcher Kleinmünzen durch die so bezeichneten Kipper und Wipper waren die ersten Jahre des Dreißigjährigen Krieges (Mai 1618 bis 1622/23).[122] Außerdem war für das Geldwesen der Wertverlust des Silbers gegenüber dem Gold durch die Entdeckung Amerikas und seiner Vorkommen von Bedeutung.

Die skizzierten Eckpunkte des (merkantilistischen) Münzwesens finden sich in den einschlägigen Gesetzen wieder. Während des gesamten hier zu behandelnden Zeitraumes gab es unzählige Normen, welche die Einfuhr geringwertiger ausländischer und die Ausfuhr höherwertiger inländischer Münzen verbot, weil dadurch der Staat des Edelmetalls verlustig ging, weswegen die Ausfuhr von Gold und Silber in jeglicher Form unterbunden wurde, Mandat vom 10. VII. 1643.[123] Welche Auswirkungen der Wertigkeit von Münzen untereinander für den einzelnen Untertan zukam, läßt sich dem kurfürstlichen Münzedikt von 1651[124] entnehmen. Mit dem Münzediktvorläufer von 1623, und damit unmittelbar nach der Hochzeit der Kipper und Wipper, hatte sich der Vater des Großen Kurfürsten, Kurfürst Georg Wilhelm, mit seiner Münzprägung auf den im Reich geltenden Münzfuß gestellt. Zwischenzeitlich hatte sich aber (kriegsmitbedingt) "eine solche Unordnung mit der Müntz hinwieder eingeschlichen, daß wider dasselbe Edict die Ducaten, Goldgülden und die Rosenobel, ..., also auch in Unsern Landen höher gestiegen, dahero es geschehen, daß bald die Steigerung dieser güldenen Sorten, die, von hochgemelten Unsers Herrn Vaters Gnaden geschlagene Ducaten und Goldgülden gäntzlich abhanden kommen, und hernachmals Unsere Lande mit allerhand frembden Ducaten dergestalt überhäuffet worden, daß nur jederman einen Eckel dafür gefasset, und allemahl in Furchten gestanden, daß dieselbe bald auf ihren rechten Werth gesetzet werden möchten, deswegen eine Zeithero solche Ducaten fast niemand in Zahlung gern annehmen, noch weniger dieselbe um klein Geld an sich wechseln wollen". Für Handwerker, Tagelöhner und andere bedeutete dieses aber,

---

[121] Conrad, Dt. RG II, S. 254.

[122] Ziechmann, Geld, S. 594.

[123] CCM IV/I/V, Nr. 30.

[124] CCM IV/I/V, Nr. 35.

wenn sie in Dukaten entlohnt wurden, konnten sie sich hierfür wenig kaufen, weil keiner die (schlechten) Dukaten wegen ihrer zu befürchtenden Abwertung als Zahlungsmittel annehmen wollte und womöglich noch gutes Wechselgeld herausgeben mußte. Mit dem Edikt vom 27. III. 1657[125] versuchte der Kurfürst sein Münzwesen und die Münzwerte den alten Reichskonstitutionen wieder anzupassen. Zu den neu zu schlagenden Landesmünzen gehörten u.a. 1/3, 1/6 und 1/8 Talerstücke, die auf der einen Seite mit dem kurfürstlichen Bildnis und der Überschrift neben dem Wert, auf der anderen Seite aber das gevierteilte Schild, Szepter und Wappen besaßen. Obwohl in dem Münzedikt von 1651 bestimmt worden war, daß die zu prägenden kleinen Landesmünzen gleich den anderen Reichsmünzen im Wert von vierundzwanzig Groschen für einen Reichstaler gerechnet werden sollten und dieses Wertverhältnis für zwanzig Jahre gelten sollte, wurde u.a. wegen des andauernden ersten nordischen Krieges die brandenburgischen Kleinmünzen von Händlern, Krämern und sonstigen als geringwertiger gehandelt, was bei der Bevölkerung zu den genannten Versorgungsschwierigkeiten mit dem Lebensnotwendigen führte, zumal die Lebensmittel nicht mehr zum Verkauf angeboten sondern exportiert wurden, um sie gewinnbringender in Nachbarländern absetzen zu können, Edikt vom 1. IX. 1660.[126]

Weil auf Reichsebene ein nachhaltiger Erfolg durch eine Münzordnung nicht erreicht werden konnte, kam es auf kurbrandenburgische Initiative hin mit Kursachsen und Braunschweig-Lüneburg zu den Münzverträgen von Zinna (1667) und Leipzig (1690). Hierdurch wurde für größere Teile Deutschlands eine tragbare Münzgesetzgebung geschaffen, die den Gulden (= 2/3 Taler) zur Hauptwährung erhob.[127] Die Übereinkunft schlug sich in dem Edikt vom 27. III. 1667[128] sowie in der kurfürstlich-brandenburgischen Münzordnung aus demselben Jahr vom 13. VI.[129] nieder. Mit dem Edikt vom März ordnete der Kurfürst erneut die Prägung der 1/3, 1/6 und 1/8 Talerstücke, von Groschen, Neun- (die man wegen des Handels mit Polen, Österreich und Schlesien benötigte), Sechs-, Drei-, Zwei- und Einpfennigmünzen an. Der Wert des Reichstalers wurde auf vierundzwanzig Groschen festgesetzt. Von einer generellen Abwertung fremder geringhaltiger Scheidemünzen wurde mit Rücksichtnahme auf den Handel abgesehen; jedoch wurde der Silbergroschen auf den neuen Münzfuß gesetzt. So wurde auch der polnische Johannis-Casimiri-Taler, der bisher zum Reichstaler im Verhältnis 5:1 stand, auf vier Groschen und damit auf ein Verhältnis von 6:1 abgewertet. Intention des Ediktes war es, das Münzwesen

[125] CCM IV/I/V, Nr. 36.
[126] CCM IV/I/V, Nr. 38.
[127] Baltzarek, a.a.O., Sp. 768; S. Stern III/1, S. 229.
[128] CCM IV/I/V, Nr. 48.
[129] CCM IV/I/V, Nr. 49.

wieder den alten Reichskonstitutionen anzugleichen. In der kurfürstlich-brandenburgischen Münzordnung wurden dann die Ämter des Münzwesens und ihre Aufgaben definiert, um der nachteiligen Unordnung, welche im Münzwesen herrschte, beizukommen. Für sämtliche kurfürstliche Münzstädte wurde ein Obermünzdirektor eingesetzt, dem die einzelnen Münzbedienten, wozu ein Guardin, Buchhalter und Münzschreiber, ein Schlösser, zwei Präger, ein Lieferant (für die Material-/Silberbeschaffung), drei gemeine Knechte und je nach der Lage der Münzstätte ein Pferdeknecht zählten, untergeordnet waren, Art. 1. Der Obermünzdirektor sollte Kenntnisse der Münzwissenschaft besitzen und des Münzwesens kundig sein. Ihm oblag die Aufsicht über die einzelnen Münzstätten und deren Visitation, sowie die Einhaltung der Münzgesetzgebung; damit die ausgeprägten Münzen in ihrem "ausgemünztzten Preiß willig genommen werden möge(n)" und in den Nachbarländern nicht verworfen würden, Art. 2. Dem Guardin, welchem alle Münzbediente bis auf den Münzschreiber untergeben waren, hatte insbesondere auf die Prägequalität zu achten, Art. 3, während dem Münzschreiber die sorgfältige Buchführung über sämtliche Vorgänge, vor allem die Edelmetallieferungen und Münzauslieferungen und somit die Bilanzierung oblag; die Berichte hierüber hatte er dem Obermünzdirektor einzusenden, Art. 4. Zur Beschaffung des Rohmaterials bediente sich der Staat der Hilfe von Lieferanten, Art. 5, zu welcher Aufgabe später unter Friedrich II. wegen ihrer einschlägigen auswärtigen Beziehungen dann häufig Juden herangezogen und an die zur Zeit des Siebenjährigen Krieges die Münzen verpachtet wurden. Der Eisenschneider hatte "sich eines solchen saubern und zierlichen Schnitts zu befleißigen, damit derselbe auf dem Gelde rein heraus kommet." Die Präger sollten die Gelder sauber und rein ausprägen und täglich Münzen im Wert von siebzig Mark Groschen ausprägen, Art. 6. Der Abgang von Gold und Silber bei der Münzprägung war zu verhindern, Art. 7, weswegen und zur Unterbindung anderer Unterschleife die Münzbediensteten ordentlich zu entlohnen waren, Art. 8.

Nach wie vor gab es in der Folgezeit aber immer wieder Gesetze, die fremde geringhaltige Münzen verriefen oder in ihrem Wert reduzierten. Ebenso verblieb es beim Verbot des Aufkaufens und der Ausfuhr von Edelmetallen, auch in Form von Bruchmetall. Aus diesem Grunde ordnete später König Friedrich Wilhelm I. an, Gold und Silber ausschließlich in der königlichen Münze von dem vereideten Münzmeister schmelzen und stempeln zu lassen. Das für eine Weiterverarbeitung zulässige Nachschmelzen durfte nur mit derartig vorbehandeltem und markierten Metall geschehen, Verordnung vom 18. VIII., Deklaration vom 24. IX. und Patent vom 1. X. 1718.[130]

---

[130] CCM IV/I/V, Nr. 100-102.

Um den fortgesetzten Zuwiderhandlungen beizukommen und Ordnung in das Münzwesen zu bringen, wurde der Münzvertrag 1690 erneuert. Dieser Rezeß, dem Schweden hinsichtlich seiner deutschen Provinzen beitrat, ließ als einzig zulässigen wieder den zinnaschen Münzfuß von 1671 gelten. Verstöße gegen die getroffenen Vereinbarungen (Einfuhr geringwertiger und Ausfuhr oder Ummünzung guter Münzen) sollten nicht mehr bloß mit der Warenkonfiskation sondern auch mit einer Geldbuße oder sogar Leib- oder Lebensstrafe geahndet werden. Die Publikation dieses Leipziger Rezesses mit seinem zwölf Taler-Fuß erfolgte am 2./12. I. 1691.[131]

Bei seinem Regierungsantritt 1740 übernahm Friedrich II. eine desolate Währungssituation. Vor allem das Prägen höherwertiger Kurantmünzen geschah im Königreich unter seinen Vorfahren wegen der fehlenden Silbervorkommen nur in geringem Umfang. Als größte Münze ließ der Große Kurfürst seit 1687 den Gulden als 2/3 Taler zum zwölf Talerfuß ausmünzen; aber schon Friedrich I. ließ ihn nicht mehr prägen. Von maßgebender Bedeutung für die preußische Münzpolitik unter seiner Regentschaft waren zwei Vorgänge: Zum einen die Graumannsche Münzreform, andererseits die berüchtigten Münzfälschungen während der Zeit des Siebenjährigen Krieges. Zwar war der mit dem Leipziger Rezeß gefundene 1737 als Reichs-Münz-Fuß angenommen, gleichwohl trat seit 1690 eine Münzverschlechterung ein, so daß die verwendete Silbermenge nicht mehr einem achtzehn sondern einundzwanzig Gulden-Fuß entsprach, obwohl der Gulden rein rechnerisch immer noch im Verhältnis von 2/3 zum Taler stand. Den sich daraus ergebenden vierzehn Taler-Fuß legte nun Graumann bei seinen Münzneuprägungen zugrunde. Das Gewicht des von ihm verwendeten Feinsilberanteils entsprach pro Münze exakt dem vierzehn Taler-Fuß. Das Königlich Preußische Münz-Edikt vom 14. VII. 1750[132] führte diese Münzneuprägungen im Königreich ein. Als neues Kurantgeld wurde der doppelte, ganze und halbe Friderichs d'Or im Werte zu 10, 5 und 2 1/2 Reichstalern (1 Reichstaler = 24 Groschen, 1/2 Reichstaler = 12 Groschen, 1/4 Reichstaler = 6 Groschen, 1/6 Reichstaler = 4 Groschen und 1/12 Reichstaler =2 Groschen) in Silber geprägt. Geldverbindlichkeiten wie zum Beispiel Buch- und Wechselschulden, als auch die Besoldungen sollten nur in Form der neuen Gold- und Silberkurantmünzen, die in allen königlichen Landen eingeführt wurden, beglichen werden. Bis zum Siebenjährigen Krieg war durch diese Maßnahme die preußische Währung sehr wertbeständig und wurde auch international gerne in Zahlung genommen, weswegen das Edikt versuchte, der Münzausfuhr vorzubeugen, indem für auswärtig zu leistende Geldzahlungen fremde Münzen be-

---

[131] CCM IV/I/V, Nr. 78.

[132] CCMC IV, Nr. 99 (1750); S. Stern III/1, S. 231; Treue, Wirtschaftsgeschichte, S. 196.

nutzt werden sollten, Nr. 8. Mangels des zu beschaffenden Silbers warf jedoch die Versorgung Preußens selbst mit den neuen Münzen Probleme auf, und es erfüllte sich auch nicht der gehegte Wunsch, einen jährlichen Schlagschatz in Millionenhöhe zu erwirtschaften.

In der Notzeit des Siebenjährigen Krieges (nach der Niederlage bei Kolin 18. VI. 1757 und einer damit wahrscheinlicher gewordenen längeren Kriegsdauer) griff dann der König zu dem Mittel der staatlicherseits geduldeten Geldfälschungen, um den Krieg zu finanzieren und die Steuerlast für die Untertanen nicht ins Unerträgliche steigen zu lassen, wie in Österreich, wo zur Kriegsfinanzierung die Steuern bis zu fünf Jahre im voraus eingetrieben wurden.[133] Neben einer verhältnismäßig geringen Geldwertverschlechterung der preußischen Münzen (1751 = 14 Rtausprägung, 1758 = 19 3/4 Rtausprägung) trat – nachdem die sächsischen Münzausprägungsstätten in seine Hand gefallen waren – die geringwertigere Ausprägung polnischer und anderer ausländischer Münzen. Obwohl diese Falschmünzen nur ins Ausland "exportiert" wurden, schwappten sie – zumal in Grenzgebieten und durch die Truppen – auf das eigene Territorium zurück, so daß sie auch in Preußen kursierten und eine Inflation bewirkten.[134] Aus diesem Grunde waren nach dem Kriegsende 1763 Konsolidierungsmaßnahmen der kriegsbedingt zerrütteten Währungsverhältnisse unumgänglich.[135] Schon zu Beginn des darauffolgenden Jahres ging der König per Edikt vom 11. I. 1764[136] erneut gegen die Ausfuhr von Gold und Silber und bestimmter edelmetallhaltiger Münzen vor; hierbei wurde auf die bereits bestehenden einschlägigen Gesetze Bezug genommen, selbige erneuert und verschärft. Des weiteren versuchte er mit Edikt vom 16. I. 1764[137] dem von den Kriegszeiten her noch verbreiteten Kippen und Wippen der Münzen Herr zu werden ("Ob Wir gleich durch vielfältig ergangene heilsame Edicte und Verordnungen das so sehr eingerissene höchst schädliche Kippen und Wippen derer Müntz=Sorten, bey harter Strafe verboten haben"). Hinsichtlich des Strafmaßes wurde zwischen Juden und Christen differenziert. Ersteren drohte neben einer schweren Geldstrafe und des Verfalls ihres Schutzprivilegs zusätzlich eine schwere Leibesstrafe oder Festungsarbeit, während die Christen das zehnfache des von ihnen ausgeprägten Quantums zu ersetzen und eine Gefängnisstrafe zu gewärtigen hatten. Mit dem neuen Münz-Edikt vom 29. III. 1764[138]

---

[133] Bruer, S. 86f.; Hintze, Beamtenstaat, S. 349; S. Stern III/1, 243.

[134] Vgl. zur fridenzianischen Münzpolitik insgesamt auch jüngst Platthaus, unter Bezugnahme auf Blastenbrei, Peter: Der König und das Geld, wobei Platthaus unter Bezugnahme auf Blastenbrei all zu sehr pauschalisiert und teilweise historisch ungenau ist.

[135] Neugebauer, in: Brandenburgische Geschichte, S. 359.

[136] NCCM 1761-65, 1764/Nr. 3.

[137] NCCM 1761-65, 1764/Nr. 4.

[138] NCCM 1761-65, 1764/Nr. 21; S. Stern III/1, S. 247.

kehrte dann Preußen zu dem (Graumannschen) Münz-Fuß von 1750 zurück, und zwar sowohl in Ansehung der Gold- und schweren Silbermünzen, als auch der acht, vier und zwei Groschenstücke. Die Friderichs d'Or Prägungen der Jahre 1750-54 galten alle als alte, echte Münzen, desgleichen gab es im Zeitraum von 1755-58 und 1763 solche Münzprägungen, die dem Münz-Fuß von 1750 entsprachen und deshalb genauso wie die neuen Prägungen von 1764 weiterhin ihre Gültigkeit behalten sollten. Die geringwertigeren Münzen der Jahre 1755-57 waren demgegenüber allesamt mit einem "A" gekennzeichnet worden und unterschieden sich in ihrer Dicke von diesen alten, echten Münzen, § 5. Sämtliche bestehenden (vertraglichen) Zahlungsverpflichtungen wurden auf die neuen Münzprägungen umgewertet. Der auf diesem Münz-Fuß geprägte Taler blieb in Preußen bis zur Einführung der Mark 1873 Währungsgrundlage.[139] Bereits im Vorjahr wurden mit den Edikten vom 21. IV. und 18. V. 1763[140] die vorwiegend aus den Kriegsprägungen stammenden geringwertigen Münzen als gültiges Zahlungsmittel verrufen, welche in einem mitverordneten Wechselkurs gegen die neu geprägten Brandenburgischen Münzen einzutauschen waren (zum 1. VI.). Mit dieser Maßnahme versuchte der Staat, die schlechten Münzen aus dem Geldumlauf zu ziehen. (In dem Edikt vom April 1763 übernimmt übrigens der König die Verantwortung für die Qualitätsverschlechterung der Münzen wenn es darin u.a. heißt: "Uns gemüßiget hat, eine Veränderung Unsers, vor dem Kriege, durch das Edict vom 14ten Julii 1750, festgesetzten Müntz=Fusses vorzunehmen.")

Die Münzen wurden vom König an sog. Münzjuden verpachtet, die sich ihm gegenüber verpflichteten, ihm jährlich eine bestimmte Summe "in gutem Gelde" (sog. Schlagschatz) aus ihren Umprägungen zur Verfügung zu stellen. Gleichzeitig mußten sie sich das Material hierzu, beispielsweise durch Aufkauf höherwertiger ausländischer Münzen, beschaffen, und die heimliche Verbringung der Falschprägungen ins Ausland übernehmen.[141]

Weitere vielfältige Wirtschaftsbereiche wurden gesetzlich geregelt. Mithierher gehören die zahllosen Abschoßregelungen, welche bei einem Vermögenstransfer ins Ausland – zum Beispiel durch Erbschaft oder aber auch Auswanderung – zur Erlangung der Vermögensausfuhrerlaubnis anordneten, daß ein bestimmter Prozentsatz (meistens 10%) hiervon an den Staat zu zahlen war. Obgleich es sich dabei primär um ein Druckmittel handelte, die Auswanderung von Untertanen zu verhindern, so war damit gleichzeitig bezweckt, daß dem Staat nicht nur die Arbeitskraft seiner Bürger verloren ging, sondern ihm auch das wirtschaftliche Potential von deren Vermögen erhalten blieb. In der Spät-

---

[139] Ziechmann, Geld, S. 602.

[140] NCCM 1761-65, 1763/Nr. 20 u. 26; S. Stern III/1, S. 249.

[141] Ziechmann, Geld, S. 601.

phase, vorwiegend in der zweiten Regierungshälfte Friedrichs des Großen, wurde die Abschoßpflicht teilweise durch zwischenstaatliche Übereinkommen gegenseitig oder für solche Fälle, in denen Erbschaften nur innerhalb der preußischen Provinzen zirkulierten, aufgehoben, Rescript an das KG vom 22. II. 1776[142]. Eine entsprechende Handhabung der Abschoßpflicht bei landesinterner Zirkulation gab es bereits zu Zeiten Friedrich Wilhelms I., wo es in einem Rescript vom 7. VIII. 1717[143] u.a. heißt, "daß der Abschoß nur von demjenigen zu nehmen [sei] was würcklich aus Unsern Landen an fremde, Unserer Bothmäßigkeit nicht unterworffene Orte directe oder indirecte gezogen und transferiret wird".[144]

Anzusprechen sind in diesem Zusammenhang auch die manigfaltigen landwirtschaftlichen Maßnahmen, insbesondere die von den preußischen Potentaten betriebene Getreidemagazinpolitik[145], die nicht nur der Heeresversorgung diente und dank derer eine Getreide- und damit Brotpreisstabilität als dem Grundnahrungsmittel vor allem der einfachen Bevölkerung erreicht wurde und was zur Vermeidung von Hungersnöten führte[146] (wenn man bedenkt, daß Mitauslöser für die französische Revolution durch Mißernten bedingte Hungersnöte und eine daraus resultierende Brotverteuerung war, und die letzte große Hungersnot in Deutschland 1847/48 hauptsächlich auf Transportproblemen beruhte, weil das infolge von Mißernten seit 1844 in ganz Europa benötigte Getreide nicht schnell genug zu den bedürftigen Orten transportiert werden konnte). 1721/22 führten die die einheimische Landwirtschaft belastenden Getreidebilligeinfuhren aus Polen zu einer Getreidehöherimpostierung und später dann zum Einfuhrverbot[147], wohingegen ein Getreidemißwuchs seit 1771 bedingte, daß die Getreideausfuhr und –verschiffung eingestellt wurde.[148] Zum Ausgleich solcher auftretenden Störfälle diente die Getreidemagazinierung. Anders als gegenwärtig, wo von der EG sogar Prämien für die Stillegung von Ackerland wegen der Überproduktion, einem garantierten Mindestpreis und der Quotierung innerhalb der Gemeinschaft gezahlt werden, war es die Intention des damaligen Gesetzgebers, kein solches brach liegen zu lassen, sondern es ordnungsgemäß zu bestellen. So sah sich Friedrich Wilhelm I. genötigt, mit einem

---

[142] NCCM 1776/77, 1776/Nr. 11; Gerteis, S. 172.

[143] CCM VI/II, Nr. 103.

[144] Schwennicke, S. 359.

[145] Treue, Wirtschaftsgeschichte, S. 185.

[146] Neugebauer, in: Brandenburgische Geschichte, S. 347; Schmidt, Kriminalpolitik, S. 68f.

[147] AB/Getreidehandelspolitik, Bd. 2, Nr. 24 = S. 368ff. u. Nr. 27 = S. 373ff.; Naude', in: FBPG, Bd. 12, S. 253; Treue, Wirtschaftsgeschichte, S. 175.

[148] AB/Getreidehandelspolitik, Bd. 4, Nr. 33ff. = S. 285ff.; Treue, Wirtschaftsgeschichte, S. 185.

Patent vom 5. III. 1737[149] gegen eine gewisse Nachlässigkeit bei der Bestellung von Wiesen, Äckern und Feldern vorzugehen ("dennoch verschiedene Bauren in den Neu=Märckischen Aemtern sich auf die liederliche Seite geleget, und theils die Gebäude aus grosser Nachläßigkeit eingehen, theils die Wiesen mit Sträuchern bewachsen und die Aecker verwildern lassen"). Zur Bekämpfung dieser Mißstände wurde angeordnet, daß den Bauern die Genehmigung zum Heuverkauf erst dann erteilt werden sollte, wenn ihr eigener Bedarf hieran für Viehfutter, zur Dachdeckung u.a.m. sichergestellt war. Außerdem wurde den Bauern befohlen, keine Wiesen verwachsen (=zuwachsen) zu lassen bzw. sie auszuroden und die Äcker von Steinen zu befreien. Die Gebäude sollten in Stand gehalten werden und "die Bauren ihre Aecker zu rechter Zeit gehörig und gut bestellen und bearbeiten" und den "nöthigen Zuwachs von dem Vieh (nicht) verkauffen und versauffen, oder sonst liederlich durchbringen". "Wer sodann säumig oder wiederspenstig, oder sonst als ein liederlicher Wirth befunden wird, soll nach geschehener Anzeige der Visitatoren dergestalt gezüchtiget werden, daß er begreiffen lerne, was vor Gehorsam Seiner Königl. Majestät Verordnungen gebühre". Hierauf nahm Friedrich II. mit seinem erneuerten und geschärften Patent "über die so wohl richtige Nachsäung der über Winter unbestellt gebliebenen Aecker, als auch Bestellung der disjährigen Säe= und tragbaren ordinairen Sommer=Felder" vom 17. II. 1772[150] ausdrücklich Bezug und erneuerte es. Acht Jahre nach Kriegsende konnte es sich der preußische Staat keineswegs leisten, landwirtschaftlich nutzbare Flächen brachliegen zu lassen ("Unsere Landesväterliche Absicht, daß keine säe= und tragbaren Aecker unbesäet bleiben dürfen", weil ansonsten "ein unersetzlicher Verlust und Nachtheil in der Zukunft entstehen müste, wenn zu dessen Remedur nicht bey Zeiten die nöthigen und ernstlichen Mittel ergriffen würden"). Den Land- und Steuerräten, Beamten und Magistraten war aufgegeben, auf die vollständige Besäung der Winter- und Sommerfelder zu achten; für jeden unbestellten oder -besäten Scheffel hatten sie zehn Reichstaler Strafe zu zahlen. Der Staat bediente sich dabei wiederum der nicht unproblematischen Mithilfe der Untertanen, wenn er die Hälfte des Strafgeldes dem anonym gehaltenen Denunzianten zukommen ließ. Die dabei gegebene Mißbrauchsgefahr erkannte aber auch der damalige Gesetzgeber und versuchte ihr vorzubeugen, indem sogleich nach der Denuntiation eine Überprüfung durch unparteiische und gewissenhafte Leute stattfinden sollte. Bestätigten sich die Angaben nicht, so hatte der Denunziant die Untersuchungskosten zu tragen und ihm drohte eine dreimonatige Festungsstrafe. Schon vorher war mit Edikt vom 12. VII. 1764[151] im Zuge des Retablissements angeordnet worden, daß die seit 1740 und hauptsächlich seit

---

[149] CCMC I, 1737/Nr. 13; Hintze, Agrarpolitik, S. 282.

[150] NCCM 1771/72, 1772/Nr. 11.

[151] NCCM 1761-65, 1764/Nr. 42; Riedel, S. 137.

dem letzten Kriege 1756 wüst gewordenen und eingezogenen (Bauern-) Stellen wieder zu besetzen und zu bewirtschaften waren. Mit dem Wiederaufbauprogramm während dieser Phase wurde sämtlichen Provinzen, die besonders stark unter dem Feinde gelitten hatten, eine "ansehnliche Vergütung(-en) an Contribution zum Retablissement angedeihen lassen, nicht minder denselben eine Quantitaet Pferde, Ochsen, Kühe und Schaafe geschencket, mit Brodt= und Saat Getreyde denenselben aus Unseren Magazins, theils Schenckungs= theils Vorschuß=weise assistiret". Dieses sollte die Grundherrschaften dazu befähigen, das Land wieder zu bestellen und Gebäude wiederzuerrichten. Eine zum Landeswohl effektiv gereichende Bewirtschaftung umfaßte aber eben auch die Neubesetzung wüster Stellen, weil einerseits damit den Bauern der Broterwerb und andererseits eine flächendeckende Landbestellung gesichert war.[152] Die damit beabsichtigte Unterbindung des Bauernlegens durch den friderizianischen Staat war nicht völlig uneigennützig, weil ihm gleichzeitig an einer gesunden Landbevölkerung als Steuerzahler- und Soldatenpotential gelegen war.[153] Daneben gab es Bemühungen des Königs, die Hand- und Spanndienste der erbuntertänigen Bauern auf ein erträglicheres Maß zu reduzieren als eine Art Vorstufe zur späteren Bauernbefreiung im Zuge der Stein-Hardenberg'schen Reformen, damit sie besser ihr eigenes Land bestellen konnten. Dieses Unterfangen, womit aber keinesfalls die hergebrachte Erbuntertänigkeit aufgehoben werden sollte, gelang jedoch nur auf den königlichen Domänenämtern.[154]

Weitere flankierende Maßnahmen bemühten sich um eine landwirtschaftliche Ertragssteigerung. Dem kargen märkischen Sandboden, der sprichwörtlichen Streusandbüchse, versuchte man mit Düngung (unterzupflügende Lupini bzw. mit Schlamm und Moder aus den Seen und Teichen, welche es ja reichlich gab und gibt) beizukommen.[155] Um einer Versandung von Ackerland durch Sandverwehungen gegenzusteuern, waren Sandfelder insbesondere mit Kiefern zu bewalden, was noch den zusätzlichen Vorteil einer holzwirtschaftlichen Nutzung bot.[156] Keineswegs unbekannt war der Zusammenhang zwischen dem Viehbestand und dem daraus resultierenden Wohlstand für die Landbevölkerung. Mitursächlich hierfür war eine hinreichende Fütterung der Tiere, wozu aber das vorhandene Weideland nach Quantität und Qualität nicht ausreichte. Um dieses Manko auszugleichen, ging man unter Friedrich dem Großen nach englischem Vorbild dazu über, Futterkräuter für eine Stallfütterung anzubauen,

---

[152] Hintze, Agrarpolitik Fr.d.Gr., S. 290; Neugebauer, in: Brandenburgische Geschichte, S. 359; Treue, Wirtschaftsgeschichte, S. 200.

[153] Hintze, Agrarpolitik, S. 290; ders., Beamtenstaat, S. 351; Hubatsch, Grundlinien, S. 56; Schmoller, Einwanderung, S. 596f.; Treue, Wirtschaftsgeschichte, S. 184.

[154] Hintze, Agrarpolitik, S. 287, 291.

[155] Riedel, a.a.O., S. 151, 153.

[156] Ders., ebenda, S. 155.

deren Ernteertrag wiederum durch eine entsprechende Düngung gesteigert werden sollte. Beim Rindvieh trat als weiterer Aspekt noch die Gesundheitsförderung der Tiere (z.B. Seuchenvermeidung) hinzu.[157]

Bis 1721[158] galt beispielsweise auch ein 1685 erlassenes Edikt[159], demzufolge keine Heirat stattfinden sollte, bevor nicht der Bräutigam wenigstens sechs junge Obstbäume gepfropft und eine gleiche Anzahl junger Eichen gepflanzt und sich so für seine Nachkommen verdient gemacht hatte[160], wobei der Gesichtspunkt der Landkultivierung mit eine Rolle gespielt haben dürfte. Selbst unter Friedrichs II. Regierung wurde noch – wie schon früher – die mutwillige Beschädigung von den längs der Landstraßen gepflanzten Obst- (und anderer) Bäume bei strenger Strafe untersagt, Verordnungen vom 27. IV. 1745[161] bzw. 21. IX. 1765[162].[163]

Der Warenverkehr von und nach Preußen wurde staatlicherseits durch etliche Vorschriften reglementiert. Neben der höher Impostierung aufgrund erhöhter Akzise für fremde Waren[164] dienten vor allem die Ein- und Ausfuhrverbote als diesbezügliche Regulative. Grundintention aller dieser Gesetzesbestimmungen war es, die Ausfuhr von weiterzuverarbeitenden Rohstoffen zu verhindern, und die Einfuhr all derjenigen Produkte zu unterbinden, welche in einheimischen Manufakturen hergestellt wurden[165], damit das Geld im eigenen Land zirkulierte und nicht ins Ausland floß.[166] Gleichzeitig intendierte man die wirtschaftliche Autarkie des Staates. Daneben tritt der Schutz und die Förderung des inländischen Handels. Schon in der Früh- und Aufbauphase des preußischen Merkantilismus unter dem Großen Kurfürsten ergingen diverse Ein- und Ausfuhrverbote, die aber teilweise folgenlos blieben, weil sie erlassen worden waren, bevor die inländische Wirtschaft überhaupt zur Bedarfsdeckung in der Lage war. Sie liefen immer wieder auch deshalb ins Leere, weil es an ihrer effizienten Durchsetzung mangelte. Die hierfür primär zuständigen Land- und Zollausreiter waren schon rein zahlenmäßig unterlegen.[167] Die Einfuhrverbote

[157] Hubatsch, Grundlinien, S. 57; Riedel, ebenda, S. 142, 145, 169.
[158] CCM I/II, Nr. 120.
[159] Vom 5. III. = CCM I/II, Nr. 37.
[160] Riedel, ebenda, S. 161.
[161] CCMC III, 1745/Nr. 7.
[162] NCCM 1761-65, 1765/Nr. 91.
[163] Riedel, a.a.O., S. 162.
[164] Hinrichs, Preußen als Problem, S. 25.
[165] Hentschel, Merkantilismus, S. 142.
[166] Ders., ebenda, S. 139.
[167] Rachel, Merkantilismus, S. 224f.

begünstigten den sog. Contrebandehandel, den Schmuggel.[168] Dominierten während der Regentschaft des Soldatenkönigs die Hochimpostierungen gegenüber den Importverboten – verboten waren nur gedruckte, gemalte und gestreifte Zeuge und Leinenwaren, Knöpfe, Messing- und Kupferwaren, gewöhnliches Glas, Salz, Alaun, Weizenmehl –, so erfuhren die Einfuhrverbote vor allem in der zweiten Regierungshälfte Friedrichs II. nach dem Siebenjährigen Krieg eine außerordentliche Steigerung[169], was damit zusammenhing, daß Preußen während des Wiederaufbaus mehr denn je darauf bedacht sein mußte, bei schlechter Wirtschaftslage den Absatzmarkt für seine einheimischen Produkte zu schaffen und keine Bedarfsdeckung durch fremde Erzeugnisse eintreten zu lassen, sowie das Geld aus den dargelegten monetären merkantilistischen Gründen im Lande zu halten. Meist nach einer vorherigen Hochimpostierung als vorgeschalteten Schritt wurden unter ihm nach und nach fast alle fremden Fabrik- und Handwerkerwaren, auch Halbfabrikate verboten. Hauptsächlich in späterer Zeit wurde eine verwirrende Menge von Kleinigkeiten mit Verboten belegt. Demgegenüber blieben nachfolgende Produkte nur hochimpostiert: Goldschmiede-, Rot- und Gelbgießerarbeit (mit 35%), Stickereien (mit 70%), Manchester, Camelot u. dgl. (mit vier Talern die Elle), Seiden-, Band- und Lederwaren, soweit sie noch nicht im Lande hinlänglich produziert wurden, Täschnerwaren und lackierte Waren (mit 25%), feine Stahlwaren und Instrumente (mit 16%) und Perrücken. Gegen Erlegung bloß der gewöhnlichen Akzise blieben hingegen (selbst kursächsische, und dieses trotz des mit Sachsen 1755 und 1765[170] geführten Handelskrieges) Böttcherwaren, Tischler- und Seidenwaren erlaubt. Ansonsten war der Ausschluß fremder Erzeugnisse fast vollständig. Hierzu korrespondierten die erlassenen Ausfuhrverbote. Zu den bereits bestehenden von Wolle, Häuten und Fellen, Gold, Silber, Kupfer und Messing, kamen unter Friedrich dem Großen ergänzend noch die nachfolgenden hinzu: Speck, Horn, Knochen, Asche, Flachs, Leinen- und Wollgarn, Leinsamen, Federposen, Borsten, Lumpen und andere Materialien für die Papier- und Leimherstellung, altes Eisen, Pferdehaare, Krapp, Borke, Talg, Töpferton, Porzellanerde, sowie Fabrikgerätschaften. Seit 1765 war die Getreideausfuhr nur noch gegen einen vom König unterschriebenen Paß möglich, 1771 verbot er die Ausfuhr von Kartoffeln. Diese Verbote iluminieren beredt die staatsdirigistischen Eingriffe in die Wirtschaft; der Wirtschaftsliberalismus des neunzehnten Jahrhunderts war noch Dekaden entfernt. Andererseits war dieser Schutz für den Aufbau der Manufakturen zunächst einmal notwendig. Abschließend

[168] Hentschel, Manufaktur- und ..., S. 147.

[169] Ders., ebenda, S. 146.

[170] Vgl. Edikt vom 7. V. 1765 = NCCM 1761-65, 1765/Nr. 45; Ziechmann, Merkmale, S. 474.

seien erläuternd einige Beispiele gerade aus der Spätphase des friderizianischen Absolutismus angeführt.

In einem – französisch und deutsch gedruckten – Edikt vom 9. VIII. 1777[171] wurde beispielsweise die Weineinfuhr durch ausländische Händler verboten, weil "solches aber nicht allein Unserm allerhöchsten Interesse, sondern auch dem Verdienst Unserer Kaufleute, die mit dergleichen Weinen handeln, sehr nachtheilig ist, indem letztere, durch die dabey vorfallende Unterschleife, den ganzen Vortheil des Debits verlieren". Das (Staatsschutz-) Ziel des legislatorischen Handelns bezüglich der Wirtschaft verdeutlichen zwei weitere Vorschriften. In einem "Circulare an alle Accise- und Zollämter" betreffend die Erhöhung der Akzise für ausländischen Weinessig vom 10. VI. 1778[172] heißt es: "Nachdem der in der Zossenschen Weinessig-Fabrike der hiesigen Kaufleute Schuft und Lindner fabricirte Weinessig an Güte nicht geringer, als gemeiniglich der französische Essig ist, befunden worden, und Se. Königliche Majestät zu mehrerer Aufnahme dieser und anderer einländischen Weinessig-Fabriken und zur Beförderung des damit verknüpften Landweinbaues eine höhere Impostirung des ausländischen Weinessigs allergnädigst befohlen; so ist diesem höchsten Befehl zur allergehorsamsten Folge für nöthig erachtet worden, die Accise auf den ausländischen Weinessig bis auf 3 Rthlr. 18 Gr. pro Eimer zu erhöhen". Eine "Königliche allerhöchste Declaration, die inländische Comsumtion des Caffee und dessen Ausfuhre ausserhalb Landes betreffend" vom 19. VI. 1778[173] bestimmte in Art. 1: "Da der Caffee für die dürftigen Landleute keineswegs zu den Nothwendigkeiten des menschlichen Lebens gehört, in Absicht anderer aber, eine dem Vortheile des Staats sehr schädliche Delicatesse ist, indem dafür so sehr vieles baares Geld außerhalb Landes gehet, so soll derselbe auf dem platten Lande zur Verminderung der Consumtion, fürs künftige eben den Abgaben unterworfen seyn, als in den Städten." Die bei der Bevölkerung unbeliebte Kaffeeregie (einer von Friedrich dem Großen nach französischem Vorbild eingeführten Steuer), zu deren Eintreibung die verspotteten Kaffeeschnüffler herangezogen wurden, wurde erst mit dem Regierungsantritt von Friedrich's Nachfolger Friedrich Wilhelm II. zusammen mit der Tabakregie aufgehoben, was zu einer Anfangspopularität des neuen Monarchen beitrug.

---

[171] NCCM 1776/77, 1777/Nr. 31.

[172] NCCM 1778/79, 1778/Nr. 23.

[173] NCCM 1778/79, 1778/Nr. 27.

9. Kapitel

Zusammenfassung

Zusammenfassend läßt sich festhalten, daß der absolutistische Staat sich und seine Institutionen durch eine Vielzahl legislatorischer Maßnahmen schützte, welche die unterschiedlichsten Lebensbereiche erfaßten. Die dabei festzustellende Regelungsintensität war durch zweierlei bedingt:

1. Der wohlfahrtsfördernde und dem Fürsorgegedanken verpflichtete Gesetzgeber mußte schon wegen dieses theoretischen Ansatzes darum bemüht sein, sämtliche Lebensbereiche seiner ihm anvertrauten Untertanen allumfassend zu reglementieren, weil nur er den dafür erforderlichen Gesamtüberblick besaß, und was damals eben noch nicht im Wege generell-abstrakter, sondern für den Einzelfall zugeschnittener Regelungen geschah.
2. Wegen ihrer teilweise nur mangelhaften Umsetzung in der Verwaltungspraxis sah sich die Legislative häufig dazu genötigt, inhaltlich ähnlich lautende oder sogar identische, unter Umständen auch verschärfte Normen zu erlassen.

Erleichtert wurde dieses durch das Gesetzgebungsverfahren. Mit dem Ausbau der landesherrlichen Staatsmacht im Inneren ging eine Gesetzgebungskompetenzverlagerung einher, die es dem absolutistischen Gesetzgeber erleichterte, auf ein entsprechendes Handlungs- bzw. Regelungsbedürfnis bei allen in seiner Hand vereinigten Regelungsbereichen im verkürzten Erlaßwege, ggf. durch bloße (Kabinetts-) Ordern zu re-(a-)gieren. Mit dieser Gesetzgebungskompetenzverlagerung ging gleichzeitig eine Verdichtung der Staatstätigkeit einher, die in sämtliche Lebensbereiche wohlfahrtsfördernd und lenkend eingriff, anders als etwa der spätere Liberalismus im 19. Jahrhundert, welcher die Staatsaufgaben auf primäre Funktionen, wie die Garantie der inneren und äußeren Sicherheit reduzieren wollte, und die Freiheit des Bürgers eher in einem Schutz vor dem Staat sah.

Dabei reichte das Regelungsspektrum von Gesetzen und Verordnungen des Staatsschutzes im engeren (eigentlichen) Sinne (Paß-, Zensur-, Pressewesen, sowie der "inneren Sicherheit"), welche die den klassischen staatsschutzrechtlichen Kernbereich bildende Gruppen darstellen, wobei die Bildung systematischer Gruppen nach ihrem Regelungsinhalt es mit sich bringt, daß eine Norm nur in eine solche eingeordnet werden kann, obwohl sie ihrem Inhalt nach in mehrere einschlägig sein kann. Hier entstehen Überschneidungen, Schnittmengen. Wegen des aus den dargelegten Gründen gerechtfertigterweise weitinterpretierten Staatsschutzbegriffes, zählt hierzu auch die Fülle der Legislativakte, welche die Förderung der wirtschaftlichen Prosperität Preußens zum Ziel hatten. Denn man überließ die Wirtschaftsentwicklung noch nicht dem freien Spiel der Kräfte, sondern war bestrebt, sie in einer dem übergeordneten gesamtstaatlichen Interessen dienlichsten Weise zu lenken. Deswegen blieben die zu ergreifenden Maßnahmen während dieses Zeitraumes nicht länger dem eigenverantwortlichen Unternehmer bzw. den Zünften vorbehalten, sondern der Staat diktierte mittels seiner gesetzlichen Vorgaben die Wirtschaftsrichtung; selbst der Konsument wurde durch die Steuerung des zulässigen Warensortiments gelenkt. Die ergriffenen Maßnahmen dienten allesamt dem Zweck, ersteinmal die Voraussetzungen für die wirtschaftliche Unabhängigkeit des preußischen Staates zu schaffen und später dann, sie zu sichern. Eine – schon rein anzahlsmäßig – nicht unerhebliche Sondergruppe bildeten dabei die die Juden betreffende Gesetzgebung.

Dennoch degenerierte Brandenburg-Preußen während des Untersuchungszeitraumes zu keinem Polizei- und Überwachungsstaat im modernen Sinne. Untermauert wird dieses durch die Tatsache, daß es in diesem Staat – anders als beispielsweise etwas später in dem napoleonischen Frankreich mit der Geheimpolizei seines Polizeiministers Fouche und erst recht mit den Staatssicherheits- und Geheimdiensten moderner totalitärer Regime – keine solche gab. Denn eine politische Polizei im eigentlichen Sinne, deren Aufgabe die den Bestand des Staates und seiner Verfassung in Frage stellende Gefahrenabwehr ist, gab es in Preußen erst nach dem Tilsiter Frieden von 1807 im Zuge des staatlichen Wiederaufbaues und seiner Neuorganisation (damals zunächst gegen die französische Besatzung gerichtet).[1] Selbst Friedrichs des Großen "Kujone" sind insofern nicht vergleichbar, weil sie ihm zur Auskundschaftung fremder Staatsgeheimnisse und nicht zur Überwachung der eigenen Untertanen dienten. Daß dieses für die Zeit der sogenannten Demagogenverfolgungen (1820-40) u.U. nur eingeschränkt gilt und teilweise revidiert werden müßte, kann hier aber außer Betracht bleiben, weil es sich dabei um Vorkommnisse außerhalb des hiesigen Untersuchungszeitraumes handelt.

Gleichwohl gibt es partiell eine vergleichbare Regelungsintention des damaligen mit dem Gesetzgeber moderner totalitärer Staaten und eine sich daraus ergebende Regelungsidentität, wie beispielsweise die Einschränkung der Auswanderungs- und Reisefreiheit – um nur ein markantes Beispiel zu benennen – damals und in der jüngsten Vergangenheit aufzeigt.

---

[1] Huber, S. 145, 147.

Anhang

Staatsschutzgesetzgebung in Preußen

[Auf Grundlage des "Mylius" nach Sachgruppen und dort chronologisch geordnet]

I. Paßwesen und Auswanderung

1658

Edikt vom 14. II. (= CCM III/II, Nr. 30), sich nicht in fremde Dienste zu begeben.

1659

Edikt vom 8. VII. (= CCM III/I, Nr. 23), daß die Offiziere und Soldaten die Untertanen nicht wegen des Vorspanns belästigen sollen.

Patent betreffend den Vorspann von Postfuhren vom 8. VII. (= CCM IV/I/IV, Nr. 1).

Patent gegen Deserteure und flüchtige Untertanen vom 2. IX. (= CCM III/I, Nr. 24).

1661

Soldaten, die ohne Paß auf's Land laufen, sind zu arretieren vom 3. V. (= CCM III/I, Nr. 27).

1662

Offiziere und Soldaten sollen die Landbevölkerung nicht wegen des Vorspanns behelligen vom 17. XII. (= CCM III/I, Nr. 28).

1664

Verordnung betreffend das Entgelt für den Vorspann vom 21. III. (= CCM IV/I/IV, Nr. 2).

1666

Verbot, sich nicht in fremde Dienste zu begeben bei der Gefahr der Güterkonfiskation vom 28. I. (= CCM III/II, Nr. 38).

1676

Edikt vom 18. I. (= CCM III/II, Nr. 52), nicht in fremde Herrschaftsdienste einzutreten.

1677

Patent vom 23. VI. (= CCM III/I, Nr. 45), die Deserteure anzuhalten und ihnen nicht ihre Montierung abzukaufen.

1678

Patent vom 19. XII. (= CCM III/I, Nr. 50), keinen Soldaten passieren zu lassen, ohne daß er seinen Paß vorzeigt.

1680

Verbot vom 20. X. (= CCM III/II, Nr. 57), nicht in holländische Dienste einzutreten.

1681

Patent vom 8. XII. (= CCM III/II, Nr. 59), nicht in fremde Dienste einzutreten.

1683

Edikt vom 18. VIII. (= CCM III/I, Nr. 53) gegen die Deserteure.
Anderweitiges Patent vom 1. XII. (= CCM III/II, Nr. 61) gegen fremde Kriegsdienste.

1686

Patent vom 30. I. (= CCM VI/I, Nr. 166) wegen des Verbots von Reisen ins Ausland ohne besondere Erlaubnis.

1687

Verbot des fremden Kriegsdienstes vom 25. IV. (= CCM III/II, Nr. 63).

1688

Edikt vom 9. X. (= CCM III/I, Nr. 58) gegen das Weglaufen der Soldaten.
Edikt vom 1. XI. (= CCM III/I, Nr. 59) wegen des Pardons für Deserteure.

1691

Edikt betreffend die Deserteure vom 2. IV. (= CCM III/I, Nr. 63).

1693

Edikt vom 10. I. (= CCM III/I, Nr. 64), sich an den aufgesuchten Deserteuren nicht zu vergreifen.
Patent vom 4./14. III. (= CCM III/I, Nr. 68), keinen geworbenen Soldaten ohne Paß passieren zu lassen.
Wiederholtes Edikt vom 1. IX. (= CCM III/II, Nr. 70) gegen fremde Kriegsdienste.

1694

Edikt wegen der Deserteure vom 18. II. (= CCM III/I, Nr. 71).

1699

Edikt vom 12. VIII. (= CCM III/I, Nr. 76) betreffend die Deserteure und ohne Paß reisende Soldaten.

1701

Edikt wegen der Deserteure und ihrer Bestrafung vom 26. VIII. (= CCM III/I, Nr. 79).

1702

Generalpardon für Deserteure vom 12. II. (= CCM III/I, Nr. 80).
Renoviertes Patent vom 11. V. (= CCM III/II, Nr. 75), sich nicht ohne vorherige Genehmigung in fremde Kriegsdienste zu begeben.
Geschärftes Edikt gegen Deserteure und ihre Helfer vom 8. VI. (= CCM III/I, Nr. 81).

1703

Generalpardon für Deserteure vom 18. I. (= CCM III/I, Nr. 82).
Vorspannreglement vom 12. II. (= CCM IV/I/IV, Nr. 6).

1704

Edikt gegen Deserteure und Pardon für sie vom 29. VII. (= CCM III/I, Nr. 84).

1706

Generalpardon für Deserteure und ausgetretene Untertanen vom 1. III. (= CCM III/I, Nr. 91).
Kartell vom 24. X. (= CCM III/II, Nr. 87) mit der dänischen Generalität wegen der Deserteure.

1707

Patent vom 8. VIII. (= CCM III/II, Nr. 88), nicht fremde Kriegsdienste aufzunehmen.

1711

Geschärftes Edikt gegen das zunehmende Desertieren vom 15. V. (= CCM III/I, Nr. 97).
Verlängerung des am 15. V. 1711 gewährten Pardons vom 26. X. (= CCM III/I, Nr. 99).

1712

Deklaration vom 7. X. (= CCM III/I, Nr. 102) der Deserteurbestrafung vom 15.V.1711.
Circularordre vom 7. X. (= CCM III/I, Nr. 103) dt. betreffend.
Patent vom 19. X. (= CCM IV/I/IV, Nr. 8), nicht mehr Vorspannpferde zu nehmen, als im Paß angewiesen sind.

1713

Generalpardon für Deserteure vom 5. V. (= CCM III/I, Nr. 107).
Edikt gegen die Desertion vom 12. VII. (= CCM III/I, Nr. 115).
Edikt gegen das Auswandern aus Furcht vor der Werbung vom 17. X. (= CCM III/I, Nr. 120).

1714

Patent vom 21. I. (= CCM VI/II, Nr. 79) betreffend verbotene Reisen ins Ausland.
Generalordre vom 16. V. (= CCM III/I, Nr. 128), daß ohne Spezialpaß keine zusätzliche Fuhre gefahren werden darf.
Edikt gegen Deserteure vom 29. XII. (= CCM III/I, Nr. 133).

1717

Patent wegen der Erteilung von Vorspannpässen vom 16. X. (= CCM IV/I/IV, Nr. 9).

1718

Deklaration vom 5.I. (= CCM IV/I/IV, Nr. 10), Vorspann nur b. königl. Ordre zu geben.
Erneuerung des Ediktes betreffend das Auswandern aus Furcht vor der Werbung vom 19. II. (= CCM III/I, Nr. 147).
Deklaration des Ediktes vom 19. II. 1718 vom 23. IV. (= CCM III/I, Nr. 150).
Konvention vom 8. X. (= CCM III/II, Nr. 94) mit Polen betreffend die Deserteure.
Patent wegen der Deserteure vom 22. XI. (= CCM III/II, Nr. 95).

1719

Desertionsedikt vom 14. IV. (= CCM VI/II, Nr. 116).

1720

Erläuterungsrezeß vom 5. I. (= CCM III/II, Nr. 97) betreffend die Konvention mit Polen vom 8. X. 1718.

Patent vom 7. II. (= CCM IV/I/IV, Nr. 11), ohne Paß keinen Vorspann zu fordern.

Edikt vom 3. III. (= CCM III/I, Nr. 162) betreffend die wegen der Werbung ausgetretenen Landeskinder.

Patent vom 18. IV. (= CCM III/II, Nr. 98), Deserteuren in Braunschweig-Wolfenbüttel keinen Aufenthalt zu gewähren.

Kartell mit Braunschweig-Lüneburg-Wolfenbüttel vom 18. IV. (= CCM III/II, Nr. 99) wegen der Deserteure.

Ordre vom 29. V. (= CCM III/I, Nr. 165), welcher Paß bei Beurlaubungen insbesondere außer Landes gelten soll.

1721

Ordre vom 1. II. (= CCM III/I, Nr. 169), daß für Freifuhren nur die vom König unterschriebenen Pässe gelten sollen.

Generalpardon für Deserteure vom 12. II. (= CCM III/I, Nr. 171).

Patent vom 14. II. (= CCM III/I, Nr. 172), daß die ausgedienten Soldaten nicht außer Landes gehen sollen.

Edikt vom 15. VII. (= CCM III/I, Nr. 176) wegen der Pardonverlängerung für freiwillig zurückkommende Deserteure.

1722

Erneuertes und geschärftes Edikt vom 2. VIII. (= CCM III/I, Nr. 184), wie es mit den Soldaten zu halten ist, die in Städten und Dörfern ohne Paß angetroffen werden.

1723

Edikt vom 24. I. (= CCM IV/I/IV, Nr. 13), ohne Paß keinen Vorspann zu nehmen.

Wiederholtes und geschärftes Edikt vom 29. I. (= CCM III/I, Nr. 188) wegen der Anhaltung von Deserteuren.

1724

Erneuertes und geschärftes Edikt wegen der Vorspannpässe vom 30. XII. (= CCM IV/I/IV, Nr. 14).

1726

Deklaration des geschärften Ediktes wegen des Durchhelfens von Deserteuren vom 5. VIII. (= CCM III/I, Nr. 205).

Patent wegen der Auslieferung von Deserteuren mit Kur-Sachsen vom 7. VIII. (= CCM III/II, Nr. 101).

1727

Edikt wegen des Nachsetzens von Deserteuren vom 16. VIII. (= CCM III/I, Nr. 208).

Neue Konvention mit Polen und Kur-Sachsen wegen der Auslieferung von Deserteuren vom 19. XII. (= CCM III/II, Nr. 102).

Publikationspatent vom 26. XII. (= CCM III/II, Nr. 103) der Konvention vom 19. XII. 1727.

1728

Patent betreff. das Reisen mit einem Vorspannpaß vom 7. X. (= CCM IV/I/IV, Nr. 15).

1729

Circularordre vom 21. IV. (= CCM III/I, Nr. 212), den Rekruten einen Vorspann nur mit königlichem Paß zu geben.

1730

Patent vom 15. IX. (= CCM III/I, Nr. 215), daß Soldaten ihre Garnison nur mit einem Paß verlassen können.

Patent vom 15. XI. (= CCM VI/II, Nr. 214), daß begüterte Adelige sich nicht ohne kgl. Erlaubnis im Ausland aufhalten noch in fremde Dienste treten sollen.

1733

Kartell mit Braunschweig-Lüneburg wegen der Auslieferung von Deserteuren vom 12. I. (= CCM III/II, Nr. 105).

Verordnung vom 18. VII. (= CCM I/I, Nr. 127), daß keinem Prediger erlaubt sein soll, ohne Erlaubnis des Konsistoriums außerhalb der Provinz und nicht ohne kgl. Erlaubnis außerhalb des Landes zu reisen.

Konsistorialverordnung vom 8. VIII. (= CCM I/I, Nr. 128) dto.

1734

Deklaration vom 1. I. (= CCM I/I, Nr. 129) der VO vom 8. VIII. 1733.

1736

Patent wegen der Reisegeschwindigkeit bei einem Vorspannpaß vom 18. VIII. (= CCM IV/I/IV, Nr. 17).

Rescript vom 2. IX. (= CCM I/I, Nr. 134), daß kein Prediger ohne kgl. Erlaubnis verreisen soll.

1737

Predigersöhnen sind von der Enrollierung frei und ihnen sollen die Pässe abgenommen werden vom 14. X. (= CCMC I, 1737/Nr. 60).

Patent vom 17. XII. (= CCMC I, 1737/Nr. 71), daß der Vorspann nur für die in den Vorspannpässen genannten Reisen gilt.

Generalpardon für Deserteure vom 31. XII. (= CCMC I, 1737/Nr. 77).

1738

Verordnung vom 9. X. (= CCMC I, 1738/Nr. 43) wegen der Anzeigepflicht für Hirten u.a., wenn sie an einen anderen Ort ziehen wollen.

Rescript vom 26. XI. (= CCMC I, 1738/Nr. 49), wonach den Handwerksburschen das Wandern in fremde Lande gänzlich verboten wird.

1739

Circulare vom 12. IV. (= CCMC I, 1739/Nr. 15) wegen der Bezahlung des Vorspanns.

Verordnung betreffend die elterliche Meldepflicht, wenn sie ihre Söhne außer Landes schicken wollen vom 24. IX. (= CCMC I, 1739/Nr. 39).

Verordnung vom 6. X. (= CCMC I, 1739/Nr. 41) dto. betreffend.

1740

Kabinettsorder vom 13. V. (= CCMC I, 1740/Nr. 14), den den Deserteuren versprochenen Pardon auch zu halten.

Verordnung. vom 28. VI. (= CCMC I, 1740/Nr. 28), wie es mit dem Vorspann für den König ist.

General-Pardon für Deserteure vom 28. VII. (= CCMC I, 1740/Nr. 39).
Deklaration desselben vom 23. XI. (= CCMC I, 1740/Nr. 70).

1741

Konsistorial-VO vom 17. I. (= CCMC II, 1741/Nr. 5), daß Prediger, denen die Pässe abgenommen wurden, gegen Gerichtsatteste sollen heiraten dürfen.

Rescript vom 26. IV. (= CCMC II, 1741/Nr. 16) an die Kur-Märkische Kammer, daß die Handwerksburschen nur in inländischen Städten zu wandern die Freiheit haben sollen.

General-Pardon für Deserteure vom 16. VIII. (= Supplementa CCMC I, II u. III/Nr. 46).

Kgl.-preußische Avocatoria vom 31. VIII. (= CCMC II, 1741/Nr. 22), daß preußische Untertanen, die in fremden Diensten stehen, in Landesdienste übertreten sollen.

Edikt vom 31. X. (= CCMC II, 1741/Nr. 24), die wegen der Auslieferung von Deserteuren mit dem König von Polen und Kurfürsten von Sachsen getroffene Vereinbarung zu beachten.

Edikt vom 4. XII. (= CCMC II, 1741/Nr. 27) betreffend die Einhaltung der Konvention mit Bayern wegen der Deserteure.

1742

Avocatoria vom 14. I. (= CCMC II, 1742/Nr. 2) wie das vom 31. VIII. 1741.

Rescript und Circularverordnung vom 2. bzw. 18. VI. (= CCMC II, 1742/Nr. 15f.), daß Prediger nicht ohne Erlaubnis reisen sollen.

Circularordre vom 3. XII. (= CCMC II, 1742/Nr. 34) wegen der in die Regimenter wieder aufzunehmenden Deserteure.

1743

Ordre vom 7. IX. (= CCMC II, 1743/Nr. 35) an die Generäle in Schlesien wegen der Deserteure.

Kgl. Kabinettsorder vom 19. XII. (= CCMC II, 1743/Nr. 53), daß keiner von seiner Majestät Vasallen oder deren Söhne ohne Erlaubnis außer Landes reisen soll.

1744

Deklaration vom 25. III. (= CCMC II, 1744/Nr. 11) betreffend 1743/Nr. 53.

1745

Erneuertes Kartell vom 27. III. (= Supplementa CCMC I, II u. III/Nr. 48) zw. dem König von Preußen und dem Herzog von Braunschweig-Wolfenbüttel über die Auslieferung von Deserteuren.

1746

Generalpardon für sich freiwillig wiedereinfindende Deserteure vom 12. III. (= CCMC III, 1746/Nr. 8).

Circulare vom 1. IV. (= NCCM 1761-65, Nachtrag I/Nr. 1), daß kein Vasall in fremde auswärtige Dienste treten soll.

Patent vom 6. XI. (= CCMC III, 1746/Nr. 25) betreffend die Verlängerung des Generalpardons für Deserteure.

1747

Circulare vom 21. I. (= NCCM 1761-65, Nachtrag I[Nr. 2]), daß kein adeliger Vasall ohne Permission außer Landes reisen soll.

1748

Edikt vom 16. I. (= CCMC IV/Nr. 5), daß kein Adeliger und Untertan ohne kgl. Erlaubnis außer Landes reisen bzw. in auswärtige Dienste treten soll.

1749

Erneuertes Edikt vom 24. IX. (= CCMC IV/Nr. 79) wegen der Vermögenskonfiskation von Deserteuren .

Edikt vom 4. X. (= CCMC IV/Nr. 80) wegen der Verfolgung von Deserteuren.

1750

Circular-Ordre vom 1. V. (= CCMC IV/Nr. 96) betreffend das Edikt vom 24. IX. 1749.

Circulare vom 10. VII. (= NCCM 1761-65, Nachtrag I/Nr. 4) betreffend in fremde Dienste gehende oder ohne Permission sich außer Landes aufhaltende Vasallen.

1751

(Nr. 4): Instructio vom 9. I. zur Rückkehr der außer Landes und in fremde Dienste gegangenen Söhne kgl. Vasallen.

(Nr. 12): Erneuertes Kartell mit Braunschweig-Wolfenbüttel wegen der Auslieferung von Deserteuren vom 21. I.

(Nr. 50): Edikt vom 22. VI., wie es mit der Verfolgung von Deserteuren in Ostfriesland zu halten ist.

(Nr. 51): Circulare vom 23. VI. betreffend das Vermögen von Deserteuren.

1752

(Nr. 33): Circulare vom 9. VI., den Geburtsort von Deserteuren mitanzuführen.

1754

(Nr. 6): Edikt vom 29. I. gegen das Auswandern und den Eintritt in fremde Dienste von Adeligen und Untertanen ohne kgl. Erlaubnis.

(Nr. 17): Rescript vom 6. III. an die klevische Regierung wegen der Veröffentlichung von Nr. 6/1754.

1756

(Nr. 85): Circulare vom 6. IX. wegen der Pässe von Adeligen mit Zollfreiheit.

(Nr. 97): Patent vom 23. X. wegen der Desertion ehemaliger sächsischer und nunmehr preußischer Regimenter.

(Nr. 98): Deklaration vom 25. X. von Nr. 97/1756.

(Nr. 108): General-Pardon vom 22. XI. für ehemalige sächsische Deserteure.

(Nr. 113): Circulare vom 3. XII. betreffend die Verbreitung von Nr. 108/1756.

(Nr. 118): Patent vom 28. XII. betreffend die Verlängerung von 108/1756.

1757

(Nr. 14): Renovation des Kartells zw. Preußen und Braunschweig-Wolfenbüttel wegen der Auslieferung von Deserteuren vom 14. III.

(Nr. 31): Generalpardon für alle Deserteure, wenn sie sich binnen 10 Wochen wieder stellen vom 20. V.

(Nr. 42): Patent vom 2. VIII. gegen die Abwerbung preußischer Einwohner nach Rußland.

(Nr. 62): Generalpardon für Deserteure vom 18. XII.

(Nr. 63): Circulare vom 23. XII., das Generalpardon von allen Kanzeln zu verlesen.

1758

(Nr. 41): Generalpardon für zur schwedischen Armee Desertierte vom 11. IX.

(Nr. 44): Circulare vom 12. X.: Kein Reisen ohne Paß und wie es mit Bettlern u. a. verdächtigen Personen gehalten werden soll.

1760

(Nr. 35): Erneuerte Ordre vom 18. XI., daß ohne Paß keine Vorspann- oder Reitpferde gegeben werden sollen.

1762

(Nr. 9): Publicandum vom 23. II., daß nicht mehr Vorspann, als im Paß festgesetzt ist, gegeben werden soll.

(Nr. 21): Generalpardon vom 24. V. für Deserteure.

(Nr. 30): Circulare vom 24. VII. wegen des Rechtsverlustes von ohne Genehmigung außer Landes Gehenden.

1763

(Nr. 13): General-Pardon vom 12. III. für Deserteure.

(Nr. 43): Rescript vom 15. VII., wie es mit dem Vermögen der Handwerker zu halten sei, welche ohne Erlaubnis außer Landes sich niederlassen.

(Nr. 79): Erneuertes Edikt vom 10. XI. gegen das Weglaufen von Untertanen und Dienstboten.

1764

(Nr. 81): Edikt vom 17. XI. wegen der Zitation und Vermögenskonfiskation von Deserteuren und ausgetretenen Landeskindern.

1765

(Nr. 65): Rescript vom 25. VI. an die Klevesche Regierung, daß Geistliche jungen Leuten keine Pässe geben sollen, um außer Landes zu gehen.

1766

(Nr. 9): Circulare vom 23. I. wegen des Verbots des Auswanderns der Handwerksburschen von hiesigen Landeskindern.

(Nr. 38): Rescript vom 29. IV. wegen der ohne kgl. Erlaubnis außer Landes gehenden Adeligen, deren Vermögen und Revenuen.

1768

(Nr. 9): Circulare vom 10. II. wegen des verbotenen Auswanderns von Handwerksburschen in fremde Lande.

(Nr. 78): Erneuertes Edikt vom 17. IX. betreffend die Verfolgung von Deserteuren in Ostfriesland.

1774

(Nr. 30): Rescript an das Kammergericht (KG) vom 14. IV., daß die vor 1755 Ausgewanderten mit der Ladung und ihren Folgen verschont werden sollen.

1775

(Nr. 22): General-Pardon vom 11. V. für Ausgewanderte wegen gemachter Contrebande.

(Nr. 42): Circulare vom 15. IX., keinen Untertanen die Erlaubnis und Pässe zu geben, um außer Landes zu gehen.
(Nr. 52): Circulare vom 16. XI. betreffend die Erläuterung von Nr. 42/1775.

1776
(Nr. 14): Circulare vom 7. III. wegen des (Aus-) Wanderns der Handwerksgesellen.
(Nr. 19): Circulare vom 30. IV. wie Nr. 14/1776.

1778
(Nr. 10): Generalpardon für desertierte Soldaten vom 31. III.

1779
(Nr. 3): Publicandum vom 18. II. gegen das Austreten enrollierter Kantonisten.
(Nr. 38): Rescript vom 16. XI., wem das Vermögen Ausgewanderter zufließt.

1782
(Nr. 14): Circulare vom 18. III. gegen das Auswandern der Handwerksburschen hiesiger Landeskinder.

1783
(Nr. 22): Circular-Rescript vom 6. V., daß keine Landeskinder als Handwerksburschen außer Landes wandern sollen.
(Nr. 37): Circular-Rescript vom 1. VIII., was aus dem Vermögen auswandernder Untertanen werden soll.

1785
(Nr. 25): Circulare vom 4. IV. betreffend die Prämien für die Ergreifung von Deserteuren.
(Nr. 50): Rescript vom 25. X., wie es mit dem Vermögen der Ehefrauen von Deserteuren zu halten ist.

II. Zensur/Versammlungsfreiheit

1654
Rescript vom 11. V. (= CCM I/I, Nr. 19), u.a. daß keine Theologica ohne Zensur gedruckt werden sollen.

1668
Edikt vom 6. V. (= CCM I/I, Nr. 36), daß sich die Priester aller gegenseitigen Anzüglichkeiten auf der Kanzel enthalten sollen.

1703
Patent vom 26. VII. (= CCM VI/II, Nr. 19) gegen die Einfuhr und den Verkauf eines in franz. Version übersetzten Neuen Testaments.
Generalverordnung vom 5. XI. (= CCM I/I, Nr. 70), wer die theologischen Schriften vor dem Druck zu zensieren hat, und wie es mit dem Verkauf der auswärts gedruckten zu halten ist.

1722
Von wem theologische Bücher, für die um ein Privileg nachgesucht wird, zu revidieren und zensieren sind vom 29. V. (= CCM VI/II, Nr. 149).

1727
Rescript vom 31. I. (= CCM I/I, Nr. 118), daß keine mit atheistischen Prinzipien angefüllte Bücher bei Strafe der Karre gekauft oder gedruckt werden sollen.

1735
Verordnung vom 30. XI. (= CCM I/I, Nr. 130) betreffend die Konfiskation des "fameusen Dippels" und anderer dergleichen Sektenbücher.

1736
Verordnung vom 2. VI. (= CCM I/I, Nr. 132), daß die Buchhändler in Berlin die sog. Wertheimische Bibel bei 100 Dukaten Strafe nicht einführen und verkaufen sollen und alle vorhandenen Exemplare zu konfiszieren sind.
Allgemeine Verordnung vom 15. VI. (= CCM I/I, Nr. 133) dto.

1741
Rescript vom 7. III. (= CCMC II, 1741/Nr. 10), daß keine übelausgearbeiteten Deductiones wegen kgl. "Gerechtsahme" mehr gedruckt werden.

1742
CircularVO vom 9. XII. (= CCMC II, 1742/Nr. 36) gegen Privatversammlungen von Predigern in Privathäusern.

1743
Befehl vom 3. IV. (= CCMC II, 1743/Nr. 16), keine gottlosen und ärgerlichen Bücher zu debitieren.

1747
Rescript an das KG vom 18. XI. (= CCMC III, 1747/Nr. 42) betreffend das der Akademie der Wissenschaften erteilte Zensurprivileg.

1748
Ordre vom 15. IV. (= CCMC IV/Nr. 14), daß keine skandaleusen Schriften gedruckt und verlegt werden sollen.

1749
Edikt vom 11. V. (= CCMC IV/Nr. 58) über die wiederhergestellte Bücherzensur.

1751
(Nr. 29): Mandat vom 7. IV., keine Schmähschriften gegen die Rohnsdorfer Gemeinde herauszubringen.
(Nr. 84): Rescript vom 28. IX. betreffend die Contravention gegen Buchdrucker, die gegen das Edikt vom 11. V. 1749 handeln.

1753
(Nr. 58): Circulare vom 5. X., daß ohne Vorwissen keine Aufzüge geschehen sollen.

1758
(Nr. 42): Befehl vom 7. X. an die Juristenfakultät zu Halle, keine Schriften drucken zu lassen, ohne sie vorher zur Zensur eingesandt zu haben.

1759
(Nr. 16): Circulare vom 12. III. wegen der Zensur in Berlin gedruckter historischer Schriften.

1763
(Nr. 3): Circulare vom 28. I. wegen des verbotenen Drucks und Verkaufs von Büchern, welche in die Publica einschlagen.

1765
(Nr. 119): Rescript vom 28. XII. betreffend die Bestellung der Zensoren.

1772
(Nr. 35): Circulare vom 1. VI. betreffend die Zensur der herauskommenden Bücher und Schriften.

1775
(Nr. 56): Rescript vom 4. XII. die Zensur von hier verlegten aber außer Landes gedruckten Büchern betreffend.

III. Innere Sicherheit

1652
Mandat vom 17. IX. (= CCM II/III, Nr. 8) wider Zänkereien, Schlägereien und Duelle.

1663
Edikt vom 3. I. (= CCM V/V/I, Nr. 19) gegen die Zigeuner.

1664
Pestpatent vom 31. VII. (= CCM V/IV/II, Nr. 1), daß nichts von infizierten Orten eingelassen werden soll.

1670
Edikt vom 22. III. (= CCM V/V/I, Nr. 20), fremde Bettler und Vaganten zurückzuweisen.

1672
Edikt vom 14. IX. (= CCM V/V/I, Nr. 21), angetroffene Landstreicher und Zigeuner gefangen zu nehmen.

1680
Edikt vom 17. IV. (= CCM V/V/I, Nr. 22) gegen fremde Landbettler.
Edikt vom 8. IX. (= CCM V/IV/II, Nr. 2), wegen der Pest nichts von infizierten Orten einzulassen.

1681
Mandat vom 30. VII. (= CCM V/IV/II, Nr. 5), keine Bettler von pestinfizierten Orten einzulassen.

1682
Edikt vom 10. VII. (= CCM V/V/I, Nr. 23) gegen Zigeuner, Landstreicher und Bettler.

1683
Edikt vom 22. I. (= CCM II/III, Nr. 10) gegen das Stehlen von Silbergeschirr aus kurfürstlichen Residenzen.

1684
Erneuerung und Erweiterung vom 12. I. (= CCM II/III, Nr. 12) des Edikts vom 22. I. 1683.
Befehl vom 22. I. (= CCM I/II, Nr. 34) an das Konsistorium, fremden Bettlern keine Konzession zu erteilen.
Edikt vom 18. IV. (= CCM V/V/I, Nr. 24) gegen fremde Bettler.

1687
Edikt vom 11. VI. (= CCM V/V/I, Nr. 25) Müßiggänger, Bettler u.a. zur Arbeit anzuhalten.

1688
Edikt vom 6. VIII. (= CCM II/III, Nr. 14) gegen die Duelle.
Rescript vom 17. IX. (= CCM VI/I, Nr. 178), daß die Handwerksleute in Berlin keine Degen tragen sollen.
Wiederholtes Verbot vom 7. XII. (= CCM VI/I, Nr. 179), daß Pagen, Lakaien u.a. keine Degen tragen sollen.

1689
Geschärftes Rescript vom 13. IV. (= CCM VI/I, Nr. 181) wegen des verbotenen Degentragens.
Deklaration vom 10. XII. (= CCM VI/I, Nr. 182) wegen des Verbots des Degentragens für Pagen, Handwerker u.a.

1691
Edikt vom 12. I. (= CCM V/V/I, Nr. 26) gegen Zigeuner.

1693
Patent vom 24. II. (= CCM II/III, Nr. 16) gegen das Einbrechen, Stehlen und Hehlen in den Residenzen.
Deklaration vom 25. XI. (= CCM II/III, Nr. 17) des Duelledikts vom 6. VIII. 1688 gegen diejenigen, die solche nicht verhindern.

1695
Edikt vom 26. XI. (= CCM V/V/I, Nr. 27) gegen Zigeuner.

1696
Edikt vom 10. IV. (= CCM V/V/I, Nr. 28) betreffend Zigeuner, fremde Bettler und die Armenversorgung.

1698

Edikt vom 19. XI. (= CCM V/V/I, Nr. 29) die Armenversorgung betreffend.

1699

Einrichtung der Kommission für das Armenwesen in den Residenzen vom 3. IV. (= CCM I/II, Nr. 67).

1700

Geschärftes Edikt vom 23. VIII. (= CCM II/III, Nr. 20), daß die Einbrüche mit dem Strange zu bestrafen sind.

Patent vom 3. XII. (= CCM V/V/I, Nr. 31) wegen der Armenbüchsen an den Stadttoren.

1701

Armen- und Bettlerordnung vom 18. III. (= CCM V/V/I, Nr. 32).

1702

Patent vom 21. XII. (= CCM VI/II, Nr. 17) wegen der Bestrafung derjenigen, welche Straßenlaternen beschädigen.

1704

Edikt vom 6. VIII. (= CCM V/I/I, Nr. 11), daß Pagen, Lakaien, Schüler und Handwerksburschen keine Degen tragen sollen.

Verordnung vom 22. XII. (= CCM V/V/I, Nr. 34), daß sich fremde Bettler wegbegeben sollen.

1705

Erneuerung vom 7. XI. (= CCM II/III, Nr. 23) des Edikts vom 23. VIII. 1700.

1706

Patent vom 18. XI. (= CCM VI/II, Nr. 39), sich nicht an den Laternen zu vergreifen.

Patent vom 26. XI. (= CCM V/I/I, Nr. 12) gegen das Degentragen.

Mandat vom 8. XII. (= CCM V/V/I, Nr. 35), wie es mit den Bettlern und Armen zu halten ist.

1707

Patent vom 25. I. (= CCM V/V/I, Nr. 36) die Zigeuner betreffend.

Edikt vom 17. IX. (= CCM I/II, Nr. 85), sich nicht an den Laternen auf dem Weg nach Charlottenburg zu vergreifen.

1708

Patent vom 18. II. (= CCM V/I/I, Nr. 14) gegen das Tragen von Degen.

Armen- und Bettlerordnung vom 19. IX. (= CCM I/II, Nr. 88 = CCM V/V/I, Nr. 37).

Rescript vom 3. X. (= CCM V/V/I, Nr. 38) wegen der Zigeuner.

Edikt vom 12. XII. (= CCM V/IV/II, Nr. 10 = CCM V/V/I, Nr. 39) betreffend die Bettler und Zigeuner wegen der Pest in Polen.

1709

Edikt vom 11. VI. (= CCM V/I/I, Nr. 16) sich des Degentragens in den Residenzen zu enthalten.

Patent vom 12. IX. (= CCM V/IV/II, Nr. 12), wegen der Pest keine Fremden ohne Passierzettel aufzunehmen.

Patent vom 3. X. (= CCM V/IV/II, Nr. 14) wegen der Pestpässe.
Erneuerung des Pestedikts von 1708 vom 29. X. (= CCM V/IV/II, Nr. 15 = CCM V/V/I, Nr. 40).
Edikt vom 24. XI. (= CCM V/IV/II, Nr. 17), wegen der Pest ohne Passierzettel keinen einzulassen.
Pest-Post-Reglement vom 26. XI. (= CCM IV/I/III, Nr. 65).
Pest-Reglement auf dem Lande vom 29. XI. (= CCM V/IV/II, Nr. 19).
Verordnung vom 30. XI. (= CCM VI/II, Nr. 54) wegen der Beiträge zur Armenversorgung.

1710
Patent vom 19. IV. (= CCM V/V/I, Nr. 41), keine fremden Bettler über die Grenzen zu lassen.
Pest-Post-Reglement vom 26. VII. (= CCM IV/I/III, Nr. 74).
dto. vom 9. VIII. (= CCM IV/I/III, Nr. 75).
Patent vom 13. VIII. (= CCM V/IV/II, Nr. 24), wegen der Pest die Schlupf- und Nebenwege zu versperren.
Erneuerung des Ediktes vom 29. X. 1709 vom 24. XI. (= CCM V/IV/II, Nr. 28 = CCM V/V/I, Nr. 42).
Pestedikt vom 1. XII. (= CCM V/IV/II, Nr. 29).

1711
Edikt vom 16. II. (= CCM V/IV/II, Nr. 34) betreffend die Pestpässe.
Patent vom 9. III. (= CCM II/III, Nr. 26), daß diejenigen mit dem Tode zu bestrafen sind, welche die geschworne Urfehde brechen und wiederkommen.
Verbot vom 18. V. (= CCM VI/II, Nr. 64), kein liederliches Gesindel zu beherbergen.
Edikt vom 7. XII. (= CCM V/IV/III, Nr. 8) wegen des Viehsterbens in Preußen und anderswo.

1712
Patent vom 16. II. (= CCM VI/II, Nr. 67), sich in den Residenzen nicht an den Straßenlaternen zu vergreifen.
Patent vom 2. VIII. (= CCM I/II, Nr. 90), vor der Ausstellung von Armutszeugnissen den Zustand selbiger sorgfältig zu untersuchen.
Verordnung vom 14. IX. (= CCM V/IV/II, Nr. 37), wegen der Pest niemanden ohne vorherige behördliche Genehmigung zu beherbergen.

1713
Erneuertes Mandat vom 28. VI. (= CCM II/III, Nr. 27) gegen die Selbstrache, Duelle etc.
Pestedikt vom 7. VIII. (= CCM V/IV/II, Nr. 38) wegen selbiger in Österreich, Böhmen und Schlesien.
Edikt vom 29. VIII. (= CCM V/IV/II, Nr. 40) betreffend die Passierzettel für Fremde wegen der Pest.

1714
Edikt vom 14. XI. (= CCM V/IV/II, Nr. 46), keine giftfangenden Sachen und keine fremden Juden einzulassen.

1715

Edikt vom 10. II. (= CCM I/II, Nr. 97 = CCM V/V/I, Nr. 43) betreffend die Armenversorgung und die hierfür zu treffenden Anstalten.

Mandat vom 10. II. (= CCM V/V/I, Nr. 44) gegen das Betteln in den Residenzen.

Rescript vom 26. III. (= CCM II/III, Nr. 30) wegen des Urfehdebruchs.

Edikt vom 26. VII. (= CCM V/V/I, Nr. 45) gegen Zigeuner, Landstreicher und Glücksspieler.

Verordnung vom 1. XI. (= CCM VI/II, Nr. 91), nicht in Berlin die Straßenlaternen zu beschädigen.

1716

Edikt vom 28. I. (= CCM V/V/I, Nr. 46) gegen Komödianten, Gauckler, Seiltänzer u.a.

Edikt vom 25. VIII. (= CCM V/IV/III, Nr. 12), wie es hinsichtlich des Viehsterbens mit der Eintreibung fremden Viehs zu halten ist.

Geschärftes Edikt vom 20. X. (= CCM V/IV/III, Nr. 13) wegen des Viehsterbens.

Patent vom 25. XII. (= CCM III/I, Nr. 138), u.a. abgedankte Soldaten, das Aufkaufen und Betteln betreffend.

1717

Patent vom 9. II. (= CCM VI/II, Nr. 99), daß keine fremden Bettler über die Flüsse übergesetzt werden sollen.

Patent vom 1. III. (= CCM VI/II, Nr. 101) betreffend abgedankte und invalide bettelnde Soldaten.

Allgemeine Verordnung vom 11. X. (= CCM V/IV/III, Nr. 18) wegen der Seuche unter dem Hornvieh.

1718

Patent vom 4. VIII. (= CCM V/V/I, Nr. 47) müßige Bettler u.a. auf die Festung Kolberg zu schicken.

Erneuerung vom 21. XI. (= CCM VI/II, Nr. 109) des Patents vom 1. XI. 1715.

1719

Edikt vom 24. I. (= CCM V/I/II, Nr. 32) gegen das Schießen auf dem Lande.

Erneuertes Edikt vom 28. II. (= CCM V/V/I, Nr. 48), müßige Bettler auf die Festung zu schicken.

Patent vom 21. XII. (= CCM V/V/I, Nr. 49), Straßenbettler in Arbeitshäuser zu stecken.

1720

Patent vom 28. II. (= CCM II/III, Nr. 40) wider die Beschädigung von Laternen.

Patent vom 30. VII. (= CCM V/IV/III, Nr. 21) betreffend die zu ergreifenden Vorsichtsmaßnahmen wegen erneuter Viehseuche.

Erneuertes Edikt vom 10. XII. (= CCM V/V/I, Nr. 50), fremde Bettler, Zigeuner u.a. zu vertreiben.

1721

Deklaration des Edikts gegen die Selbstrache vom 12. V. (= CCM II/III, Nr. 44).

1722

Edikt vom 22. I. (= CCM V/IV/III, Nr. 23), daß wegen der Viehseuche kein Vieh ins Land gelassen werden soll.

Edikt vom 12. II. (= CCM V/V/I, Nr. 53) gegen Bettler und Landstreicher, und wie es mit falschen Brandbriefen zu halten ist.
dikt vom 13. III. (= CCM V/IV/III, Nr. 24) wegen der Viehseuche.

1723

Geschärftes Edikt vom 5. IV. (= CCM II/III, Nr. 47) gegen die Räube- und Diebereien.
Patent vom 14. X. (= CCM V/V/I, Nr. 54), wonach dem Entdecker eines Mordbrenners 100 Reichstaler Belohnung versprochen werden.

1724

Erneuertes Edikt vom 28. II. (= CCM V/IV/III, Nr. 25) wegen der Viehseuche.
Wiederholte Veröffentlichung wegen der Viehseuche vom 23. VIII. (= CCM VI/II/Nachlese, Nr. 17).
Erneuertes und geschärftes Edikt vom 24. XI. (= CCM V/V/I, Nr. 55) gegen Räubereien und Diebesrotten.

1725

Instruktion vom 9. I. (= CCM II/III, Nr. 50) betreffend die Aushebung von Diebesbanden.
Edikt vom 21. VI. (= CCM I/II, Nr. 121 = CCM V/V/I, Nr. 56), wie die wahren Armen zu versorgen sind, die mutwilligen Bettler aber zur Arbeit angehalten werden sollen.
Edikt vom 5. X. (= CCM II/III, Nr. 54), daß über 18 Jahre alte und das Land betretende Zigeuner mit dem Galgen bestraft werden sollen.

1726

Patent vom 29. VII. (= CCM V/IV/III, Nr. 26), daß kein Vieh von seuchenverdächtigen Orten eingeführt werden soll.

1727

Edikt vom 20. XII. (= CCM V/V/I, Nr. 57), daß Bettler und Landstreicher binnen vier Wochen die Straßen zu räumen haben.

1729

Erneuertes Edikt vom 24. XII. (= CCM V/IV/III, Nr. 27), welche Anstalten wegen der Viehseuche zu treffen sind.

1730

Instruktion vom 20. XI. (= CCM V/V/I, Nr. 58), wie die Aushebung von Diebesrotten geschehen soll.

1731

Erneuertes und geschärftes Edikt vom 25. II. (= CCM V/V/I, Nr. 59), daß fremde Bettler und Landstreicher das Land zu räumen haben.
Allgemeines Edikt vom 19. IX. (= CCM II/III, Nr. 65) gegen das Kartenspielen u.a.

1732

Erneuertes Edikt vom 26. III. (= CCM V/IV/III, Nr. 30) wegen der Viehseuche.
Geschärftes Patent vom 18. IX. (= CCM II/III, Nr. 67 = VI/II/Nachlese, Nr. 29) wegen der Diebstähle an öffentlichen Laternen.

1735

Edikt vom 5. I. (= CCM V/V/I, Nr. 60) wegen der Wegschaffung fremder Bettler aus Berlin.

1736

Edikt vom 9. I. (= CCM II/III, Nr. 75) wegen der Diebstahlsbestrafung.

1738

Patent vom 21. III. (= CCMC I, 1738/Nr. 15) betreffend Gesundheitspässe für Personen und Waren.

Patent vom 16. IV. (= CCMC I, 1738/Nr. 18) gegen Bettler, Vagabunden und mit Raritätenkästen Herumlaufende.

Patent vom 26. IX. (= CCMC I, 1738/Nr. 42) gegen den Einlaß aus Ungarn und Siebenbürgen kommender Ware wegen der Pest dort.

1739

Ordre vom 3. I. (= CCMC I, 1739/Nr. 1) gegen das Degentragen von Handwerksburschen und Lakaien.

Erneutes und geschärftes Edikt gegen das unnütze Schießen vom 12. XI. (= CCMC I, 1739/Nr. 44).

Edikt vom 30. XI. (= CCMC I, 1739/Nr. 45) gegen Zigeuner und Landstreicher.

1740

Circularordre vom 6. IV. (= CCMC I, 1740/Nr. 10), die nach den Festungen abgelieferten Landstreicher und Bettler dort auch anzunehmen.

Erneuertes Edikt vom 6. XII. (= CCMC I, 1740/Nr. 74), daß jeder Ort seine Armen zu versorgen habe.

1741

VO vom 18. I. (= CCMC II, 1741/Nr. 6), daß die Fiskale auf das Polizeiwesen mitzuachten haben.

1743

Erneuertes und geschärftes Hausierer-Edikt vom 7. VIII. (= CCMC II, 1743/Nr. 31).

Ordre vom 6. X. (= CCMC II, 1743/Nr. 39), wie gegenüber ungedienten Unruhestiftern zu verfahren ist.

1744

Erneuertes Edikt vom 12. IX. (= CCMC II, 1744/Nr. 23) gegen Glücksspiele.

1745

Avertissement betreffend die Einbringung fremden Hornviehs wegen der Seuche im Holsteinischen vom 16. VII. (= CCMC III, 1745/Nr. 8).

Avertissement vom 14. VIII. (= CCMC III, 1745/Nr. 9) betreffend Voraussichtsmaßnahmen wegen des Viehsterbens.

1746

Erneuertes Edikt vom 28. XII. (= CCMC III, 1746/Nr. 30) wegen der Viehseuche.

1747

Publiziertes Avertissement vom 30. IX. (= CCMC III, 1747/Nr. 33) betreffend die abzustellende Straßenbettelei in Berlin.

Erneuertes und geschäftes Hausierer-Edikt vom 17. XI. (= CCMC III, 1747/Nr. 40).

1748

Erneuertes Edikt vom 28. IV. (= CCMC IV/Nr. 16) über die Versorgung der wirklich Armen und Anhaltung der Bettler zur Arbeit.

Rescript vom 2. X. (= CCMC IV/Nr. 30) betreff. die Aufhebung von Zigeunerbanden.

1750

Edikt vom 28. IX. (= CCMC IV/Nr. 104), wonach für alle gewaltsamen Einbrüche und auf Landstraßen verübten Gewalttätigkeiten, wenn nicht die Todesstrafe zuerkannt wird, ewige Festungsarbeit droht.

1751

(Nr. 9): Edikt betreffend Diebereien, Einbrüche und Räubereien auf den Landstraßen vom 17. I.

(Anhang Nr. 1): Kgl. Verfügung vom 16. III. wegen unerlaubten Kollektensammelns und Bettelns in Häusern.

(Nr. 99): Rescript vom 24. XI. wegen der Viehseuchen.

1752

(Nr. 5): Instruktion vom 18. I. wie Nr. 99/1751.

(Nr. 24): Instruktion vom 10. IV. wegen der Quarantäne für fremde Waren.

(Nr. 54): Circulare vom 5. IX. wegen bereits erlassener Hausiereredikte.

(Nr. 82): Circulare vom 4. XII. die Publikation der Hausieredikte betreffend.

1753

(Nr. 72): Rescript vom 10. XII. wegen Vorsichtsmaßnahmen bei der Viehseuche.

1754

(Nr. 9): Dekret vom 5. II., wie die Hohensteinischen Stände gegen Vagabunden inquirieren können.

(Nr. 18): Rescript vom 7. III. wegen Räuber- und Diebesbanden.

(Nr. 73): Rescript vom 31. X. gegen die Duldung von Marktschreiern, Seiltänzern, Gauklern etc. (Edikt vom 28. I. 1716).

1755

(Nr. 78): Rescript vom 31. X., auf die Einhaltung des Ediktes von 1716 gegen Marktschreier, Gaukler etc. zu achten.

(Nr. 90): Edikt vom 22. XI. gegen das Ziehen und Fechten mit Messern im Herzogtum Geldern.

1756

(Nr. 42): Circulare vom 8. IV., das den Untertanen abzunehmende Schießgewehr auf dem Kirchendachboden aufzubewahren.

1757

(Nr. 13): Avertissement vom 10. III., zerbrochene Töpfe und Glas nicht auf die Straße zu werfen.

1758

(Anhang, Nr. 2): Avertissement vom 26. IV. wegen des Auflaufs gemeiner Leute und junger Burschen.

(Nr. 22): Circulare vom 5. V. wegen der sofortigen Benachrichtigung bei bedenklichen Krankheiten.

1759

(Nr. 4): Befehl vom 22. I. an alle Forstbedienten, auf alle verdächtigen Personen zu achten und diese ggf. anzuhalten.

1761

(Nr. 1): Circulare vom 6. I., daß die Polizeiausreiter auf die Ausfuhr des alten Kupfers achten sollen.

(Nr. 29): Avertissement vom 4. VI., daß keine herumziehenden unbefugten Würfel- u. a. Spieler geduldet werden sollen.

(Nr. 31): Publicandum wegen der Marodeure etc. und derselben Räubereien, Einbrüche und Belästigungen vom 17. VII.

1763

(Nr. 19): VO vom 15. IV., daß die Schüler und Gymnasiasten nicht truppweise herumgehen sollen.

(Nr. 46): Edikt vom 22. VII. gegen in das Herzogtum Kleve eindringende Vagabunden etc.

(Nr. 87): Rescript vom 25. XI., daß gegen die benachbarten Polen keine Exzesse und Gewalttätigkeiten verübt werden sollen.

(Nr. 92): Rescript vom 19. XII. wegen der Bettelei in den Städten.

(Nr. 93): wie Nr. 92/1763.

1764

(Nr. 2): Patent vom 6. I. gegen die Beschädigung und den Diebstahl an öffentlichen Laternen.

(Nr. 8): Circulare vom 6. II. wegen neuer Publikation des Edikts vom 28. IV. 1748 die Bettelei in den Städten und auf dem platten Lande betreffend.

(Nr. 84): Circulare vom 29. XI. wegen der Hausierer-Edikte im Geldrischen.

1765

(Nr. 112): Circulare vom 11. XII. gegen das Hausieren fremder Oblitätenkrämer.

1768

(Nr. 27): Rescript vom 8. IV. wegen der Verhütung des sich einschleichenden fremden Gesindels.

1770

(Nr. 6): Publicandum vom 16. I. gegen das Beisichführen geladener Gewehre in den Städten.

(Nr. 61): Edikt vom 29. VIII. Vorsichtsmaßnahmen gegen die sich in Polen äußernde Pest betreffend.

(Nr. 65): Patent vom 10. IX. betreffend die Einhaltung der in Schlesien getroffenen Maßnahmen gegen die in Polen ausgebrochene Seuche.

(Nr. 68): Circulare vom 21. IX. wegen der Vorsichtsmaßnahmen gegen die Pest.

(Nr. 71): Circulare vom 13. X. wie Nr. 61,65,68/1770.

1773
(Nr. 69): Circulare vom 13. XII., daß das Verbrechen der Majestätsbeleidigung als Enterbungsgrund zw. Eltern und Kindern gelten soll.

1774
(Nr. 65): VO vom 16. XII. wegen der Verpflegung der Armen und des abzustellenden Bettelns in Berlin.
(Nachtrag 1775 Nr. 24): Erneuertes Edikt vom 30. XI. 1774 gegen Zigeuner, Betteljuden etc.

1775
(Nr. 35): Erneuertes Edikt vom 11. VII. gegen das Schießen in Städten.

1776
(Nr. 4): Circulare vom 18. I. betreffend die Anzeigepflicht von Predigern auf dem platten Lande bei Epidemien.
(Nr. 10): Circulare vom 21. II. betreffend Schutzmaßnahmen bei Epidemien.

1781
(Nr. 10): Circulare vom 27. II. wegen des Verbots der Einreise von Schaustellern mit wilden Tieren.
(Nr. 11): Circulare vom 28. II. an die Untergerichte betreffend das Verhalten bei Visitationen gegenüber Bettlern u. a.
(Nr. 19): Circulare vom 2. V. betreffend Schauspieler u. a. ohne Privileg.
(Nr. 32): Publicandum vom 30. VI. wegen der verbotenen Aufnahme von Bettlern u. a. auf dem platten Lande.

1783
(Nr. 18): Circulare vom 7. IV., daß in Dom- u. a. Stiften keine Ausländer aufgenommen werden dürfen.

1786
(Nr. 3): Publicandum vom 18. I. wegen der Verschärfung des Hausieredikts (17. 11. 1747).
(Nr. 15): Kabinettsorder vom 13. III. wegen der Strafverschärfung für Totschlag und Straßenraub.

IV. Juden betreffende Maßnahmen

1650
Edikt vom 20. VIII. (= CCM V/V/III, Nr. 1), polnische Juden auf den Jahrmärkten zu arretieren.

1665
Edikt vom 11. IV. (= CCM V/II/VII, Nr. 2), daß die Juden nicht ohne Spezialerlaubnis auf dem Lande handeln oder hausieren sollen.

1671

Edikt vom 21. V. (= CCM V/V/III, Nr. 2), fünfzig Schutzjuden aufzunehmen.

1692

Edikt vom 17. VIII. (= CCM V/II/VII, Nr. 4) gegen das Hausieren durch die Juden.

1693

Verordnung vom 6. X. (= CCM V/V/III, Nr. 4) betreffend die Wegschaffung der Juden aus Salzwedel.

1695

Edikt vom 27. XI. (= CCM II/I, Nr. 82 = V/V/III, Nr. 5) bezüglich des zulässigen Zinssatzes für Juden.

Edikt vom 14. XII. (= CCM V/V/III, Nr. 6), unvergleitete Juden wegzuschaffen.

1696

Verordnung vom 4. X. (= CCM I/II, Nr. 63), daß sich Juden in contrahendis matrimoniis quoad gradus sich nach kur-brandenburgischem Recht richten sollen.

Patent vom 16. X. (= CCM V/V/III, Nr. 7) wegen der jüdischen Läden.

1697

Verordnung vom 24. IX. (= CCM V/V/III, Nr. 8), daß Juden künftig keine Immobilien mehr in den Residenzen erwerben dürfen.

1699

Allgemeine Verordnung vom 13. II. (= CCM V/V/III, Nr. 9), daß Juden ohne Spezialerlaubnis keine Immobilien mehr erwerben dürfen.

1700

Judenverordnung vom 24. I. (= CCM V/V/III, Nr. 10).

Edikt vom 8. VII. (= CCM VI/II, Nr. 3) wegen des verbotenen Reisens von Juden in auswärtige Provinzen.

Anderweitiges Edikt vom 26. XI. (= CCM II/I, Nr. 93 = V/V/III, Nr. 11) betreffend den zulässigen Zinssatz.

Reglement vom 7. XII. (= CCM V/V/III, Nr. 12) für die Juden in den Residenzen.

1702

Bescheid vom 25. V. (= CCM II/I, Nr. 101 = V/V/III, Nr. 13) betreffend die Jurisdiktion über die Juden.

1703

Patent vom 4. I. (= CCM V/V/III, Nr. 14), die Juden nicht zu kränken.

1704

Verordnung vom 20. IX. (= CCM V/V/III, Nr. 17), daß die Judenschaft gegen fremde Juden mit dem Bann verfahren darf.

1705

Patent vom 16. V. (= CCM V/V/III, Nr. 19) wegen des Leibzolls für Juden.

Circularverordnung vom 25. XI. (= CCM V/V/III, Nr. 20), u.a. daß sich Juden nicht im Lande einnisten sollen.

1706

Rescript vom 16. X. (= CCM V/V/III, Nr. 23), daß Juden nicht auf Dörfern wohnen sollen.

1708

Rescript vom 19. V. (= CCM V/IV/II, Nr. 9), wie es wegen der Pest in Polen mit den von dort kommenden Juden zu halten ist.

Rescript vom 23. XI. (= CCM II/I, Nr. 116) wonach dem Generalfiskal Duhram die Aufsicht über die Juden erlassen wird.

Etablissement vom 23. XI. (= CCM II/I, Nr. 117) wegen der Judenkommission und ihrer Zuständigkeit.

1710

Edikt vom 10. III. (= CCM II/III, Nr. 24 = IV/I/III, Nr. 67 = V/V/III, Nr. 26), daß jüdische Hehler als Diebe zu bestrafen sind.

Rescript vom 30. X. (= CCM V/IV/II, Nr. 27), wegen der zunehmenden Pestgefahr Juden zurückzuweisen.

Patent vom 24. XII. (= CCM V/IV/II, Nr. 31), daß wegen der Pest die Juden auf dem Lande nicht handeln sollen.

1712

Edikt vom 17. X. (= CCM V/V/III, Nr. 30), unvergleitete Betteljuden nicht zu dulden.

1714

Privileg für die Judenschaft vom 20. V. (= CCM V/V/III, Nr. 31).

Rescript vom 6. XI. (= CCM II/I, Nr. 136 = V/V/III, Nr. 32), von Christen nicht mehr als 10% Zinsen zu nehmen.

1717

Edikt vom 3. VI. (= CCM V/V/III, Nr. 34), das rückständige Schutzgeld zu begleichen.

Verordnung vom 9. VII. (= CCM V/II/II, Nr. 73), daß Juden die von ihnen aufgekauften Felle zunächst in Frankfurt a.d.O. anbieten müssen.

Privileg und Schutzbriefe für 47 Judenfamilien vom 30. X. (= CCM V/V/III, Nr. 35).

1718

Verordnung vom 24. IX. (= CCM IV/I/V, Nr. 101 = V/V/III, Nr. 36) wegen des Gold- und Silberschmelzens.

1719

Rescript vom 13. VII. (= CCM V/V/III, Nr. 38 = V/II/II, Nr. 75) betreffend das den Juden verbotene Aufkaufen von rohen Fellen.

Edikt vom 13. XI. (= CCM V/V/III, Nr. 40), keine Betteljuden ins Land zu lassen.

1720

Rescript vom 2. II. (= CCM II/I, Nr. 193), daß die Konventionalstrafen der Juden von der Judenkommission approbieret werden oder ungültig sein sollen.

Geschärftes Edikt vom 24. IV. (= CCM V/II/VII, Nr. 12) gegen das Hausieren der Juden auf dem Lande.

Rescript vom 25. IX./XII. (= CCM II/I, Nr. 200 = V/V/III, Nr. 42), daß die Juden in Strafsachen vor die Regierung gehören.

1722

Allgemeine Verordnung vom 18. VIII. (= CCM IV/V/II, Nr. 29), daß Juden bei ihrer Heirat erst die Rekrutenkasse abzufinden haben.

1724

Allgemeines Edikt vom 20. I. (= CCM V/V/III, Nr. 44), unvergleitete Juden aus dem Lande zu schaffen.

Ordre vom 19. II. (= CCM V/V/III, Nr. 45), daß Juden keine Häuser kaufen dürfen.

Edikt vom 2. XII. (= CCM V/II/VII, Nr. 16) gegen das Hausieren von Juden auf dem Lande.

1725

Allgemeines Edikt betreffend die Bestrafung hehlender Juden vom 24. XII. (CCM II/III, Nr. 55 = V/V/III, Nr. 46).

Rescript vom 24. XII. (= CCM VI/II, Nr. 178) bezüglich der Aufhebung des Ediktes wegen der Erlaubnis zum Verkauf gestohlener Sachen und 20% Zinsen zu nehmen.

1726

Allgemeines Edikt vom 8. IV. (= CCM II/II, Nr. 46 = V/V/III, Nr. 47) gegen den jüdischen Betrug in Wechselsachen.

1727

Edikt vom 19. IV. (= CCM V/II/IV, Nr. 87 = V/V/III, Nr. 48), daß Juden das Aufkaufen von Wolle verboten ist.

Edikt vom 10. IX. (= CCM V/II/IV, Nr. 88 = V/V/III, Nr. 49), daß kein Jude gesponnene Wolle zwecks Weiterverkaufs aufkaufen darf.

Edikt vom 2. XII. (= CCM V/V/III, Nr. 50) gegen das Hausieren von Juden auf dem Lande.

1728

Deklaration vom 31. VIII. (= CCM V/V/III, Nr. 51), daß beim Versterben von Juden keine neuen Schutzbriefe ausgegeben werden sollen.

1730

Generalprivilegium und Reglement vom 29. IX. (= CCM V/V/III, Nr. 53)

1736

Verordnung vom 25. II. (= CCM V/V/III, Nr. 55), daß Schutzjuden bei Reisen Atteste benötigen oder wie fremde den Leibzoll entrichten müssen.

1737

Erneuertes Edikt vom 3. I. (= CCM V/V/III, Nr. 56 = CCMC I, 1737/Nr. 1), fremde Betteljuden abzuhalten.

Edikt vom 24. IV. (= CCMC I, 1737/Nr. 29) gegen die Wollfabrikation durch Juden.

Ordre vom 17. V. (= CCMC I, 1737/Nr. 33) wegen der Wollfabrikation durch Juden.

Rescript vom 3. X. (= CCMC I, 1737/Nr. 58), daß zwischen Juden kein ordentlicher Prozeß verstattet wird.

Rescript betreffend das Handeln von den ersten und zweiten Judenkindern vom 25. XII. (= CCMC I, 1737/Nr. 74).

1738

Erneuertes und geschärftes Edikt vom 9. IX. (= CCMC I, 1738/Nr. 41) gegen den Einlaß fremder Betteljuden.

1741

Rescript vom 1. I. (= CCMC II, 1741/Nr. 3), wie es mit Judenwechseln in Ansehung des Ediktes vom 8. 4. 1726 zu halten ist.

Rescript vom 2. XII. (= CCMC II, 1741/Nr. 26) gegen sich einschleichende Juden.

1743

Rescript vom 7. III. (= Supplementa CCMC I, II u. III/Nr. 28) betreffend die von der Judenschaft geführte Beschwerde gegen das Hausierer-Edikt.

Rescript vom 8. V. (= CCMC II, 1743/Nr. 22), daß keine Judenfamilien ohne kgl. unterschriebene Konzession in den Städten admittieret werden sollen.

Rescript vom 4. VI. (= CCMC II, 1743/Nr. 25), daß ein Jude, der "auf dem Recht des ersten Kindes sitzt, nicht zwei Kinder ansetzen kann".

1745

Deklaration vom 7. I. (= CCMC III, 1745/Nr. 1) betreffend die an Juden auszustellenden Wechselbriefe über gekaufte Waren.

1747

Edikt vom 15. I. (= CCMC III, 1747/Nr. 1) betreffend den Ankauf gestohlener Sachen durch Juden.

Edikt vom 25. XII. (= CCMC III, 1747/Nr. 45) betreffend den Bankrott von Schutzjuden.

1749

Dekret vom 30. VI. (= CCMC IV/Nr. 70) betreffend die "Weiber-Dotis".

Resolution und Rescript vom 31. XII. (= CCMC IV/Nr. 91) wegen der Ehestiftung von Juden.

1750

(1756/Nr. 65): Kabinetts-Ordre vom 18. VII. und revidiertes General- Juden-Privilegium und Reglement vom 17. IV. 1750.

1751

(Nr. 6): Rescript vom 13. I., daß es bei der Anzahl der Judenfamilien verbleiben soll.

(Nr. 45): Extrakt vom 7. V. eines an die klevische Regierung wegen der Juden ergangenen Rescriptes.

1752

(Nr. 3): Edikt vom 10. I., sich bei Verlust des Schutzbriefes des Pachtens und Haltens von Wollspinnereien zu enthalten.

(Nr. 36): Rescript vom 29. VI. betreffend die Zurückweisung von aus Polen kommenden Betteljuden.

(Nr. 45): Circulare vom 2. VIII. betreffend das Herumlaufen mit Waren und die Betteljuden.

1753

(Nr. 10): Rescript vom 1. III. wegen des Zusammenwohnens von Eltern und angesetzten Kindern der Judenschaft.

(Nr. 14): Rescript vom 25. III. die Anzahl der Judenfamilien betreffend.

(Nr. 50): Rescript vom 9. VIII. die Judenfamilien in kleinen Orten betreffend.

1754

(Nr. 47): Patent vom 19. VII., wie es künftig bei der Arretierung fremder Juden gehalten werden soll.

1755

(Nr. 4): Edikt vom 13. I. über die Zinshöhe bei pfandlosem Geldverleih durch Juden.

(Nr. 35): Rescript vom 2. V. wegen der Publizierung von Nr. 4/1755.

(Nr. 97): VO vom 2. XII. wegen des Bankrotts von Juden.

1757

(Nr. 28): Rescript vom 25. IV. an das KG wegen der Judeneide.

1758

(Nr. 34): Proclama vom 22. VII. auf die fremden Juden gute Aufsicht zu haben.

1760

(Nr. 15): Circulare an das KG wegen der Judeneide und den Zeremonien dabei vom 29. V.

(Nr. 26): Rescript vom 5. IX. an den 1. Senat des KG wegen Ausmietung unter Juden bezgl. Quartier und Laden.

1761

(Nr. 5): Circulare vom 23. II. gegen das wucherische Aufkaufen von Flachs durch Juden.

(Nr. 44): Rescript vom 11. IX., daß die Juden nicht mit Holz handeln sollen.

(Nr. 45): Rescript vom 15. IX. an das KG betreffend die Wechselsache eines Juden mit einem Christen.

(Nachtrag): Rescript vom 23. IX. wegen des den Juden verbotenen Holzhandels wie Nr. 44/1761.

1762

(Nr. 20): Rescript an das KG, wie es u. a. in Wechselsachen zw. Christen und Juden während des Krieges zu halten ist.

(Nr. 33): Circulare vom 16. VIII., an wen die Strafgelder der Juden, die über die erlaubte Zeit an einem Ort geblieben sind, eingeschickt werden sollen.

1763

(Nr. 23): Rescript vom 6. V. die Trauscheingelder der Juden betreffend.

(Nr. 27): Rescript vom 23. V., wie es mit dem Juramento purgatorio suppletorio und de Credulitate eines Juden wider einen Christen zu halten ist.

(Nr. 33): Rescript vom 14. VI., daß alle Juden und deren Trauscheinsachen vor die Kammer gehören sollen.

(Nr. 39): Deklaration des General-Juden-Privilegs vom 4. VII.

(Nr. 71): Circulare vom 13. X. die Judentabellen betreffend.

(Nachtrag): Circulare vom 11. XI. wegen Ansetzung der zweiten Schutz-Judenkinder.

(Nr. 84): Renoviertes und geschärftes Edikt vom 17. XI. gegen das Hausieren und Geld-Verwechseln der Juden auf dem platten Lande.

1764

(Nr. 16): Resolution vom 8. III., daß die Annehmung, Verheiratung und Vergleitung der Juden vor die Kammer gehören.

(Nr. 76): Kabinettsorder vom 12. XI., daß die Juden sich nicht mehr mit der Kuhpächterei abgeben sollen.

(Nachtrag): Rescript vom 13. XII. gegen fremde Eisenkrämer und Juden, die mit Stahlwaren die Jahrmärkte beziehen.

1765

(Nr. 122): Rescript vom 31. XII. betreffend den Abschoß von jüdischen Erbschaften.

1766

(Nr. 77): Rescript vom 22. IX. betreffend die Jurisdiktion über fremde Juden.

(Nr. 95): Rescript vom 26. XI., daß diejenigen Juden ihr Schutzprivileg verlieren, welche auf Contrebande-Handel betroffen werden.

(Nr. 100): Rescript vom 11. XII. an das KG wegen der Bestrafung des Contrebande-Handels der Juden.

1767

(Nr. 35): Rescript vom 19. V., wodurch die Anzahl der Juden in großen und kleinen Städten festgelegt wird.

1768

(Nr. 105): Rescript vom 13. XII. an das KG, daß die Juden mit dem zurückgelegten 20ten Jahr überall für großjährig geachtet werden sollen.

1773

(Nr. 40): General-Privileg vom 9. VIII. für die Judenschaft in den Danziger Vorstädten.

(Nr. 42): Rescript an das KG vom 16. VIII. wegen der eidlichen Vernehmung von Rabbinern.

1774

(Nr. 49): Circulare vom 20. VII. wegen der Aufnahme von Juden zum christlichen Religionsunterricht.

1775

(Nr. 18): Rescript an das KG vom 13. IV. wegen § 10 des Juden-Reglements von 1750.

(Nr. 23): Circulare vom 22. V. wegen der Achtung der Juden vor den Ältesten.

(Nr. 45): Rescript vom 12. X. über die Zulassung jüdischer Zeugen bei Streitigkeiten von Christen.

(Nr. 58): Circulare vom 9. XII. wegen der Bestellung jüdischer Schulmeister.

1776

(Nr. 1): Circulare vom 5. I. wegen der Anzeigepflicht von Häuser besitzenden Schutzjuden.

(Nr. 5): Rescript vom 5. II. zur Geschäftsübernahmepflicht der in die Schätzungskommission gewählten Juden.

(Nr. 40): Circulare vom 31. V. an das KG, daß es keiner neuen Konzession bedarf, wenn Juden Häuser durch Erbschaft zufallen.
(Nr. 51): Circulare vom 4. IX. wegen sich auswärts aufhaltender Schutzjuden.
(Nr. 61): Circulare vom 8. X. wegen Erstattungsbefreiung der Judenschaft bei Diebstahl.

1777
(Nr. 44): Rescript von 13. X. die Deklaration des Edikts vom 15. VI. 1747 die schlesische Judenschaft betreffend.
(Nr. 49): Rescript an das KG vom 10. XI. betreffend Art. 24 des Judenreglements von 1750.

1780
(Nr. 32): Erneuertes und geschärftes Edikt vom 12. V. gegen fremde Betteljuden.

1783
(Nr. 4): Circulare vom 12. I., daß das von Juden bei erteilten Beneficia abzunehmende Porzellan der kgl. Manufaktur tatsächlich aus- und nicht wieder eingeführt wird.

1784
(Nr. 9): Rescrpit vom 3. II., daß Juden und Hausierergesindel nur in Gasthöfen logieren und keine Depots anlegen dürfen.
(Nr. 29): Kabinettsorder vom 9.. wegen des vorsätzlichen Bankrotts von Juden.

1785
(Nr. 23): Verbot vom 12. IV. betreffend das Hausieren von Juden ohne Geleitbrief.

1786
(Nr. 26): Bescheid an das KG vom 1.. wegen der Abnahme der Judeneide.

V. Wirtschaftsgesetzgebung[1]

1641
Erneuerung des Wollediktes vom 24.. (= CCM V/II/IV, Nr. 9).

1642
Circularausschreiben vom 2. V. (= CCM IV/I/V, Nr. 29) wegen minderwertiger Dreier.

1643
Patent wegen der Salzhandelsfreiheit vom 24. V. (= CCM IV/II/I, Nr. 9).
Mandat mit dazugehörigem Circularausschreiben gegen die Ausfuhr von Gold und Silber vom 10. VII. (= CCM IV/I/V, Nr. 30f. = CCM V/II/II, Nr. 16).

---

[1] Die große Anzahl von Privilgien- und Güldebriefen vor allem aus den 1770er Jahren ist hier wegen des allenfalls mittelbaren Bezuges zum Staatsschutz nicht berücksichtigt worden.

1644

Edikt gegen das Aufkaufen der Wolle vom 12. I. (= CCM V/II/II, Nr. 17 = V/II/IV, Nr. 10).

1649

Patent vom 18. VIII. (= CCM IV/I/V, Nr. 32) betreffend nicht vollgewichtige Dukaten.

Edikt gegen im Lande umherziehende ausländische Verkäufer vom 23. X. (= CCM V/II/III, Nr. 8).

1650

Patent vom 13. V. (= CCM IV/I/V, Nr. 33), daß zwei Asse wiegende Dukaten den Gegenwert von zwei Talern haben sollen.

Mandat vom 22. VII. (= CCM IV/I/V, Nr. 34), die vollgewichtigen Dukaten für zwei Taler anzunehmen.

Edikt gegen das Aufkaufen von Flachs und Hanf vom 10. IX. (= CCM V/II/II, Nr. 18).

1651

Münzedikt vom 17. II. (= CCM IV/I/V, Nr. 35).

1652

Edikt betreffend das Verbot der Salzeinfuhr vom 15. II. (= CCM IV/II/I, Nr. 10).

Verordnung gegen die Ausfuhr von Lederhäuten und Fellen vom 3. VI. (= CCM V/II/II, Nr. 19).

1654

Edikt wegen des verbotenen fremden Kupfer- und Messinghandels vom 20. III. (= CCM IV/II/II, Nr. 4 = V/II/III, Nr. 9).

Patent vom 18. IX. (= CCM IV/II/II, Nr. 5 = V/II/II, Nr. 20 = V/II/III, Nr. 10), daß sich fremde Kupferschmiede des Hausierens und Aufkaufens von Kupfer und Messing enthalten sollen.

Edikt wegen der verbotenen Einfuhr und des Verkaufens fremder Kupfer- und Messingwaren vom 21. XII. (= CCM IV/II/II, Nr. 6 = V/II/III, Nr. 11).

1657

Edikt vom 27. III. (= CCM IV/I/V, Nr. 36) wegen der neu zu schlagenden Landesmünzen und der Abwertung fremder Münzsorten.

Verordnung vom 2. V. (= CCM V/II/IV, Nr. 11), daß die Tuchmacher vor anderen die Wolle einkaufen dürfen.

1658

Edikt wegen des Verbotes fremden Glases vom 21. XII. (= CCM IV/II/II, Nr. 8 = V/II/III, Nr. 12).

1660

Mandat vom 25. II. (= CCM IV/I/V, Nr. 37) betreffend den Wert der Landesmünzen.

Mandat gegen das Aufkaufen und die Ausfuhr der Wolle vom 12. III. (= CCM V/II/IV, Nr. 13).

Edikt vom 1. IX. (= CCM IV/I/V, Nr. 38) betreffend harte und kleine Münzsorten.

Verordnung vom 15. IX. (= CCM IV/I/V, Nr. 39) hinsichtlich des neuen Wertverhältnisses von zwei- und ein-Groschen Münzen.

Münzedikt vom 6. XI. (= CCM IV/I/V, Nr. 40).

Edikt gegen die Einfuhr und den Verkauf fremden Salzes vom 17. XII. (= CCM IV/II/I, Nr. 11 = V/II/III, Nr. 13).

1661

Edikt betreffend die sechsjährige Freiheit für diejenigen, welche wüste Stellen annehmen vom 19. I. (= CCM V/I/IV, Nr. 1).

Patent vom 19. I. (= CCM VI/I, Nr. 131) wegen der sechsjährigen Freiheit für diejenigen, welche wüste Stellen bebauen.

Edikt vom 17. V. (= CCM IV/I/V, Nr. 42) gegen das Ausführen reduzierter Landesmünzen.

1662

Patent gegen die Getreideausfuhr vom 23. VI. (= CCM V/II/II, Nr. 23).

Edikt gegen fremde Kupfer- und Messinghändler vom 1. VIII. (= CCM IV/II/II, Nr. 9).

1663

Edikt vom 16. V. (= CCM V/II/IV, Nr. 15), während der Wollschur die Schafe zu waschen und die Wolle zu trocknen.

Edikt vom 16./26. V. (= CCM V/III/II, Nr. 2) wegen der Räumung verwilderter Äcker.

Edikt gegen das Hausieren vom 21. IX. (= CCM V/II/VII, Nr. 1).

1664

Edikt vom 29. IV. (= CCM IV/II/II, Nr. 10 = V/II/III, Nr. 14), daß fremdes Kupfer nicht ein- und altes nicht ausgeführt werden soll.

Mandat vom 29. VI. (= CCM IV/I/V, Nr. 43) betreffend die Abwertung von Münzsorten.

Mandat vom 31. VIII. (= CCM V/III/II, Nr. 3), zugewachsene Äcker zu roden.

Patent vom 16. IX. (= CCM IV/I/V, Nr. 44) über das Wertverhältnis von kaiserlichen Groschenstücken.

1665

Edikt vom 25. IV. (= CCM IV/I/V, Nr. 45) wegen der Abwertung schlesischer vier-Groschen Münzen.

1666

Edikt vom 29. V. (= CCM V/II/III, Nr. 15) gegen die Einfuhr fremden Eisens.

Edikt vom 6. VII. (= CCM IV/I/V, Nr. 47) betreffend die Wertbestimmung von Münzsorten.

1667

Rescript vom 6. II. (= CCM VI/I, Nr. 138) wegen der Abschoßfreiheit für Prediger.

Edikt vom 11. III. (= CCM V/II/III, Nr. 16) gegen die Einfuhr fremden Glases.

Edikt vom 27. III. (= CCM IV/I/V, Nr. 48) wegen des Schlagfußes der Landesmünze und Abwertung fremder Münzsorten.

Patent wegen der Freiheit für die, welche wüste Stellen bewirtschaften vom 12. IV. (= CCM V/I/IV, Nr. 2).

Kurfürstlich-Brandenburgische Münzordnung vom 13. VI. (= CCM IV/I/V, Nr. 49)

Rescript vom 20. VIII. (= CCM VI/I, Nr. 139) wie das vom 6. II. 1667.

Patent betreffend das Salzregal und den Salzpreis vom 26. VIII. (= CCM IV/II/I, Nr. 14).

Deklaration vom 18. XII. (= CCM V/I/IV, Nr. 3) wie das Patent vom 12. IV. 1667.

1668
Edikt wider die Einfuhr fremden Glases vom 24. II. (= CCM V/II/III, Nr. 17).
Edikt gegen die Einfuhr fremden und Ausfuhr alten Kupfers vom 8. IV. (= CCM IV/II/II, Nr. 11 = V/II/II, Nr. 24).
Verordnung gegen die Wollausfuhr vom 7. V. (= CCM V/II/IV, Nr. 16).
Edikt vom 30. XII. (= CCM IV/I/V, Nr. 50) betreffend die Abwertung polnischer Münzen.

1669
Patent vom 9. IV. (= CCM IV/I/V, Nr. 51) wegen der Verrufung schwedischer Münzsorten.
Patent vom 21. IX. (= CCM VI/I, Nr. 142) wegen der verbotenen Hopfenausfuhr.
Patent vom 8. XI. (= CCM V/II/IV, Nr. 17) betreffend das Wollausfuhrverbot.
Edikt über die Abwertung fremder Münzen vom 29. XI. (= CCM IV/I/V, Nr. 52).

1670
Edikt vom 30. III. (= CCM IV/I/V, Nr. 53), daß die neu geprägten Münzen als vollwertig gelten sollen.

1671
Edikt vom 28. VI. (= CCM IV/II/I, Nr. 15), wer das Salz aus den kurfürstlichen Faktoreien zu kaufen verpflichtet ist.

1673
Edikt gegen die eigenmächtige Abwertung von Landesmünzen vom 2. VI. (= CCM IV/I/V, Nr. 54).
Edikt vom 17. VIII. (= CCM IV/I/V, Nr. 55) betreffend die Abwertung fremder Münzsorten.
Edikt gegen die Einfuhr fremden Glases vom 25. IX. (= CCM IV/II/II, Nr. 12 = V/II/III, Nr. 18).

1674
Edikt wegen der Abwertung Stollbergischer acht-Groschen Münzen vom 17. I. (= CCM IV/I/V, Nr. 56).
Edikt vom 9. VII. (= CCM IV/II/II, Nr. 13 = V/II/III, Nr. 19) gegen die Einfuhr fremden Glases und Stahls.
Edikt die Münzabwertung betreffend vom 27. VII. (= CCM IV/I/V, Nr. 57).
Edikt gegen die Einfuhr fremden Eisens und Ausnahmen hiervon vom 10. VIII. (= CCM IV/II/II, Nr. 14 = V/II/III, Nr. 20).

1675
Edikt gegen die Getreideausfuhr vom 2. III. (= CCM V/II/II, Nr. 26).
Patent gegen die Einfuhr fremden Glases vom 20. X. (= CCM IV/II/II, Nr. 15 = V/II/III, Nr. 21).
Edikt vom 16. XII. (= CCM V/II/II, Nr. 27) gegen die Getreideausfuhr.

1676
Edikt betreffend die verbotene Einfuhr und Verarbeitung fremden Eisens vom 7. I. (= CCM IV/II/II, Nr. 17 = V/II/III, Nr. 22).
Edikt vom 18. VII. (= CCM V/II/III, Nr. 23) gegen die Einfuhr französischer Waren.

Patent vom 10. IX. (= CCM IV/I/V, Nr. 58) gegen fremde geringwertige Scheidemünzen.

1677

Edikt gegen das Aufkaufen und Ausführen von Silber vom 29. I. (= CCM IV/I/V, Nr. 59 = V/II/II, Nr. 28).

Edikt wider die Ausfuhr der Pündelwolle vom 2. V. (= CCM V/II/IV, Nr. 19).

1678

Edikt gegen die Einfuhr fremden Glases vom 7. VI. (= CCM IV/II/II, Nr. 18 = V/II/III, Nr. 24).

Publikation vom 15. VI. (= CCM IV/I/V, Nr. 60) des kaiserlichen Münzediktes vom 31. I. 1677 betreffend die verbotene Einschmelzung guter und Prägung geringhaltiger Münzen.

Erneuerung desselben vom 2. X. (= CCM IV/I/V, Nr. 61).

Edikt vom 4. XI. (= CCM V/II/II, Nr. 30), keine Häute und Felle außer Landes zu verkaufen.

1679

Deklaration vom 18. IV. (= CCM IV/I/V, Nr. 62) des kaiserlichen Münzediktes von 1677 hinsichtlich der Abwertung von Münzsorten.

Anderweitige Deklaration des kaiserlichen Münzediktes vom 12. V. (= CCM IV/I/V, Nr. 63).

Verbot der Getreideausfuhr vom 21. V. (= CCM V/II/II, Nr. 31).

Verordnung gegen die Einfuhr fremden Salzes vom 30. V. (= CCM IV/II/I, Nr. 16 = V/II/III, Nr. 25).

Erneuertes Edikt vom 4. VIII. (= CCM V/III/I, Nr. 19), daß Einwohner, Schäfer und Hirten nicht außer Landes gehen sollen.

Edikt wider die Einfuhr verschiedener fremder Waren vom 2. IX. (= CCM V/II/III, Nr. 26).

Edikt betreffend die sechzehn-Groschen Stücke vom 29. XII. (= CCM IV/I/V, Nr. 64)

1680

Edikt wegen der Abwertung von Münzsorten vom 7. I. (= CCM IV/I/V, Nr. 65).

Erneuertes Patent gegen das Aufkaufen von Flachs etc. und die Wollausfuhr vom 26. I. (= CCM V/II/II, Nr. 32 V/II/IV, Nr. 21).

Patent vom 6. III. (= CCM IV/I/V, Nr. 66) wegen der Abwertung und des Verbotes von Münzen aufgrund des Zinnaschen-Fußes.

Erneuertes Patent gegen die Einfuhr fremder Kupfer- und Messingwaren vom 15. XI. (= CCM IV/II/II, Nr. 19 = V/II/III, Nr. 27).

1681

Erneuertes Edikt vom 21. IV (= CCM V/III/I, Nr. 20) wie das Edikt vom 4. VIII. 1679.

Edikt betreffend das Verbot kleiner Scheidemünzen vom 16. VIII. (= CCM IV/I/V, Nr. 67).

Edikt vom 28. XII. (= CCM V/II/VI, Nr. 2) wegen des Verbotes fremden Tabaks.

1682

Edikt vom 28. II. (= CCM IV/III/II, Nr. 16), daß von fremden Zucker pro Pfund ein Akzisegroschen zu zahlen ist.

Anderweitiges Edikt vom 16. X. (= CCM V/II/I, Nr. 14 = V/II/IV, Nr. 23) gegen das Vor- und Aufkaufen und Hausieren.

Edikt über die Geltung von 1/3, 2/3 und 1/6 Münzen vom 1. XI. (= CCM IV/I/V, Nr. 68).

1683

Edikt vom 18. I. (= CCM IV/I/V, Nr. 69), welche Münzen gelten sollen.

Edikt betreffend die Freiheiten für Neuanbauende in den Städten vom 2. VII. (= CCM V/I/IV, Nr. 7).

Erneuertes Edikt vom 12. VII. (= CCM IV/I/V, Nr. 70 = V/II/II, Nr. 33) wegen des Aufkaufs und der Ausfuhr von Gold und Silber.

1684

Patent gegen die Einfuhr fremden Zuckers vom 27. V. (= CCM V/II/III, Nr. 28).

Verordnung vom 8. VIII. (= CCM V/II/II, Nr. 34), wegen der Mißernten kein Getreide auszuführen.

Edikt betreffend verbotene Münzsorten vom 28. X. (= CCM IV/I/V, Nr. 71).

Erneuerung vom 20. XI. (= CCM IV/II/I, Nr. 18) des Ediktes vom 28. VI. 1671.

Mandat vom 30. XI. (= CCM V/II/II, Nr. 35), kein Getreide aufzukaufen und es feilzubieten.

1685

Edikt gegen die Einfuhr fremden Eisens vom 15. VI. (= CCM IV/II/II, Nr. 20 = V/II/III, Nr. 29).

Edikt gegen die Ausfuhr von Lumpen für die Papierherstellung vom 5. XI. (= CCM V/II/II, Nr. 36).

1686

Erneuerung und Deklaration vom 18. III. (= CCM V/II/VI, Nr. 4) des Ediktes vom 28. XII. 1681.

1687

Edikt gegen die Einfuhr fremder Tücher und Zeuge vom 30. III. (= CCM V/II/IV, Nr. 24).

Patent zur Beförderung der Wollwebereien, und daß deswegen auf der Magdeburger Heermesse nur der halbe Zoll und keine Akzise entrichtet werden soll vom 29. VII. (= CCM V/II/IV, Nr. 25).

Verordnung gegen das Hausieren in den Residenzen vom 18. VIII. (= CCM V/II/VII, Nr. 3).

Deklaration vom 27. X. (= CCM VI/I, Nr. 172) des Ediktes vom 12. VI. 1686 betreffend die Impostierung fremden Zuckers.

Rescript vom 29. X. (= CCM VI/I, Nr. 173) wegen der Abschoßfreiheit in den Residenzen.

Edikt vom 4. XI. (= CCM IV/II/II, Nr. 21 = V/II/III, Nr. 30) betreffend das Verbot fremder Bleche.

Edikt vom 14. XII. (= CCM IV/I/V, Nr. 72), welche 1/3, 2/3, 1/6 und fremde Münzen gelten sollen.

1688

Verordnung wegen des erhöhten Impostes auf fremdes Eisen und Blech vom 8. VIII. (= CCM IV/II/II, Nr. 22 = V/II/III, Nr. 31).

1689

Erneuerung vom 11. II. (= CCM IV/I/V, Nr. 73) des Ediktes vom 14. XII. 1687.

Edikt betreffend die Höherimpostierung fremder Seiden- und Wollwaren vom 22. II. (= CCM V/II/III, Nr. 32).

Mandat vom 22. II. (= CCM V/II/V, Nr. 3) wegen der Zoll- und Akzisefreiheit für auswärtig zu verkaufende Manufakturwaren.

Edikt gegen das Vor- und Aufkaufen sowie die Ausfuhr von Häuten und Fellen vom 27. III. (= CCM V/II/II, Nr. 39).

Edikt gegen die Ausfuhr der Pündelwolle vom 7. V. (= CCM V/II/IV, Nr. 26).

Abermalige Erneuerung des Ediktes vom 14. XII. 1687 vom 20. VIII. (= CCM IV/I/V, Nr. 74).

1690

Verzeichnis von konfiszierten Münzen vom 12. V. (= CCM IV/I/V, Nr. 75).

Patent wegen verbotener Ausfuhr der Pottasche vom 12. VI. (= CCM IV/II/II, Nr. 24 = V/II/II, Nr. 41).

Erneuerung des Ediktes von 1685 betreffend den verbotenen Gold- und Silberhandel vom 28. VII./7. VIII. (= CCM IV/I/V, Nr. 76).

Wolledikt vom 3./13. IX. (= CCM V/II/IV, Nr. 28).

Veröffentlichung vom 20./30. IX. (= CCM IV/I/V, Nr. 77) des kaiserlichen Ediktes vom 21. X. 1689 gegen das Auswechseln und Verschmelzen grober gegen gute Geldsorten.

1691

Veröffentlichung des 1690 getroffenen Münzrezesses vom 2./12. I. (= CCM IV/I/V, Nr. 78).

Erneuerung dieses Ediktes und Verrufung von Müzsorten (= CCM IV/I/V, Nr. 79).

Edikt wegen des Verbotes fremden geschmolzenen Eisens bis auf das Schwedische vom 30. IV. (= CCM IV/II/II, Nr. 23).

Edikt vom 30. IV. (= CCM IV/II/II, Nr. 26), in wieweit die Einfuhr und der Handel mit fremden Blechen verstattet ist.

Edikt gegen die Ausfuhr guter und Einfuhr schlechter Münzen vom 26. VI. (= CCM IV/I/V, Nr. 80).

Edikt wegen verrufener fremder Münzsorten vom 30. XI. (= CCM IV/I/V, Nr. 81).

Patent vom 5. XII. (= CCM IV/I/V, Nr. 82), daß es bei der vom 2./12. I. bzw. 30. XI. 1691 getroffenen Regelung verbleiben soll.

1692

Patent vom 1. II. (= CCM IV/I/V, Nr. 83), sich der Einfuhr fremder schlechter Münzsorten zu enthalten.

Edikt gegen die Getreideausfuhr vom 28. X. (= CCM V/II/II, Nr. 42).

Patent wegen der verstatteten Einfuhr des Glases von Neustadt a.d. Dosse vom 17. XII. (= CCM IV/II/II, Nr. 27).

1693

Patent wegen falscher brandenburgischer 2/3 Münzen vom 28. IV. (= CCM IV/I/V, Nr. 84).

Patent vom 14. VI. (= CCM IV/I/V, Nr. 85) betreffend nachgeschlagene falsche Münzen.

Edikt betreffend das Verbot fremder blauer Tücher vom 21. VII. (= CCM V/II/IV, Nr. 29).

Wiederholtes Edikt wegen des Verbotes fremder blauer Tücher vom 24. XII. (= CCM V/II/IV, Nr. 30).

1694

Edikt vom 20. III. (= CCM V/II/II, Nr. 46) gegen die Ausfuhr von Kupfer, Messing und Eisen.

Patent vom 15. XI. (= CCM IV/I/II Anh. II, Nr. 4) u.a. wegen der Defraudierung der Akzise.

1695

Edikt wegen der verbotenen Ausfuhr von Silber, Gold und guten Geldes vom 4. I. (= CCM IV/I/V, Nr. 86 = V/II/II, Nr. 49).

Edikt vom 9. V. (= CCM IV/II/II, Nr. 28 = V/II/III, Nr. 35) betreffend das Verbot fremder Spiegel- u.a. Gläser.

Edikt vom 7. VI. (= CCM V/II/II, Nr. 51) gegen die Ausfuhr von Ochsen und Schafen.

Patent vom 15. VII. (= CCM IV/I/V, Nr. 87), sich vor den verrufenen Scheidemünzen zu hüten.

Patent vom 11. IX. (= CCM IV/I/V, Nr. 88), zu welchem Wert die Albertustaler anzunehmen sind.

Wolledikt vom 11. IX. (= CCM V/II/IV, Nr. 31).

Edikt vom 3. XII. (= CCM IV/I/V, Nr. 89), verrufene Geldsorten zu meiden.

1696

Patent vom 25. III. (= CCM IV/I/III, Nr. 13) betreffend die Kofferversiegelung um die Akzisedefraudation zu vermeiden.

Deklaration vom 26. V. (= CCM V/II/II, Nr. 52) des Ediktes vom 7. VI. 1695.

Edikt hinsichtlich des Verbotes fremden Glases vom 14. VI. (= CCM IV/II/II, Nr. 29 = V/II/III, Nr. 36).

Verlängerung vom 4. VII. (= CCM VI/I, Nr. 194) der den französischen Refugierten 1685 verliehenen Freiheiten.

1697

Erneuerung des Ediktes gegen die Geld-, Gold- und Silberausfuhr vom 9. X. (= CCM IV/I/V, Nr. 90 = V/II/II, Nr. 53).

Edikt gegen die Wollausfuhr vom 10. X. (= CCM V/II/IV, Nr. 32).

Edikt gegen die Einfuhr fremden Crepons vom 27. X. (= CCM V/II/V, Nr. 8).

Edikt gegen das Aufkaufen und die Ausfuhr von Lumpen vom 3. XI. (= CCM V/II/II, Nr. 54).

1698

Anderweitiges Patent gegen ausländische Crepons vom 17. III. (= CCM V/II/III, Nr. 37).

Patent vom 22. VIII. (= CCM VI/I, Nr. 206) wegen der Freiheiten für sich niederlassende Refugierte.

Publikation betreffend die verbotene Getreideausfuhr vom 24. IX. (= CCM V/II/II, Nr. 57).

Erneuerung vom 8. X. (= CCM IV/I/V, Nr. 91) des Ediktes vom 3. XII. 1695.

1699

Patent vom 13. III. (= CCM VI/I, Nr. 208) für schweizer Refugierte.

Edikt gegen die Ausfuhr von Brucheisen vom 5. VII. (= CCM V/II/II, Nr. 59).

1700

Verbotspatent vom 10. V. (= CCM VI/II, Nr. 2) für auswärtige Kalender.

Edikt betreffend das Verbot fremden Glases vom 1. VII. (= CCM IV/II/II, Nr. 32 = V/II/III, Nr. 38).

Abermalige Erneuerung des Ediktes vom 3. XII. 1695 vom 7. X. (= CCM IV/I/V, Nr. 92).

1701

Edikt gegen fremde Scheidemünzen vom 19. V. (= CCM IV/I/V, Nr. 93).

Patent betreff. das Einfuhrverbot für fremden Tabak vom 8. XI. (= CCM V/II/VI, Nr. 7).

Edikt bezüglich der Beitreibung der Kopfsteuer in der französischen und schweizer Kolonie, sowie wer davon befreit ist vom 22. XI. (= CCM IV/V/I, Nr. 13).

1702

Edikt vom 27. I. (= CCM IV/I/V, Nr. 94) auf das Edikt vom 19. V. 1701 bezugnehmend.

Erneuertes Edikt vom 12. V. (= CCM VI/II, Nr. 13) wegen des Einfuhrverbots für fremdes Eisen mit Ausnahme des Schwedischen.

Verbotsedikt für fremde Kalender vom 24. VIII. (= CCM VI/II, Nr. 14).

Mandat vom 21. X. (= CCM V/II/VII, Nr. 5) gegen das Hausieren der Wasserbrenner.

Edikt vom 1. XII. (= CCM IV/I/V, Nr. 95) des Inhaltes wie das Edikt vom 27. I.

Edikt vom 21. XII. (= CCM IV/II/II, Nr. 33) den Messinghandel betreffend.

1703

Edikt wegen des verbotenen fremden Eisens vom 12. V. (= CCM IV/II/II, Nr. 34 = V/II/III, Nr. 39).

Erneuerung der Edikte gegen die Ausfuhr und den Aufkauf von Gold und Silber vom 5. XII. (= CCM IV/I/V, Nr. 96 = V/II/II, Nr. 63).

Patent vom 12. XII. (= CCM V/II/V, Nr. 10), daß keine neue Manufaktur zum Ruin schon bestehender konzessioniert werden soll.

1704

Edikt gegen die Ausfuhr von Häuten und Fellen vom 27. VIII. (= CCM V/II/II, Nr. 64).

1705

Verordnung vom 24. VI. (= CCM V/II/II, Nr. 65) gegen die Ausfuhr von Haderlumpen.

Erneuerung und Deklaration vom 10. IX. (= CCM IV/II/II, Nr. 35) des Ediktes vom 21. XII. 1702.

1707

Edikt gegen fremde, kleinwertige Schiedsmünzen vom 21. XII. (= CCM IV/I/V, Nr. 97).

1708

Patent gegen das Hausieren fremder Siebmacher außerhalb der Jahrmärkte vom 12. I. (= CCM V/II/VII, Nr. 6).

Patent vom 12. V. (= CCM V/II/II, Nr. 66) wegen der Ausnahme für Scharfrichter vom Ausfuhrverbot von Falleder.

Patent betreffend das Ausfuhrverbot für Schweinsborsten vom 4. IX. (= CCM V/II/II, Nr. 67).

Edikt wegen erhöhter Akzise auf ausländische Woll- und halbseidene Waren vom 18. IX. (= CCM IV/III/II, Nr. 43).
Edikt vom 13. X. (= CCM IV/II/I, Nr. 24) u.a. wegen der Beschlagnahme fremden Salzes.

1709
Edikt vom 11. III. (= CCM V/II/IV, Nr. 33) zwecks Beförderung der Tuch- und Wollzeugmanufakturen.
Edikt gegen fremdes Glas vom 2. VII. (= CCM IV/II/II, Nr. 36 = V/II/III, Nr. 40).
Geschärftes Edikt gegen fremdes Messing vom 13. VIII. (= CCM IV/II/II, Nr. 37 = V/II/III, Nr. 41).
Edikt vom 20. VIII. (= CCM IV/II/II, Nr. 38 = V/II/III, Nr. 42) gegen fremdes Kupfer und Kennzeichnung des einheimischen.
Deklaration des Wollediktes von 1687 hinsichtlich wollener Zeuge und Leinengarnsachen vom 15. IX. (= CCM V/II/IV, Nr. 34).
Edikt vom 16. XII. (= CCM IV/I/V, Nr. 98), verbotene fremde Scheidemünzen nicht anzunehmen.

1710
Patent vom 2. VI. (= CCM IV/II/II, Nr. 39 = V/II/III, Nr. 43), daß fremdes Spiegelglas mit 25% belegt werden soll.

1711
Circularverordnung vom 18. II. (= CCM VI/II, Nr. 61) wegen des Abschoßvergleiches mit Wolfenbüttel.
Deklaration vom 6. III. (= CCM IV/II/I, Nr. 25), daß der Salzimpost aufgehoben ist.
Edikt wegen der Aufhebung des Salzimpostes vom 13. III. (= CCM IV/II/I, Nr. 26)
Verordnung vom 21. IV. (= CCM V/II/III, Nr. 44), daß außerhalb der Jahrmärkte keine fremde Täschnerarbeit eingeführt werden soll.

1712
Edikt vom 12. IV. (= CCM VI/II, Nr. 68) betreffend das Verbot fremder Kalender.
Mandat vom 25. IV. (= CCM V/II/VII, Nr. 7) betreffend das Hausierverbot.
Patent vom 8. XI. (= CCM VI/II, Nr. 74) für Einwanderer nach Preußen.

1713
Mandat wegen des Verbotes fremder Horn- und Haarknöpfe vom 8. VII. (= CCM V/II/III, Nr. 45).
Edikt vom 24. VIII. (= CCM V/II/I, Nr. 22 = V/II/IV, Nr. 36) betreffend den Handel mit Getreide, Wolle und Lebensmitteln, sowie das Verbot des Aufkaufens und Hausierens.
Edikt gegen alles fremde Glas vom 2. X. (= CCM IV/II/II, Nr. 40 = V/II/III, Nr. 46).
Ordnung vom 16. XI. (= CCM V/II/II, Nr. 71) u.a. gegen das Hausieren.

1714
Verordnung zur Seidenbaubeförderung vom 5. III. (= CCM V/II/V, Nr. 15).
Verordnung gegen die Wollausfuhr vom 17. IV. (= CCM V/II/IV, Nr. 39).
Edikt vom 26. IV. (= CCM VI/II, Nr. 84) wegen der fünfzehnjährigen Freiheit für Refugierte.
Edikt gegen die Ausfuhr der Pündelwolle vom 28. V. (= CCM V/II/IV, Nr. 40).
Edikt wider die Wollausfuhr vom 13. VI. (= CCM V/II/IV, Nr. 41).

Edikt wegen der Bestellung wüster Höfe vom 29. VI. (= CCM V/III/II, Nr. 22).
Edikt gegen fremdes Messing und Kennzeichnung des eigenen vom 17. VII. (= CCM IV/II/II, Nr. 41 = V/II/III, Nr. 47).
Edikt vom 10. VIII. (= CCM V/II/I, Nr. 25) u.a. gegen das Hausieren.
Verordnung vom 5. XI. (= CCM V/II/II, Nr. 72), welche die Ausfuhr von Korn und Weizen erlaubt, die von Gerste und Hafer aber verbietet.
Patent vom 7. XII. (= CCM VI/II, Nr. 87) betreffend die zu bewilligenden Freiheiten für Niederlassungswillige.
Verordnung vom 10. XII. (= CCM V/II/V, Nr. 16), daß Gold- und Silberwaren aus der Berliner Manufaktur bei der Einfuhr in andere Städte nur mit 2% versteuert werden sollen.
Erneuerung von Edikten, welche gegen fremde, geringwertige Scheidemünzen ergangen sind vom 15. XII. (= CCM IV/I/V, Nr. 99).

1715

Anderweitiges Mandat vom 8. III. (= CCM V/II/VII, Nr. 8) betreffend das Hausierverbot.
Mandat betreffend die Wollausfuhr vom 16. III. (= CCM V/II/IV, Nr. 44).

1716

Patent zur Anpflanzung von Maulbeerbäumen zwecks Beförderung der Seidenfabriken vom 12. XII. (= CCM V/II/V, Nr. 17).

1717

Wie diejenigen zu bestrafen sind, die nach den genossenen Freijahren und Benefizien wieder weglaufen vom 26. II. (= CCM VI/II, Nr. 100).
Mandat gegen das Hausieren von Schiffern vom 27. III. (= CCM V/II/VII, Nr. 10).
Edikt wegen des Anbaus wüster Höfe vom 31. III. (= CCM V/III/II, Nr. 23).
Patent gegen das Einfärben von Leinen- oder halbwollenen Zeugen vom 22. V. (= CCM V/II/IV, Nr. 50).
Patent vom 1. VI. (= CCM V/II/IV, Nr. 51), daß Kaufleute oder Wollhändler die Wolle erst kaufen dürfen, wenn die Manufakturies eingedeckt sind.
Verordnung vom 22. VI. (= CCM V/III/II, Nr. 24) betreffend die Bestellung wüster Höfe.
Rescript vom 7. VIII. (= CCM VI/II, Nr. 103) von Geldern, die im Lande bleiben, keinen Abschoß zu nehmen.
Patent vom 28. VII. (= CCM V/II/III, Nr. 48), daß außerhalb der Jahrmärkte keine fremden Siebmacher mit ihren Waren hausieren sollen.
Deklaration wegen der Bewirtschaftung wüster Höfe vom 30. VIII. (= CCM V/III/II, Nr. 25).
Patent betreffend die Freiheiten für fremde Wollarbeiter vom 27. IX. (= CCM V/II/IV, Nr. 55).
Circular vom 15. X. (= CCM III/I, Nr. 140) betreffend die Werbungsfreiheit von ausländischen Wollarbeitern.
Patent vom 22. X. (= CCM V/II/II, Nr. 74) wegen der verbotenen Ausfuhr von Häuten und Fellen.

1718

Patent wegen der Freiheiten für diejenigen, so sie sich in kgl. Städten niederlassen ohne eine bürgerliche Nahrung zu betreiben vom 15. III. (= CCM V/I/IV, Nr. 33).
Neu-revidiertes Hausiereredikt vom 25. IV. (= CCM V/II/VII, Nr. 11).

Edikt vom 26. IV. (= CCM V/II/IV, Nr. 58), daß kgl. Bediente und Vasallen nur einheimisches rotes und blaues Tuch tragen sollen.

Edikt gegen die Einfuhr fremder Knöpfe vom 4. V. (= CCM V/II/III, Nr. 49).

Edikt vom 28. VI. (= CCM II/III, Nr. 38) wegen der Bestrafung von denjenigen, welche Maulbeerbäume u.a. beschädigen.

Verordnung vom 18. VIII. (= CCM IV/I/V, Nr. 100), daß die Goldschmiede das zu verarbeitende Gold und Silber in der Münze schmelzen und stempeln lassen müssen.

Edikt wegen der verbotenen Wollausfuhr vom 14. IX. (= CCM V/II/IV, Nr. 59).

Patent vom 1. X. (= CCM IV/I/V, Nr. 102) wegen des Gold- und Silberschmelzens in der Münze.

Patent vom 21. XI. (= CCM VI/II, Nr. 108) betreffend Neuansiedler.

Abschoßrescript vom 23. XII. (= CCM VI/II, Nr. 111).

1719

Verordnung vom 9. I. (= CCM I/I, Nr. 101), daß auf den Kirchhöfen Maulbeerbäume gepflanzt werden sollen.

Patent betreffend die Freiheiten für Fremde, die eine bürgerliche Nahrung betreiben vom 16. III. (= CCM V/I/IV, Nr. 34).

Verordnung betreffend das Ausfuhrverbot fremder und einheimischer Wolle vom 16. III. (= CCM V/II/IV, Nr. 61).

Rescript vom 22. IV. (= CCM VI/II, Nr. 119) wegen des Gold- und Silberschmelzens in der Münze.

Edikt vom 1. V. (= CCM V/II/IV, Nr. 63), daß vom 1. I. 1720 an keine fremden Wollwaren mehr getragen werden dürfen.

Edikt vom 24. V. (= CCM V/II/IV, Nr. 64), daß weder adelige noch Pündelwolle ausgeführt werden darf.

Edikt vom 12. VII. (= CCM V/II/I, Nr. 30 = VI/II, Nr. 120) wegen des Leinengarnhandels und Verbesserung der Leinwandfabriken.

Edikt gegen die Getreideausfuhr nach Sachsen vom 21. VII. (= CCM V/II/II, Nr. 76).

Patent vom 24. IX. (= CCM IV/II/II, Nr. 45 = V/II/III, Nr. 50), daß kein fremdes Messing ein- und altes ausgeführt werden soll.

Patent gegen die Messingausfuhr vom 27. IX. (= CCM V/II/II, Nr. 77).

Verbot vom 9. X. (= CCM V/II/V, Nr. 18), Künstler und Manufakturies aus dem Lande zu locken.

Rescripte vom 21. XII. (= CCM VI/II, Nr. 124f.), daß der Handel mit fremden Waren an auswärtige Kaufleute nicht verboten ist.

Konsistorialverordnung vom 26. XII. (= CCM I/I, Nr. 105) wegen der Bepflanzung der Kirchhöfe mit Maulbeerbäumen.

1720

Erneuerung vom 21. II. (= CCM IV/II/II, Nr. 46 = V/II/III, Nr. 51) des Ediktes gegen die Einfuhr fremden Glases.

Patent vom 29. II. (= CCM VI/II, Nr. 126) wegen der Privilegien und Freiheiten für Refugierte.

Rescript vom 8. III. (= CCM VI/II, Nr. 127), daß Fremde Waren zum Verkauf auf die Märkte bringen dürfen.

Patent betreffend das Wertverhältnis zum französischen Taler vom 11. III. (= CCM IV/I/V, Nr. 103).

Ordre an die Landräte vom 5. IV. (= CCM V/III/II, Nr. 30), daß kein Land brachliegen soll.

Patent wegen der Verrufung fremder Scheidemünzen vom 6. V. (= CCM IV/I/V, Nr. 104).

Edikt vom 18. V. (= CCM IV/II/I, Anh. Nr. 2), welches Salz nach Wernigerode eingeführt werden darf.

Edikt vom 25. VII. (= CCM IV/I/III, Nr. 133) betreffend die mit Akzise belegten Postpakete.

Edikt vom 25. VII. (= CCM V/II/II, Nr. 78) wegen der Aufhebung des Getreideausfuhrverbotes.

Rescript vom 18. IX. (= CCM V/II/VII, Nr. 13), daß die Siebmacher wieder hausieren dürfen.

16. X. (= CCM IV/II/I, Anh. Nr. 3 = V/II/III, Nr. 52), daß kein fremdes Salz eingeführt werden soll.

Rescript wegen des Abzugsgeldes innerhalb inländischer Städte vom 23. XI. (= CCM VI/II, Nr. 132).

1721

Patent vom 5. II. (= CCM VI/II, Nr. 136) für Neu-Zuziehende.

Edikt vom 8. II. (= CCM III/I, Nr. 170 = V/II/IV, Nr. 74), daß Wollarbeiter und Fabrikanten von der Werbung frei sein sollen.

Patent vom 6. VI. (= CCM VI/II, Nr. 141) wegen der Freiheiten für Neuansiedler in Stettin.

Rescript wegen des Schmelzens in der Münze vom 7. VI. (= CCM IV/I/V, Nr. 105).

Patent vom 26. X. (= CCM III/I, Nr. 178) betreffend die Werbungsfreiheit für ausländische Zimmerleute.

Edikt vom 18. XI. (= CCM V/II/III, Nr. 53), keinen gedruckten oder gemalten Zitz oder Kattun zu tragen.

Edikt vom 18. XI. (= CCM VI/II/Nachlese, Nr. 15) betreffend das Einfuhrverbot für französische Waren.

Patent betreffend die Ansetzung von in den Städten noch fehlenden Handwerkern vom 20. XI. (= CCM V/I/IV, Nr. 39).

Circularordre vom 27. XI. (= CCM III/I, Nr. 180) wegen der Bestrafung von Offizieren, wenn sie ausländische wollene Waren gebrauchen.

Erneutes und verschärftes Edikt gegen die Wollausfuhr vom 1. XII. (= CCM V/II/IV, Nr. 75).

1722

Deklaration des Ediktes vom 18. XI. 1721 und was alles mitumfaßt ist vom 25. IX. (= CCM V/II/III, Nr. 54).

Mandat vom 21. XI. (= CCM VI/II, Nr. 151), nur einheimische wollene Tücher zu verkaufen.

1723

Geschärftes Edikt vom 12. III. (= CCM IV/II/I, Anh. Nr. 6), daß kein anderes Salz als aus den kgl. Faktoreien gebraucht werden soll.

Ordre vom 31. III. (= CCM III/I, Nr. 190), daß Soldatenfrauen keinen Kattun tragen sollen.

Patent vom 9. IV. (= CCM VI/II, Nr. 155) betreffend die Freiheiten derjenigen, die in Stettin wüste Stellen bebauen.

Edikt vom 10. IV. (= CCM VI/II, Nr. 156), daß keiner gezwungen nach Preußen gehen soll und von den Vergünstigungen für die freiwillig dorthin Gehenden.

Edikt wider die Ausfuhr adeliger und Pündelwolle vom 27. V. (= CCM V/II/IV, Nr. 80).
Edikt vom 14. VI. (= CCM V/II/IV, Nr. 81), die Untertanen zum Wolle- oder Flachsspinnen anzuhalten.
Cicularverordnung vom 28. VII. (= CCM V/II/VII, Nr. 14), daß mit Jahresende das Hausieren mit Sensen und Futterklingen verboten ist.
Patent vom 16. VIII. (= CCM VI/II, Nr. 159) wer in Preußen noch benötigt wird.
Patent gegen die Einfuhr ausländischer Leinenware vom 6. IX. (= CCM V/II/III, Nr. 55).
Rescript vom 11. IX. (= CCM VI/II, Nr. 160) wegen der Abschoßfreiheit für nach Sachsen ziehende Adelige.
Patent wegen des freigegebenen Tabakhandels und der Akzisesätze hierfür vom 26. XI. (= CCM V/II/VI, Nr. 15).
Geschärftes Edikt vom 14. XII. (= CCM VI/II, Nr. 161) betreffend das Verbot fremder Kalender.

1724

Wiederholtes Patent vom 11. II. (= CCM VI/II/Nachlese, Nr. 16) von den Freiheiten für die nach Preußen Zuziehenden.
Rescript vom 18. II. (= CCM VI/II, Nr. 163) wegen der Abzugsfreiheit nach Sachsen und Schlesien.
Edikt wegen des Verkaufes von Gold und Silber vom 23. II. (= CCM IV/I/V, Nr. 106).
Patent vom 18. III. (= CCM V/II/VII, Nr. 15) über das Hausieren mit Sensen und Futterklingen.
Edikt vom 12. IX. (= CCM IV/III/II, Nr. 72), daß die fetten Ochsen aus fremden Landen mit 10 Reichstalern impostiert werden sollen.
Patent vom 13. IX. (= CCM VI/II/Nachlese, Nr. 19) wegen des Wolleinkaufs auf den Wollmärkten.

1725

Patent vom 12. I. (= CCM VI/II/Nachlese, Nr. 20) betreffend die Freiheiten für Neuansiedler in preußischen Kleinstädten.
Erneuertes Edikt gegen die Einfuhr fremden Glases vom 16. IV. (= CCM IV/II/II, Nr. 49 = V/II/III, Nr. 56).
Rescript vom 30. IV. (= CCM VI/II, Nr. 173) den Abschoß betreffend.
Circularverordnung vom 22. VI. (= CCM VI/II, Nr. 175) gegen die Einfuhr fremden Zuckers.
Rescript vom 17. VII. (= CCM V/II/IV, Nr. 86), daß die städtischen Leinenweber keine halbwollene Waren anfertigen sollen.
Edikt gegen das Hausieren mit Glaswaren vom 24. VII. (= CCM IV/II/II, Nr. 51).
Rescript vom 11. IX. (= CCM VI/II, Nr. 176) betreffend die adelige Abschoßfreiheit.

1726

Rescript vom 4. VI. (= CCM V/II/V, Nr. 23), daß kein fremder Cannefas und Barchent eingeführt werden soll.
Geschärftes Patent wegen der verbotenen Ausfuhr von Gold und Silber vom 19. IX. (= CCM IV/I/V, Nr. 107 = V/II/II, Nr. 83).

1727

Rescript vom 11. IV. (= CCM VI/II, Nr. 189) wegen der Abschoßfreiheit nach Holland.

Verordnung vom 6. IX. (= CCM VI/II, Nr. 194), die einheimische wollene Ware zu stempeln und zu siegeln.

Edikt vom 12. XI. (= CCM II/II, Nr. 50), daß die den Wollarbeitern vorgeschossene Wolle nicht mit in die Konkursmasse fallen soll.

1728

Rescript vom 27. II. (= CCM VI/II, Nr. 196) wegen der inländischen Abschoßfreiheit.

1729

Rescript gegen das Hausieren vom 2. IV. (= CCM V/II/VII, Nr. 17).

Abschoßrescript vom 13. V. (= CCM VI/II, Nr. 204).

Patent wegen der Freiheiten für auf dem Land anzusiedelnde Leinenweber und Spinner vom 15. VI. (= CCM V/II/V, Nr. 24).

Edikt vom 15. VI. (= CCM V/II/X, Nr. 79), daß auf dem platten Lande zwar Spinner und Leinenweber angesiedelt werden sollen, aber keine solchen, die in den Städten schon wohnen.

Rescript vom 15. VI. (= CCM VI/II, Nr. 206) wegen der inländischen Abschoßfreiheit.

Abschoßrescript vom 12. VII. (= CCM VI/II, Nr. 207).

Rescript vom 4. IX. (= CCM VI/II, Nr. 208) betreffend den Abschoß von Vermächtnissen.

1730

Abschoßrescript vom 29. I. (= CCM VI/II, Nr. 210).

1731

Rescript vom 31. III. (= CCM VI/II, Nr. 216) eine Abschoßeinzelfallregelung betreffend.

Abschoßdekret vom 7. IV. (= CCM VI/II, Nr. 217).

Verordnung vom 12. IX. (= CCM IV/I/III, Nr. 165) wegen der Verakzisenierung von Paketen.

Edikt vom 8. X. (= CCM IV/I/II, Nr. 135 = V/III/II, Nr. 41), daß niemand die gepflanzten jungen Maulbeer- u.a. nutzbare Bäume beschädigen soll.

Patent vom 19. X. (= CCM VI/II, Nr. 221) wegen der Freiheiten für französische Kolonisten in Potsdam.

Rescript wegen der Anpflanzung von Maulbeerbäumen vom 20. X. (= CCM V/II/V, Nr. 25).

Patent gegen die verbotene Ausfuhr von Gold und Silber vom 25. X. (= CCM IV/I/V, Nr. 108 = V/II/II, Nr. 84).

Edikt vom 6. XI. (= CCM V/I/I, Nr. 22), daß Dienstmägde u.a. keine seidenen Röcke mehr tragen sollen.

Abschoßrescript vom 23. XI. (= CCM VI/II, Nr. 222).

1732

Resolution vom 14. I. (= CCM VI/II, Nr. 223) betreffend den inländischen Abschoß.

Erneuertes und geschärftes Edikt gegen die Ausfuhr inländischer Wolle vom 24. I. (= CCM V/II/IV, Nr. 91).

Rescript vom 1. II. (= CCM VI/II, Nr. 224), daß für bürgerliche Personen keine Abschoßfreiheit nach Sachsen besteht.

Edikt gegen geringhaltige fremde Scheidemünzen vom 11. III. (= CCM IV/I/V, Nr. 109).

Abschoßeinzelfallregelungsdekret vom 15. III. (= CCM VI/II, Nr. 228).

Abschoßrescript vom 5. IV. (= CCM VI/II, Nr. 229).
Circularverordnung vom 23. IV. (= CCM V/II/VII, Nr. 18) wegen des verbotenen Hausierens der Olitätenkrämer.
Verordnung vom 29. VI. (= CCM III/I, Nr. 220), wie es mit denen von den Rekrutenfrauen mit ins Land gebrachten Kattunkleidern zu halten ist.
Deklaration vom 29. VI. (= CCM V/II/III, Nr. 57), daß der verbotene Kattun von den Rekrutenfrauen noch ein Jahr lang getragen werden darf.
Verordnung vom 17. IX. (= CCM VI/II, Nr. 231), vom im Lande verbleibenden Manufakturies keinen Abschoß zu nehmen.
Dekret vom 4. X. (= CCM VI/II, Nr. 233) zwecks einer Abschoßeinzelfallregelung.
Patent vom 29. X. (= CCM V/I/IV, Nr. 52) wegen der Freiheiten für Fremde, die auf der Friedrichstadt bauen.

1733

Abschoßrescript vom 3. I. (= CCM VI/II, Nr. 235).
Patent vom 3. III. (= CCM IV/II/I, Anh. Nr. 12), daß graues und schwarzes Salz nur aus den königl. Salz-Cocturen zu Halle und Schönebeck genommen werden soll.
Edikt vom 4. IV. (= CCM IV/I/V, Nr. 110), welche Münzen in der Kurmark gelten sollen.
Geschärftes Edikt wegen der verrufenen Münzsorten vom 14. IV. (= CCM IV/I/V, Nr. 111).

1734

Erneuertes Edikt wegen des verbotenen Kattuns vom 30. IV. (= CCM V/II/III, Nr. 59).
Abschoßrescript vom 7. V. (= CCM VI/II, Nr. 243).
Erneuertes Patent betreffend die Vergünstigungen für nach Berlin ziehende fremde Manufakturies, Fabrikanten und Handwerker vom 3. VIII. (= CCM V/I/IV, Nr. 54).

1735

Rescript vom 7. III. (= CCM V/II/IV, Nr. 95), wie es mit verbotenen ungesiegelten wollenen und halbseidenen Waren gehalten werden soll.
Verordnung vom 20. IV. (= CCM VI/II, Nr. 246) wegen der Impostierung fremder Feilen.
Verordnung vom 22. VIII. (= CCM III/I, Nr. 222) betreffend die abschoßfreien Erbschaften für Unteroffiziere.
Circularverordnung vom 12. X. (= CCM VI/II, Nr. 252) betreffend die Abschoßfreiheit für Unteroffiziere und Soldaten.
Abschoßrescript vom 29. XI. (= CCM VI/II, Nr. 253).
Deklaration vom 30. XI. (= CCM III/I, Nr. 223) der Verordnung vom 22. VIII. 1735 wegen der Abschoßfreiheit für Soldaten.

1736

Edikt vom 28. III. (= CCM IV/I/V, Nr. 112) hinsichtlich der verrufenen Münzsorten.
Verordnung vom 17. VI. (= CCM VI/II, Nr. 266) wegen der Ein- und Ausfuhr von Wolle.
Erneuertes Edikt gegen das Einbringen fremder Glaswaren vom 10. X. (= CCM IV/II/II, Nr. 53 = V/II/III, Nr. 60).

1737

Verordnung vom 9. I. (= CCMC I, 1737/Nr. 2), daß kein fremder Hutmacher und Weißgerber auf den Potsdam'schen Märkten feilbieten soll.

Verordnung vom 18. II. (= CCMC I, 1737/Nr. 10), wie es mit den Geldpaketen zu halten ist, um die Einfuhr verrufener Münzsorten zu verhindern.

Circularordre vom 19. III. (= CCMC I, 1737/Nr. 16), daß Italiener nur weiterhandeln dürfen, wenn sie Bürger werden.

Notifikation vom 25. III. (= CCMC I, 1737/Nr. 19), keine Abfahrtsgelder zwischen der Kur-Mark und den schlesischen Erblanden zu nehmen.

Erneuertes und geschärftes Patent gegen das Hausieren auf dem Lande vom 27. III. (= CCM V/II/VII, Nr. 20 = CCMC I, 1737/Nr. 20).

Patent wegen verrufener Münzsorten vom 6. IV. (= CCM IV/I/V, Nr. 113).

Rescript vom 6. IV. (= CCMC I, 1737/Nr. 25) wegen verbotener Münzsorten.

Generalpostverordnung vom 8. IV. (= CCMC I, 1737/Nr. 26) dto.

Verordnung vom 26. IV. (= CCMC I, 1737/Nr. 30), keine Abzugs- und Loskaufgelder von nach Potsdam Ziehenden zu nehmen.

Rescript vom 25. VII. (= CCMC I, 1737/Nr. 40), von nach Schlesien gehenden Erbschaften keinen Abschoß zu nehmen.

1738

Circularordre vom 28. I. (= CCMC I, 1738/Nr. 8) wegen falscher holländischer Dukaten.

Edikt vom 2. IV. (= CCMC I, 1738/Nr. 16) gegen den Aufkauf der Pündelwolle durch Wollarbeiter auf dem platten Lande.

Rescript vom 17. IX. (= CCMC I, 1738/Nr. 35) gegen das Hausieren auf dem Lande.

1739

Edikt vom 12. II. (= CCMC I, 1739/Nr. 7) wegen des Verrufs spanischer Münzsorten.

Edikt vom 17. III. (= CCMC I, 1739/Nr. 13) wider die Ausfuhr guter grober Gold- und Silbermünzen.

Edikt vom 4. VIII. (= CCMC I, 1739/Nr. 29) wegen des Verrufs von Münzen aus Bremen.

Patent gegen die Einfuhr fremder Weine vom 12. VIII. (= CCMC I, 1739/Nr. 30).

1740

Verordnung vom 11. I. (= CCMC I, 1740/Nr. 1) gegen die Verabfolgung von Erbschaften außer Landes ohne vorherige Genehmigung.

Edikt vom 6. IV. (= CCMC I, 1740/Nr. 11) gegen die Wollausfuhr für die nächsten drei Jahren.

Rescript vom 7. IV. (= CCMC I, 1740/Nr. 12) gegen die Vor- und Aufkauferei.

Rescript vom 10. VII. (= CCMC I, 1740/Nr. 33) betreffend die Abzugsfreiheit für französische Kolonisten.

Rescript vom 10. VII. (= Supplementa CCMC I, II u. III/Nr. 45) wegen der Abschoßfreiheit französischer Kolonisten.

Patent vom 27. VII. (= CCMC I, 1740/Nr. 38) wegen der Akzise- und Servisfreiheit auf zwei Jahre für Neuansiedler.

Ordre vom 12. X. (= CCMC I, 1740/Nr. 53), nicht mehr Branntwein als nötig einzuführen.

Circularordre vom 21. X. (= CCMC I, 1740/Nr. 55) wegen der Freiheiten für sich niederlassende wohlhabende Ausländer.

Verordnung gegen die Vor- und Aufkauferei vom 2. XI. (= CCMC I, 1740/Nr. 59).

Rescript vom 12. XI. (= CCMC I, 1740/Nr. 65) über die Besteuerung von Gerstenmehl in Notzeiten.

Rescript vom 16. XI. (= CCMC I, 1740/Nr. 68) betreffend die Gestattung der Mehleinfuhr gegen herkömmliche Akzise.

Rescript vom 16. XI. (= CCMC I, 1740/Nr. 69) wegen des Verbots der Einfuhr französischer goldener Dosen u. a. Galanteriewaren.

Rescript vom 30. XI. (= CCMC I, 1740/Nr. 73) an die Kur-Märkische-Kammer gegen die Zurückhaltung von Getreide u. a. Viktualien.

Verordnung vom 7. XII. (= CCMC I, 1740/Nr. 75) u.a. wie lange es erlaubt ist, fremden Branntwein einzuführen.

1741

Rescript vom 21. III. (= CCMC II, 1741/Nr. 12), es bei der Abschoßfreiheit zw. Polen und der Neu-Mark zu belassen.

Rescript vom 12. IV. (= CCMC II, 1741/Nr. 14) gegen die Pferdeausfuhr.

Circular-Ordre vom 23. VII. (= CCMC II, 1741/Nr. 20), daß auf ausländische Broderieware zusätzl. 25% an Impost gesetzt werden soll.

Patent vom 6. XI. (= CCMC II, 1741/Nr. 25) gegen die Einfuhr fremden Getreides.

1742

Circulare vom 7. IV. (= CCMC II, 1742/Nr. 11) betreffend die Herabsetzung von Akzise für inländischen Wein.

Rescript vom 6. XI. (= CCMC II, 1742/Nr. 31) betreffend den Abschoß zwischen der Kur-Mark und Mecklenburg-Strelitz.

Patent vom 6. XI. (= Supplementa CCMC I, II u. III/Nr. 24) über die ausländischen Künstlern und Fabrikanten, welche sich in Schlesien niederlassen, zu gewährenden Vorteile und Freiheiten.

1743

Circular-Odre vom 21. II. (= CCMC II, 1743/Nr. 10) wegen der Akzisefreiheit eingebrachten fremden Silbers.

Edikt vom 14. IV. (= CCMC II, 1743/Nr. 18) zur Abstellung der Unterschleife beim Wollhandel und des Auf- und Vorkaufs der Wolle.

Patent vom 11. VI. (= CCMC II, 1743/Nr. 26) wegen der Einnahme kgl. Silbergeldes.

Rescript vom 13. VI. (= CCMC II, 1743/Nr. 28) betreffend die zw. der Kur-Mark und den Mecklenburgischen Landen festgestellte Abzug- u. Abschoß-Gelder-Freiheit.

Rescript vom 31. VII. (= Supplementa CCMC I, II u. III/Nr. 29) wegen der den Kolonisten zu gewährenden Benefizien.

Rescript vom 14. XI. (= CCMC II, 1743/Nr. 45), daß die aus anderen Städten und Ämtern nach Potsdam Ziehenden von Abschoß-, Abzugs- und Loskaufsgeldern frei sein sollen.

1744

Ciculare vom 16. I. (= CCMC II, 1744/Nr. 3) daß die Akzise für ausländische Seide auf 1% herunter und die inländische Seide akzisefrei sein soll.

Geschärftes Münzedikt vom 21. I. (= CCMC II, 1744/Nr. 4).

VO vom 13. II. (= CCMC II, 1744/Nr. 6) betreffend den Akzisesatz für fremd gesponnene Gold- und Silberwaren etc.

Patent vom 11. IV. (= CCMC II, 1744/Nr. 14) gegen die Ausfuhr von Rauf- und Gerberwolle zur Frankfurter Messe.

Rescript vom 15. VII. (= Supplementa CCMC I, II u. III/Nr. 38) wegen des bei den Kolonisten in Ansehung ihrer Benefizien künftig zu machenden Unterschiedes.

Deklaration vom 12. VIII. (= CCMC II, 1744/Nr. 22) betreffend das Münzedikt vom 21. 1. (Nr. 4/1744).

1745

Verbot des Handelns mit fremden Knöpfen für nicht Privilegierte vom 7. I. (= CCMC III, 1745/Nr. 2).

Verbot des Butteraufkaufs auf dem kgl. Packhof vom 16. VIII. (= CCMC III, 1745/Nr. 10).

1746

Patent vom 21. II. (= CCMC III, 1746/Nr. 6), daß Seefahrende und von fremden Orten kommende Familien von Werbung und Enrollierung frei sein sollen.

Rescript vom 31. VII. (= CCMC III, 1746/Nr. 17), daß die Fiskalbedienten von den Abzugs- und Abschoßgeldern als Anreiz quartam haben sollen.

Rescript vom 10. IX. (= Supplementa CCMC I, II u. III/Nr. 40), daß es bei der Abzugs- und Abschoßfreiheit des kurbrandenburgischen und kursächsischen Adels verbleiben soll.

Rescript vom 26. XI. (= CCMC III, 1746/Nr. 26) wegen der Abschoßfreiheit zw. Neu-Märkischen und Polen.

1747

Edikt vom 15. II. (= CCMC III, 1747/Nr. 6), wie es zur Aufnahme der inländischen Papiermühlen mit den Lumpen gehalten werden soll.

Renoviertes Münzpatent vom 7. IV. (= Supplementa CCMC I, II u. III/Nr. 41).

Notificatorium vom 15. VI. (= CCMC III, 1747/Nr. 12) wegen des Zolls für die durch den Finow-Kanal gehende preußische Butter.

Erneuertes und veschärftes Edikt vom 12. VII. (= CCMC III, 1747/Nr. 17) gegen die Einfuhr und den Gebrauch fremder Kattune und Zitze.

Erneuertes Edikt vom 20. VII. (= CCMC III, 1747/Nr. 20) wegen der verbotenen Einfuhr und dem Tragen fremder Tücher, wollner Sachen etc.

Erneuertes Edikt vom 1. IX. (= CCMC III, 1747/Nr. 25) über die Wohltaten und Vorteile für Neuansiedler.

Erneuertes und geschärftes Edikt vom 17. XI. (= CCMC III, 1747/Nr. 39) gegen den Vor- und Aufkauf und verbotenen Handel mit Getreide und Wolle auf dem Lande.

1748

Circular-Rescript vom 2. I. (= CCMC IV/Nr. 1) wegen des Abschosses von im Ausland befindlichen Capitalien.

Edikt vom 8. V. (= CCMC IV/Nr. 17) gegen sächsische Steuerscheine.

Edikt vom 10. V. (= CCMC IV/Nr. 19) gegen die neuen geringhaltigen Gold- und Silbermünzen.

Resulution vom 19. IX. (= CCMC IV/Nr. 26) wegen des Abschosses von einer nach Hamburg gehenden Erbschaft.

Reglement vom 26. XI. (= CCMC IV/Nr. 36) betreffend das Lumpensammeln für Papiermühlen.

Rescript vom 30. XI. (= CCMC IV/Nr. 37) wegen des Abschosses einer nach Worms gehenden Erbschaft.

1749

Edikt vom 12. I. (= CCMC IV/Nr. 44), daß den Schiffern der heimliche Verkauf des von ihnen transportierten Getreides verboten wird.

Kopie des Rescripts vom 13. II. (= CCMC IV/Nr. 50) betreffend den Abschoß zw. der Neumark und Polen.
Edikt vom 14. II. (= CCMC IV/Nr. 51) gegen das Einschmelzen und Beschneiden von Dukaten.
(CCMC IV/Nr. 53, 54, 61, 62, 73): Abschoßeinzelfallregelungen.
Allgemeines Edikt vom 12. VIII. (= CCMC IV/Nr. 76) gegen das Eingehenlassen von Kossätenhöfen.
Edikt vom 3. IX. (= CCMC IV/Nr. 78) betreffend die Abzugsgelderregelung für Neuansiedler.
Edikt vom 14. X. (= CCMC IV/Nr. 82) betreffend die Pflicht zum Studium auf einheimischen Universitäten.
(CCMC IV/Nr. 92): Abdruck und Beschreibung zum Vorschein gekommener falscher Dukaten (o.D.)

1750
Notifications- un. Deklarationspatent vom 3. I. (= CCMC IV/Nr. 93) wegen des Zolls auf Oder, Warthe u. Netze.
Notificationspatent vom 20. III. (= CCMC IV/Nr. 95) wegen des zollfreien Landhandels von Polen nach der Neumark und Pommern.
Erneuertes Edikt vom 2. V. (= CCMC IV/Nr. 97) zur Studiumspflicht auf heimischen Universitäten.
Resolution vom 8. VII. (= CCMC IV/Nr. 101) betreffend eine Anfrage hinsichtlich der Abzugsgelder.
Kgl.-preußisches Münzedikt vom 14. VII. (= CCMC IV/Nr. 99).
Edikt vom 25. XI. (= CCMC IV/Nr. 111) die französischen Louis d'or betreffend.

1751
(Nr. 5): Deklaration vom 12. I. wegen in abgängigen oder ausländischen Münzsorten ausgestellter Obligationen.
(Nr. 15): Notification vom 29. I. betreffend den Abzug/Abschoß.
(Nr. 40): Avertissement vom 27. IV. und Taxe der Stahl-, Eisen- und Messingwaren zu Neustadt-Eberswalde nebst Verbot, dergleichen fremde Waren zu verkaufen.
(Nr. 46): Rescript vom 13. V. betreffend den Aufkauf u. die Verschiffung von Leinengarn.
(Nr. 49): Edikt vom 19. VI., daß die Landeskinder nur auf einheimischen Universitäten studieren sollen, ansonsten sie von Stellen ausgeschlossen sein sollen.
(Nr. 54): Circulare vom 3. VII. wegen des Verbots des Spiels von fremden Lotterien.
(Nr. 60): Mandat vom 5. VIII. wegen der Einfuhr schlechter fremder Stahl- und Eisenwaren.
(Nr. 62): Münzedikt vom 9.VIII.
(Anhang Nr. 5): Verruf der sog. 3 Kreutzer vom 7. IX.
(Nr. 70): Resolution vom 14. IX. an das KG wegen des Abschosses von nach Frankreich gehenden Vermögen.
(Nr. 89): Rescript vom 22. X. betreffend die Publikation des Münzedikts vom 9. VIII. (Nr. 62/1751).
(Nr. 91): Rescript vom 2. XI. betreffend die Abschoßaufhebung zw. Ravensberg und Rittberg.
(Nr. 100): Edikt vom 3. XII. wegen der Verrufung ausländischer schlechter und geringhaltiger Scheidemünzen.
(Nr. 7 Nachtrag 175-55): Notification vom 9. XII. betreffend die Zollfreiheit für Kolonisten.

1752

(Anh. Nr. 1): Warnung vom 4. I., sich vor Einnahmen und Ausgabe verbotener Geldsorten zu hüten.

(Anhang Nr. 2) 19. I.: keine Lotterie ohne kgl. Erlaubnis.

(Nr. 22): Münzedikt vom 28. III.

(Nr. 39): Rescript vom 20. VII. an die Pommersche Regierung wegen des Abzugsgeldes.

(Nr. 41): Edikt vom 24. VII., daß bei Ein- und Verkauf von Landesprodukten die Münzedikte zu beachten seien.

(Nr. 42): Rescript vom 25. VII. betreffend die Roulierung der neuen preußischen Münze.

(Nr. 62): Privilegium vom 26. IX. oder Gilde-Brief für das Bäckeramt in Bielefeld.

(Nr. 63): Rescript an die Magdeburgische Regierung vom 29. IX. die Münzsorten bei Sportul-Kassen betreffend.

(Nr. 70): Erneuertes Edikt vom 13. X. gegen die Einfuhr und den Gebrauch fremder Kattune.

(Nr. 75): Patent vom 13. XI.: keine Anrechnung des Agios auf die Strafe.

(Nr. 80): Rescript vom 1. XII. betreffend die Schulerlaubnis von Kindern für die Schöningsche Schule.

(Nr. 93): Rescript vom 21. XII. an die Königsbergische Kammer betreffend die Linnenfabrik.

1753

(Nr. 6): Patent vom 15. II. wegen der Vergünstigungen für fehlende Handwerker in der Neumark.

(Nr. 18): Circulare vom 30. III. an Akzise-Inspecteure wegen der Geldsorten.

(Nr. 19): Rescript vom 31. III. wegen des Fiskalanteils von Abschoßgeldern.

(Nr. 25): Rescript vom 11. V. wegen der Münzedikte.

(Nr. 26): Rescript vom 9.V. wegen der Anzeigepflicht für Abschoßgelder.

(Nr. 31): Publicandum vom 22. V. wegen der Belohnung für Baumwollspinnerei.

(Nr. 40): Edikt vom 5. VII. zum Schutz von handeltreibenden Polen, Russen und Juden.

(Nr. 42): VO vom 16. VII. die Unterschleife beim Wollhandel betreffend.

(Nr. 61): Notification vom 21. X. wegen falscher Friedrichs d'or.

(Nr. 63): Rescript vom 27. X. den Abschoß von Salzburgern betreffend.

(Nr. 73): Rescript vom 10. XII. wegen des Abschosses von nach Hildesheim gehenden Erbschaften.

1754

(Nr. 3): Rescript vom 23. I. an die Universität Frankfurt wegen des Abschosses von Erbschaften.

(Nr. 4): Edikt vom 24. I. wegen des Garnhandels im Fürstentum Halberstadt.

(Nr. 7): Resolution vom 29. I., daß die nach Jülich und den Niederlanden gehenden Erbschaftsgelder abschoßfrei sein sollen.

(Nr. 8): Rescript vom 29. I., wie die auf Louis d'or lautenden Obligationen zu bezahlen sind.

(Nr. 11): Edikt vom 8. II., wodurch der fremde Meßing impostiret, und die Ausfuhr des alten Meßings verboten wird.

(Nr. 40): Patent vom 29. VI. gegen Schiffer, die verbotene Ware zoll- und akzisefrei einschmuggeln.

(Nr. 52): Rescript vom 13. VIII. wegen der Höhe des zu nehmenden Abschosses Altenburgischer und Gothaischer Untertanen.

(Nr. 54, 57, 59): Abschoßrescripte.
(Nr. 60): Rescript vom 24. IX. wegen schlechter Mecklenburgischer Münzsorten.
(Nr. 63): Rescript vom 5. X. wegen der Abschoßaufhebung zw. Minden und Bremen.
(Nr. 65): Rescript vom 6. X. an die Pommersche Regierung wegen des Abschosses mit Dänemark.
(Nr. 70): Rescript vom 21. X., welcher Anteil von Erbschaften, die in die Grafschaft Limburg gehen, genommen werden soll.
(Nr. 71): Rescript vom 23. X. betreffend den Abschoß mit Anhalt-Dessau.
(Nr. 74): Rescript vom 5. XI. den Abschoß mit Pfalz-Zweibrücken betreffend.
(Nr. 75): Publicandum vom 6. XI. gegen die Einführung ausländischer Kalender.
(Nr. 78): Rescript vom 17. XI. den Abschoß mit Hildesheim betreffend.
(Nr. 79): Publicandum vom 18. XI. wie Nr. 75/1754.
(Nr. 85): Rescript vom 1. XII. wegen des Abschosses von Minden und Hessen-Schaumburg.
(Nr. 87): Rescript vom 4. XII. wegen aus Memel nach Danzig gehender Erbschaft.
(Nr. 90): Publicandum vom 18. XII. wegen des Impostes auf ausländische Tücher und Tressen nach Geldern.
(Nr. 91): Publicandum vom 30. XII. wegen verbotener Einführung geringerer Münzsorten.

1755

(Nr. 2): Rescript vom 4. I. betreffend den Abschoß von nach Hannoverschen Landen gehenden Vermögens.
(Nr. 3): Rescript vom 12. I. betreffend die Abschoßhöhe für nicht extra Privilegierte, wenn nichts näheres festgelegt ist.
(Nr. 5): Rescript vom 13. I. betreffend den Abschoß von nach Lüttich gehenden Erbgeldern.
(Nr. 8): Rescript vom 20. I. wegen des Abschosses von aus dem Magdeburgischen nach Hamburg gehenden Erbgeldern.
(Nr. 9): Rescript vom 21. I. wegen des Auskippens und Einschmelzens kgl. Münzsorten.
(Nr. 10): Rescript vom 21. I. wegen der Höhe des Abzugsgeldes von nach Schweden gehenden Erbschaften.
(Nr. 11): Mandat vom 22. I. wegen Gestattung des Debits für schlesische Tücher und Wollware.
(Nr. 13, 14, 15): Abschoßrescripte.
(Nr. 17): Avertissement vom 18. II. gegen die Einführung von 18 Kreutzer oder sog. Timpfe in die Kur-Mark.
(Nr. 19, 20, 23. 24, 25, 38, 39, 40): Abschoßrescripte.
(Nr. 46): Rescript vom 29. VI. wegen des Verbots ausländischer eisener Gußwaren.
(Nr. 48): Rescript vom 24. VII. wegen der Verwendung von Abschoßgeldern.
(Nr. 53): Rescript vom 29. VII. betreffend die Erlaubnis von Wareneinfuhr und das Verbot für Seidenerzeugnisse.
(Nr. 62): Circulare vom 30. VIII. betreffend Nr. 53/1755.
(Nr. 60, 63, 64, 65, 66, 67, 70): Abschoßrescripte.
(Nr. 71): Rescript vom 3. X. wegen der Deklaration des Münzedikts von 1750.
(Nr. 77): Edikt vom 24. X. wegen des Verbots der Teilnahme an auswärtigen Lotterien.
(Nr. 79, 80, 86): Abschoßrescripte.
(Nr. 87): Rescript vom 19. XI., von nach Hamburg gehenden Erbgeldern den 10ten Pfennig zu nehmen.
(Nr. 91): Rescript vom 23. XI., den 10ten Pfennig von Erbgeldern zu nehmen.
(Nr. 92): Rescript vom 24. XI., keinen Abschoß von Dotalgeldern zu nehmen.

1756

(Nr. 2): Resolution vom 5. I., von nach Kiel gehenden Erbschaftsgeldern den 10ten Pfennig Abschoß zu nehmen.
(Nr. 3): Resolution vom 5. I. wegen des Abschosses von nach Hamburg gehenden Erbgeldern.
(Nr. 8): Rescript vom 23. I. betreffend die Aufhebung des Abzugsrechtes zw. Hessen-Kassel und den Preußischen Reichslanden, ausgenommen die Juden.
(Nr. 12): General-Avertissement vom 2. II. betreffend das Verbot des Verkaufs anderer als in Neustadt-Eberswalde verfertigter Eisenwaren.
(Nr. 14): Abschoßresolution vom 3. II.
(Nr. 15): Publicandum vom 6. II. gegen die Grumbachischen 8 Groschen Stücke.
(Nr. 16, 22, 30): Abschoßresolutionen.
(Nr. 33): Erneuertes und geschärftes Edikt vom 8. III. wegen des Garnhandels.
(Nr. 35): Patent vom 16. III. wegen der verbotenen Ausfuhr von Gold und Silber.
(Nr. 52): Rescript vom 22. V. betreffend die Publizierung von
Nr. 33/1756.
(Nr. 54): Abschoßresolution vom 29. V.
(Nr. 68): Erneuertes Edikt vom 26. VII. wegen des Konkurses bestimmter Fabriken.
(Nr. 77): Edikt vom 21. VIII. gegen die Ausfuhr kgl. preußischer Münzsorten.
(Nr. 87, 94, 99): Abschoßresolutionen.
(Nr. 100): Publicandum vom 29. X. wegen der verbotenen Ausfuhr von Lumpen.

1757

(Nr. 8): Mandat vom 25. I. gegen das Entwenden von Magazingetreide durch Schiffer.
(Nr. 9): Edikt vom 3. II. betreffend das Sammeln von Lumpen für Papiermühlen.
(Nr. 11, 18, 19): Abschoßresolutionen.
(Nr. 25): Reglement vom 12. IV. wegen des Sammelns von Lumpen für Papiermühlen.
(Nr. 37): Resolution vom 3. VII. wegen des Abschosses mit Polen.
(Nr. 43): Avertissement vom 5. VIII. wegen der geringhaltigen Neuwiedschen 4 Groschen Stücke.
(Nr. 57): Rescript vom 2. XII. betreffend den Abschoß mit Danzig.

1758

(Nr. 12): Rescript vom 14. III. gegen die Verabfolgung von Erbgeldern ins Reich.
(Nr. 17): Resolution vom 17. IV. wegen des Abschosses mit Frankfurt a. M.
(Nr. 40): Befehl an die Theologische Fakultät zu Halle vom 24. VIII.: keine Beförderung, wenn nicht zwei Jahre auf einheimischen Universitäten studiert wird.
(Anhang Nr. 4): Avertissement vom 23. X., daß keine Lotterie ohne kgl. Erlaubnis errichtet werden soll.
(Nr. 53): Circulare vom 7. XII. wegen der fremden Schleier, Clare und Flöre.
(Nr. 55): Patent vom 16. XII. gegen die Einbringung schlechter fremder und die Ausfuhr eigener Münzsorten.
(Nr. 57): Circulare vom 28. XII. an die auswärtigen kgl. Kammern wegen der Publizierung von Nr. 55/1758.

1759

(Nr. 23): Resolution vom 12. V. an die Mindensche Regierung wegen des Abschosses mit Dortmund.
(Nr. 29): Befehl vom 10. VII. gegen die Annahme schlechter Sächsischer Münzen bei den Kassen.

(Nr. 38): Rescript vom 4. XII. betreffend die Anlegung und Betreibung von Flachs-Spinnereien.

1760

(Nr. 4): Ordre vom 5. II. gegen die Ausfuhr von Hirschgeweihen und ihre Verwendung für die Stahl- und Eisenwarenfabrik.

(Nr. 9): Rescript vom 8. IV., daß die Einfuhr fremder Leinwand
bis auf weiteres gegen Erlegung der gewöhnlichen Akzise wieder erlaubt sein soll.

(Nr. 10): Befehl vom 15. IV. gegen die Abziehung von Manufakturen und Fabrikanten außer Landes.

(Nr. 22): Circulare vom 29. VII. wegen der Anwerbung und Enrollierung von Manufakturen und Fabrikanten.

1761

(Nr. 7): Circulare vom 10. III. gegen die Ausfuhr der "bewolleten Felle".

(Nr. 12): Circulare vom 7. IV., auf die Aufkauferei des Flachses und der Garne die sorgfältigste Attention zu nehmen.

(Nr. 15): Rescript vom 14. IV. gegen die Einbringung bestimmter Geldstücke.

(Nr. 39): Rescript vom 5. VIII. wegen der Münzsorten bei Kaufverträgen.

(Nr. 58): Rescript vom 18. XI. nebst Avertissement wegen des Verrufs fremder geringhaltiger Münzsorten.

(Nr. 63): Resolution vom 15. XII., wem der Abschoß zusteht.

1762

(Nr. 15): Rescript vom 2. IV., daß Zinsen in sächsischen 8 Groschen Stücken zu nehmen sind.

(Nr. 26): Avertissement vom 29. VI. wegen der Ein- und Durchpassierung verrufener Münzsorten.

(Nr. 48): Circulare vom 7. XII., daß an Bürgerliche verkaufte Adelsgüter von diesen nicht wieder an Bürgerliche verkauft werden dürfen.

(Nr. 50): Avertissement vom 15. XII. betreffend anzusiedelnde Ausländer.

1763

(Nr. 2): Rescriptum vom 21. I. wegen der nach Gotha gehenden Erbschaftsgelder.

(Nr. 7): Circulare vom 24. II. betreffend die Maulbeerbäume auf Kirchhöfen zur Beförderung des Seidenbaues im Lande[2].

(Nr. 8): Rescript vom 25. II. den Abschoß von Erbschaften betreffend.

(Nr. 16): Circulare vom 27. III. "die müßigen Weibs-Leute zum Vortheil der Fabriquen zum Spinnen" anzuhalten.

(Nr. 38): Rescript vom 23. VI., wie es mit dem Abschoß in Ansehung der Pächter zu halten sei.

(Nr. 40): Rescript vom 4. VII. wegen der verbotenen Einfuhr von fremden Samt- u. a. Waren.

(Nr. 56): Patent vom 25. VIII. wegen der unentgeltlichen Aufnahme fremder Meister in den Innungen.

(Nr. 61): Rescript vom 18. IX., wieviel Prozent von nach Dänemark bzw. in kgl.-dänische deutsche Provinzen gehenden Erbgeldern zu nehmen ist.

---

[2] Das Circular ist hier für die friderizianische Zeit exemplarisch aus einer größeren Anzahl vergleichbarer Regelungen zur Maulbeerbaumanpflanzung herausgegriffen.

(Nr. 62): Circulare vom 20. IX. wegen der zollfreien Ausfuhr im Lande hergestellter Fabrikware.
(Nr. 67): Publicandum vom 29. IX. wegen des verbotenen Lumpenaufkaufs.
(Nr. 70): Rescript vom 7. X. die Abschoßhöhe betreffend.
(Nr. 88): Edikt vom 29. XI. gegen die Vor- und Aufkauferei sowie Ausfuhr roher Häute und von Leder.
(Nr. 90): Resolution vom 6. XII.: kein Abschoß von unveräußerten Immobilien.

1764
(Nr. 3): Edikt vom 11. I. wegen der verbotenen Ausfuhr von Gold und Silber.
(Nr. 4): Edikt vom 16. I. wider das Kippen und Wippen der Münzsorten.
(Nr. 9): Rescript vom 13. II. wegen der Anfragepflicht beim Verkauf von adeligen Gütern, wenn der Kaufpreis außer Landes geht.
(Nr. 21): Neues Münz-Edikt vom 29. III.
(Nr. 23): Edikt vom 8. IV. über die Vergünstigungen, welche diejenigen erhalten, die sich im Königreich Preußen niederlassen.
(Nr. 26): Patent vom 2. V. über die Vorteile für die, welche sich in den Städten Pommerns niederlassen.
(Nr. 33): Circulare vom 22. V. wegen der Berlinschen Lioner Gold-, Silber- und Drahtfabrik.
(Nr. 37): Circulare vom 15. VI., welche Münzsorten zu welchem Wert in der Proviinz Geldern bei den Kassen angenommen werden sollen.
(Nr. 39): Edikt vom 4. VII. gegen die Ausfuhr von Lumpen, Papierspänen etc.
(Nr. 42): Edikt vom 12. VII. wegen der Bebauung und Besetzung wüst gewordener Höfe und Äcker.
(Nr. 44): Deklaration vom 16. VII. des § 10 Nr. 11 des Münz-Edikts (Nr. 21/1764).
(Nr. 47): Aufhebung des Abschuß- oder Abzugsgeldes zw. Preußen und Mecklenburg-Strelitz vom 24. VII.
(Nr. 50): wegen des Wechselkurses zw. Friedrichs d'or und dem couranten Silbergeld vom 30. VII.
(Nr. 78): Notification vom 13. XI. gegen die Abwerbung von Fabrikarbeitern.
(Nr. 90): Resolution vom 22. XII. wegen des Abschosses zw. Mecklenburg-Schwerin und Strelitz.
(Nr. 91): Resolution vom 27. XII. wegen des Abschosses.

1765
(Nr. 45): Edikt vom 7. V. gegen die Einfuhr kursächsischer Fabrikwaren etc.
(Nr. 56): Deklarations-Rescript für Geldern und Kleve vom 9. V. betreffend das Münz-Edikt vom 29. III. 1764 (Nr. 21/1764).
(Nr. 64): Rescript vom 19. VI. wegen des regulierten Abschosses mit Österreich.
(Nr. 82): Rescript vom 14. VIII. betreffend den Abschoß zw. Pommern mit Würtemberg und Lübeck.
(Nr. 113): Erneuertes Edikt vom 17. XII. gegen die Einfuhr und den Gebrauch fremder ausländischer Ware.
(Nr. 120): Rescript vom 28. XII. betreffend den Abschoß mit Italien/Sardinien.

1766
(Nr. 1): Circulare vom 2. I., "daß mit der größten Attention" auf den Impost von 4 Reichsthaler. auf ausländische Fabrikware zu achten ist.
(Nr. 20): Circulare vom 20. II. betreffend die einwandernden Mühlenburschen und deren Kundschaft.

(Nr. 28): Reglement vom 15. III. für die Gold-, Silber-Etoffes-auch Seiden- und Samtfabriken in Berlin.
(Nr. 36): Vorläufiges Deklarationspatent vom 14. IV. wegen der Neu-Einrichtung der Akzise- und Zollsachen.
(Nr. 57, 58, 82, 91, 93): Abschoßrescripte.
(Nr. 99): Patent vom 4. XII. wegen der verbotenen Ausfuhr von Gold und Silber, auch Münzen.
(Nr. 101, 104, 105): Abschoßrescripte.

1767
(Nr. 3, 45, 63): Abschoßrescripte.
(Nr. 65): Erneuertes Edikt vom 1. IX. gegen das Beteiligen an auswärtigen Lotterien.
(Nr. 69): Rescript vom 16. IX. betreffend den Abschoß von und nach Ostindien gehender Erbschaften.
(Nr. 72, 73): Abschoßrescripte.

1768
(Nr. 3): Allergnädigst-provisorisches Deklarationspatent vom 20. I. wegen aufgehobenen Grenzzolles, Durchgangs-Akzise etc.
(Nr. 7): Rescript vom 8. II. betreffend den Abzug vom Vermögen von aus Pommern in die Lausitz ziehenden Untertanen.
(Nr. 13): Rescript vom 21. II. betreffend die Abschoßfreiheit zw. Soest und Leipzig.
(Nr. 40): Kgl. allergnädigste Deklaration vom 8. V. die Zölle betreffend.
(Nr. 44): Rescript an das KG vom 27. V. den Abschoß betreffend.
(Nr. 53): Publicandum vom 24. VI. wegen des totalen Verbots fremder Bleche.
(Nr. 79): Circulare vom 20. IX. wegen der Überlassung von Maulbeerbaumplantagen gegen billige Konditionen an Seidenbaulustige.
(Nr. 94): Privilegium vom 1. XI. für die Hüttenbedienten und Arbeiter in Eisenhütten und Blechwerken.

1769
(Nr. 19): Revidierte Kabinetts-Ordre vom 14. III. betreffend den aprobierten Akzise-Tarif für die Städte in Vor- und Hinterpommern.
(Nr. 20): Circulare vom 22. III. wegen des Verbots der Auf- und Verkauferei der Wolle auf dem platten Lande.
(Nr. 26): Revidierter Akzisetarif vom 10. IV. für die Städte im Königreich Preußen.
(Nr. 31): Circulare vom 21. IV. wegen des Verbotes des Auf- und Verkaufs sowie der Ausfuhr von Wolle auf dem platten Land, siehe Nr. 20/1769.
(Nr. 38): Rescript vom 18. V. wegen des Verbotes der beschnittenen und nicht mehr gerändelten Friedrichs d'or.
(Nr. 39): Rescript vom 19. V., daß ausländischen Erben ihr Vermögen nicht eher verabfolgt werden soll, bis sie hinlänglich Kaution deswegen gestellt haben.
(Nr. 45): Edikt vom 27. VI. wegen Befreiung des Wollhandels und "Subventionierung" einheimischer Fabriken.
(Nr. 47): Revidierter Akzisetarif vom 1. VII. für Berlin und die Städte der Kur- und Neu-Mark.
(Nr. 80): Revidierter Akzisetarif für die Städte des Herzogtums Magdeburg etc. vom 3. XII.

1770

(Nr. 2): Deklaration vom 11. I. wegen der Aufhebung des Abschoßrechts zw. sämtlichen kgl. preußischen Landen und Amsterdam.

(Nr. 13): Landesherrliche Erlaubnis für die Getreidehandlungscompagnie auf der Elbe vom 5. II.

(Nr. 16): Wie Nr. 13/1770 auf der Oder vom 8. II.

(Nr. 22): Deklaration vom 17. II. von Nr. 13/1770.

(Nr. 24): Publicandum vom 5. III. betreffend die Behandlung einziehender Fremder.

(Nr. 39): Revidierter Akzisetarif vom 25. V. für die Städte des Fürstentums Halberstadt und der Grafschaft Hohenstein.

(Nr. 41): Erneuertes, geschärftes Edikt gegen die Einfuhr und den Gebrauch fremder und ausländischer Tücher vom 28. V.

(Nr. 43): Circulare vom 7. VI. betreffend das Verbot des Aufkaufs und der Ausfuhr von Pferdehaar.

(Nr. 75): Öffentliches Avertissement vom 26. X. über die den ausländischen und sich in Preußen niederlassenden Fabrikanten zu gewährenden Freiheiten.

(Nr. 78): Reglement vom 31. X. die Warenausfuhr aus Schlesien betreffend.

(Nr. 82): Circulare vom 23. XI. gegen das Einbringen fremder Mühlensteine.

1771

(Nr. 11): VO vom 23. II., was mit dem angetroffenen fremden Zucker bei schlesischen Kaufleuten passieren soll (vgl. Nr. 78/1770).

(Nr. 36): Erneuertes Edikt vom 16. VI. gegen den Gebrauch fremden Salzes.

(Nr. 45): Rescript vom 8. VII. an das KG wegen zu entrichtender Decima von nach Grabia/Kurland gehenden Erbschaften.

(Nr. 62): Rescript an das KG vom 3. X. betreffend die Abschoßfreiheit mit Mecklenburg.

(Nr. 66): Circulare vom 2. XI. wegen Beförderung der inländischen Eisen-, Hütten- und Blechwaren.

(Nr. 67): Rescript vom 2. XI. betreffend den Absatz des inländischen Blechs.

(Nr. 72): Rescript an das KG vom 14. XI. wegen des Abschosses von nach Schweden gehenden Erbschaftsgeldern.

1772

(Nr. 11): Erneuertes und geschärftes Patent vom 17. II. für das im Jahr 1772 brachliegende Ackerland.

(Nr. 22): Edikt vom 1. IV. zur Erhebung eines Aufschlag-Impostes von Wein und Kaffee.

(Nr. 40): Circulare vom 7. VII., unter welche Kolonie-Gerichte des Ortes sich Kolonisten begeben sollen.

(Nr. 55): Patent vom 14. X. zur Errichtung einer Seehandelsgesellschaft.

(Nr. 56): Edikt vom 14. X. wegen eines ausschließlichen Privilegiums für die Seehandelsgesellschaft.

(Nr. 57): Edikt vom 14. X. betreffend die Errichtung einer Handelsgesellschaft zum Debit des Seesalzes.

(Nr. 58): Edikt vom 14. X.: Privilegien für die Seehandelsgesellschaft.

(Nr. 61): Publicandum vom 28. X. wegen der verbotenen Einfuhr fremder Kalender in Westpreußen.

(Nr. 74): Deklaration betreffend die Aktien der Seehandlungscompagnien vom 24. XII.

1773

(Nr. 32): Circulare vom 30. VI. wegen der genehmigten Aufhebung der verbotenen Ausfuhr alten Kupfers.

1774

(Nr. 1): Circulare vom 5. I. gegen die Einfuhr fremder Spiegel.

(Nr. 18): Instruktion vom 18. III. für die Handhabung der neuen egalisierten Wasser- und Land-Zoll-Rolle der Grafschaft Lingen.

(Nr. 25): Erneuertes und verschärftes Edikt vom 3. IV. gegen die Wollausfuhr.

(Nr. 28): Circulare vom 9. IV., daß keine ausländischen Tressen, Gold- und Silberfäden etc. zum inländischen Debit eingelassen werden sollen.

(Nr. 37): Erneuertes Edikt vom 11. V. betreffend den Transit und die Einfuhr englischer Ware.

(Nr. 44): Erneuertes Edikt gegen den Gebrauch fremden Salzes vom 16. VI.

(Nr. 45): Rescript vom 23. VI. wegen der Befreiung der Kolonisten von den Gerichtsgebühren in Prozeßsachen.

(Nr. 63): VO vom 26. XI., daß kein fremder Zucker nach West-Preußen eingelassen werden soll.

1775

(Nr. 15): Deklaration von VOen betreffend die Einfuhr fremder seidener oder wollener Waren vom 6. IV.

(Nr. 26): Circulare vom 5. VI. gegen die Ausfuhr von Wollschafen vor der Schur.

(Nr. 39): Circulare vom 5. IX. betreffend Nr. 26/1775.

(Nr. 47): Deklaration vom 31. X. die Vergünstigungen für Fabriken betreffend.

(Nr. 60): VO vom 25. XII. die Ausfuhr von Waren aus inländischen Messen betreffend.

1776

(Nr. 6): Verlängerungspatent vom 9. II. für die Seehandelsgesellschaft, vergl. Nr. 55-58/1772.

(Nr. 11): Rescript an das KG vom 22. II. wegen Aufhebung des Abschosses, wenn Erbschaften von einer Provinz in die andere gehen.

(Nr. 44): Ausfuhrverbotsedikt vom 28. VI. für Röthepflanzen und -keime.

(Nr. 46): Rescript an das KG vom 5. VIII. wie Nr. 11/1776.

1777

(Nr. 17): Ordre vom 30. IV. wegen des Einfuhrverbots von auswärtigem Leder etc.

(Nr. 18): Abschoßaufhebungsvergleich vom 1. V.

(Nr. 31): Edikt vom 9. VIII. betreffend das Weineinfuhrverbot für auswärtige Weinhändler.

(Nr. 45): Ausfuhrverbotsedikt vom 16. X. für Lumpen u. a. zum Schutze einheimischer Papiermühlen.

(Nr. 51): Circulare vom 25. XI. wie Nr. 11/1776

1778

(Nr. 2): Rescript vom 4. I. wegen des Abschosses von nach Danzig gehenden Geldern.

(Nr. 8): Deklaration der Zölle für Westpreußen vom 28. II.

(Nr. 23): Circulare vom 10. VI., wodurch die Akzise für ausländischen Weinessig erhöht wird.

(Nr. 27): Deklaration vom 19. VI. den Kaffeeverbrauch betreffend.

(Nr. 36): Circulare vom 8. X. wegen der Einfuhr von Heringen.

(Nr. 39): Rescript an das KG vom 24. X. betreffend den Abschoß mit Kursachsen.

1779

(Nr. 1): Circulare vom 4. I. wie Nr. 2/1778

(Nr. 17): Erneuertes Edikt gegen die Goldausfuhr vom 1. VI.

(Nr. 21): VO vom 1. VII. betreffend den Verbrauch und die Besteuerung von Wein und Kaffee auf dem platten Land.

(Nr. 22): Publicandum vom 1. VII. wegen des gänzlichen Verbots fremder weißer oder verzinnter Bleche.

(Nr. 29): Circulare vom 27. VII. betreffend das vom Adel zu nehmende Akzise-Gefälle bei Wein und Kaffee.

(Nr. 36): Publicandum vom 4. XI. wegen des gänzlichen Verbots schwedischen Eisens.

1780

(Nr. 17): Publicandum vom 28. VII. wegen des auf kgl. Rechnung einzurichtenden Blau-Farben-Handels in Schlesien.

(Nr. 29): Rescript vom 14. XI., daß von den in das Stift Quedlinburg gehenden Erbschaften kein Abzug oder Abschoß zu nehmen ist.

(Nr. 30): Publicandum vom 29. XI. wegen der Ausdehnung des Einfuhrverbots von weißen auch auf schwarze Bleche.

1781

(Nr. 5): VO vom 22. I. betreffend den polnischen Handel in Westpreußen.

(Nr. 14): Publicandum vom 24. III. wegen des Verbots der Einfuhr fremder Messingwaren nach Ostpreußen.

(Nr. 35): Circulare vom 10. VIII. betreffend die zoll- und akzisefreie Versendung von Transporten.

1782

(Nr. 18): Circulare vom 23. IV. gegen die Einfuhr fremder hölzener Uhren zum inneren Debit.

(Nr. 21): Circulare vom 14. V. gegen die Einfuhr Zerbster u. a. Biere in alle Provinzen diesseits der Weser.

(Nr. 24): Circulare vom 21. V. betreffend das wiederholte Verbot des Aufkaufs und der Ausfuhr von Pferdehaar.

(Nr. 29): Deklaration vom 15. VI. betreffend den Umlauf hier produzierter Fabrikwaren und ihren Export.

(Nr. 30): Publicandum vom 25. VI. wegen des völligen Verbots schwedischen Eisens in Westpreußen und im Neißedistrikt.

(Nr. 40): Übereinkunft der Abschoßfreiheit zw. Minden/Ravensberg und Rheda vom 10. IX.

(Nr. 48): Abschoßfreiheit für in Frankreich geborene Regiebediente vom 31. X.

1783

(Nr. 3): Circulare vom 10. I. über Einfuhrimpost und Einfuhrverbote.

(Nr. 15): Bescheid an das KG wegen des Abschosses zw. der Mark-Brandenburg und der Niederlausitz vom 24. III.

(Nr. 31): Circulare vom 6. VI. wegen der verbotenen Einbringung fremder Eisen und Stahlwaren.

(Nr. 32): Deklaration vom 19. VI. betreffend den Kaffeeverkauf.

(Nr. 43): Circulare v. 17. IX. wegen des Verbots der Einfuhr von Graupen, Grütze u. ä.

1784

(Nr. 7): Publicandum vom 31. I. wegen des gänzlichen Verbots von fremdem Kupfer und fremden Blechen für Schlesien und Glatz.

(Nr. 24): Ciculare vom 23. IV. wegen des Verkaufs von Produkten auf dem platten Lande an auswärtige Händler mit Nachweis des Ausgangsgefälles.

(Nr. 31): Publicandum vom 17. V. betreffend das gänzliche Verbot der Einfuhr schwedischen Stangeneisens nach Ostpreußen.

(Nr. 33): Deklaration vom 20. V. wegen der Herabsetzung der Kaffeeabgabe.

(Nr. 46): Rescript an das KG vom 6. VIII. wegen des Abschosses von nach Wernigerode gehenden Erbschaften.

1785

(Nr. 5): Kabinettsorder vom 18. I. betreffend die Akzise auf Brennholz.

1786

(Nr. 4): Rescript vom 21. I. wegen der Verhütung der Contrebande mit fremden Fabrikwaren.

(Nr. 6): Publicandum vom 1. II. betreffend das Einfuhrverbot fremder Messingwaren nach Westpreußen.

(Nr. 24): Kabinettsorder vom 21. IV., ausländischen Lakmus mit 25 % zu importieren.

(Nr. 25): Einfuhrverbot für fremden Obstessig vom 26. IV.

(Nr. 35): Publicandum vom 17. VI. wegen des gänzlichen Verbots fremden Salpeters.

(Nr. 39): Kabinettsorder vom 8. VII. wegen der Verhinderung der Einfuhr fremder Eisenwaren.

(Nr. 42): Ordre vom 23. VII. betreffend den Import fremder Taschenuhren gegen 30 % und Ziffernblätter mit 2 % Aufschlag.

(Nr. 45): Einschränkung bzw. Verbot des Hausierens für Lingensche Messerträger bzw. Böhmische Siebmacher vom 26. VII.

Quellen- und Literaturverzeichnis

I. Akten und Gesetzestexte

Acta Borussica. Denkmäler der Preußischen Staatsverwaltung im 18. Jahrhundert, Behördenorganisation und allgemeine Staatsverwaltung, bearbeitet von Gustav Schmoller, Otto Krauske u.a., Bd. I-XVI/2, Berlin 1894-1982.

Allgemeines Landrecht für die Preußischen Staaten von 1794, hrsg. und mit einer Einführung von Hans Hattenhauer, 2. Aufl. Neuwied u.a. 1994.

Churfürstlich Brandenburgisches Revidirtes Land=Recht des Herzogthumbs Preußen, Königsberg 1685.

Corpus Constitutionum Marchicarum, Oder Königl. Preußis. und Churfürstl. Brandenburgische in der Chur- und Marck Brandenburg, auch incorporirten Landen publicirte und ergangene Ordnungen, Mandata, Rescripta etc., hrsg. v. Christian Otto Mylius, Teil I-VI, Cont. I-IV, Suppl. ad Cont. I-III, Repertorium, Berlin und Halle 1737-55; Fortsetzung u.d.T. Novum Corpus Constitutionum Prussico-Brandenburgensium praecipue Marchicarum ..., Teil I-VIII/1, Berlin 1756-1786.

Friedrich Wilhelms, Königes in Preussen verbessertes Land=Recht Des Königreichs Preussen, Königsberg 1721.

Landrecht des Herzogthumbs Preussen - Publicirt Anno 1620.

II. Sekundärliteratur

Aagard, Herbert / *Gleitsmann*, Rolf-Jürgen: Die Arbeitskräfte, in: Panorama der fridericianischen Zeit, hrsg. v. Jürgen Ziechmann, Bremen 1985; S. 539-547.

— Soziale Unterschichten und Randgruppen, in: ebenda, S. 556-560.

Aretin, Karl Otto Freiherr von: Art. "Monarchie", in: Handwörterbuch zur Deutschen Rechtsgeschichte (HRG) Bd. III, Berlin 1984; Sp. 625-630

Aschoff, Hans-Georg: Die Kolonisation, in: Panorama der Fridericianischen Zeit, hrsg. v. Jürgen Ziechmann, Bremen 1985; S. 386-393.

Ballestrem, Karl Graf: Zur Theorie und Geschichte des Emigrationsrechtes, in: Grund- und Freiheitsrechte im Wandel von Gesellschaft und Geschichte, hrsg. v. Günter Birtson, Göttingen 1981; S. 146ff.

Baltzarek, F.: Art. "Münzwesen (geldgeschichtlich)", in: HRG Bd. III, Berlin 1984; Sp. 765-770.

Baltzer, Christian: Die geschichtlichen Grundlagen der privilegierten Behandlung politischer Straftäter im Reichsstrafgesetzbuch von 1871, Bonn 1966.

Battenberg, F.: Art. "Schutzjuden", in: HRG Bd. IV, Berlin 1990; Sp. 1535-1541.

Baumgart, Peter (Hrsg.): Erscheinungsformen des preußischen Absolutismus - Verfassung und Verwaltung, Gemering 1966.

— Absoluter Staat und Judenemanzipation in Brandenburg-Preussen, in Jahrbuch für die Geschichte Mittel- und Ost-Deutschlands (JGMOD), Bd. 13/14 (1965), S. 60ff.

— Die "Freiheitsrechte" der jüdischen Minorität im Staat des aufgeklärten Absolutismus, in: Grund- und Freiheitsrechte im Wandel von Gesellschaft und Geschichte, hrsg.v. Günter Birtsch, Göttingen 1981; S. 121ff.

Berner, Albert Friedrich: Die Strafgesetzgebung in Deutschland vom Jahre 1751 bis zur Gegenwart, Neudr. d. Ausg. Leipzig 1867 Aalen 1978.

Blasius, Dirk: Geschichte der politischen Kriminalität in Deutschland, Frankfurt a.M. 1983.

Blei, Herrmann: Art. "Staatsschutzdelikte", in: Evangelisches Staatslexikon, hrsg. v. Hermann Kunst / Siegfried Grundmann, 1. Aufl. Stuttgart 1966; Sp. 2201-2207.

Böckenförde, Ernst-Wolfgang: Gesetz und gesetzgebende Gewalt, 2. Aufl. Berlin 1981.

Bodin, Jean: Sechs Bücher über den Staat, übersetzt und mit Anm. versehen von Bernd Wimmer, eingel. u. hrsg. v. P. C. Mayer-Tasch, München 1981.

Boelcke, Hans: Die Majestätsbeleidigung des Deutschen Reichs-Strafgesetzbuches unter besonderer Berücksichtigung der ausländischen Gesetzgebungen, Heidelberg 1911.

Borries, Achim von: Die Rolle der Juden und ihre Existenzbedingungen unter Friedrich II., in: Friedrich der Große - Herrscher zwischen Tradition und Fortschritt, Gütersloh 1985; S. 163-168.

Breuer, Dirk: Geschichte der literarischen Zensur in Deutschland, Heidelberg 1982.

Brilling, Bernhard: Jüdische Goldschmiede, Kupfer- und Petschierstecher in Ostpreußen, in: JGMOD Bd. 23 (1974), S. 113-160.

Bruer, Albert A.: Geschichte der Juden in Preußen (1750-1820), Frankfurt/New York 1991.

Carsten, Francis L.: Die Entstehung Preußens, Frankfurt a.M./Berlin/Wien, 1981.

Conrad, Hermann: Deutsche Rechtsgeschichte, Bd. I (Mittelalter) Karlsruhe 1954, Bd. II (Neuzeit bis 1806) Karlsruhe 1966-

— Staatsgedanke und Staatspraxis des aufgeklärten Absolutismus, Opladen 1971.

Consentius, Ernst: Friedrich der Große und die Zeitungszensur, in: Preußische Jahrbücher Bd. 115 (1904), S. 220-249.

— Hunderttausend Prügel für den Gazettier, in: Preußische Jahrbücher Bd. 123 (1906), S. 123-135.

Detto, Albert: Die Besiedelung des Oderbruches durch Friedrich den Großen, in: Forschungen zur Brandenburgischen und Preußischen Geschichte (FBPG) Bd. 16 (1903), S. 163-205.

Dießelhorst, Malte: Ursprünge des modernen Systemdenkens bei Hobbes, Stuttgart u.a. 1968.

Drda, Elgin: Die Entwicklung der Majestätsbeleidigung in der Österreichischen Rechtsgeschichte unter besonderer Berücksichtigung der Ära Kaiser Franz Josephs, Wien 1992.

Duchhardt, Heinz: Die Juden, in: Panorama der Fridericianischen Zeit, hrsg. v. Jürgen Ziechmann, Bremen 1985; S. 565-570.

Ebel, Friedrich: Über Legaldefinitionen, Berlin 1974.

— Rechtsgeschichte, Bd. II, Heidelberg 1993.

Ebel, Wilhelm: Geschichte der Gesetzgebung in Deutschland, Neudr. d. 2. Aufl. 1958, Göttingen 1988

— Der Göttinger Professor Johann Stephan Pütter aus Iserlohn, Göttingen 1975.

Eisenhardt, Ulrich: Die kaiserliche Aufsicht über Buchhandel und Presse im Heiligen Römischen Reich Deutscher Nation (1496-1806), Karlsruhe 1970.

Erichsen, Hans-Uwe: Verfassungs- und verwaltungsrechtliche Grundlagen der Lehre vom fehlerhaften belastenden Verwaltungsakt und seiner Aufhebung im Prozeß, Frankfurt a.M. 1971.

Erler, Adalbert: Art. "Akzise", in: HRG Bd. I, Berlin 1971; Sp. 87-88.

— Art. "Auswanderung", in: HRG Bd. I, Berlin 1971; Sp. 274-276.

— Art. "Paß", in: HRG Bd. III, Berlin 1984; Sp. 1527-1529.

Etzin, Franz: Die Freiheit der öffentlichen Meinung unter der Regierung Friedrichs des Großen, in: FBPG Bd. 33 (1921), S. 89-129 u. 293-326.

Fehr, Hans: Deutsche Rechtsgeschichte, 6. Aufl. Berlin 1962.

Feig, Johannes: Die Begründung der Luckenwalder Wollindustrie durch Preußens Könige im 18. Jahrhundert, in: FBPG Bd. 10 (1898), S. 79-103.

Fischer, Horst: Judentum, Staat und Heer in Preußen (im frühen 19. Jahrh.), Tübingen 1968.

Freund, Ismar: Die Emanzipation der Juden in Preußen, Bd. I (Darstellung), Berlin 1912.

Gaile, Jochen: Menschenrecht und bürgerliche Freiheit, Marburg 1978.

Gehrke, Heinrich: Kap. Deutsches Reich, in: Handbuch der Quellen und Literatur der neueren Europäischen Privatrechtsgeschichte, hrsg. v. Helmut Coing, 2. Bd. (Neuere Zeit/1500-1800), 2.Teilbd. (Gesetzgebung und Rechtsprechung), München 1976; S. 310-435.

Geiger, Ludwig: Geschichte der Juden in Berlin, Nachdr. d. Ausg. Berlin 1871 m. einem Vorw. v. Hermann Simon Berlin 1988.

Gerteis, Klaus: Auswanderungsfreiheit und Freizügigkeit in ihrem Verhältnis zur Agrarverfassung, in: Grund- und Freiheitsrechte im Wandel von Gesellschaft und Geschichte, hrsg. v. Günter Birtsch, Göttingen 1981; S. 162ff.

Gierke, Otto von: Johannes Althusius und die Entwicklung der naturrechtlichen Staatstheorien, 5. Aufl. Aalen 1958.

Giese, Friedrich: Preußische Rechtsgeschichte, Berlin und Leipzig 1920.

— Verkündung und Gesetzeskraft, in: Archiv des Öffentlichen Rechts (AöR) Bd. 76 (1950/51), S. 464ff.

Göpfert, Herbert G. und Weyrauch, Erdmann: Unmoralisch an sich - Zensur im 18. und 19. Jahrhundert, Wiesbaden 1988.

Gundermann, Iselin: Allgemeines Landrecht für die Preußischen Staaten 1794 - Katalog zur Ausstellung des Geheimen Staatsarchivs Preußischer Kulturbesitz, Mainz 1994.

Hälscher, Hugo: Das preußische Strafrecht - Teil 1: Geschichte des brandenburgisch-preußischen Strafrechts, Neudr. d. Ausg. Bonn 1855, Aalen 1975.

Hartung, Fritz: Der aufgeklärte Absolutismus, in: Staatsbildende Kräfte der Neuzeit, Berlin 1961; S. 149-177.

— Deutsche Verfassungsgeschichte, 9. Aufl. Stuttgart 1969.

— Die Epochen der absoluten Monarchie in der neueren Geschichte, in: Absolutismus, hrsg. v. Walther Hubatsch, Darmstadt 1973; S. 57-64.

— Studien zur Geschichte der preußischen Verwaltung, in: Staatsbildende Kräfte der Neuzeit, Berlin 1961; S. 178-344.

Hattenhauer, Hans: Europäische Rechtsgeschichte, Heidelberg 1992.

Hellmuth, Eckhart: Aufklärung und Pressefreiheit, in: Zeitschrift für Historische Forschung (...) Bd. 9 (1982), S. 315-345.

— Zur Diskussion um Presse- und Meinungsfreiheit in England, Frankreich und Preußen im Zeitalter der Französischen Revolution, in: Grund- und Freiheitsrechte im Wandel von Gesellschaft und Geschichte, hrsg. v. Günter Birtsch, Göttingen 1981; S. 205ff.

Henderson, William O.: Die Wirtschafts- und Handelspolitik Friedrich des Großen, in: Panorama der Fridericianischen Zeit, hrsg. v. Jürgen Ziechmann, Bremen 1985; S. 477-485.

Hentschel, Volker: Friedrichs II. Bevölkerungspolitik und Kolonisierung von Neuland, in: Friedrich der Große - Herrscher zw. Tradition und Fortschritt, Gütersloh 1985; S. 150-156.

— Manufaktur- und Handelspolitik des merkantilistischen Wirtschaftssystems, in: ebenda; S. 145-149.

— Der Merkantilismus und die wirtschaftlichen Anschauungen Friedrichs II., in: ebenda; S. 139-144.

Hinrichs, Carl: Hille und Reinhardt, zwei Wirtschafts- und Sozialpolitiker des preußischen Absolutismus, in: ders.: Preussen als historisches Problem, hrsg. v. Gerhard Oestreich, Berlin 1964; S. 161-170.

— Der Große Kurfürst, in: ebenda; S. 227-252.

— Preussen als historisches Problem, in: ebenda; S. 15-39.

— Die preußische Zentralverwaltung in den Anfängen Friedrich Wilhelms I., in: ebenda; S. 141-160.

Hintze, Otto: Zur Agrarpolitik Friedrich des Großen, in: FBPG Bd. 10 (1898), S. 275-309.

— Der österreichische und der preußische Beamtenstaat im 17. und 18. Jahrhundert, in: ders. Staat und Verfassung - gesammelte Abhandlungen, hrsg. v. Gerhard Oestreich m. einem Vorw. v. Fritz Hartung, 2. Aufl. Göttingen 1962; S. 321ff.

— Preußens Entwicklung zum Rechtsstaat, in: Regierung und Verwaltung, hrsg. v. Gerhard Oestreich, 2. Aufl. Göttingen 1967; S. 97-163.

Hinze, Kurt: Die Arbeiterfrage zu Beginn des modernen Kapitalismus in Brandenburg-Preußen, 2. Aufl. Berlin 1963.

Holzhauer, H.: Art. "Landesflucht und Auswanderungsfreiheit", in: HRG Bd. II, Berlin 1978; Sp. 1370-1374.

— Art. "Landesverrat", in: HRG II, Berlin 1978; Sp. 1419-1432.

— Art. "Majestätsbeleidigung", in: HRG III, Berlin 1984; Sp. 177-182.

Hubatsch, Walther (Hrsg.): Absolutismus, Darmstadt 1973.

— Friedrich der Große und die preußische Verwaltung, Köln/Berlin 1973.

— Grundlinien Preussischer Geschichte, 3. Aufl. Darmstadt 1988.

— Das Problem der Staatsräson bei Friedrich dem Großen, Göttingen u.a. 1958.

— Verwaltungsentwicklung von 1713-1803, in Deutsche Verwaltungsgeschichte Bd. I, hrsg. v.Kurt G.A. Jeserich u.a. Stuttgart 1983; S. 892-931.

— Das Zeitalter des Absolutismus, Braunschweig 1962.

Huber, Ernst Rudolf: Nationalstaat und Verfassungsstaat, Stuttgart 1965.

Hubrich, Eduard: Die Entwicklung der Gesetzespublikation in Preußen, Greifswald 1918.

Imboden, Max: Johannes Bodinus und die Souveränitätslehre, Basel 1963.

Just, Leo: Stufen und Formen des Absolutismus, in: Absolutismus, hrsg. v. Walther Hubatsch, Darmstadt 1973; S. 288-308.

Keller, Chr.: Art. "Verwaltungsgerichtsbarkeit", in: HRG Bd. V, 1993; Sp. 879-883.

Klassen, Peter: Die Grundlagen des aufgeklärten Absolutismus, in: List-Studien/Untersuchungen zur Geschichte der Staatswissenschaften, Heft 4, Jena 1929.

Kleinheyer, Gerd: Staat und Bürger im Recht, Bonn 1959.

Koch, Walter: Hof- und Regierungsverfassung König Friedrichs I. von Preußen, Neudr. d. Ausg. Breslau 1926, Aalen 1991.

Korff Schmising, M. Graf: Art. "Hagestolz", in: HRG Bd. I, Berlin 1971; Sp. 1909-1911.

Koser, Reinhold: Die Epochen der absoluten Monarchie in der neueren Geschichte, in: Absolutismus, hrsg. v. Walther Hubatsch, Darmstadt 1973; S. 1-44.

Landmann, Max: Der Souveränitätsbegriff bei den französischen Theoretikern, Leipzig 1896.

Laufs, Adolf: Art. "Goldene Bulle", in: HRG Bd. I, Berlin 1971; Sp. 1739-1746.

Lengelsen, Monika: Das Glücksspiel, in: Panorama der fridericianischen Zeit, hrsg. v. Jürgen Ziechmann, Bremen 1985; S. 602-605.

Lieberwirth, Rolf: Art. "Crimen laesae maiestatis (Majestätsverbrechen)", in: HRG Bd. I, Berlin 1971; Sp. 648-651.

Mallmann, W.: Art. "Presserecht", in: HRG Bd. III, Berlin 1984; Sp. 1902-1924.

Meisner, Heinrich Otto: Die monarchische Regierungsform in Brandenburg-Preußen, in: Forschungen zu Staat und Verfassung - Festgabe für Fritz Hartung, Berlin 1958; S. 219-245.

Merten, Detlef: Die Rechtsstaatsidee im Allgemeinen Landrecht, in: Gemeinwohl-Freiheit-Vernunft-Rechtsstaat, 200 Jahre Allgemeines Landrecht für die Preußischen Staaten, hrsg. v. Friedrich Ebel, Berlin/New York 1995; S. 109-138.

Mickwik, Gerhard von: Das Veterinärwesen, in: Panorama der fridericianischen Zeit, hrsg. v. Jürgen Ziechmann, Bremen 1985; S. 353-360.

Mitteis,Heinrich/Lieberich, Heinz: Deutsche Rechtsgeschichte, 19. Aufl. München 1992.

Möbus, Gerhard: Die politischen Theorien im Zeitalter der absoluten Monarchie bis zur französischen Revolution - politische Theorien Teil II, 2. Aufl. Köln u. Opladen 1966.

Möhlenbruch, Rudolf: Freier Zug, ius emigrandi, Auswanderungsfreiheit, Bonn 1977.

Mommsen, Theodor: Römisches Strafrecht, Leipzig 1899.

Müller, Ulrich: Das Geleit im Deutschordensland Preußen, Köln u.a. 1991.

Müller-Weil, Ulrike: Absolutismus und Außenpolitik in Preußen, Stuttgart 1992.

Neugebauer, Wolfgang: Brandenburg im absolutistischen Staat. Das 17. und 18. Jahrhundert, in: Brandenburgische Geschichte, hrsg. v. Ingo Materna und Wolfgang Ribbe, Berlin 1995; S. 291-394.

— Das preußische Kabinett in Potsdam, in: Jahrbuch für Brandenburgische Landesgeschichte Bd. 44 (1993), S. 69-115.

Piepenstock, Wolfgang: Art. "Staatsschutz", in: Handlexikon zur Rechtswissenschaft, hrsg. v. Axel Görlitz, 1972; S. 442-447.

Pirson, D.: Art. "Jura quaesita", in: HRG Bd. II, Berlin 1978; Sp. 472-476.

Planitz, Hans / Eckhardt, Karl August: Deutsche Rechtsgeschichte, 3.Aufl. Graz/Köln 1991.

Platthaus, Andreas: Tafelsilber für den Prägestock, in: F.A.Z. vom 21.8.1996.

Preu, Peter: Polizeibegriff und Staatszwecklehre, Göttingen 1983.

Rachel, Hugo: Die Juden im Berliner Wirtschaftsleben zur Zeit des Merkantilismus, in: Zeitschrift für die Geschichte der Juden in Deutschland, 2. Jahrgang 1930, S. 175-196.

— Der Merkantilismus in Brandenburg-Preußen, in FBPG Bd. 40 (1927), S. 221ff.

Randelzhofer, Albrecht: Die Pflichtenlehre bei Samuel von Pufendorf, Schriftenreihe der Juristischen Gesellschaft zu Berlin, Berlin/New York, 1983.

Raumer, Kurt von: Absoluter Staat, korporative Libertät, persönliche Freiheit, in: Absolutismus, hrsg. v. Walther Hubatsch, Darmstadt 1973; S. 152-201.

Reith, Reinhold: Die Policey, in: Panorama der fridericianischen Zeit, hrsg. v. Jürgen Ziechmann, Bremen 1985; S. 634f.

Riedel, N.N.: Übersicht der Einrichtungen, welche König Friedrich II. für das Gedeihen des landwirtschaftlichen Gewerbes in der Mark Brandenburg getroffen, in: Märkische Forschungen Bd. 2 (1843), S. 135-176.

Ritter, Johannes Martin: Verrat und Untreue an Volk, Reich und Staat, Berlin 1942.

Rüfner, Wolfgang: Verwaltungsrechtsschutz in Preußen 1749-1842, Bonn 1962.

Rüping, Hinrich: Grundriß der Strafrechtsgeschichte, 2. Aufl. München 1991.

Schaffstein, Friedrich: Verräterei und Majestätsdelikt in der gemeinrechtlichen Strafrechtsdoktrin, in: Im Dienst am Recht und Staat - Festschrift für Werner Weber, hrsg. v. H. Schneider u. V. Götz, Berlin 1974; S. 53-68.

Scheuner, Ulrich: Die Auswanderungsfreiheit in der Verfassungsgeschichte und im Verfassungsrecht Deutschlands, in: Festschrift Richard Thoma zum 75. Geburtstag, Tübingen 1950.

— Die Staatszwecke und die Entwicklung der Verwaltung im deutschen Staat des 18. Jahrhunderts, in: Beiträge zur Rechtsgeschichte, hrsg. v. Gerd Kleinheyer u. Paul Mikat, Paderborn u.a. 1979; S. 467-489.

Schlesinger, Martin: Der Aufruhr (§ 115 RStGB), Breslau 1904.

Schmidt, Eberhard: Die Kriminalpolitik Preußens unter Friedrich Wilhelm I. und Friedrich II., Berlin 1914.

— Rechtsentwicklung in Preußen, Berlin 1923.

Schminck, Christoph Ulrich: Crimen laesae maiestatis, Aalen 1970.

— Art. "Hochverrat", in: HRG Bd. II, Berlin 1978; Sp. 179-186.

Schmoller, Gustav: Die russische Compagnie in Berlin 1724-1738, in: ders.: Umrisse und Untersuchungen zur Verfassungs-, Verwaltungs- und Wirtschaftsgeschichte besonders des Preußischen Staates im 17. und 18. Jahrhundert, Nachdr. d. Ausg. Leipzig 1898 Hildesheim/New York 1974; S. 457-529

— Die preußische Einwanderung und ländliche Kolonisation des 17. und 18. Jahrhunderts, in: ebenda; S. 562-627.

— Das Merkantilsystem in seiner historischen Bedeutung: städtische, territoriale und staatliche Wirtschaftspolitik, in: ebenda; S. 1-60.

— Die preußische Seidenindustrie im 18. Jahrhundert und ihre Begründung durch Friedrich den Großen, in: ebenda; S. 530-561.

— Preußische Verfassungs-, Verwaltungs- und Finanzgeschichte, Berlin 1921.

Schnabel-Schüle, Helga: Das Majestätsverbrechen als Herrschaftsschutz und Herrschaftskritik, in: Aufklärung Bd. 7 (1994), S. 29-45.

Schneider, Franz: Pressefreiheit und politische Öffentlichkeit, Neuwied a. Rh. u. Berlin 1966.

Schömig, Ulrike: Politik und Öffentlichkeit in Preußen - Entwicklung der Zensur- und Pressepolitik zwischen 1740 und 1819, Würzburg 1988.

Schrimpf, Henning: Herrschaft, Individualinteresse und Richtermacht im Übergang zur bürgerlichen Gesellschaft - Studien zum Rechtsschutz gegenüber der Ausübung öffentlicher Gewalt in Preußen 1782-1821, Bremen 1979.

Schroeder, Friedrich-Christian: Der Schutz von Staat und Verfassung im Strafrecht, München 1970.

— (Hrsg.): Texte zur Theorie des politischen Strafrechts Ende des 18./Mitte des 19. Jahrhunderts, Darmstadt 1974.

Schulze, Reiner: Die Polizeigesetzgebung zur Wirtschafts- und Arbeitsordnung der Mark Brandenburg in der frühen Neuzeit, Aalen 1978.

Schultz, Helga: Berlin 1650-1800, 2. Aufl. Berlin 1992.

Schweder, Alfred: Politische Polizei, Berlin 1937.

Schwennicke, Andreas: Die Entstehung der Einleitung des Preußischen Allgemeinen Landrechts von 1794, Frankfurt a.M. 1993.

Selmer, P.: Art. "Bodin, Jean", in: HRG Bd. I, Berlin 1971; Sp. 464-466.

Siegers, Elsbeth: Staatsnotrecht - Geschichte, Inhalt und Begründung, 1970.

Stern, Moritz: Die Niederlassung der Juden in Berlin im Jahre 1671, in: Zeitschrift für die Geschichte der Juden in Deutschland, 2. Jahrg. 1930, S. 131-149.

Stern, Selma: Der preußische Staat und die Juden/Darstellung und Akten, Bd.'e I/1-II/2 Tübingen 1962, Bd.'e III/1-III/2,2 Tübingen 1971.

Stölzel, Adolf: Brandenburg-Preußens Rechtsverwaltung und Rechtsverfassung Bd. 2, Berlin 1888.

— Fünfzehn Vorträge aus der Brandenburgisch-Preußischen Staats- und Rechtsgeschichte, Berlin 1889.

Svarez, Carl Gottlieb: Vorträge über Recht und Staat, hrsg. v. Hermann Conrad und Gerd Kleinheyer, Köln u. Opladen 1960.

Theuerkauf, G.: Art. "Felonie", in: HRG Bd. I, Berlin 1971; Sp. 1098-1099.

Tietz, Klaus: Perduellio und Maiestas, Breslau 1936.

Treue, Wilhelm: Art. "Merkantilismus", in: HRG Bd. III, Berlin 1984; Sp. 488-494.

— Wirtschaftsgeschichte der Neuzeit Bd. 1, 3. Aufl. Stuttgart 1973.

Vierhaus, Rudolf: Deutschland im Zeitalter des Absolutismus, Göttingen 1978.

Vogel, Werner: Die Entwicklung der Brandenburgischen Verwaltung bis zum Regierungsantritt Friedrich Wilhelm's I. (1713), in: Deutsche Verwaltungsgeschichte Bd. I vom Spätmittelalter bis zum Ende des Reiches, hrsg. v. Kurt G. A. Jeserich u.a., Stuttgart 1983.

Weber, Wolfhard: Berg- und Hüttenwesen, in: Panorama der Fridericianischen Zeit, hrsg. v. Jürgen Ziechmann, Bremen 1985; S. 486-488.

Weiske, Julius: Hochverrat und Majestätsverbrechen - das crimen majestatis der Römer, Leipzig 1836.

Welke, Martin: Das Pressewesen, in: Panorama der friderícianischen Zeit, hrsg. v. Jürgen Ziechmann, Bremen 1985; S. 424-436.

Welzel, Hans: Die Naturrechtslehre Samuel von Pufendorfs, Berlin 1958.

Wermelskirchen, Axel: sie kamen wie gerufen, in: F.A.Z., vom 12.IV.1985.

Wieacker, Franz: Privatrechtsgeschichte der Neuzeit, 2. Aufl. Göttingen 1967.

Wiegand, Bodo: Naturrechtsdenken zu Beginn der Aufklärung, in: Jura 1994/S. 458-467.

Willoweit, Dietmar: Gesetzespublikation und verwaltungsinterne Gesetzgebung in Preußen vor der Kodifikation, in: Beiträge zur Rechtsgeschichte, hrsg. v. G. Kleinheyer u. P. Mikat, Paderborn 1979.

— War das Königreich Preußen ein Rechtsstaat?, in: Staat, Kirche, Wissenschaft in einer pluralistischen Gesellschaft - Festschrift zum 65. Geburtstag von Paul Mikat, Berlin 1989; S. 451-464.

— Die bürgerlichen Rechte und das gemeine Wohl, in: Gemeinwohl-Freiheit-Vernunft-Rechtsstaat, 200 Jahre Allgemeines Landrecht für die Preußischen Staaten, hrsg. v. Friedrich Ebel, Berlin 1995; S. 1-15.

— Deutsche Verfassungsgeschichte, 2. Aufl. München 1992.

Wirsing, Sibylle: Toleranz auf dem Prüfstand, in: F.A.Z., vom 9.XI.1985.

Wolf, A.: Art. "Publikation von Gesetzen", in: HRG Bd. IV, Berlin 1990; Sp. 85-92.

Wricke, Götz: Die Aufsicht über das Bücher- und Pressewesen im Kurfürstentum und Königreich Hannover von den Anfängen bis 1848, Bonn 1973.

Würtenberger, Thomas: Zum strafrechtlichen Schutz von Fürst und Staat im Landrecht von Baden-Durlach (1622/1654), in: Fesrschrift für Eberhard Schmidt zum 70. Geburtstag, hrsg. v. Paul Bockelmann und Wilhelm Gallas, Neudr. d. Ausg. Göttingen 1961 Aalen 1971.

Wyduckel, Dieter: Princeps legibus solutus, Berlin 1979.

Ziechmann, Jürgen: Das Geld, in: Panorama der fridericianischen Zeit, hrsg. v. dems., Bremen 1985; S. 591-602.

— Merkmale der europäischen Wirtschafts- und Handelspolitik, in: Panorama der fridericianischen Zeit, hrsg. v. dems., Bremen 1985; S. 471-477.

Zippelius, R.: Art. "Naturrecht", in: HRG Bd. III, Berlin 1984; Sp. 933-940.

Personen- und Sachregister

Kolibri 360 GmbH
Ferdinand-Jühlke-Straße 7
99095 Erfurt, Deutschland
produktsicherheit@kolibri360.de

Druck:
CPI Druckdienstleistungen GmbH
im Auftrag der
Kolibri 360 GmbH
Ferdinand-Jühlke-Str. 7
99095 Erfurt